JOURNAL ET MÉMOIRES

DE

CHARLES COLLÉ

SUR LES HOMMES DE LETTRES

LES OUVRAGES DRAMATIQUES ET LES ÉVÉNEMENTS

LES PLUS MÉMORABLES DU RÈGNE DE LOUIS XV

(1748 — 1772)

NOUVELLE ÉDITION

AUGMENTÉE DE FRAGMENTS INÉDITS

recueillis dans le manuscrit de la Bibliothèque impériale du Louvre

*Par autorisation de S. E. le Ministre de la Maison
de l'Empereur et des Beaux-Arts*

AVEC UNE INTRODUCTION ET DES NOTES

PAR

HONORÉ BONHOMME

—

TOME PREMIER

PARIS

LIBRAIRIE DE FIRMIN DIDOT FRÈRES, FILS ET Cⁱᵉ

IMPRIMEURS DE L'INSTITUT, RUE JACOB, 56

1868

5)

JOURNAL ET MÉMOIRES

DE

CHARLES COLLÉ

—

TOME I

TYPOGRAPHIE FIRMIN DIDOT. — MESNIL (EURE).

JOURNAL ET MÉMOIRES

DE

CHARLES COLLÉ

SUR LES HOMMES DE LETTRES
LES OUVRAGES DRAMATIQUES ET LES ÉVÉNEMENTS
LES PLUS MÉMORABLES DU RÈGNE DE LOUIS XV

(1748 — 1772)

NOUVELLE ÉDITION

AUGMENTÉE DE FRAGMENTS INÉDITS

recueillis dans le manuscrit de la Bibliothèque impériale du Louvre

*Par autorisation de S. E. le Ministre de la Maison
de l'Empereur et des Beaux-Arts*

AVEC UNE INTRODUCTION ET DES NOTES

PAR

HONORÉ BONHOMME

TOME PREMIER

PARIS

LIBRAIRIE DE FIRMIN DIDOT FRÈRES, FILS ET Cie
IMPRIMEURS DE L'INSTITUT, RUE JACOB, 56

1868

Droits de traduction et de reproduction réservés.

INTRODUCTION.

Dans la note finale de la *Correspondance inédite* de Collé (1), nous avons dit que nous nous proposions de publier une nouvelle édition de son *Journal historique et littéraire*, édition qui, ajoutions-nous, « formerait désormais, avec sa *Correspondance*, un ensemble régulier, un tout harmonieux. »

Nous venons aujourd'hui accomplir notre promesse.

La réputation de ce *Journal* est faite et consacrée.

Publié en 1807 par les soins du célèbre bibliographe Barbier (2), cet ouvrage fut accueilli avec une faveur qui n'a fait que grandir. De telle sorte qu'il est épuisé depuis longtemps et que les plus chétifs exemplaires

---

(1) *Correspondance inédite* de Collé, faisant suite à son *Journal*, accompagnée de fragments également inédits de ses œuvres posthumes. Avec un portrait de Collé par Adrien Nargeot; Paris, Henri Plon, 1864, 1 vol. in-8°.

(2) *Journal historique ou Mémoires critiques littéraires*, etc., par Charles Collé; Paris, de l'imprimerie bibliographique, 1807, 3 vol. in-8°. Le manuscrit autographe laissé par Collé formait onze volumes; neuf seulement sont déposés à la Bibliothèque du Louvre (F 2106) ce sont ceux qui ont été publiés par Barbier. Il y a lieu de croire que les deux autres volumes sont perdus, puisque l'appel fait par Barbier en vue de les retrouver, ainsi que les démarches actives faites par nous-même à ce sujet sont également demeurés sans résultat.

sont cotés aujourd'hui dans le commerce à des prix fort élevés.

C'est que ce recueil se recommande autant à l'attention des curieux qu'à celle des lettrés. Tous les genres d'intérêt s'y trouvent. C'est un tableau animé des mœurs d'une partie de la seconde moitié du dix-huitième siècle, — 1748 à 1772, — un panorama vivant où l'on voit passer tour à tour les grands seigneurs et les filles d'opéra, les petits abbés et les duchesses, les gens de robe et d'épée, les traitants et les hommes de lettres, les intrigues d'antichambre, de théâtre et de boudoir; et sur chacun de ces personnages, sur chacun de ces objets, une réflexion piquante, une remarque bienveillante ou caustique; puis, çà et là, une médisance indiscrète, une anecdote vive et alerte côtoyant le scandale : car Collé est friand de ces morceaux savoureux. Il les recherche, il s'en délecte; ils lui font venir l'eau à la bouche, et quelquefois le mot risqué au bout de sa plume.

Ce qui donne un caractère particulier d'autorité au témoignage de Collé c'est que pendant la plus grande partie de sa vie il s'est trouvé placé tour à tour, et quelquefois en même temps, si l'on peut dire, dans les courants les plus contraires. Issu de la bourgeoisie et admis dans la *république des lettres,* comme on disait alors, il était admis aussi dans l'intimité des grands : car il a été *enducaillé,* ainsi qu'il l'a dit plaisamment lui-même (1). Or, ses relations familières avec le duc d'Orléans, qui eut pour lui les plus délicates bontés et dont il était le lecteur; ses rapports moins intimes, mais assez

---

(1) Voyez sa *Correspondance inédite,* p. 369.

fréquents cependant, avec quelques descendants de la maison de Condé et un grand nombre de jeunes seigneurs, l'ont mis à même de voir bien des choses dans ces hautes régions et de les raconter avec exactitude; de même, ses liaisons avec la bourgeoisie ainsi qu'avec les gens de lettres et de théâtre lui ont fourni des traits qui retracent au vif les autres rangs de la société.

Son *Journal* présente donc la peinture alternative et toujours fidèle de ce qu'on appelait alors la *cour et la ville*; et, au soin minutieux qu'il a mis à rendre la physionomie originale de chacun de ces milieux, on sent que ce n'est pas là un simple spectateur qui parle, mais un acteur ingénieux qui a joué lui-même un rôle dans cette comédie humaine, dans ce pêle-mêle *ondoyant* et *divers*, charmant et corrompu, qu'on nomme le dix-huitième siècle.

Du reste, Collé s'est peint lui-même tout entier dans le *Journal* en question. Il y a consigné, heure par heure, l'histoire de ses impressions, ses projets de fortune, ses rêves de gloire, ses sympathies et ses rancunes. Tantôt c'est le chansonnier égrillard, le fidèle suivant de Momus armé de sa *marotte* et agitant ses *grelots* (style de l'époque); tantôt c'est un docteur improvisé s'efforçant de grossir sa voix et flagellant sans pitié le vice et le faux goût. Mais il a beau faire : c'est toujours l'homme aimable, léger, spirituel, à la morale facile, accommodante, et dont les sévérités sont assaisonnées d'indulgence et de sel gaulois. Il a l'insouciance et la gaieté de nos pères; il en a aussi le sens droit et la saine raison, et le temps a confirmé plus d'un des ju-

a.

gements qu'il a portés, soit sur certains personnages, soit sur certaines œuvres d'art ou de littérature.

Nous ne reprendrons pas ici en détail la *Vie* de notre aimable chansonnier. A cet égard, nous renvoyons le lecteur à l'*Introduction* que nous avons mise en tête de sa *Correspondance inédite*. Nous n'avons rien à ajouter à cette étude, aux appréciations de laquelle nous nous tenons de tous points.

Dans cette seconde édition du *Journal* de Collé, nous avons exactement reproduit toutes les *notes* qui se trouvent dans la première. Les unes ont été écrites par Collé lui-même, soit au fur et à mesure de la rédaction dudit *Journal*, soit plus tard en 1780, époque à laquelle, revoyant son manuscrit, il a modifié un certain nombre de ses jugements antérieurs sur les personnes et sur les choses. Les autres *notes* ont été rédigées par Barbier.

A chacune de ces *notes* nous avons conservé la signature de son auteur respectif.

Quant à celles qui émanent de nous, elles portent nos initiales : (H. B.). *Suum cuique.* Nous les avons faites aussi courtes que possible et aux endroits tout à fait indispensables, afin de ne pas grossir démesurément un livre déjà pourvu de nombreux commentaires.

Nous avons également reproduit dans leur intégrité l'*Avertissement* et la notice sur *la vie et les écrits de Collé*, dont Barbier a fait précéder la première édition, de même que le *Catalogue chronologique des ouvrages de Collé*. Sous ce dernier rapport, nous avons dû compléter certaines indications de Barbier, à l'aide du travail spécial que nous avons fait nous-même lors de la publication de la *Correspondance inédite*.

C'est ici le lieu de dire qu'en dehors de la juste curiosité qui s'attache au *Journal* dont nous nous occupons, il est une circonstance qui donne à notre édition une valeur nouvelle, un intérêt piquant et imprévu. Nous voulons parler des fragments *inédits* qu'il nous a été donné d'y ajouter.

Grâce à une autorisation spéciale de S. E. le Ministre de la maison de l'Empereur et des Beaux-Arts, nous avons été admis à compulser le manuscrit original déposé à la Bibliothèque du Louvre, et à y recueillir quelques paragraphes qui ne sont pas dans la première édition.

D'un autre côté, pour faciliter les recherches dans un ouvrage qui renferme un si grand nombre de faits, d'anecdotes et de noms propres, nous avons clos notre travail par une *Table analytique* détaillée, mode d'indication qui manque trop souvent aux recueils de l'espèce, bien qu'il réponde à un besoin généralement reconnu.

Enfin, nous n'avons rien négligé pour donner à la réimpression du *Journal* en question tout le soin que mérite ce curieux document, qui, au point de vue chronologique comme sous plusieurs autres rapports, fait suite au *Journal* de Mathieu Marais, cette mine d'informations précieuses, véritable joyau littéraire si habilement enchâssé et mis au jour par notre spirituel et honorable ami M. de Lescure (1).

---

(1) *Journal et Mémoires de Mathieu Marais,* avocat du parlement de Paris, sur la Régence et le règne de Louis XV, 1715-1735. Publiés pour la première fois d'après le manuscrit de la Bibliothèque im-

INTRODUCTION.

Nota : Les paragraphes *inédits* que nous présentons au lecteur sont placés entre deux crochets : [   ].

Comme on le verra, un assez grand nombre de ces paragraphes mettent en lumière, sous forme d'anecdotes, des faits ignorés jusqu'ici, et dans lesquels l'histoire grave et la gaie chronique trouvent également leur compte. On en pourra juger dès la première page du présent volume, qui s'ouvre par une note intéressante et *inédite*, dans laquelle Collé fait connaître les circonstances particulières qui l'ont amené à écrire son *Journal*, etc. Du reste, nous nous sommes abstenu de recueillir certaines crudités obscènes qui doivent rester à l'état d'*incognito* dans le manuscrit de Collé. L'inédit a ses pudeurs, et le lecteur veut être respecté. Mais si nous nous refusons à nous faire l'écho de gaillardises effrontées, nous n'avons pas abdiqué notre droit de révélation, et nous avons emprunté au manuscrit en question tout ce qui nous a paru mériter d'être connu du curieux, de l'historien et du moraliste.

Honoré Bonhomme.

---

périale, par autorisation de S. E. le ministre de l'instruction publique. Avec une *Introduction* et des *Notes* par M. de Lescure; Paris, Firmin Didot, 1863-1866, 4 vol. in-8º.

AVERTISSEMENT

DE L'ÉDITION DE 1807.

Collé n'ayant commencé son *Journal Historique* que vers le milieu de sa vie, et l'ayant discontinué dans ses dernières années, nous avons cru devoir mettre en tête de cet Ouvrage une courte Notice sur la Vie et les Écrits de son Auteur; on verra qu'elle a été composée en grande partie par lui-même; ce que nous avons ajouté est tiré :

1° De la *Notice* publiée par M. Imbert, dans le *Mercure de France*, à l'époque de la mort de Collé ;

2° De celle dont les Éditeurs de la *Petite Bibliothèque des Théâtres* (MM. Le Prince l'aîné et Baudrais) ont fait précéder le *Théâtre choisi de Collé*, 1789, 2 vol. in-18° ;

3° De l'article Collé qui se trouve dans le *Tableau historique de l'Esprit et du Caractère des Littérateurs françois* (par M. Taillefer), *Versailles, Poinçot*, 1785, 4 vol. in-8° ;

4° De la *Vie de Piron*, dont M. Rigoley de Juvigny a enrichi la Collection des œuvres de l'auteur de *la Métromanie* (1).

---

(1) On peut ajouter que la *Correspondance littéraire* de Grimm, les *Œuvres de Laujon*, quelques feuilletons de Mlle Pauline de Meulan (depuis Mme Guizot), insérés dans *le Publiciste*, offrent également des éléments d'instruction précieux, en ce qui concerne notre chansonnier. Mlle de Meulan était mieux que personne à portée de fournir des données exactes sur notre chansonnier, qui, comme on le verra, vécut dans l'intimité de la famille de M. de Meulan, receveur général des finances, *son camarade de collége et son ami*. Melle Pauline de Meulan était petite-fille de ce dernier. Née à Paris en 1773, elle épousa en 1812 M. Guizot, et mourut en 1828.

Souvent nous nous sommes servi des propres expressions de ces différents écrivains.

C'était un charmant esprit, non moins qu'un grand cœur. Sous la Restauration elle écrivit, dans les journaux et recueils périodiques, notamment dans les *Archives littéraires* et *le Publiciste*, des articles de littérature, de philosophie et de morale, de peinture de mœurs et de caractères, qui furent très-remarqués. En outre, sous le nom de madame Guizot, elle a publié sur l'éducation plusieurs ouvrages, dont quelques-uns ont été couronnés par l'Académie française. Voyez, dans la *Biographie* de Michaud, tome 66 (*Supplément*), l'article qui lui a été consacré. (*H. B.*)

NOTICE

SUR LA VIE ET LES ÉCRITS

DE COLLÉ,

PLACÉE EN TÊTE DE L'ÉDITION DE 1807.

Charles Collé naquit à Paris, en 1709; son père était procureur du roi au Châtelet, et avait aussi la charge de trésorier de la chancellerie du Palais.

« Dès mes plus tendres années, même dès mes premières classes, dit-il lui-même dans un manuscrit que son possesseur a eu la complaisance de nous communiquer (1), j'ai toujours senti un attrait invincible pour la poésie, et surtout pour celle du théâtre.

« Je n'avois pas encore dix ans que mon père, que je perdis à quatorze, me menoit assez souvent aux François, et pendant plusieurs années je n'entrois point dans leur salle qu'il ne me prît un frisson de plaisir, tel que celui que je sentis au premier rendez-

---

(1) M. Després, secrétaire des commandements de S. A. I. le Prince Louis. Le talent et la gaieté qui règnent dans les pièces que cet auteur a fait jouer sur nos différents théâtres le font regarder comme un des plus dignes successeurs de Collé. (*Note de Barbier.*) — Ainsi que nous l'avons expliqué à la page 330 de la *Correspondance inédite* de Collé, ce manuscrit est aujourd'hui en la possession de M. Génie, qui a bien voulu nous le communiquer. (*H. B.*)

vous que me donna la première honnête femme, que j'eus à vingt ans, et dont j'étois éperdûment amoureux (1).

« J'avois commencé par idolâtrer Corneille et par adorer Racine, dès que j'eus un peu le goût ouvert.

« J'idolâtrai pareillement Molière et La Fontaine, que dans un autre genre je trouvois aussi des hommes du plus grand génie, égalant ou surpassant même celui qu'on appeloit à si juste titre *le divin*, *le grand*; du moins Molière et La Fontaine me paroissoient-ils et me paroissent-ils encore aujourd'hui les hommes les plus rares, et les plus sublimes peintres de la nature. Ils n'ont point de modèles chez les Grecs et chez les Romains; et les modernes, dans aucune nation, n'en approchent pas plus que les anciens.

« La gaieté inépuisable avec laquelle j'ai eu le bonheur de naître est peut-être la cause de mon idolâtrie presque exclusive pour eux.

« Ce fut sans doute cette même gaieté qui me fit me passionner, dans mon adolescence, pour le genre du vaudeville, si fort analogue à mon caractère.

« La Fontaine et Marot, Chapelle et Rabelais, qui tiennent quelque chose de ce genre naïf et gaillard, ne sortoient point de mes mains; je les lisois, je les relisois et les relisois encore. Leur naturel, leur simplicité et leur franche gaieté m'enivroient. Ils avoient avec mon esprit et mon âme l'analogie la plus at-

(1) Ce paragraphe qu'on vient de lire et les dix autres qui suivent immédiatement sont empruntés à la *Préface générale*, écrite par Collé, et que nous avons reproduite *in extenso* dans la *Correspondance inédite*. (*H. B.*)

tractive. J'avois un peu de voix; je chantois continuellement, et je jouois assez comiquement les chansons d'*Haguenier* (1), que je connus, *comme ça*, à quinze ou seize ans, chez mon oncle Rousset.

« A dix-sept, je connus particulièrement *Gallet*, avec lequel je fus lié pendant plusieurs années. J'aimois à la folie ses couplets naïfs et piquants. Je les trouvois (un peu machinalement sans doute) et moins compassés et moins froids que ceux d'Haguenier, qui passoit dans ce temps-là pour le premier homme du monde; mais ce fut chez Gallet que je rencontrai *Panard*, suivant moi, *le dieu du vaudeville;* c'est ainsi que je l'ai baptisé.

« Gallet et surtout Panard, auquel il n'a manqué que de voir meilleure compagnie, qui eût étendu le cercle de ses idées, ces deux chansonniers excellents m'inspirèrent le plus violent désir de barbouiller quelques couplets; mais, né avec une extrême défiance de moi-même, leurs talents supérieurs me jetèrent tellement dans le désespoir de pouvoir jamais les atteindre, même de loin, que je me réduisis à composer des chansons, des parodies d'airs, des odes, des vers, et même une tragédie-bouffonne (*Cocatrix*),

---

(1) Jean Haguenier, né en Bourgogne, dans l'Auxerrois, mort en 1738, âgé de plus de soixante ans, a composé beaucoup de chansons, remarquables par la naïveté des pensées et par la justesse des expressions. (*Note de Barbier.*) — Voltaire, qui avait vu Haguenier dans sa jeunesse, disait, pour exprimer la froideur de ses compositions que « c'étaient des *chansons à boire... de l'eau* ». Toutefois, celles qui commencent ainsi : *Nous autres, bons villageois... Je n'ai pour toute maison qu'une pauvre et simple chaumière*, etc., ont encore quelque agrément. (*H. B.*)

en *pur galimatias*, auquel on donnait alors le nom d'*amphigouris*. Ce fut et la bonne foi et la sévérité avec lesquelles je me jugeai moi-même qui me persuadèrent que je n'étois pas capable d'autre chose que de poésies folles, qui n'eussent ni suite ni sens, et qui fussent seulement *une espèce de parodie* de toutes les poésies. Mon extravagance et le délire de ma gaieté se contentoient de cet amusement.

« Ce fut long-temps après que je fus tiré de cet aveuglement, en partie par feu de Crébillon le fils, dont j'avois fait la connaissance aussi à l'âge de dix-sept ans, ainsi que celle de Gallet.

« Quelques années après, Crébillon me fit une sortie amicale sur mes amphigouris, qui couroient la ville, et qui m'avoient déjà fait une cruelle réputation, mais qui m'en avoient fait une. Ce fut lui qui me força de m'essayer, et qui me fit composer ma première chanson raisonnable : *Agnès, qu'auparavant l'on prenoit pour sainte*. Ce fut enfin lui qui m'apprit que j'avois quelque talent. »

Les liaisons que Collé avait contractées ne firent qu'augmenter sa gaieté naturelle. Piron, Gallet et lui se rassembloient deux fois la semaine à souper chez une dame qui, après avoir été belle, crut devoir jouer le rôle de bel esprit. Un soir que les trois amis s'étaient fait attendre, on se mit à table plus tard qu'à l'ordinaire; une chère délicate et fine, des vins excellents, des traits d'esprit plus vifs les uns que les autres, entremêlés de joyeux couplets, tout contribua à prolonger ce délicieux souper. Collé, Piron et Gallet sortirent ensemble; ils furent arrêtés par le guet au milieu de cette nuit. Conduits chez le commissaire Lafosse, nos trois aimables prisonniers subirent des interrogatoires, où ils mirent la gaieté que l'on pouvait attendre de l'état où ils se trouvaient. Nous renvoyons nos lecteurs au long et agréable récit de cette aventure, consigné par Rigoley de Juvigny dans sa *Vie de Piron*.

Collé était de la célèbre société du Caveau, composée des gens de lettres les plus distingués de ce temps. C'est là qu'ils passaient des jours heureux, dans l'agréable réunion des plaisirs de la table et des amusements de l'esprit. C'est là qu'avant de livrer leurs ouvrages au public ils les soumettaient non à des lectures d'apparat, telles qu'on en fait aujourd'hui dans le monde, mais à d'utiles examens, dans lesquels l'amitié implorait les conseils du goût. Le lecteur y recevait de son auditoire, non de vains compliments, mais de bons avis.

Les talents ne suffisaient pas pour être admis ou conservé dans cette société; il fallait y joindre encore une réputation sans tache, et ne pas s'exposer à la perdre par une conduite que l'on regardait alors comme opposée aux principes de l'honneur. Gallet, un des associés, en fit la triste épreuve. Convaincu d'avoir prêté à usure *à la petite semaine*, il reçut un billet conçu en ces termes : *Monsieur Gallet est prié de dîner tous les dimanches partout ailleurs qu'au Caveau*. Crébillon le fils fut l'inventeur de cette singulière invitation.

Le Caveau devint si fameux, que quelques seigneurs de la cour, voulant s'amuser, formèrent un jour la partie d'y venir; ils arrivèrent comme on était à table : la société les invita d'y prendre place; mais, par hauteur, ils refusèrent de s'asseoir; et, à leur attitude et leur contenance, ils semblaient dire : *Allons commencez, divertissez-nous.* Leur dédain fut puni par le silence le plus absolu, et ils se virent forcés de s'en aller sans avoir joui de la satisfaction qu'ils s'étaient promise; ils devaient pourtant bien penser, dit ingénieusement Rigoley de Juvigny, qui nous a fourni cette anecdote, que chaque membre du Caveau était plutôt fait pour rire des sots que pour les faire rire. Le désagrément qu'on venait d'essuyer déplut si fort que la société cessa de se réunir, et dès ce moment le Caveau fut détruit pour toujours. C'était vers la fin de 1739.

On doit croire que Collé, avec son caractère enjoué, ses railleries fines, ses couplets charmants et ses bons mots, a été l'un des plus agréables ornements de cette réunion.

Ce fut à cette époque qu'il commença à déployer, pour les théâtres de société, les talents qui depuis l'ont rendu si célèbre.

En 1737, il avait *tourné* en tragédie *Alphonse l'impuissant*, parodie de La Chaussée. Le duc de la Vallière fit imprimer cette pièce en 1738 (1), par Prault, sur le manuscrit qu'il en avait. Collé n'a pas

---

(1) Cette date est celle que présentent les manuscrits de Collé, mais la pièce est annoncée deux fois de suite, sous la date de 1740, dans le *Catalogue* des livres du duc de la Vallière, seconde partie, rédigée par Nyon l'aîné, libraire. V. tom. 5, p. 137. — (*Note de Barbier.*)

voulu l'insérer dans son *Théâtre de société*, ne l'estimant pas assez pour l'y recueillir. Il y a fait depuis quelques légers changements.

Le duc de la Vallière n'a pas eu la politesse, dans le temps, d'envoyer quelques exemplaires de cette pièce à l'auteur; il fut obligé d'en acheter vingt pour quinze livres, afin d'en faire des présents à quelques amis.

Le duc d'Orléans, père de celui qui s'est acquis une si affreuse célébrité au commencement et dans le cours de notre révolution, aimait les arts, et particulièrement celui du théâtre. Il accueillit Collé dans sa société, où l'on jouait très-souvent la comédie. Collé composa plusieurs pièces pour cette société, dans laquelle elles réussirent beaucoup. Le duc, voulant le récompenser d'un travail entrepris pour lui, sans le faire rougir de ses bienfaits, le nomma l'un de ses lecteurs ordinaires, avec une pension viagère, et le combla de ses bontés particulières jusqu'à sa mort.

« Découragé, dit notre auteur, dans un autre manuscrit que celui que nous avons cité, découragé par les esprits de ma société, qui, en 1747, n'avoient trouvé *la Vérité dans le vin*, qu'une parade renforcée, et qui n'avoient vu dans *le Rossignol* qu'un *opéra-comique*, au lieu d'y voir une comédie, leurs jugements, que je croyois bêtement, m'avoient abattu l'âme. Il n'y avoit pas jusqu'à mes vaudevilles et à mes chansons qu'ils ne déprisassent, quoiqu'ils fussent les premiers à en rire. Né heureusement avec une défiance extrême de moi-même, j'avoue ici avec la plus grande vérité, que ce ne fut que par mes réussites multipliées sur le théâtre de M. le duc d'Orléans, et celle de ma chanson de *Mahon* (1), et de *Marotte* (2), que je commençai à sentir le peu de talent que j'ai, et à m'en apercevoir.

« Je jure que jusque-là je ne me jugeois capable que de faire des *parades*, genre que dès lors je méprisai au fond du cœur, tout en m'égayant à en faire. Quand ma femme m'excitoit à tenter de m'élever jusqu'à la comédie, je lui soutenois avec vivacité et une intime persuasion que je serois un présomptueux et un sot de m'en croire le talent.

« Vaincu par elle, je fis du sujet de *Nicaise* une *comédie parade*.

« La scène tendre et passionnée du *Galant Escroc*, que je me croyois hors d'état d'écrire (n'ayant jamais traité que des gaietés), me fit composer l'acte de *la Veuve;* et cet acte me fit oser *Dupuis et Desronais*, et le tout par les encouragements et les sollicitations très-vives de ma femme. Je puis dire avec la dernière vérité que sans elle je n'aurois pas connu mes forces, et que sans ses critiques judicieuses, fines, et son goût délicat, mes ouvrages auroient été pleins de défauts, et peut-être grossiers et rebutants. Je dois prodigieusement à ses conseils. Je suis peut-être ou sans doute l'*unique auteur* de comédies qui ait rencontré dans sa femme un conseil aussi

---

(1) Voyez t. II, p.51. (*H. B.*)
(2) V. le *Petit chansonnier français*, Paris, Duchesne, 1780, in-8°, tom. I, pag. 27. (*Note de Barbier.*) Voyez aussi p. 11, t. II, du présent *Journal*. (*H. B.*)

sûr, des lumières aussi délicates, et, si je puis le dire, une espèce d'instinct pour la vraie comédie. »

Ce fut par la protection du duc d'Orléans que la charmante pièce de *Dupuis et Desronais* fut jouée sur le Théâtre-Français. Le sujet en est pris d'un conte qu'on trouve dans un recueil de petites histoires prétendues véritables, intitulé *les Illustres Françoises*, dont l'auteur anonyme (M. Chasles) est très-peu connu (1). Collé eut la franchise peu commune de découvrir lui-même la source où il avait puisé; car à chaque représentation de la pièce, on lisait sur l'affiche: *tirée du roman des Illustres Françoises*.

Il tint la même conduite à l'égard de l'écrivain anglais Dodsley, dont le conte dramatique intitulé : *le Roi et le Meunier de Mansfield*, avait été traduit en français, en 1756, sous le voile de l'anonyme, par M. Patu, dans un *Choix de petites pièces tirées du théâtre anglais*. Ce conte donna à Collé l'idée de *la Partie de Chasse de Henri IV*. Il en fit l'aveu dans son avertissement. Mais ce qu'il ne dit pas, c'est qu'il n'a fait usage que de trois ou quatre scènes de l'original anglais; encore les a-t-il pliées à sa manière, et se les est-il rendues propres, au point qu'il semble être l'inventeur de ce sujet. Peu d'ouvrages ont eu plus de représentations et d'éditions que cette excellente comédie. On la jouait un jour à Verdun, sur le théâtre de la ville. Au troisième acte, pendant que

---

(1) Dans son livre du *Réalisme*, M. Champfleury a parfaitement fait connaître cet écrivain. Voir la *note* mise par nous à la p. 277 du t. II. (*H. B.*)

Henri est à table avec Michaut et la famille de ce meunier, celui-ci chante une chanson pour réjouir son hôte; lorsque l'acteur fut au troisième couplet, qui commence par ces mots : *Vive Henri IV*, etc., tout l'auditoire, dont la sensibilité avait été vivement émue dans le cours de la représentation, entrant tout à coup dans l'enthousiasme, se mit à répéter en chœur et à haute voix : *Vive Henri IV*, etc.; et ce couplet fut chanté en entier de la même manière. Cette circonstance singulière, dans laquelle les spectateurs devinrent acteurs, est un nouveau trait à ajouter à l'éloge de l'immortel Henri et à l'histoire du caractère national.

Presque toutes les chansons de Collé ont fait fortune; elles forment la partie la plus piquante des différents recueils connus sous le titre de *chansonniers français*. On en trouve aussi un bon nombre dans le troisième volume de la seconde édition de son *Théâtre de Société;* ce sont les moins libres, parce que son censeur et lui n'ont pas jugé à propos de laisser voir le jour à celles qui le sont davantage. « Plus les mœurs se corrompent, dit Collé à ce sujet, et plus l'on devient décent; car la décence est presque toujours le masque du vice..... Rabelais et Marot, ajoute-t-il, eurent bien autrement leurs coudées franches; mais la corruption des mœurs n'étoit point encore perfectionnée, comme elle l'est de notre temps. »

Depuis la mort de Collé on a publié un petit volume de 212 pages, intitulé : *Chansons qui n'ont pu être imprimées, et que mon Censeur n'a point dû me passer;* 1784, petit in-12.

Collé regardait comme la meilleure de ses chansons celle qui commence par ce vers :

Chansonniers, mes confrères, etc. (1).

L'amphigouri, comme l'on sait, n'est qu'un galimatias rimé très-richement. Collé a composé beaucoup trop de couplets dans ce genre *misérable* : ce sont ses propres expressions. Il les regardait comme des égarements de sa jeunesse, *delicta juventutis*, et il n'en a admis qu'un seul dans le recueil de ses poésies; nous le transcrirons ici, parce qu'il a donné lieu à une anecdote littéraire.

Amphigouri, sur l'air du *Menuet de la Pupille.*

Qu'il est beau de se défendre
Quand le cœur ne s'est pas rendu!
Mais qu'il est fâcheux de se rendre
Quand le bonheur est suspendu !
Par un discours sans suite et tendre,
Egarez un cœur éperdu ;
Souvent par un mal-entendu
L'amant adroit se fait entendre.

Ce couplet a tant d'apparence d'avoir quelque sens, que le célèbre Fontenelle l'entendant chanter chez madame de Tencin, crut le comprendre un peu, et voulut le faire recommencer pour le comprendre mieux. Mme de Tencin interrompit le chanteur, et dit à Fontenelle : *Eh, grosse bête! ne vois-tu pas que ce couplet n'est que du galimatias?* « Il ressemble si
« fort à tous les vers que j'entends lire ou chanter

---

(1) Voyez t. II, p. 53. (*H. B.*)

« ici, reprit malignement le bel-esprit, qu'il n'est
« pas surprenant que je me sois mépris. »

La modestie de Collé égalait pour ainsi dire ses talents ; elle n'était pas chez lui l'effet d'une coquetterie d'amour-propre, employée pour donner du relief à son mérite ; c'était un sentiment de vraie humilité, fruit des réflexions d'un esprit juste, qui sait apprécier son talent, et connaît ce qui lui manque pour atteindre à la perfection. Il avait composé un examen de son *Théâtre de Société*, où il s'agissait des critiques qu'on en avait faites, et des éloges qu'il lui avait attirés de la part des journalistes ; et il est aisé de juger par les fragments qu'il en a publiés en tête de ce *Théâtre*, sous le titre de *Manière de Préface*, ou extrait d'un manuscrit intitulé : *Épanchement secret de l'amour-propre* (1), qu'il était plus porté à convenir de ses défauts qu'à adopter les louanges indiscrètes.

Un homme de lettres, étonné de ce qu'il ne se prévalait en aucune manière de la réussite de sa
« pièce de *Dupuis et Desronais* : Vous êtes le pre-
« mier poëte dramatique, lui dit-il, que je vois mo-
« deste dans le succès : comment faites-vous donc
« pour ne pas avoir de l'amour-propre, ou pour
« n'en pas montrer ? » *J'ai de l'amour-propre tout comme un autre*, répondit-il, *parce qu'il est impossible de se détacher de soi-même ; mais je me suis constamment étudié à le rendre raisonnable, en le tenant toujours plus bas que mes faibles talents.*

---

(1) Nous avons publié ce chapitre en entier dans la *Correspondance inédite* de Collé, p. 289-298. (*H. B.*)

« J'ai toujours regardé comme une vérité constante,
« disait-il encore, qu'aux yeux de la raison le mé-
« rite du poëte étoit de tous les mérites celui qui de-
« voit inspirer le moins d'amour-propre. Eh! de
« quelle utilité sont les poëtes? Platon, le plus sage
« des hommes, les bannissoit de la société. Je suis en-
« core trop fou pour être de l'avis de ce sage ; mais j'ai
« toujours eu assez de raison pour sentir que quel-
« que grands et quelque célèbres qu'ils fussent, ils
« étoient de tous les membres de la société ceux
« qui doivent concevoir le moins d'amour-propre.
« Henri IV et Turenne, Sully et Colbert, L'Hôpital et
« d'Aguesseau, Mathieu Molé et notre moderne La-
« moignon de Malesherbes, Bossuet et Fénelon, pré-
« cepteurs d'héritiers présomptifs d'un grand royau-
« me; Rollin et Le Beau, instituteurs de plusieurs mil-
« liers de citoyens; Boërhaave et Amboise Paré, Le
« Normand et Cochin, Jacques Cœur et MM. Le Cou-
« teulx, Parcieux et Vaucanson, et généralement
« tous les hommes qui, par leur génie et leurs tra-
« vaux, sont d'une utilité immense à la société, voilà
« selon moi les mortels auxquels on peut pardonner
« un excès d'amour-propre. »

Il disait encore, à propos des vices, des misères et des ridicules qui affligent l'humanité : *L'homme doit être humilié d'être homme ; Dieu seul peut avoir de la gloire, il est la gloire même; petits embryons du Parnasse, prenez cette mesure pour votre amour-propre; il ne nous incommodera ni ne nous révoltera pas tant.*

Le *Journal historique* que nous publions a été imdrimé sur le manuscrit même de l'auteur. Il suffira d'en lire quelques pages pour n'avoir aucun doute sur la vérité de notre assertion. On y trouvera une multitude d'anecdotes piquantes, mais nous croyons qu'il fera encore plus d'honneur au cœur de Collé qu'à ses talents. Partout en effet il s'y montre écrivain impartial, honnête homme, bon époux, bon ami; c'est une espèce de testament littéraire, où il expose naïvement et librement sa pensée sur les auteurs dramatiques ses contemporains et sur les événements qui l'ont le plus frappé; il l'a revu avec soin dans un âge où la vérité seule avait pour lui des attraits.

« C'est en finissant ma soixante-onzième année, dit-il, et même ayant déjà mangé deux mois sur ma soixante-douzième, que j'ai fait la revue et la réforme de ces Journaux.

« On y aura vu combien j'ai travaillé, mais on n'y aura pas vu combien j'ai eu de plaisirs à travailler, et ceux surtout que j'ai goûtés pendant plus de vingt ans que le théâtre de monseigneur le duc d'Orléans a subsisté de mon travail. Ce théâtre ne m'a donné que des agréments et point de dégoûts; quand quelques-unes de mes pièces y sont tombées, j'en voyois leur chute en riant; et ce n'étoit que par des badinages agréables qu'on me le faisoit sentir; c'étoit même si légèrement, que j'eusse pu ne pas m'en apercevoir, si je n'avois pas mis de l'*amour-propre* à n'en avoir qu'*un raisonnable*. Vive le théâtre de société! Le théâtre public m'a donné plus de dégoûts que de satisfaction, quoique *Dupuis et Desronais* et *la Partie de Chasse* y aient eu des succès au-delà même de mes espérances; quoique je n'y aie vu tomber que *la Veuve*, qui même a été mal jouée (diroit un autre auteur que moi), mais je passe condamnation, et je voudrois n'avoir que cette plainte-là à faire sur les comédiens; si l'on n'avoit pas pour soi le mépris qu'on fait d'eux et de leurs procédés, on seroit inconsolable.

« Heureusement j'ai aimé les lettres pour les lettres; elles n'ont pas été pour moi un métier, mais un amusement. Elles font encore tout mon plaisir dans ma vieillesse, où il n'est pas possible d'en avoir d'autres.

« Mais il y a longtemps que j'ai renoncé à ce que les hommes appellent *plaisirs*. Il y a longtemps que le *bonheur* a pris leur place chez moi; depuis que je suis marié, je l'ai senti dans toute sa plénitude. Je le sens encore. Que le ciel ne m'ôte rien, que ma femme se porte bien et que je sois en santé, je ne demande rien à Dieu que ma mort avant celle de ma femme; mais une mort sans souffrance, une mort et gracieuse et honnête; car...

. . . . *Dicique beatus*
Ante obitum nemo, supremaque funera debet. » (1)

Collé perdit cette épouse chérie peu de temps après avoir écrit ces lignes; cette perte, jointe à celle de tous les amis avec lesquels il avait passé la plus grande partie de sa vie, le jeta dans une espèce de mélancolie, qui lui fit désirer la mort; il l'obtint le 3 novembre 1783.

---

(1) Ovide, *Métamorphoses*, liv. III, fable IV. (*H. B.*)

Un de nos plus agréables chansonniers (M. de Piis) a dit que le vaudeville était mort avec Collé; cependant les poëtes aimables qui, dans ces dernières années, ont formé la société dite des *Dîners du Vaudeville*, ont bien prouvé que ce genre était essentiellement français, et qu'il n'était pas mort. Puissent de nouveaux Collé, Piron, Panard, le faire vivre encore longtemps parmi nous!

LISTE CHRONOLOGIQUE

DES OUVRAGES DE COLLÉ.

Cocatrix, tragédie amphigourique, en vers à rimes riches, en un acte, 1731.
Alphonse dit l'Impuissant, tragédie badine en un acte, en vers, 1737.
Razibus, parade, 1740.
Léandre étalon, parade, 1741.
L'Amant poussif, parade, 1742.
Les deux Gilles, prologue de Segonzac, *rajusté* par Collé, 1743.
Léandre grosse, parade, 1744.
La Mère rivale, parade, 1745.
Le Mariage sans curé, parade, 1746.
La Vérité dans le vin, avec l'évêque d'Avranches, comédie en un acte, en prose, 1747.
Gilles chirurgien, parade sans ordures, unique à cet égard, 1748.
Tragiflasque, tragédie en vers et en trois scènes, 1749.
Le Rossignol, ou le Mariage secret, comédie en un acte, en prose et en vaudevilles, 1750.
Léandre grosse, mise en vaudeville, 1752.
Blanc et noir, parade de Sallé, arrangée par Collé, 1752.
Les belles Manières, parade, 1752.
Les Vendanges de la folie, prologue, 1752.
La Rivale à Lesbos, parade, 1752.
L'Accouchement invisible, parade, 1753.
Isabelle précepteur, parade, 1753.
Nicaise, comédie en 2 actes et en prose, 1753.
Le galant Escroc, comédie en un acte, 1753.
Le Jaloux corrigé, opéra-bouffon, joué et sifflé à l'opéra, 1753.

Daphnis et Églé, acte d'opéra sérieux, musique de Rameau, et représenté sans succès à Fontainebleau, en novembre 1753.

Les Amants déguisés, opéra-comique en un acte, 1754.

Les Amours de Vénus et d'Adonis, premier acte des *Fêtes de Paphos,* ballet héroïque en trois actes, 17..

La Lecture, prologue en prose, 1754.

Tanzaï et Néadarné, tragédie en vers, en un acte, 1754.

Les Adieux de la Parade, prologue en vers libres, 1754.

La Veuve, comédie en un acte, en prose, 1756.

Joconde, opéra-comique en deux actes, 1757.

Le Rendez-vous manqué par Pierrot, scènes détachées en prose et en vaudevilles, 17...

La Tête à perruque, ou le Bailli, comédie en un acte, en prose, 1757.

Le Dervis, opéra-comique en deux actes, 1760.

Le Monde renversé, petit acte de comédie rajeuni du théâtre de la Foire, 1761.

Le Jaloux honteux, de Dufresny, mis en trois actes, 1761.

Madame Prologue, prologue, 1761.

La Comédie, proverbe, 1762.

Le Berceau, opéra-comique, 1763.

Dupuis et Desronais, comédie en trois actes, en vers libres, 1763.

Le Bouquet de Thalie, prologue, 1764.

La Partie de Chasse de Henri IV, comédie en trois actes, en prose, mêlée de chants, 1764.

Le Véritable amour, comédie en deux actes et en prose, jouée avec succès, 1764.

La même, en cinq actes, 1765.

Les Accidents, comédie en un acte, 1765.

Les Balances du mérite, divertissement en un acte, 1765.

La Cassette magique, prologue, 1765.

L'Ile sonnante, comédie en prose, mêlée d'ariettes, musique de Monsigny, 1767.

La Sensibilité des ivrognes, proverbe historique, 1768.

La Mère coquette, de Quinault, où Collé a changé le rôle du Marquis, 1769.

L'Andrienne, de Baron, remise à neuf, 1769.

L'Esprit follet, d'Hauteroche, refondu presque entièrement, 1770.

Le Menteur, de P. Corneille, refondu de même, 1770.

Recueil complet de mes chansons, tant imprimées que manuscrites, que j'ai ajoutées au troisième volume de mon *Théâtre de Société,* de l'édition de 1777, dans mon exemplaire.

Chansons qui n'ont pu être imprimées, et que mon censeur n'a point dû me passer. Sans indication de lieu ni d'imprimeur, 1784, petit in-12 de 212 pages.

Chansons joyeuses, mises au jour par un âne-onyme-onissime. Nouvelle édition, considérablement augmentée, avec de grands changements, qu'il faudrait encore changer. A Paris, à Londres et à Ispahan seulement. De l'Imprimerie de l'Académie de Troyes. VXL. CCD. M. (1765), in-8° (1).

Nota. Ce volume est le même que les *Chansons joyeuses* qui servent de quatrième tome à l'*Anthologie française* de Monnet.

Onze volumes de journaux manuscrits et reliés, le premier commençant au mois d'août 1748, et le dernier finissant en octobre 1772 (2).

Ainsi que nous l'avons dit dans l'*Introduction,* neuf de ces volumes sont déposés à la Bibliothèque du Louvre et forment le texte du *Journal* que nous réimprimons.

Enfin, on doit ajouter à la liste ci-dessus :

1° La *Correspondance inédite* de Collé que nous avons publiée en 1864, et dont il a déjà été parlé ;

---

(1) Le *Recueil complet des chansons* de Collé a été réimprimé en 1864, 1 vol. in-32, sous la rubrique de Hambourg et Paris, sans nom d'imprimeur. (*H.B.*)

(2) Neuf des volumes mentionnés dans ce dernier article sont entre nos mains ; les trois premiers forment celui que nous publions, deux des suivants ont été prêtés à une personne qui ne les a point rendus. Si ce *Journal* tombe sous sa main, nous la prions de se rappeler le nom de celui de qui elle les tient ; elle peut ainsi accélérer la publication de la suite du *Journal historique* de Collé. (*Note de Barbier.*) Malgré l'activité de nos recherches, reprises à diverses dates et poursuivies jusqu'à ce jour, nous n'avons pu parvenir à retrouver les deux volumes en question, lesquels se rattachent aux années 1752, 1753, 1761 et 1762. (*H.B.*)

2° Deux recueils manuscrits en la possession de M. Génie. Ces recueils renferment quelques opuscules en prose, des compositions dramatiques non imprimées, dont la plupart sont d'une extrême crudité, ainsi que des *Commentaires* critiques sur les *meilleures tragédies* de Voltaire (1).

H. B.

---

(1) Voyez à ce sujet la *Correspondance inédite* de Collé, p. 329 à 469.

JOURNAL HISTORIQUE.

SEPTEMBRE 1748 (1).

Je suis revenu d'Étioles le 2 de ce mois; je fus le même soir à la troisième représentation de *Sémiramis;* j'avois rencontré le matin Duclos, à qui j'avois demandé des nouvelles de la première. Il me dit qu'elle étoit

(1) [J'ai substitué à la première feuille de ce *Journal* celle que j'écris aujourd'hui en septembre 1768, vingt ans après l'avoir entrepris, pour déclarer ici les motifs qui m'ont fait faire ces barbouillages Les voici : en 1745 j'eus une sciatique cruelle, qui me fit croire que je serois toute ma vie valétudinaire; elle fut si affreuse que, m'ayant plié en deux pendant un an, à peine pouvois-je marcher en 1746. Ce mal, qui demandoit pour sa curation un continuel exercice du corps, me détermina à quitter l'emploi sédentaire que j'avois chez M. de Meulan, mon camarade de collége et mon ami. En effet, en 1746, au mois d'avril, je cessai de travailler à ce qui s'appelle affaires. M. de Meulan exigea de mon amitié que je garderois chez lui l'appartement qu'il m'y avoit donné. J'y consentis, et je n'ai eu qu'à m'en louer.

Au mois de mai, je fus à sa campagne, et dans le loisir où j'étois je fis, cette année, *la Vérité dans le vin*, qui réussit médiocrement dans la société Meulan, et encore moins vis-à-vis de la société de beaucoup de beaux esprits que je voyois dans ce temps-là, mais qui n'avoient pas apparemment le goût et le tact du théâtre. De là je me jugeai de bonne foi incapable de composer dans ce genre.

Le besoin de m'occuper me fit entreprendre de critiquer le théâtre, ne pouvant par moi-même y rien produire. Crébillon le fils, qui m'a connu depuis l'âge de dix-sept ans, pourroit certifier que cette défiance de moi-même n'est point une fausse modestie.] — (*Note de Collé.*)

tombée, quoiqu'elle eût été fort applaudie du parterre; qu'il tenoit des comédiens que Voltaire en avoit distribué lui seul tous les billets, dont le nombre étoit réduit à quatre cents (c'est l'entendre); que, malgré cette précaution, deux ou trois jeunes gens de ce parterre acheté avoient battu des mains *en bâillant tout haut*, ce qui avoit fait beaucoup rire tout le monde, excepté Voltaire.

Quant à moi, j'ai trouvé la pièce mauvaise; mais *c'est du mauvais de Voltaire*. Je n'en ferois pas autant, ni M. l'abbé Leblanc non plus.

C'est son *Ériphile* retournée; jamais, à mon avis, il n'a fait de plan plus déraisonnable et moins vraisemblable. Le dernier acte et le dénouement sont misérables; les trois premiers sont froids et sans aucun intérêt; le quatrième acte est le plus passable de tous; cependant il ne me mena pas jusqu'à l'émotion. Ainsi, à juger cette pièce, *et par sentiment*, c'est-à-dire par l'impression qu'elle m'a faite, *et par la raison*, j'entends par les défauts ou les beautés que l'on peut discuter dans une seule et unique représentation, elle m'a paru au-dessous du médiocre de Voltaire (1); cela est mauvais, *du moins pour moi*, comme disoit feu M. l'abbé de Saint-Pierre. C'est toujours ainsi qu'il faudra entendre mes décisions dans ce Journal.

J'oubliois de dire encore ce qui m'a frappé le plus c'est que tous les caractères de cette tragédie sont manqués, ou plutôt il n'y en a point; celui de *Sémiramis* surtout est contraire à l'idée que l'histoire nous en donne; Voltaire en fait une femme foible, sans ambition, partageant son autorité, dont elle étoit si jalouse, avec un

---

(1) On raconte qu'à la répétition générale de *Sémiramis*, l'employé du théâtre chargé de lancer la foudre au milieu d'une scène où jouait Mlle Clairon, et ne sachant s'il devait frapper un coup sec et brusque ou prolonger le bruit, s'avisa de cr'er du haut des nuages à l'actrice : « Le voulez-vous long? — Comme celui de Mlle Dumesnil, » répondit-elle. — *Annales dramat.*, t. VIII, p. 298. (*H. B.*)

certain Assur, qui est dans la pièce un personnage inutile et impossible; il la fait timide, pleine de remords, de dévotion, de crainte des dieux, des enfers, des revenants; il fait de Ninias un capitan qui rabâche sans cesse dans les deux premiers actes, *un soldat tel que moi..... les vertus d'un soldat.* Darboulin, que ce mot de soldat répété cent fois impatientoit, fit la mauvaise plaisanterie de dire : *Eh! qu'on le fasse sergent, pour qu'il ne rebatte plus ce mot de soldat!*

Elle a été représentée pour la première fois le jeudi 26 août. Le roi avoit donné 5,000 livres pour faire une décoration neuve, qui n'a point été trouvée admirable. Cette décoration aux deux premières représentations embrassoit les balcons les plus proches du théâtre, où l'on n'entroit que par le premier balcon, qu'on avoit ouvert, et non par les foyers, comme à l'ordinaire. Cette décoration est des frères Flosse (*Flooz*). Après la pièce, Dutartre (1) passa dans le foyer, et vit Voltaire qui se débattoit avec le prince de Wirtemberg, pour ne pas aller dîner chez lui à Versailles quelques jours après. « Mais, « lui disoit ce prince, ne venez-vous pas souvent à Ver- « sailles? n'allez-vous pas quelquefois faire votre cour au « roi? — Ma foi, mon prince, répondit Voltaire, voulez- « vous que je vous dise, je n'y vais plus; on ne peut le « voir qu'à son petit lever. *Cet homme* (ce sont ses termes « en parlant du roi dans un foyer) se lève tantôt à dix « heures, tantôt à deux heures, une autre fois à midi; « on ne peut compter sur rien; moi je lui ai dit: *Sire,* « *quand votre majesté voudra de moi, elle aura la bonté* « *de me donner ses ordres* ». Si c'étoit un autre que Dutartre qui m'eût dit ce fait, que l'on lui eût conté, et qu'il ne l'eût pas entendu lui-même, je ne le croirois pas vrai, parce qu'il n'est pas vraisemblable. Peut-on être aussi bête avec autant d'esprit!

---

(1) Cet ami de Collé était receveur de l'hôpital. (*H. B.*)

Le 3, je fus à la quatrième représentation de *Pygmalion* (1), acte d'opéra, mis en musique par Rameau, qui l'a pris dans le ballet des *Arts*, de feu M. de la Motte; cet acte n'étoit pas déjà assez merveilleux par lui-même pour que Balot (2) achevât de le défigurer entièrement par les augmentations et les retranchements qu'il y a faits. Cependant le démon de la musique de Rameau l'a emporté aussi bien sur le défaut de chaleur de M. de la Motte et le peu de parti qu'il a tiré de son sujet, que sur tout le barbouillage du Balot; il a réussi en dépit du poëme, qui avoit de quoi couler à fond dix autres musiciens; il a aussi eu à lutter contre les ballets, qui n'en ont pas paru bien faits; la petite Puvigné (3) y danse pourtant à miracle; on croit qu'elle y chante, car comme on ne l'entend pas, il n'y a que la foi qui puisse le persuader... Lany (4), qui est à présent chargé des ballets, fait tous les jours regretter Malter, qui les composoit avant lui; ce sont les nouveaux directeurs qui ont fait cette belle opération.

On ne connoît que deux de ces directeurs, quoiqu'on soupçonne qu'il y en ait d'autres, cachés sous la tapisserie. On appelle les deux qui ont le bonheur et l'honneur d'être connus : MM. de Saint-Germain et Tréfontaine. Le premier a épousé la Gaudet, qui étoit entretenue publiquement avant son mariage avec lui; le second est un homme intéressé dans les affaires, et dont la réputation, à ce qu'on dit, n'est rien moins que bonne. Ces gens ne se connoissent ni en poésie, ni en musique, ni en danse,

---

(1) La première représentation a été donnée le mardi 27 août.

(2) Balot de Sovot, mort en 1761. (*H. B.*)

(3) Puvigné (Mlle), charmante danseuse de l'Opéra, qu'elle quitta pour se marier en province. Voy. dans les *Annales dramat.*, t. VII, p. 525, des vers faits sur elle. (*H. B.*)

(4) Lany (J. Barthélemy), maître et compositeur des ballets de l'Opéra. Sa sœur, Mlle Lany, plus tard Mme Gelin, était aussi danseuse. Les *Anecdotes dramat.*, t. III, p. 274, renferment un quatrain adressé à cette dernière. (*H. B.*)

et ont pris l'Opéra comme une ferme, dont ils veulent tirer le plus qu'ils pourront; ils l'ont eu à très-haut prix, à ce qu'on prétend, et on doute qu'ils s'en tirent; ils sont au reste entièrement dévoués à Rameau, qui en fait tout ce qu'il veut. Si cela pouvoit faire travailler ce grand *et vilain* homme !

Le 4 je retournai à *Sémiramis*, qui m'ennuya davantage, et où je trouvai plus de défauts que la première fois. En entrant dans l'amphithéâtre, je trouvai Piron, qui me dit ces deux vers-ci :

> Catilina s'avance, on va le voir paroître.
> Tyran, descends du trône, et fais place à ton maître !

Catilina est effectivement achevé, et Crébillon a été aujourd'hui à Choisy, le lire à Madame de Pompadour, et a pris jour pour le lire aux comédiens le 10.

Le 6, je fus voir Crébillon le fils, qui me dit un bien surprenant du cinquième acte de *Catilina*, que je n'ai pas entendu ; il ne loue son père qu'à bonnes enseignes (1).

Le 7, je fus voir, le matin, Crébillon le père, auquel je demandai des nouvelles de la réception qu'on lui avoit faite à Choisy. Voici, mot pour mot, ce qu'il me répondit : « Il faudroit que je fusse un fat, si je te disois, mon
« ami, la façon dont j'ai été accueilli là-bas et l'enthou-
« siasme que la lecture de ma pièce a produit sur ceux
« qui l'ont entendue. Madame de Pompadour, après m'a-

---

1) Un jour, en pleine assemblée du Caveau, Duclos demandait à Crébillon père quel était le meilleur de ses ouvrages ? — « La question est embarrassante, répondit le poëte ; mais voici le plus mauvais, ajouta-t-il en montrant son fils. — Pas tant d'orgueil, s'il vous plait, Monsieur, lui répondit celui-ci ; attendez qu'il soit prouvé que tous ces ouvrages sont à vous. » La calomnie attribuait à un chartreux les productions de Crébillon père, qui, outré de l'allusion, regarda son fils d'un air menaçant et sortit brusquement du Caveau, où depuis cette époque on ne le revit plus. Voyez les *Œuvres choisies* de Laujon, t. IV, p. 230. (*H. B.*)

« voir comblé d'éloges, me dit de me presser de faire
« achever de copier *Catilina*, afin qu'on l'imprimât aus-
« sitôt au Louvre, avec mes autres œuvres, dont le roi
« veut faire faire une édition magnifique, et me la
« donner (1). » Il m'ajouta qu'un libraire lui avoit offert 25,000 livres de cette édition; chose dont, à bon
droit, le lecteur peut douter. Il me dit encore qu'on
avoit détaché après *Dufresne* le comédien, pour l'engager
à jouer son rôle de Catilina. Comme je lui parus surpris
de cette démarche, que je ne lui dissimulai pas que je
croyois inutile, il me dit que je cesserois de m'en éton-
ner quand je saurois que lorsque Dufresne quitta le
théâtre, il lui avoit promis qu'il y remonteroit pour jouer
Catilina, *fût-il même en enfer;* ce fut son expression. Je ne
croirai pourtant qu'on en vienne à bout que lorsque je
le verrai; au reste, il tient le cas fort secret, de peur de
donner du dégoût à Grandval, dont il aura besoin s'il
ne peut avoir Dufresne, comme il y a toute apparence.

Nous verrons, dans la suite de ce Journal, si je n'aurois
pas désespéré mal à propos du succès de cette négociation.

Le 7, je retournai à Étioles, à cinq heures du soir; il
ne s'y est rien passé d'intéressant.

[Le 17, je suis revenu à Paris, où, en arrivant, je trouvai une personne à laquelle je m'intéressois, à la mort,
d'une fluxion de poitrine qui lui avoit pris le 15 dudit.
Le 18 au soir elle en fut quitte, à une très-grande foiblesse près et un peu de toux.

Je vis affichée une reprise du *Dépit amoureux* de Molière, que l'on donnoit ce jour-là et qu'on m'a dit qui étoit
bien remis. Je n'ai pu en voir une représentation, quoique
de ma vie je n'aie vu jouer cette pièce.]

---

(1) Voyez les *Mémoires de Marmontel*, t. I, p. 369, édit. in-8°. — *Note de Barbier.* — On opposait Crébillon à Voltaire, en vue d'être agréable au roi qui n'aimait pas ce dernier. Petit manége de cour dont personne n'était dupe, et qui trahissait la faiblesse du maître en même temps que la docilité des valets. (*H. B.*)

Le mercredi 18 les comédiens italiens donnèrent les *Fées rivales*, comédie italienne en cinq actes, avec spectacle ; tout le monde l'a trouvée détestable, à l'ordinaire, et tout le monde y a été : elle a eu quinze ou seize représentations, et n'a été interrompue que par le voyage de Fontainebleau. Il faut dire que depuis douze ou quinze ans il ne tombe plus de pièces de théâtre ; on ne siffle plus ; le public est devenu un Mithridate : à force de lui donner du poison on l'y a accoutumé. *Sémiramis* en fait preuve ; elle a eu quinze représentations fort bonnes, surtout pour la saison ; la dernière est du samedi 5 octobre, et elle en eût eu encore quelques-unes sans le départ des comédiens pour Fontainebleau. Je ne comprends rien à cette espèce de succès, et je persiste à penser que c'est la plus mauvaise pièce que jamais Voltaire ait donnée ; elle est d'un ennui mortel, du moins pour moi. L'amas de lieux communs qui sont entassés dans cette tragédie a donné lieu à Piron de faire un couplet de chanson ; c'est une parodie sur l'air de : *Laissons-nous charmer du plaisir d'aimer*. Piron appelle ce couplet l'inventaire de Sémiramis ; le voici :

> Blasphèmes nouveaux,
> Vieux dictums dévots,
> Happelourdes, pavots,
> Et brides à veaux ;
> Que n'a-t-on pas mis,
> Dans Sémiramis ?
> Que dites-vous, amis,
> De ce beau Salmis (1) ?

Quiéco, ou Lélio le fils (2), a fait, dit-on, une parodie de cette pièce ; mais depuis deux ou trois ans on ne

---

(1) Voy. cette pièce dans les *Œuvres complètes* de Piron, t. IX, p. 244, édition de 1776, publiée par Rigoley de Juvigny, 9 vol. in-12. (*H. B.*)

(2) Riccoboni (François), Mantoue, 1707-1772, débuta au Théâtre-Italien en 1726, dans *la Surprise de l'Amour*, et prit, comme son père, le nom de Lélio. A composé un assez grand nombre de pièces, seul, ou avec Dominique et Romagnesi. (*H. B.*)

permet plus aux Italiens de jouer des parodies. On m'a dit un trait de cette dernière, et le voici : à la fin de cette parodie, cinq ou six personnes apportent, avec grande peine, un grand coffre ; un des interlocuteurs demande ce que c'est que ce bahut-là, qu'il paroît bien lourd : on répond que c'est le dénouement, qui y est tout entier ; on fait par-là allusion à celui de *Sémiramis*, qui se passe dans l'intérieur du tombeau de Ninus. Crébillon le père, qui a lu cette parodie, m'en a dit du bien ; mais il est suspect de partialité.

OCTOBRE 1748.

Gresset a fait ces jours derniers, à M. de Tournehem, une épître en vers, qui n'a pas été autrement goûtée. Il donne dans cette épître un conseil singulier à ce directeur des bâtimens du roi : c'est de conserver la colonne de l'*hôtel de Soissons*, qui servoit d'observatoire à Catherine de Médicis, *afin*, dit-il, *d'y mettre la statue du roi*.

Il ne faut pour trouver cela ridicule qu'avoir vu cette colonne, qu'il veut d'ailleurs, qu'en exécutant son projet, on nomme *Colonne lodoïque*. Piron a fait au sujet de cette idée creuse un rondeau à la grecque, je veux dire qui n'a pas grand sel. Il feint que ce rondeau a été composé et envoyé à M. Gresset, par un académicien son confrère.

RONDEAU.

A rien de beau, pour nous, Gresset,
Tu ne conclus dans ton placet ;
Quoi ! du roi confier la gloire
Au fût d'un vieil observatoire ;

Mieux valoit garder le tacet!
Toute colonne, comme on sait,
Avec le temps, comme un lacet,
Se rompt et laisse une mémoire
    A rien.

  En beaux jetons, plein le gousset,
Sommes-nous pas, seize ou dix-sept,
Payés pour le poëme et l'histoire?
A quoi sert donc notre écritoire?
Tu l'auras fait dire tout net :
    A rien.

Cette anecdote, qui n'est pas fort curieuse en elle-même, marque du moins l'époque de la démolition de l'hôtel de Soissons, qui a été commencée cette année, et qui n'est pas encore achevée. A propos de démolition, celle de Petitbourg est affichée et va se faire incessamment; on vendra aussi les bois.

[Le 5 de ce mois, Monticourt (1) donna à dîner chez lui à des dames de notre connoissance. Piron en étoit, et c'étoit même pour lui que le dîner s'étoit fait. Mon frère Vigny en fut par hasard, et s'y enivra très-correctement, ce que je remarque pour dire que de ma vie je n'avois vu d'ivresse pareille à la sienne. C'étoit une ivresse battue à froid, du reste fort incommode et fort dégoûtante. Piron crut qu'il n'étoit pas mon frère, qu'on lui faisoit une niche en le disant; que c'étoit quelque jeune étourdi qu'on lui jetoit à la tête, et qui contrefaisoit l'ivrogne pour le plaisanter. Son embarras nous fit rire pendant quelques instants. Il ne laissa pas de durer.]

Le 8 octobre, je suis revenu à Étioles; M. et Madame Roussel y venoient le même jour. J'étois pour lors

---

(1) Monticourt était un convive aimable, joignant au jugement le plus sain l'esprit le plus délicat, le plus fertile en saillies et une gaieté naturelle qui souvent allait jusqu'au persiflage. Aussi son adresse à donner des coups de patte sans trop égratigner l'avait elle fait nommer le *Chat de la Société*. — Laujon, *Œuvres choisies*, t. IV, p. 231. (*H. B.*)

dans une situation cruelle, et j'avois l'esprit rempli d'inquiétudes affreuses sur la santé d'un de mes amis, dont j'ai appris ici le rétablissement. Quoique mon dessein ne soit en aucune façon de faire entrer des nouvelles publiques dans ce Journal, cependant je ne puis tenir à l'insolence d'un ministre du roi de la Grande-Bretagne, à la veille de la paix, et il faut que j'en fasse note. Voici le fait tel qu'il est dans la Gazette d'Utrecht, du mardi, 15 octobre; je ne fais que la copier :

« *De Schaffouse, le 8 octobre.* La proposition faite au
« canton de Fribourg, de consentir que le fils aîné du
« chevalier de Saint-Georges y établît son séjour a donné
« lieu à une lettre que M. Burnaby, ministre d'Angle-
« terre auprès du corps helvétique, a adressée à ce
« canton, *et qui est conçue en termes très-énergiques* »
(expressions très-foibles, ou persiflage du gazetier).
« La régence de Fribourg a répondu, de son côté, dans
« des termes qui paroissent avoir causé un grand mé-
« contentement au ministre d'Angleterre. Comme cette
« affaire fait du bruit, et qu'il y aura occasion d'en parler
« plus au long dans les nouvelles suivantes, voici ces
« deux pièces telles qu'on les voit ici :

Magnifiques seigneurs,

« Ayant appris en son temps la proposition qui vous
« fut faite à Arberg de la part de M. l'ambassadeur de
« France, mon devoir ne me permit point de la laisser
« ignorer au roi. J'ai eu soin d'informer aussi Sa Ma-
« jesté de la réponse que vous jugeâtes à propos de
« faire au même ambassadeur, par MM. vos députés, en
« lui notifiant que le canton de Fribourg consentoit de
« recevoir et de donner asile au fils aîné du *prétendant,*
« le traitant dans cette réponse d'*Altesse royale.* Le roi
« a eu bien de la peine dans le commencement à y
« ajouter foi; mais je vous laisse juger de sa surprise
« extrême lorsqu'en même temps que j'eus l'honneur

« de remettre à Sa Majesté la lettre du louable corps
« helvétique, en date du 31 juillet, je me suis donné
« celui de lui confirmer mes précédents avis. En effet,
« *c'est une chose qui me passe, à moi qui suis sur les lieux,*
« *que, sans me consulter,* ni m'en faire la moindre com-
« munication, vous ayez voulu prêter l'oreille aux bruits
« artificieux répandus dans le public, comme si le roi
« consentoit ou eût jamais songé à consentir *que ce*
« *jeune homme fît* sa résidence en Suisse. Il faut, Magni-
« fiques seigneurs, *que vous n'ayez pas réfléchi dans ce*
« *moment* que ni Sa Majesté le feu roi d'Angleterre,
« de glorieuse mémoire, ni Sa Majesté la reine Anne,
« *n'ont jamais voulu permettre,* en aucun cas, *ni à aucun*
« *prince* que ce fût, en amitié avec la couronne de la
« Grande-Bretagne, *de donner protection au père de ce*
« *jeune Italien,* dans aucun de leurs États en-deçà des
« Alpes. A plus forte raison, Sa Majesté glorieusement
« régnante, *qui vient de sauver l'Europe des fers qu'on lui*
« *forgeoit, et qui est actuellement prête à lui faire rendre*
« *la paix* à des conditions justes et raisonnables, est en
« droit de se promettre qu'après tous ses généreux
« efforts pour soutenir dans leur indépendance *les États*
« *libres qui étoient chancelants,* et après avoir consacré
« des trésors immenses au rétablissement du repos pu-
« blic, ni vous, Magnifiques seigneurs, ni aucun des
« louables cantons ne voudront recevoir, protéger ou
« donner asile à la personne qui prétend à sa couronne,
« ou à qui que ce soit de ses descendans, *dont la race est*
« *odieuse* à tous ses sujets et proscrite par les lois de la
« Grande-Bretagne. Une pareille démarche de votre
« part, sans la participation de vos co-alliés, *feroit un*
« *contraste assez bizarre avec les expressions cordiales,*
« *helvétiques, et remplies de reconnoissance,* contenues
« dans la lettre de ce louable corps, ci-incluse, tout ré-
« cemment écrite à Sa Majesté.

« Je vous prie de réfléchir *sérieusement* là-dessus, de

« même que sur le contenu de la mienne, que je vous
« adresse par ordre exprès du roi, et afin qu'il n'y ait
« point de méprise dans une affaire si importante et
« délicate, je vous demande *que votre réponse soit telle,
« qu'elle puisse engager Sa Majesté à s'intéresser vive-
« ment, comme par le passé, dans tout ce qui peut vous être
« utile.* A Berne, le 8 septembre 1748. *Signé* Burnaby. »

Réponse faite à cette lettre par la régence du canton de Fribourg :

MONSIEUR,

« La lettre que vous avez pris la peine d'adresser à
« notre petit et grand conseil, en date du 8 du courant,
« nous a paru si peu ménagée en ses expressions et si
« peu convenable envers un État souverain, que nous
« jugeons ne devoir pas y répondre, d'autant plus que
« la façon dont elle s'énonce ne sauroit, MONSIEUR, nous
« induire à vous consulter sur les constitutions de cet
« État et de sa souveraineté. Du reste, nous demeurons,
« MONSIEUR, les très-affectionnés à vous servir. L'AVOYER,
« et le conseil de la ville de Fribourg. »

Ce M. *Burnaby* est une espèce de capitan de nos anciennes comédies, et il aura sans doute le même sort que ce personnage. Cela finira par des *nasardes* qu'on lui donnera, qu'il recevra, et dont peut-être il remerciera.

Le 21, M. Mabile, arrivant de Fontainebleau à Étioles, nous dit que le roi avoit déclaré le matin, à son lever, que la paix avoit été signée le 17 du courant, à Aix-la-Chapelle. Ce même jour, je reçus une lettre de Paris, qui m'apprend que le samedi 19 les comédiens françois donnèrent la première et vraisemblablement la dernière représentation de *Mégare*, tragédie de M. de Morand (1), qui a été sifflée et bafouée. Tous les acteurs meurent à la

---

(1) Morand (Pierre de), né à Arles, en 1701, mort en 1757. Original qui, en dictant son testament, parodia celui de Crispin dans le *Légataire universel*. (*H.B.*)

fin de cette tragédie, et le parterre a demandé au seul qui restoit la liste des morts et des blessés. Ce M. de Morand a fait *Téglis* et *Childéric*, deux tragédies au-dessous de la médiocrité la plus incurable, et même un peu plus qu'au-dessous. Il donna il y a quelques années une pièce aux Italiens; elle eut un sort plus fâcheux encore (1) : après la représentation, il vint dire au public que le rôle de belle-mère que l'on avoit trouvé trop outré dans sa comédie étoit si bien dans la nature, que c'étoit le caractère de sa belle-mère à lui, mais qu'il avoit adouci. Sa harangue fut sifflée autant que sa pièce. Alors, ne se possédant plus, il jeta son chapeau dans le parterre, en disant *qu'il n'y avoit personne d'assez hardi pour le lui rapporter*. L'exempt l'arrêta, lui envoya chercher son chapeau par un de ses archers, et je ne sais s'il ne fut pas mis en prison. Quoi qu'il en soit, il n'avoit pas le fond de cette extravagance, il n'a pas assez d'esprit pour être aussi fou.

Le 24, je suis revenu à Paris, et j'en mourois d'envie. En arrivant, j'appris la mort de M. Dufort, qui avoit pris son parti la veille. Sa place d'intendant des postes a été donnée par le roi, de son pur mouvement, au sieur Duparc, ancien secrétaire du cardinal Fleury. Celle de fermier général étoit promise depuis longtemps à M. Camuzet, notaire, qui avoit *le bon du roi* pour la première vacante; c'est la récompense de son procédé honnête et généreux vis-à-vis de Madame de Chateauroux. A son retour de Metz, abandonnée de tout le monde, dans sa disgrâce, Camuzet fut au-devant d'elle avec une bourse de mille louis; aussi en rentrant dans les bonnes grâces du roi, et quoique le temps ait été fort court de cette époque à celle de sa mort, elle n'oublia point ce service, d'autant plus flatteur pour elle, qu'il n'y avoit pas alors d'apparence que le roi la reprît et que sa fortune d'ailleurs étoit très-délabrée. Il a été beaucoup question pour

---

(1) Il s'agit de *l'Esprit de Divorce*, comédie jouée en 1738. (*H. B.*)

l'intendance des postes de M. Laborde. Quant à l'intérêt dans les postes, qui est une chose séparée de l'intendance, on parle beaucoup de Ferrand ; aujourd'hui on le lui donne, demain on dit qu'il ne l'a pas ; ces grâces qui n'ont point été faites ou qui ne se décident pas sur le champ, en faveur des créatures de Madame de Pompadour, font croire à nos bourgeois de Paris que le crédit de cette favorite baisse un peu.

Le 29, je fus souper chez M. de Cury (1), qui avoit la goutte ; la Bruère (2) nous y lut une comédie en un acte et en vers de sa façon, qui me parut bien jolie ; c'est une pièce de société, où il y a des situations un peu libres, et peut-être ne les passeroit-on pas au théâtre ; elle est bien élégamment écrite, et dans le style du grand monde ; elle a pour titre : *les Congés*.

Il nous lut aussi un opéra en trois actes, intitulé : *le Prince de Noisy*, qui me parut divin à la lecture. On n'écrit point mieux dans le style lyrique, et, tout blasphème à part, c'est de la force de Quinault, et c'est dire beaucoup pour moi, qui adore cet auteur.

Avant ces lectures, M. le duc de Luxembourg vint faire une visite à Cury ; il arrivoit de Fontainebleau ; il nous dit que le roi avoit demandé à M. de la Reynière des détails de la mort de son frère, et qu'il avoit répondu au roi, d'un ton pleureur : *qu'il étoit mort comme un poulet*. Je ne garantis point que le fait soit vrai, mais j'assure l'avoir entendu de la bouche même de M. de Luxembourg.

---

(1) Ce fut Cury qui fit la fameuse parodie de *Cinna*, dirigée contre le duc d'Aumont et dont Marmontel se vit accusé. Voyez le livre VI des *Mémoires* de ce dernier, où est racontée cette anecdote. Suivant Marmontel, « Cury était homme d'esprit, bon plaisant, d'un sel fin dans son « sérieux ironique, et plus espiègle que malin. » Il était intendant des menus plaisirs du Roi. (*H. B.*)

(2) La Bruère (Ch.-Ant. le Clerc de), né près de Senlis, eut avec Fuselier le privilége du *Mercure*, accompagna le duc de Nivernais dans son ambassade de Rome, et mourut en 1754, âgé de trente-neuf ans. (*H. B.*)

Pendant toute la semaine, les comédiens ont affiché : *en attendant la deuxième représentation de Mégare, interrompue pour le service de la cour;* et il est sûr aujourd'hui qu'ils ne la donneront pas.

Cette affiche étoit singulière, et n'avoit nulle vraisemblance, en ce que, lorsque les comédiens mettent une pièce au théâtre pendant un voyage de Fontainebleau, ils s'arrangent de façon que les représentations n'en puissent être interrompues; cette affiche étoit sans doute une suite de l'imagination vive et spirituelle de l'auteur.

NOVEMBRE 1748.

Royer (1) fit le jour de la Toussaint l'ouverture du concert spirituel qu'il a nouvellement entrepris; il en rend 6,000 livres par an à l'Opéra, et 2,000 livres à une autre personne que l'on ne connoît point. Mademoiselle Chevalier, de l'Opéra, est, dit-on, associée avec lui; il a fait accommoder la salle qu'on lui a donnée aux Thuileries d'une façon fort honnête; les femmes y sont bien en vue, et fort à leur avantage. La dépense qu'il a faite monte, à ce qu'on croit, à 20 ou 25,000 livres. Il y avoit ce premier jour un monde prodigieux; mais c'étoit sans doute la curiosité de voir la salle nouvellement décorée, autant et plus que l'envie d'entendre le concert, qui causa l'affluence.

Le 4, en rentrant, à dix heures du soir, on me remit

---

(1) Royer (Jos.-Nic. Panevace), né en Savoie et naturalisé français. Maître de musique des enfants de France, compositeur de musique de la chambre du Roi, qui le nomma inspecteur général de l'Opéra. Il mourut en 1755, à l'âge de cinquante ans. (*H. B.*)

une lettre de M. le comte de Montauban, qui est de la cour de M. le duc de Chartres. Je connois ce M. de Montauban-là depuis quinze ans, mais je ne le vois point, et ne suis nullement lié avec lui ; si une lettre de sa part me surprit, ce qui étoit dans cette lettre me surprit bien davantage. Il me marquoit que le Prince avoit entendu parler de mon *Évêque d'Avranches* (1) (ce sont ses termes), et qu'il désiroit que je lui en vinsse faire la lecture le lendemain, à cinq heures du soir.

Je rêvai beaucoup pour trouver un prétexte honnête et adroit de ne point aller lui lire ma comédie.

Après bien des réflexions, je m'arrêtai à cet expédient-ci :

Je fus trouver le lendemain matin M. de Montauban, auquel je dis d'abord toutes les choses modestes que je devois dire sur mon ouvrage : Qu'il ne méritoit pas l'honneur que M. de Chartres vouloit lui faire ; que ce n'étoit point une pièce d'un goût qui pût lui convenir ; qu'il n'y trouveroit point la peinture ni le ton du grand monde, que je n'avois point vu ; que ce n'étoient que des mœurs bourgeoises, une polissonnerie, une farce, etc. ; qu'au fait, et pour lui parler naturellement, j'étois revenu *de la vanité* de montrer mes ouvrages à des personnes avec lesquelles je n'avois pas l'honneur de vivre ; qu'à mon âge on étoit défait de ce sot amour-propre, et que c'étoit un ridicule que je ne voulois pas ajouter à tous ceux que je m'étois déjà donnés ; mais que si M. le duc de Chartres vouloit me donner sa parole de demander pour moi des sous-fermes, pour 50 ou 60,000 livres, alors *ce motif d'une ambition raisonnable*, convenable à mon état, et qui me sauveroit du ridicule de la vanité d'auteur et de cette sotte gloriole, me détermi-

---

(1) Il s'agit de la *Vérité dans le vin*, comédie de Collé, dans laquelle figurait d'abord un évêque d'Avranches, qu'il remplaça par milord Sinderèze, sur les observations du duc de Chartres, ainsi qu'on le verra plus loin, p. 77. (*H. B.*)

neroit sur-le-champ à avoir l'honneur d'aller lui lire tout ce qu'il voudroit. (N'étois-je pas un monsieur bien bon?) J'avois commencé par dire à M. de Montauban que comme la proposition que je faisois-là, et dont il vouloit bien se charger, avoit peut-être en soi quelque chose de ridicule, ou que du moins l'on pourroit facilement l'y tourner, je lui demandois le secret, et le priois de l'exiger de M. de Chartres, ce qu'il me promit. Je finis en disant que je sentois bien moi-même que c'étoit une défaite honnête que je donnois au prince, et que j'étois bien sûr qu'il ne feroit pas la plus légère attention à ma demande, qui lui paroîtroit sans doute très-saugrenue. M. de Montauban m'assura qu'il tourneroit ces raisons à Son Altesse du mieux qu'il lui seroit possible; que j'attendisse chez moi jusqu'à sept heures, et qu'il me donneroit des nouvelles *du oui ou du non*. Il falloit effectivement que cela se décidât dans ce peu de temps, parce que le prince revenoit de Saint-Cloud à cinq heures, alloit à l'Opéra, et de là souper à Fontainebleau.

J'avois bien dit et répété à mon homme que je le suppliois, si ma requête étoit rejetée, comme je m'y attendois, de ne me point absolument faire faire cette damnée lecture; il m'en donna sa parole d'honneur.

Je n'avois pas oublié non plus de l'intéresser au succès, et je m'étois engagé avec lui, au cas que nous pussions réussir, à lui donner le tiers des sous-fermes que j'obtiendrois par la protection de M. de Chartres. A six heures et demie du soir, je reçus un mot de M. de Montauban, qui me marquoit *que le Prince feroit ce que je désirois*, que je me trouvâsse auparavant chez lui, à neuf heures du soir, et que de là il me mèneroit lire ma comédie à Son Altesse. Je n'y manquai pas; je m'y rendis à huit heures et demie, et à neuf et un quart nous fûmes introduits dans l'appartement du duc de Chartres, qui me reçut avec bonté, *me fit asseoir,* et je lus ma pièce, qui parut lui faire plaisir. Il n'y avoit que le prince, M. de Montauban, et moi.

Je viens de dire que le prince *me fit asseoir*, et à ce sujet je ne puis m'empêcher de remarquer ici mon manque d'usage, quoique ce soit une bien légère circonstance : j'allois m'asseoir, sans que M. de Chartres m'en eût donné la permission, lorsque, me prenant sur le temps, M. de Montauban lui dit avec précipitation : *le prince veut-il bien permettre qu'il soit assis pour lire ?* M. de Chartres répondit : *Qu'il s'assoie !* et, ma foi, je crois que je l'étois déjà, ou du moins je m'asseyois dans l'instant.

Je fus d'ailleurs d'une assez belle timidité. Après la lecture, le prince entra dans quelques détails, me fit des complimens sur ma comédie ; il m'assura de sa protecion et me promit de faire pour moi ce dont M. de Montauban lui avoit parlé.

Depuis ce temps j'ai reçu plusieurs lettres de ce dernier, par lesquelles il me marque que mon mémoire a été donné, et que Son Altesse en a fait prendre une note à M. Ducoudrai, beau-frère de M. de Machault, pour l'en faire ressouvenir et en avoir réponse.

Voilà, au 12 de ce mois, à quoi en est cette affaire, que je ne me flattois pas seulement qui pût prendre couleur. Ce n'est pas que j'aie encore une grande espérance de réussir : il y a furieusement loin d'ici au camp ; mais enfin, de quelque façon qu'elle tourne, je pourrai du moins me rendre témoignage que la vanité n'a eu aucune part à la lecture que j'ai faite à M. le duc de Chartres, et qu'un bien plus puissant mobile, et un motif plus raisonnable, m'y a engagé, puisque si je réussis ma fortune sera faite, du moins celle que j'ambitionne (1).

---

(1) Il n'y a pas la moindre correction à faire dans le récit que j'ai fait ici de mon extravagant marché, proposé à M. le duc de Chartres alors, aujourd'hui Duc d'Orléans : tous les détails en sont de la plus grande exactitude. C'est cette défaite pour ne point lui lire ma comédie, et cette proposition ridicule que j'aurois juré que le prince n'accepteroit pas, c'est,

NOVEMBRE 1748.

Ce même jour, 4 novembre, on donna la première représentation des *Fêtes de l'Hymen et de l'Amour*, opéra de Rameau et de Cahuzac ; il me paroît qu'il est reçu très-favorablement ; je n'ai pas encore eu le temps de le voir ; j'en parlerai dans la suite.

On vient de me donner une épitaphe ancienne, faite sur Madame Poisson, mère de Madame de Pompadour. On sait qu'elle avoit été quinze ans maîtresse de M. de Tournehem, fermier général, et l'on croit que c'est elle qui a conseillé à sa fille de tenter d'être maîtresse du roi, ce qu'il est nécessaire de se rappeler pour l'intelligence de cette épitaphe ; la voici :

> Ci-gît qui sortant d'un fumier,
> Voulant faire fortune entière,
> Vendit son honneur au fermier,
> Et sa fille au propriétaire.

Celui qui l'a faite ne s'est point encore présenté, et n'a point demandé de pension ; on ne sait qui c'est.

Le 11, je fus à la Comédie française ; on y donnoit *le Cid*, et pour petite pièce *la Nouveauté*, assez mauvaise farce de défunt Le Grand (1). Conelle y jouoit un rôle d'Agnès, qui vient demander en grâce *à la Nouveauté* de lui donner un nouveau visage, parce que le sien ne plaît plus à Colin, son mari ; mais elle la prie aussi d'en faire changer en même-temps à Colin, et de lui donner, par exemple, la figure du fils du seigneur de son village ; au

---

dis-je, ce faux-fuyant baroque qui a été la cause de mon bonheur : 100,000 livres à peu près que j'ai tirées de la ferme d'Orléans m'ont mis en état d'épouser une femme qui a fait le plaisir et la félicité de ma vie et qui la fait encore.

Voyez, à ce sujet, le correctif à l'Épître dédicatoire de *la Partie de chasse de Henri IV*. (*Note de Collé, écrite en* 1780.)

(1) Le Grand (Marc-Antoine), comédien et auteur dramatique, naquit à Paris, le jour même de la mort de Molière. Il représentait les rois dans le tragique, et dans le comique il jouait bien les rôles à manteau et ceux de paysan. A laissé un très-grand nombre de pièces de théâtre. (*H. B.*)

lieu de dire cela, elle se trompa, et demanda à la Nouveauté de donner à Colin la *figure de Notre Seigneur*. Le bon de cette méprise ne fut pas senti du parterre ; quant à moi, elle me frappa du côté plaisant, et me fit rire aux larmes.

Le 13, on remit au théâtre *les Fils ingrats,* comédie de Piron ; elle n'avoit point été reprise depuis qu'elle avoit été donnée ; c'est un sujet révoltant et peu comique : les fils ne sont point ingrats, le père est un imbécile, les valets ont l'esprit que devroient avoir leurs maîtres, qui sont un peu trop bêtes; les bienséances du théâtre sont souvent choquées ; la fable en est mal faite et peu vraisemblable, et l'exposition grossière et sans art; avec cela beaucoup de longueur dans les détails, et de choses déplacées (1). Il y a d'ailleurs beaucoup d'esprit, et nombre de vers bien faits; elle a eu à cette reprise quatre représentations. On devoit la donner samedi, 16, mais la douleur de la mort de la petite Mélanie (Mademoiselle Laballe) empêcha la tendre Clairon, dont elle étoit l'élève, d'y jouer son rôle; nos comédiennes ont du sentiment, et elles ne le jouent point.

Mélanie, au reste, est morte de la petite vérole. M. de la Bouexière, fermier général, l'avoit quittée six semaines auparavant; elle étoit d'une jolie figure, affligée de seize ans; mais sans aucuns talents pour la comédie ; M. le duc d'Aumont l'y avoit fait entrer, et lui avoit fait avoir

---

(1) Le jugement porté par Collé est sévère, mais assez rationnel. *L'École des Pères* ou *les Fils ingrats* est une pièce bâtarde, qui participe à la fois de la comédie et de la tragédie. Jouée la première fois en 1728, elle eut un succès fort contesté, ce qui fit dire à l'abbé Desfontaines que « les *Fils ingrats* avaient bien mérité leur nom, puisqu'ils venaient de ternir le nom de leur père ». Il va sans dire que Piron rendit plus tard au bon abbé la monnaie de son épigramme, arrérages et intérêts compris. Nous possédons cinquante-quatre épigrammes de Piron contre l'abbé Desfontaines. La plupart étaient inconnues, et nous les avons publiées, soit dans les *Œuvres inédites* de Piron, p. 347 à 350. Poulet-Malassis, 1859, 1 vol. in 8°, soit dans le *Complément* de ces mêmes œuvres. Sartorius, 1865 1 vol. in-12. (*H. B.*)

une demi-part, pour en avoir une entière dans ses bonnes grâces.

J'ai lu ces jours-ci, *Zadig*, petit roman de M. de Voltaire, qui paroît depuis environ trois mois ; il est mal bâti, mais il y a des choses hardies, fortes, vivement écrites, et qui sentent la touche du grand maître ; le chapitre du soupé et celui d'*un homme comme moi*; celui encore de *monseigneur a eu raison, monseigneur a raison, et monseigneur aura raison,* est ce qui m'en a plu davantage. C'est pourtant un mauvais ouvrage, mais où il y a de bonnes et de plaisantes choses et que peu de gens feroient ; c'est un livre qui restera. J'ai lu aussi la traduction de *Barnewelt*, tragédie anglaise ; elle m'a ému jusqu'aux larmes ; quelles scènes que celle de l'assassinat de l'oncle et des deux amis dans la prison! quelle vérité! quelle chaleur! quel intérêt! C'est, au reste, une pièce bien mal faite ; il y a cependant bien du génie et de l'esprit ; on l'estimeroit bien davantage si on la considéroit plutôt par ce qu'elle pourroit être, en y faisant quelques changements, que par ce qu'elle est et par la manière dont elle est traitée. Il ne seroit pas, je crois, difficile de la réduire à un plan plus raisonnable et mille fois plus intéressant; ce que je dis là, abstraction faite de tout préjugé national, mais en prenant seulement pour guide la nature et le bon sens. Le traducteur, au reste, est un sot, qui fait le plaisant sans l'être, et qui est sans goût, croyant en avoir supérieurement ; il est plus lourd qu'il n'est permis, même à un traducteur, de l'être (1).

---

(1) Il me paroît que le sujet de Barnewelt m'avoit plu, puisque je juge *qu'il ne seroit pas difficile de le réduire à un plan raisonnable et intéressant.* Je trouve aujourd'hui ce jugement bien faux : j'avoue que le plan de l'auteur anglois pouvoit être plus raisonnablement combiné, et que l'on y jetteroit plus de vraisemblance et de régularité. Mais l'intérêt de ces sortes de tragédies, dont la catastrophe est à Thyburne, ne peut jamais être que l'intérêt que le peuple prend aux exécutions des criminels. Comme les Anglois, nous avons un lieu destiné à inspirer cet intérêt, et aujourd'hui je juge fermement qu'il ne faut pas transporter au théâtre ce

Ce traducteur est un nommé Clément (1), ci-devant secrétaire de Milord Walgrène, ambassadeur d'Angleterre en France ; il est l'auteur de la comédie des *Francs-Maçons*, pièce froide, sans art, sans intrigue, sans caractère, sans comique et sans intérêt ; il est inutile d'ajouter après cela qu'elle est ennuyeuse à périr ; c'est encore lui qui a fait une méchante brochure, où il voulut rendre notre histoire d'*Anglois* avec Tapin ; il y parloit de Monticourt sous le nom de *Damon*, cela étoit misérable ; au reste, il ne se contente pas d'être mauvais écrivain, il est un peu m..... A ce propos, la transition est heureuse pour Cahusac, et pour me mettre à même de parler de son opéra des *Fêtes de l'Hymen,* que l'on continue de jouer avec un grand succès (2).

Rien ne prouve mieux l'excellence de la musique de Rameau que la patience du public pour des paroles aussi rebutantes ; nul fond, nuls détails ; ce seroit trop les honorer que d'en faire la plus légère critique. Dutartre en disoit, dimanche, son avis à Baltot, digne ami du digne Cahusac, et fanatique de Rameau (car ce génie a fait une religion en musique). *Mais, monsieur,* disoit Baltot pressé par les objections de Dutartre, qui mettoit en poudre les paroles de Cahusac, *le public n'est-il pas fort heureux encore que Cahusac serve à Rameau, tout médiocre que vous voulez le supposer? Aimeriez-vous mieux laisser perdre sur le pavé cette belle source, que de..*— *Non, monsieur,* interrompit vivement Dutartre, *je serois fâché*

---

qui est si bien à la Grève. J'en demande pardon *à Beverley et à notre ami Saurin.* (*Note de Collé, écrite en* 1780.)

(1) Pierre Clément, auteur des *cinq Années littéraires*, né à Genève, en janvier 1707, et mort à Paris, le 7 janvier 1767. (*Note de Barbier.*)

(2) *Les Fêtes* de *l'Hymen* et *de l'Amour,* opéra ballet en trois entrées, avec un prologue, paroles de Cahusac, musique de Rameau. Cahusac (Louis de), né à Montauban, se fit recevoir avocat, et vint ensuite à Paris, où le comte de Clermont se l'attacha en qualité de secrétaire de ses commandements. Il mourut à Paris en 1759 d'une maladie qui l'avait d'abord conduit à Charenton (*H. B.*).

que cette source se perdît, mais je souhaiterois que ce ne fussent pas des cruches qui la recueillissent. Notez qu'en 1745 Balot a rajusté les paroles de *Platée*, qui sont originairement d'Autreau, et que récemment il a gâté l'acte de *Pygmalion* de M. de la Motte en y retouchant; ainsi l'épigramme de Dutartre est à deux *envers*.

Ce Balot est un personnage ridicule, qui ne dit pas un mot sans faire une comparaison, ordinairement basse, mais toujours déplacée; il parloit ces jours-ci de la guérison de Mme de la Popelinière, qui avoit un cancer; *ces guérisons-là*, disoit-il, *sont assez communes; j'ai connu des femmes qui avoient des glandes, enfin, qui avoient le sein comme un sac de cavagnole, etc.*

La princesse de Conti a pensé mourir au commencement de ce mois-ci; c'est la mère du prince de Conti d'à présent, la femme de celui qui étoit si bossu et si jaloux (1).

En partant un jour pour l'Ile-Adam, où elle n'alloit pas avec lui, il lui disoit en badinant : *ah ça, madame, ne me faites point c... pendant que je n'y serai pas! — Allez, monsieur,* lui dit-elle, *partez tranquille; je n'ai jamais envie de vous faire c... que quand je vous vois* (2).

Le 20 du courant, M. de Montauban me mena remercier M. le duc de Chartres, qui m'assura de la continuation de ses bontés; il n'y a d'ailleurs rien de nouveau sur cette affaire singulière, sinon qu'il est sûr qu'on renouvellera les sous-fermes au plus tard en janvier.

On a remis ces jours-ci *Denis le tyran*, première tragé-

---

(1) Louise-Élisabeth de Bourbon, fille de Louis III, prince de Condé et de Mademoiselle *de Nantes;* elle était veuve depuis l'année 1727, de Louis-Armand de Bourbon, prince de Conti, personnage contrefait et d'humeur bizarre, dont on disait qu'il « était le mari de bien des femmes, et la femme de bien des hommes, ». Voy. les *Souvenirs* de Mme de Caylus. (*H.B.*)

(2) Elle avait dit aussi un jour à son mari, dans un moment d'humeur : « N'oubliez pas que sans vous je puis faire des princes du sang, et que « vous n'en pouvez faire sans moi. » (*H. B.*)

die de M. de Marmontel. C'est un jeune homme de vingt-six ou vingt-sept ans; il y a quelques situations neuves dans cette pièce, qui pourroient faire espérer de l'auteur. Si l'on la jugeoit à la rigueur, elle est mauvaise et froide; il n'y a nulle entente du théâtre, mais le plus grand défaut est le manque de chaleur, et je ne sais s'il est trop possible de se corriger de ce défaut-là; l'exposition traîne pendant les deux premiers actes, elle est d'une froideur à n'y pas tenir; il y a des choses assez bien trouvées dans le troisième et le quatrième acte. Le dénouement est tiré en partie de *Camma*, tragédie de Thomas Corneille, et la mort subite du tyran, qui fait l'autre partie de la catastrophe, a quelque ressemblance éloignée avec celle du *Mahomet* de Voltaire.

La scène est occupée quelque temps, dans le cinquième acte, par des personnages inutiles ou peu intéressants, pendant que ce qui auroit pu être mis en action se passe derrière le théâtre. Il est vrai que si Aricie eût fait boire au tyran, et eût bu la coupe empoisonnée aux yeux des spectateurs, il rentroit, en quelque sorte, dans le dénouement de *Rodogune*.

Les vers n'en sont point mal faits, mais il y a peu de vers de marque; il y a des déclamations et de l'ambition d'écolier; il faut attendre sa seconde pièce, pour juger s'il pourra jamais devenir un maître (1).

---

(1) Il me semble que, sans y mettre de rigueur, j'avois assez passablement jugé du talent de Marmontel pour la tragédie; aujourd'hui son *mé-talent* pour le théâtre est généralement reconnu, aucune de ses tragédies n'y est restée. Il s'est rejeté dans le brodequin musical et larmoyant, les pièces à ariettes ont été son ignoble refuge; il écrit avec correction, ses vers sont mécaniquement bien tournés, mais ils sont aussi froids que sa prose. La plupart des fonds de ces drogues *ariétaires* sont romanesques et opposés à la nature et à la vérité, et même à toute vraisemblance. Ce genre d'opéra comique tombera, et il ne restera à Marmontel que ses *Contes moraux*, ouvrage agréable, mais où je trouve encore plus d'esprit que de naturel. Intéressé, avare, flatteur et faux, beaucoup de littérature, et, comme on l'a dit, *lent, long, lourd* dans la conversation, sans prin-

NOVEMBRE 1748.

Le 28, M. le maréchal de Saxe fit faire, dans la plaine des Sablons, la revue des hulans; pendant ce temps-là M. de la Popelinière faisoit faire chez lui la recherche d'une ouverture que l'on avoit pratiquée dans le mur mitoyen de sa maison, et par laquelle M. le duc de Richelieu s'introduisoit chez sa femme, et venoit tout uniment coucher avec elle (1).

Il faudroit une estampe pour bien peindre ce *trou-madame*. C'étoit une plaque de cheminée, qui s'ouvroit comme une porte, du côté de la maison voisine, qui étoit louée 2,400 livres, par le duc de Richelieu, et habitée par un concierge M........ Cette plaque étoit couverte, du côté de cette maison, par une glace posée sur la cheminée, qui étoit plus basse de quatre pieds que la cheminée de la maison de M. de la Popelinière. La glace s'ouvroit avec un secret, et quoique ce pauvre mari eût été averti depuis plus de six mois, par des lettres anonymes, de ce beau passage, il eut encore beaucoup de peine à le trouver. Sa femme, qui étoit à la revue, eut avis qu'elle étoit découverte; elle ne sut autre chose que d'engager le maréchal de Saxe, sans lui rien dire de l'aventure, à la venir raccommoder avec son mari. Le bon maréchal eut la complaisance de la ramener à M. de la Popelinière, qui lui dit nettement, en sa présence, qu'il ne vouloit plus vivre avec elle; qu'il lui feroit 8,000 livres de pension, et lui donneroit 4,000 livres pour avoir des meubles. Elle insista et voulut se défendre vis-à-vis du maréchal, qui lui dit froidement : *mais, madame, comment pouvez-vous justifier ce passage, qui donne dans un cabinet où il n'y a que vous qui entriez? — Monsieur le maréchal,* répondit-elle avec la dernière impudence, c'é-

---

cipes, d'ailleurs, et sans mœurs, voilà quel est l'homme et l'auteur. Ai-je médit ou calomnié? (*Note de Collé, écrite en* 1780.).

(1) Voyez les *Mémoires de Marmontel*, tome Ier, pages 293 à 312, édition in-8°. (*Note de Barbier.*)

toit pour me sauver des fureurs de cet homme, qui..... — *Comment vous sauver de moi par là, madame?* interrompit son mari, *puisque la plaque ne peut s'ouvrir que par la maison voisine!*

— *Vous voyez sa fausseté et son audace, monsieur,* ajouta-t-il, en s'adressant au maréchal, *je vais la faire convenir que tous les bruits qu'elle a répandus dans le public contre moi sont faux; vous ai-je jamais battue, madame? vous ai-je donné jamais une chiquenaude?* La bonne dame ne répondit mot, et son silence prouva bien démonstrativement que toutes les horreurs qu'elle avoit dites de son mari n'avoient jamais eu de fondement. Cependant, s'étant un peu remise, elle dit d'un air dégagé : *Ah ça, monsieur de la Popelinière, qu'il ne soit plus question de rien, embrassons-nous; finissons tout cela; je m'en vais souper ici, car je me meurs de faim, je suis exténuée, je n'ai rien pris de la journée.* Le mari lui répondit froidement : *Madame, je ne mangerai plus, s'il vous plaît, et ne vivrai plus avec vous.* — *Mais,* repartit-elle, *où voulez-vous donc que j'aille coucher?* — *Où il vous plaira, madame,* répondit-il; *avec monsieur le maréchal, s'il le veut.*

Le maréchal fit un geste de mépris, et les quitta. Un moment après, elle s'en retourna avec sa mère, que M. de la Popelinière avoit envoyé chercher, et où elle est actuellement. On dit qu'elle ne veut pas se contenter de 8,000 livres de pension; qu'elle en veut 20, et qu'elle se dispose à intenter un procès à son mari, pour la reprendre. Elle l'accusera d'avoir fait faire lui-même cette ouverture, afin d'autoriser, soutiendra-t-elle, les mauvais traitements dont elle dit qu'il l'a accablée. Je ne serois point étonné qu'elle entreprît ce procès et le gagnât; tout le monde sait qu'elle est fille de Mme Deshayes, connue dans le public sous le nom de Mimi Dancourt(1),

---

(1) En 1863, sous le titre de : *La Fille de Dancourt*, nous avons fait jouer à l'Odéon, en collaboration avec M. Narcisse Fournier, une petite comédie en un acte et en vers dont Mimi Dancourt est l'héroïne. (*H. B.*)

qui avoit succédé à la Desmarres, dans les rôles de soubrette, qu'elle a joués pendant nombre d'années. On prétend qu'elle a forcé M. de la Popelinière à l'épouser, parce que, dans le temps qu'il en étoit le plus amoureux, elle gagna l'abbé Couturier, qui étoit bien auprès du cardinal Fleury, qui tint le propos suivant à M. de la Popelinière : *Monsieur, les grâces du roi ne sont point faites pour des gens qui vivent dans un scandale public, comme vous vivez avec mademoiselle Deshayes ; ainsi, épousez la, ou le roi vous ôtera votre place de fermier général.* Il étoit amoureux comme un fou de cette créature, qu'il entretenoit depuis plusieurs années, comme sa maîtresse, et il n'étoit pas en état de remettre sa place et de s'en passer : il fit la sottise de l'épouser ; et l'on assure qu'elle avoit fait jouer toute cette marotte, et y avoit employé une intrigue du diable.

Sur la fin de ce mois, un greffier du Châtelet, nommé Marot, fit amende honorable, et fut marqué pour plusieurs friponneries et prévarications qu'il avoit faites dans sa charge. L'arrêt qui le condamne à cette badinerie-là est du 24 octobre 1748 ; à ce sujet l'on a fait un conte, pur conte : l'on disoit que ce greffier étoit parent de Mme de Pompadour, et que, quelques jours avant le jugement, M. Poisson, son père, lui avoit écrit la lettre suivante, qu'on va bien voir qui est faite à plaisir.

« Madame,

« M. Marot, notre cousin, et un des plus honnêtes
« hommes de notre famille, est sur le point d'être
« pendu ; je crois que *dans la posture* où vous êtes avec
« le roi, vous ne pouvez lui refuser votre protection.

« J'ai l'honneur d'être votre père. *Signé* Poisson ».

Il est inutile de dire que c'est une satire contre Mme de Pompadour. Elle ne la mérite pas ; elle a obligé et oblige autant qu'elle peut ; son éloge est bien désintéressé de ma part, car elle ne m'a point obligé ni ne m'obligera.

DÉCEMBRE 1748.

Le 4, Crébillon le père vint dîner chez M. Meulan ; il est toujours gaillard ; il nous dit une histoire, ou un conte, qu'il assuroit marquer bien la simplicité des mœurs du père Latour, principal du collége des jésuites. Le voici :

A la grande tragédie de cette année, il prétend que Mme de Modène, qui y étoit, voyant de petits écoliers qui avoient dansé, et qui suoient beaucoup, dit au père Latour : *Ces pauvres enfants me font peine, je vais leur envoyer des rafraîchissements. — Vous avez trop de bonté, madame, cela est inutile, nos pères sont là, qui leur en donnent par derrière* [*le théâtre*].

On vient de me donner des vers de Voltaire sur M. de Richelieu : la louange et la familiarité n'y sont pas épargnées ; il y a des flatteries si fortes, qu'on pourroit les prendre pour du persiflage, et la postérité pourroit bien s'y tromper :

Voici le commencement :

> Je la verrai, cette statue,
> Que Gêne élève justement
> Au héros qui l'a défendue ;
> Votre grand oncle, moins brillant,
> Vit sa gloire moins étendue ;
> Il seroit jaloux à la vue,
> De cet unique monument (1).

Il y a dans cette pièce de très-beaux vers et cette fa-

---

(1) V. la suite dans les Œuvres de Voltaire, édition in-8° de Beaumarchais, tome 13, page 158 ; édit. in-12, tome 18, page 174. (*Note de Barbier.*)

cilité, et ce tour élégant qui font le charme et le caractère de la poésie de Voltaire. Ceci soit dit sans approbation de la comparaison du grand oncle avec M. de Richelieu; la tête du cardinal étoit bien une autre tête que celle de ce Monsieur-ci, tout à la mode qu'il a été et qu'il est encore.

On a représenté, au commencement de ce mois, sur le théâtre des petits appartemens, à Versailles, *les Surprises de l'Amour*, ballet mis en musique par Rameau; les paroles sont de Gentil Bernard. Ce n'est pas son talent, je n'en dirai pas davantage. En entendant ses autres poésies, on a peine à comprendre qu'il soit l'auteur de ce ballet et de l'opéra de *Castor et Pollux*.

Au retour de Fontainebleau, mademoiselle Gaussin a rendu à Crébillon son rôle de *Tullie*, et c'est tant-mieux pour le rôle; c'est une mauvaise actrice de tragique. Elle a dit tout uniment, pour ses raisons, qu'elle étoit grosse. Elle savoit bien qu'elle l'étoit quand elle le fit demander à Crébillon par Mme de Pompadour; elle n'ignoroit pas qu'elle n'amèneroit pas ce rôle à terme, mais elle craignoit qu'on ne le donnât à Clairon, et vouloit le faire tomber à mademoiselle Dumesnil; voilà quel a été le but de ses sollicitations et de la marotte qu'elle a jouée; elle y a réussi. Clairon fait celui de Fulvie; on a eu de la peine à la déterminer à s'en charger; il a fallu encore l'entremise de Mme de Pompadour pour la résoudre à l'accepter, attendu que Crébillon avoit eu la facilité, ou plutôt la foiblesse de le donner à la Gauthier, qui promet de quitter à cause de cela; mais nous ne sommes pas assez heureux pour qu'elle nous tienne parole. Cette tracasserie pour un rôle a été accommodée avec le sérieux et la dignité d'une affaire d'État.

Le mardi 10 du courant le prétendant fut arrêté, en entrant à l'Opéra (1). Chacun sait les circonstances et

---

(1) « La promesse que Louis XV avait faite au prince Charles-Édouard

les sentiments du public sur cette aventure, et sur la façon dont elle a été mise à fin ; mais tout le monde ne sait pas que Mme de Tallemont, qui avoit eu un de ses laquais mis à la Bastille avec les gens du prétendant, écrivit le lendemain la lettre suivante à M. de Maurepas :

« Le roi vient, monsieur, de se couvrir d'une gloire
« immortelle, en faisant arrêter le prince Édouard. Je
« ne doute point que Sa Majesté ne fasse chanter le *Te*
« *Deum* pour remercier Dieu d'une victoire qui lui fait
« tant d'honneur. Mais comme mon laquais, nommé
« ....., et qui a été pris dans cette grande journée, ne
« peut rien ajouter aux lauriers de Sa Majesté, je vous
« prie de me le renvoyer. Je suis, etc. ».

Le 17 de ce mois, je fus voir M. de Montauban, qui m'assura que notre affaire alloit autant bien qu'elle pouvoit aller ; il me dit que Son Altesse avoit été, le 27 du mois dernier, chez M. le contrôleur général, pour la lui recommander ; qu'il ne l'avoit point trouvé, mais que ce dernier lui avoit fait dire par M. Ducoudrai qu'il avoit mis son mémoire à part ; qu'il n'étoit pas encore question de sous-fermes, mais, que lorsqu'il s'en agiroit, le prince pouvoit être sûr qu'il feroit ce qu'il désiroit, sans qu'il fût besoin de lui en parler. Je demandai à M. de Montauban si M. de Chartres s'intéressoit à quelque autre qu'à moi, pour les sous-fermes prochaines ; il me répondit positivement qu'il étoit sûr que le prince n'avoit encore parlé que pour moi, et qu'il empêcheroit bien qu'il parlât pour d'autres. Cette dernière circonstance est de conséquence pour espérer la

---

de ne point le renvoyer était fort imprudente, car il devait connaître toute l'importance que l'Angleterre attacherait à son éloignement... Louis XV dut redemander à Charles-Édouard la parole qu'il lui avait donnée. Le prince refusa de la rendre, et le ministère français, poussé à bout, fit enfin ce que la paix de l'Europe exigeait de lui. Le 10 décembre 1748, le prince fut arrêté au moment où il descendait de carrosse pour entrer à l'Opéra. » — (*Sismondi*, t. XXXIII, p. 463.) (*H. B.*)

réussite de l'affaire. Je vois, au reste, que M. de Montauban la prend avec ce degré de chaleur qui est seul capable d'amener le succès; mais je ne croirai rien que je ne tienne. A moins que je ne mette le doigt dedans, comme saint Thomas, je n'ajouterai pas de foi à ce miracle.

On débite une histoire sur Mme Thiroux; on prétend qu'elle étoit en intrigue avec le duc d'Olonne, fils du duc de Bouteville, qu'ils appellent *le Bacha*. Ils avoient, dit-on, une petite maison; et comme ce jeune duc n'est pas fort pécunieux, il avoit été apparemment convenu entre eux que Mme Thiroux en payeroit les frais. Cela posé, le tapissier qui avoit fourni les meubles vient un matin en apporter le mémoire, et demande madame. Madame veut savoir qui la demande, avant de faire entrer; son laquais lui répond, que c'est un homme qui ne veut pas dire son nom, et qui est habillé de noir. *Débarrassez-moi de cela, monsieur!* dit-elle à son mari, qui étoit pour lors avec elle. Le bon époux y va. Le tapissier prend le mari pour l'homme d'affaires de madame, lui donne son mémoire et des détails, dont M. Thiroux se seroit bien passé; l'on assure qu'il revint rapporter ce mémoire à sa femme, et lui dit froidement : *Madame, il y a de certaines affaires qu'il faut se donner la peine de faire soi-même!* Il n'en vit pas, dit-on, moins bien avec elle; peut-être aura-t-il payé le mémoire!

Ballot dit que M. de la Popelinière a payé les frais de la plaque et d'une cache que l'on a trouvée à Passy, et que madame de la Popelinière avoit fait pratiquer derrière une armoire qui s'ouvroit dans la niche de son lit. Il y avoit dans cette cache une espèce de stalle, où un homme pouvoit se tenir assis et attendre madame; et Ballot prétend que comme c'étoit Mme de la Popelinière qui régloit toute la dépense de la maison, et qui payoit les ouvriers, elle aura sûrement fait les frais et de la plaque de Paris et de la cachette qu'on a trouvée depuis à Passy.

Il court une affiche écrite à la main au sujet du prétendant; elle est de la dernière insolence contre le roi. La voici telle à peu près que je l'ai entendue, aujourd'hui, 18 du courant :

« De par le roi :

« Georges de Brunsvick, par la grâce de Dieu, roi
« d'Angleterre, d'Irlande, d'Écosse et de France, ordon-
« nons et enjoignons à Louis de Bourbon, notre régent
« en France, de faire arrêter Charles-Édouard, se disant
« prince de Galles, et de le faire conduire, pieds et
« mains liés, à Rome, où nous voulons qu'il demeure;
« et lui mandons, sitôt l'exécution faite, qu'il ait à nous
« en rendre compte. Donné à Londres, ce 1ᵉʳ décembre
« 1748. *Signé* Georges. »

On sait que ce prince a été arrêté par six sergents aux gardes françoises; et sur cela madame la princesse de Conti a dit : que c'étoit le seul Anglois que ce régiment eût pris depuis la guerre.

Le 20, l'on a eu la première représentation de *Catilina*. Il a été reçu du public avec bonté, et il n'y avoit point de cabale; on l'écouta avec une extrême attention, et on le juge à présent assez équitablement (1).

On commence par admirer les beautés qui sont dans le rôle de Catilina, et le nombre de vers forts et de génie qui sont répandus dans cette pièce; mais on soutient

---

(1) Crébillon mit vingt-cinq ans pour composer cette tragédie, ce qui faisait dire au public : *Quousque tandem abutere patientia nostra, Catilina?* Crébillon fils plaisantait son père un jour à ce sujet, et Collé lui jeta à la tête cette boutade, qui finit par une épigramme tout à fait imprévue. « En vérité, Monsieur, lui dit-il d'un air grave, c'est une chose scandaleuse et ridicule qu'un petit griffonneur de prose comme vous ose comparer ses frivoles rapsodies aux productions immortelles de son père, d'un homme qui véritablement a fait un assez mauvais ouvrage en votre personne; mais qui a fait *Atrée* et *Thyeste*, qui a fait *Électre*, qui a fait *Rhadamiste et Zénobie*, qui a fait *Catilina*... qui l'a fait, Monsieur, qui le fait encore et qui le fera toujours. » *Annales dramat.*, t. II, p. 236. (*H. B.*)

que ce n'est pas une pièce. Nulle conduite, nul intérêt, dénouement vicieux, même le cinquième acte est entièrement mauvais. Il n'y a point d'intérêt d'amour, et il pourroit y en avoir par la constitution même de la pièce. L'intérêt de politique est médiocre, et même il n'y en a point, parce que Catilina agit moins qu'il ne parle. Si on l'eût mis, au troisième acte, en action au milieu de ses conjurés, et qu'il les eût tous fait jurer sur la coupe pleine du sang de Nonnius; si, au quatrième acte, au lieu des déclamations qui sont dans sa bouche, on l'eût fait se justifier au sénat, de façon à convaincre de son innocence les sénateurs et les spectateurs, et que cette justification eût été la base et le fondement de l'éclat de la conjuration au dernier acte, qu'il auroit aussi fallu actionner d'une tout autre manière qu'il ne l'est; il n'est pas douteux qu'il y auroit eu alors une chaleur d'intérêt assez forte pour pouvoir se passer de celui de l'amour. Et encore, s'il eût voulu, sa tragédie étoit très-susceptible de ce dernier intérêt; et cela, en suivant ses deux premiers actes. La jalousie de Fulvie pouvoit fournir le dénouement en ce cas, et le cinquième acte presque tout entier. Il eût fallu que c'eût été cette femme qui eût séduit Céson (celui qui trahit Catilina); ou au lieu de Céson, Probus, lui-même, auquel elle eût découvert que Catilina l'avoit joué, en feignant de briguer pour lui la place du grand pontificat, tandis qu'en effet il l'avoit fait tomber à César; qu'elle eût uni sa haine à celle de Probus, qu'on en auroit pu faire amoureux, et qu'enfin ensemble ils eussent fait tomber Catilina dans leurs piéges; mais, qu'au moment où cette femme furieuse et jalouse eût senti que Catilina étoit perdu, elle en eût été au dernier désespoir; qu'elle fût venue pour demander pardon à Catilina de ses fureurs, et dans le dessein de se tuer devant son amant pour se punir de l'avoir trahi; qu'alors Catilina eût paru vaincu et désarmé; et, dans cette scène, qui eût été la dernière, pour sauver à Catilina l'ignominie du supplice, Fulvie lui eût présenté un poignard; Catilina l'eût accepté. Elle s'en seroit frappée, et le lui eût donné ensuite, et il en eût fait le même usage.

Par ce moyen, Tullie n'étoit pas obligée de changer de caractère au troisième et au cinquième acte, et de paroître une femmelette, de Romaine qu'elle est au premier. D'ailleurs, Cicéron n'est aussi nullement en action; et, en général, c'est par là que pèche cette tragédie; mais son caractère a été trouvé pitoyable, et il est vrai que l'on ne pouvoit pas le faire plus foible et plus imbécile; le sénat ne l'est pas moins. A quoi servent, au reste, dans cette tragédie, Lentulus, Céthégus, l'ambassadeur des Gaulois, et Probus lui-même (dès qu'il ne sera pas utile au dénouement comme je l'ai dit ci-devant)? à quoi sert Fulvie, qui a si bien commencé et qui est un personnage excellent, et fondé dans l'histoire? pourquoi ne reparoît-elle plus, après le second acte?

Je sens très-bien, dans le temps que j'écris ceci, qu'il ne convient guère à un *polisson* comme moi de critiquer, de réformer et d'imaginer sur le plan d'un grand homme comme Crébillon; mais aussi ne rapportai-je pas cela comme de moi, mais comme le sentiment de gens éclairés; et avouant d'ailleurs qu'il n'est pas sorti de vers de la plume de ce génie, qui soient aussi remplis de force et d'énergie, qui aient plus le vrai ton du tragique, et qui rassemblent mieux et réunissent davantage la majesté du dialogue de la tragédie et la simplicité, la familiarité et le naturel de ce même dialogue (1).

---

(1) Je ne réformerai pas mon jugement sur le *Catilina* de Crébillon. Je pense encore aujourd'hui ce que j'en pensois alors. (*Note de Collé.*)

L'Auteur, sincère comme l'est tout homme de génie, et qui voit encore au-delà des critiques judicieuses que l'on lui fait, nous a dit plus d'une fois, à son fils et à moi, qu'il ne regardoit pas *son Catilina comme une tragédie*, mais comme *un beau tableau de la République romaine à cette époque*. Catilina est mille fois mieux écrit que toutes les autres tragé-

Madame de Pompadour vint à cette première représentation, et a continué de donner une protection marquée à cette pièce. En revenant à Versailles, le roi lui demanda avec empressement : *eh bien! avons-nous gagné notre procès? avons-nous réussi?* Elle avoit engagé le roi à donner des habits à tous les acteurs, et c'est une dépense qui n'a pas été médiocre; le sénat lui seul étoit de dix-huit personnes, en comptant les deux consuls; les toges de chaque sénateur étoient de toile d'argent avec des bandes de pourpre et des vestes de toile d'or, et une autre bande de pourpre formant le laticlave, le tout festonné et enrichi de diamans faux. On a trouvé ce sénat-là un peu pomponné, mais cela vaut mieux que s'il eût été mal vêtu, et en vieil oripeau.

Il court une lettre en vers, de Voltaire, adressée au président Hénault, pour son malheur, comme on va le voir :

A Lunéville, ce 18 décembre 1748.

>Hénault, fameux par vos soupés,
>Et par votre chronologie,
>Par des vers au bon coin frappés,
>Pleins de douceur et d'harmonie;
>Vous, qui dans l'étude occupez,
>L'heureux loisir de votre vie,
>Daignez m'apprendre, je vous prie,
>Par quel secret vous échappez
>Aux malignités de l'envie;
>Tandis que moi, placé plus bas,
>Qui devrois être inconnu d'elle,
>Je vois que sa rage éternelle
>Répand ses poisons sur mes pas.
>Il ne faut pas s'en faire accroire :

---

dies de Crébillon; je soutiens toujours que c'est *un modèle de dialogue tragique.* Grandeur dans les idées, simplicité dans les mots; et les personnages se disent toujours ce qu'ils doivent se dire et se répondre, relativement à leurs situations et à leurs caractères; cette pièce, telle qu'elle est, a l'empreinte du génie. (*Note de Collé, écrite en* 1780).

J'eus l'air de vouloir m'afficher
Aux murs du temple de Mémoire :
Je parus trop chercher la gloire
Et la gloire vint vous chercher.

Qu'un chêne, l'honneur d'un bocage,
S'élève au-dessus des ormeaux,
On en respecte les rameaux,
Et l'on danse sous son ombrage ;
Mais quand, du milieu d'un gazon,
Quelque brin d'herbe ou de fougère,
Se lève un peu sur l'horizon,
On l'en arrache avec colère.
Je plains le sort de tout auteur,
Que les autres ne plaignent guères ;
Si, dans les travaux littéraires,
On veut goûter quelque douceur,
On doit fuir comme un grand malheur
Tous les beaux esprits ses confrères.
Montaigne, cet auteur charmant,
Loin de tout docteur malévole,
Tour à tour profond et frivole,
Doutoit de tout impunément,
Ou se moquoit très-librement
Des bavards fourrés de l'école.

Mais quand son élève Charron,
Plus retenu, plus méthodique,
De sagesse donna leçon,
Il fut près de périr, dit-on,
Par la haine théologique.
Les lieux, les temps, l'occasion,
Font votre gloire ou votre chute ;
Hier, on aimoit votre nom,
Aujourd'hui l'on le persécute.
La Grèce, à l'insensé Pirrhon
Fait ériger une statue ;
Socrate prêche la raison,
Et Socrate boit la ciguë.

Heureux qui, dans d'obscurs travaux,
A soi-même se rend utile ;
Il faudroit, pour être tranquille,
Des amis et point de rivaux.

La gloire est toujours inquiète,
Le bel esprit n'est qu'un tourment;
On est dupe de son talent.
C'est comme une épouse coquette :
Elle est fêtée incessamment,
Mais son caprice nous excède;
Elle est des autres l'agrément,
Et le mal de qui la possède.

Mais finissons ce triste ton.
Est-il si malheureux de plaire?
L'envie est un mal nécessaire,
C'est un petit coup d'aiguillon
Qui nous force encore à mieux faire.
Dans la carrière des vertus,
L'âme noble en est excitée.
Virgile avoit son Mœvius,
Hercule avoit son Euristhée.
Que m'importent de vains discours
Qui s'envolent et qu'on oublie !
Je coule ici mes heureux jours
Dans la plus tranquille des cours,
Sans intrigue et sans jalousie,
Près d'un grand roi sans courtisans,
Près de Boufflers et d'Émilie ;
Je les vois et je les entends,
Il faut bien que je fasse envie (1).

---

(1) Voltaire changea les premiers vers de cette épître, parce que le président Hénault fut blessé de ce qu'il paroissoit faire entrer ses soupés pour quelque chose dans sa réputation; elle commence ainsi dans ses Œuvres complètes, édition de Kehl, in-8°, tome 13, page 153.

Vous qui de la chronologie
Avez réformé les erreurs;
Vous dont la main cueillit les fleurs
De la plus belle poésie ;
Vous qui de la philosophie
Avez sondé les profondeurs,
Malgré les plaisirs séducteurs
Qui partagèrent votre vie ;
Hénault, dites-moi, je vous prie,
Par quel art, par quelle magie,
Parmi tant de succès flatteurs
Vous avez désarmé l'envie ;
Tandis que moi, etc.

On trouve dans le reste de l'épître, telle qu'elle est présentée par Collé,

Quelle fatuité de parler de soi aussi longtemps, et d'en parler en ces termes!

Quelle flatterie monstrueuse, ou plutôt quelle ironie, et quel persiflage pour ce pauvre président Hénault! Voltaire peut-il dire, avec une sorte de vraisemblance, qu'il est placé plus bas que ce maigre auteur de quelques chansons fades! Enfin, quelle impertinence outrée de se mettre en partie carrée avec le roi Stanislas!

> *Près d'un grand roi* sans courtisans,
> *Près de Boufflers et d'Émilie,*
>   *Je les vois,* etc.

Quel sens donner à *sans courtisans!*

Madame de Boufflers est la maîtresse du roi Stanislas, et tout le monde sait qu'Émilie (madame du Châtelet) est celle de Voltaire. Peut-on pousser plus loin l'insolence de la familiarité! cette madame de Boufflers avoit été la maîtresse de M. de la Galaisière, intendant de Lorraine, et chancelier du roi Stanislas, auparavant que d'être à ce roi, avec lequel il a toujours continué de partager ses faveurs. Ce n'est pas que ce prince ne l'ait bien su et n'en ait été jaloux; mais il est bon et le souffroit, sans s'en venger que par quelques plaisanteries. Entre autres, il y a quelques années que ce gros roi, allant à la toilette de cette dame, la louoit tant qu'il pouvoit sur la beauté de ses bras, la couleur de ses cheveux, la blancheur de sa gorge, etc. La dame, excédée de ces fadeurs royales, lui dit : *Eh bien, mon prince, ne m'épargnerez-vous pas? ne me ferez-vous pas grâce du moindre compliment? est-ce là tout?* — *Non, Madame,* répondit le roi, *ce n'est pas là tout, mais mon chancelier vous dira le reste.* M. de la Galaisière, qui étoit présent, eut la hardiesse et la fatuité de dire : *je m'en charge, mon prince.*

---

beaucoup de vers qui diffèrent du texte des Œuvres complètes de Voltaire. (*Note de Barbier.*)

A la fin de ce mois, M. d'Argenson, ministre de la guerre, étoit horriblement incommodé de la goutte et d'autres maladies compliquées, auxquelles les médecins ne connoissent rien. Ils prétendent que ce seroit une perte, et qu'il remplit avec dignité la place qu'il occupe. On m'en citoit ces jours derniers un trait que voici :

Un officier de gendarmerie lui demandoit un régiment; c'étoit pendant la guerre; il répondit avec beaucoup de politesse que le roi avoit décidé qu'il n'accorderoit point de régiment aux officiers de gendarmerie, parce qu'ils obtenoient, en restant dans leurs corps, les mêmes grades que par un régiment; qu'ils devenoient brigadiers, maréchaux de camp, lieutenants-généraux, etc.

Quelques mois après, l'officier revint encore à M. d'Argenson, et lui fit la même demande; il en eut la même réponse; et ce ministre lui donnant toujours les mêmes motifs de refus, il dit d'impatience à ce dernier : *Il est singulier, monsieur, que le roi n'accorde plus aux autres officiers, ce qu'il a donné à M. votre fils; il est sorti de la gendarmerie pour un régiment que vous lui avez fait avoir. — Mon fils n'est pas une perte pour la gendarmerie, monsieur; mais c'en seroit une irréparable pour le corps que celle d'un excellent officier comme vous;* et il lui tourna le dos. Quelle présence d'esprit il y a dans cette réponse!

Voici encore une réponse de ce ministre dans un genre tout différent, mais qui n'est pas moins singulière.

Le maréchal de Lovendal se plaignoit à lui, ces jours derniers, des bruits injustes qui couroient sur son compte dans le public. *On me traite,* lui disoit-il, *monsieur, d'homme avide, de pillard, et vous savez avec quel désintéressement j'ai servi le roi, et combien mon caractère est éloigné de...... — Laissez-les dire, monsieur le maréchal,* interrompit M. d'Argenson, *de quoi vous met-*

tez-vous en peine? ne disent-ils pas que j'ai la v...... moi!

Parlons encore de *Catilina* avant de finir cette année. Il a eu plus de succès que je n'en attendois, mais beaucoup moins qu'il n'en mérite. Il est vrai qu'il a été cruellement défiguré par les comédiens qui l'ont joué. Le maréchal de Saxe, le jour que l'on a donné cette tragédie à Versailles, dit en sortant à Crébillon : *Voilà un triomphe, monsieur, et,* ajouta-t-il, *en vérité, il faut être un grand capitaine pour gagner une bataille avec de pareils soldats.* Madame de Pompadour lui a fait retrancher, aux représentations, et l'a prié de ne point faire imprimer non plus, les vers suivans, qui étoient dans la bouche de Probus parlant à Fulvie :

« C'est ainsi que toujours, en proie à leur délire,
« Vos pareilles ont su soutenir leur empire;
« Car vous n'aimez jamais. Votre cœur insolent
« Tend bien moins à l'amour qu'à subjuguer l'amant.
« Qu'on vous laisse régner, tout vous paroîtra juste.
« Et vous mépriseriez l'amant le plus auguste,
« S'il ne sacrifioit au pouvoir de vos yeux
« La justice, les lois, sa patrie et ses dieux.

J'en regrette encore deux qu'il a ôtés, et qui peignent bien Pompée. C'est Catalina qui dit de ce dernier :

« J'ai vu dans le sénat, ce héros mercenaire,
« De ses exploits futurs demander le salaire.

Il a aussi changé un vers qui étoit aux deux premières représentations :

« Mais je vois *qu'aux autels on suit* d'autres maximes.

Et il a mis :

« Mais je vois que Probus connoît d'autres maximes.

Pour le badiner sur ce changement, que nous n'avons pu l'empêcher de faire, je lui disois, ces jours derniers, à un dîner chez Roussel : (1) *il y a dans ta tragédie des vers qui ressemblent à ceux de Corneille, et qui ne leur sont point inférieurs, comme:*

> « Le succès fut toujours un enfant de l'audace.
> « L'imprudence n'est pas dans la témérité,
> « Elle est dans un projet faux, etc.
> « Ce qui semble forfait dans un homme ordinaire,
> « Dans un chef de parti, prend, etc.

Il y en a aussi d'harmonieux, et qui ont la tournure de ceux de Racine, ainsi que le fond des choses, comme ceux-ci :

> « Le dépit n'a jamais satisfait ses transports,
> « Qu'il n'ait livré notre âme, etc.

Comme il commençoit à convenir que ces vers ressembloient effectivement à ceux de Corneille et de Racine, je poursuivis, et lui dis : *il y a aussi de l'abbé Pellegrin, comme celui-ci :*

> « Mais je vois que Probus connoît d'autres maximes.

N'y en auroit-il pas de toi, aussi? me répondit Crébillon.
Oui, par Dieu! lui repliquai-je, *mon ami; il y en a aussi de moi; lorsque Tullie dit, en parlant de ses yeux :*

> « Et que si leur pouvoir égaloit leur courroux,
> « La foudre deviendroit le moindre de leurs coups.

Tu sens bien, mon cher, que ces deux vers appartiennent à Cocatrix; *c'est de bons amphigouris, bien boursouflés, bien sonores, bien bons.*

Le grand homme ri bonnement de la plaisanterie. Il a fait, au reste, une Epître dédicatoire à Madame de Pom-

---

(1) Cousin de Collé, qui l'appelait plus tard *feu* notre cousin le banqueroutier. (*H. B.*)

padour, dont le commencement est obscur et passablement inexpliquable; en sorte que l'on a appliqué au pauvre Crébillon un de ses vers de Catilina :

« Il sera toujours grand, s'il est impénétrable.

Catilina n'a pas eu un grand succès à la cour; ils ne l'ont peut-être pas entendu, ainsi que beaucoup de gens de la ville; Crébillon d'ailleurs a été si fort accueilli dans ce pays-là, qu'il ne s'est pas aperçu que sa pièce y avoit médiocrement réussi; il a eu le bonheur au contraire de croire qu'elle avoit extrêmement plu.

Avec tous ses défauts, c'est bien l'ouvrage d'un homme de génie. J'aimerois mieux avoir fait dix vers de cette pièce, que d'avoir fait tout le théâtre de La Chaussée, ou telle autre denrée (1).

---

(1) On comprend le peu de sympathie que Collé pouvait avoir pour le genre froid et compassé de La Chaussée; mais un auteur qui a laissé au théâtre des pièces telles que *le Préjugé à la Mode*, *l'Ecole des mères* et la *Gouvernante*, n'était pas un homme ordinaire. Au surplus, selon Voltaire, La Chaussée est « un des premiers après ceux qui ont du génie. » En voilà assez, ce semble, pour le consoler de bien des dédains. (*H. B.*)

ANNÉE 1749.

JANVIER 1749.

Le 3, je fus à la comédie française ; on y jouoit *les Fils ingrats* (de Piron), et la première représentation d'une comédie en un acte, intitulée : *les Visites du jour de l'an*. Cette petite pièce n'a été donnée que cette seule fois ; elle fut sifflée unanimement. Elle est d'un nommé Vadé, qui a fait de petites poésies dans le goût poissard (1) ; j'en ai vu quelques-unes. Sa manière est de peindre des bouquetières et des harengères qui se querellent ; et il emploie à ce coloris tous les mots bas qu'elles se disent, à la vérité d'une façon assez naturelle ; mais, doit-on rendre la nature par ses côtés vilains et dégoûtans ? Son style est encore au-dessous de celui de la parade, et c'est être au-dessous de rien. La parade qui a été à la mode pendant quelque temps, est un genre opposé au bon goût et à la belle nature. Je ne connois rien de plus méprisable, après toutefois le genre poissard, et j'en parle en personne désintéressée, puisque j'ai fait plusieurs parades, que je méprise tout autant que celles qui ne sont pas de moi. Il faut toujours en revenir vrai, et tôt ou tard on est ramené au bon goût ; ce qu fait encore que je regarde mes amphigouris *sicut delicta*

---

(1) Vadé (P. Jos.). Né à Ham, en 1720, mort en 1757. Il employa le premier le langage poissard. On le nommait le *Téniers littéraire* et le *Corneille des Halles*. Œuvres, 4 vol (*H. B.*)

juventutis, en exceptant cependant *Cocatrix* (1), pour qui, même encore aujourd'hui, je me sens du foible; mais je sens bien que c'est du foible. Après cette digression d'égoïste, revenons à la pièce de Vadé.

Indépendamment, au reste, de la bassesse de son style, qui est révoltant, sa comédie est sans la plus légère apparence de fond, sans imagination, sans caractère et sans comique. On peut juger sur cette pièce, très-définitivement, que ce jeune auteur ne sera jamais capable d'en faire, même de médiocres.

Les comédiens ont reçu et joué cette comédie dans le temps même qu'ils ont refusé de jouer *la Cabale*, comédie en un acte de Saint-Foix, qui ne prend rien de ses pièces, mais qui demandoit par amitié pour Crébillon qu'elle fût donnée avec *Catilina*. Bien des gens ont cru que les amis de Voltaire avaient poussé les comédiens à ce refus.

Quoi qu'il en soit, les Italiens n'ont pas été si délicats, et elle a eu encore une espèce de réussite à leur théâtre, au moyen, il est vrai, d'un ballet charmant qu'ils y ont ajouté. Ce ballet pantomime est de la composition de Deshayes, et avoit été donné à Versailles sur le théâtre de Madame de Pompadour.

Comme il est de règle à présent qu'il ne tombe plus de pièce aux Italiens, *la Cabale* a eu quelque succès, aidée du joli ballet dont je viens de parler. C'est pourtant bien la comédie la plus mal faite et la plus triste qu'on ait jamais vue, si cependant l'on peut donner le nom de comédie à quatre ou cinq scènes épisodiques, mal jointes ensemble et mal écrites.

Ce genre demande des vers nécessairement, et cette pièce est en prose, et en mauvaise prose. Tout y est commun, personnages et dialogue; les réflexions, d'ailleurs triviales, sont amères et tristes; pas un trait, pas

---

(1) V. *Théâtre de société,* tome 3. (*Note de Barbier.*)

une épigramme. C'est cependant dans ces sortes de pièces que l'esprit est permis ; l'auteur n'a ni abusé ni usé de ce droit. Il y a une seule scène bouffonne entre Arlequin et Scapin, qui auroit pu être plaisante peut-être, si elle eût été traitée moins grossement. Arlequin est le valet favori *de la Cabale*, et voulant servir Scapin auprès de cette dame, il a composé pour lui un placet qu'il lui lit, et qui est à peu près conçu dans ces termes :

« Madame,

« Arlequin vous supplie très-humblement de vous in-
« triguer pour placer Scapin son ami intime. Comme
« ledit Scapin, est un ivrogne, un coquin, un imbé-
« cile, un ignorant et un homme incapable de tout,
« il se flatte que vous sentirez la nécessité de le servir
« au plus vite, attendu que personne ne voudra se
« charger de faire la fortune de ce bon ami, de ce cher
« ami, etc. »

Cette petite comédie a été donnée pour la première fois le 11 de ce mois.

J'ai eu l'occasion, à la fin de l'année dernière, de rapporter quelques traits sages et pleins de présence d'esprit de M. d'Argenson, le ministre de la guerre ; mais il a eu, dit-on, ces jours-ci, avec M. de Montbarré une aventure qui dément un peu fort le caractère de prudence que l'on lui donnoit dans le public.

Ce M. de Montbarré est un homme de condition, de Franche-Comté, lieutenant-général, et, ce qui semble jurer avec cette dernière qualité, honnête homme jusqu'au scrupule.

Il demandoit à M. d'Argenson un régiment pour son fils ; ce dernier ne lui répondoit que des généralités qui ne le satisfaisoient point ; il insistoit, et représentoit fortement ses services, qui ne pouvoient être récompensés que par cette seule grâce. M. d'Argenson pressé, lui dit, d'un air railleur : *Eh quoi! vos services, monsieur!*

ne vous en êtes-vous pas payé par vos mains? — Monsieur, répondit M. de Montbarré, *je ne vous demande plus rien actuellement que la réparation de l'insulte que vous venez de me faire;* et il sortit en fureur.

Il a depuis écrit des lettres très-vives et très-fortes à ce ministre, qui ne veut entendre à aucune réparation, mais qui a offert un régiment à M. de Montbarré le fils, auquel le père a défendu de l'accepter que son affaire ne fût finie de façon ou d'autre. Il demande, dit-on, un conseil de guerre pour se faire juger lui et M. d'Argenson.

Ce dernier a été trouver le maréchal de Saxe, pour s'informer si M. de Montbarré n'avoit pas pillé, comme les autres lieutenans généraux; à quoi le maréchal a répondu : *Vous avez joué de malheur, monsieur, de vous être adressé à M. de Montbarré, pour ce propos-là; il est peut-être le seul lieutenant-général qui soit pur; il y a plus, c'est qu'il est même exempt de soupçon.* On dit que M. d'Argenson est fort embarrassé; voilà où en est cette affaire.

Une autre histoire plus ridicule est celle de M. Dangé, fermier général, et de M. de Périgny, maître des requêtes, qui est arrivée dans les derniers jours de ce mois.

Ces deux messieurs étoient depuis longtemps en possession de se plaisanter, ou pour mieux dire, M. Dangé se laissoit plaisanter par M. de Périgny, qui a de l'esprit, lui.

A un souper chez Mme de Chimène, ce pauvre patient, poussé par M. de Périgny plus vivement qu'à son ordinaire, ou moins endurant, lui répondit une brutalité; le premier prend son sérieux, et lui dit tout bas: *Je serai demain à midi chez vous, monsieur, pour avoir raison de ce que vous venez de me dire-là.*

L'histoire dit que le fermier général ne dormit point de la nuit, et que le matin, ayant fait mettre des chevaux dès dix heures, il sortit à onze. Il va trouver

Mme Daverne qui étoit de ce souper, et d'une voix émue et entre-coupée, il lui dit, en entrant : *M. de Périgny, madame, n'est qu'un fanfaron et un lâche; il y a deux heures que je l'attends de pied ferme chez moi, et il n'étoit point arrivé; il ne viendra pas, il n'a pas osé venir; il était midi quand je suis sorti. — Midi!* répond Mme Daverne, *et voilà onze heures qui sonnent, mon cher Dangé! mais croyez-moi, voici l'abbé d'Hédy qui entre; retournez chez vous avec lui, il accommodera cette affaire-là; il ne vous convient point de vous battre.—J'y consens, madame,* répond Dangé, *mais cela ne servira à rien; sûrement Périgny ne sera point venu, je vais le décrier comme un poltron. — Mais il n'est que onze heures, encore un coup!* lui répéta cette dame. A ces mots il part avec l'abbé d'Hédy; et le premier objet qu'il aperçoit, en rentrant chez lui, c'est M. de Périgny en habit cavalier, avec une épée qui paroissoit à Dangé d'une longueur énorme. — *Ah! ah!* dit avec un sang froid singulier Périgny en le voyant, *voilà le premier trait de prudence que j'aie vu faire à Dangé! il vient avec son confesseur; eh mais! voilà qui est admirable.* A cette plaisanterie Dangé répondit : *Tenez, monsieur, nous ne sommes pas faits pour nous battre, arrangeons tous cela;* l'abbé d'Hédy insiste alors, et parle sérieusement à Périgny, qui, après s'être bien fait tirer, accorda qu'il ne se battroit pas, et qu'il ne le battroit pas, à condition que le soir même, chez Mme Chimène, où la même compagnie soupoit, Dangé lui feroit des excuses, ce qui a été exécuté.

Si cette histoire n'a pas fait d'honneur à Dangé, elle a couvert de ridicule le maître des requêtes, dont le métier n'est pas de se battre (1).

---

(1) Dans la *Vie privée de Louis XV*, t. I, p. 271, on trouve, sur ce même Dangé, une anecdote bien autrement scandaleuse que nous ne pouvons nous permettre de rapporter ici. Du reste, ce fermier général, qu'on prétendait avoir été laquais et avoir eu pour père un tonnelier, avoit marié sa fille au marquis Pau'my d'Argenson, alors ambassadeur en Suisse. (*H. B.*)

Il a couru, ce mois-ci, des vers contre le roi, qui étoient bien méchans et bien mauvais. Ils ne peuvent être que du Jacobite le plus outré. Ils sont si outrés pour le prince Édouard et contre le roi, qu'ils ne peuvent partir que de quelque cerveau brûlé de son parti. Je les ai vus; ce n'est ni un poëte, ni un homme qui ait l'habitude de faire des vers qui en soit l'auteur; c'est sûrement un homme du monde (1).

FÉVRIER 1749.

Le 1ᵉʳ de ce mois, fut la vingtième et dernière représentation de *Catilina*. Il y avoit beaucoup de monde. Crébillon n'a pas voulu la laisser tomber dans les règles, et l'a donnée aux comédiens (2).

Ce jour même, mourut, à neuf heures du soir, son Altesse Royale Mᵐᵉ la Duchesse d'Orléans, femme du Régent (3). Le lendemain, dimanche, il devoit y avoir bal

---

(1) V. la *Vie privée de Louis XV*, tome 2, page 372 et suiv. (*Note de Barbier.*)

(2) Aux termes des règlements, quand une comédie cessait d'atteindre deux fois de suite ou trois fois séparément un certain chiffre (500 francs pour les pièces en cinq actes, 300 francs pour celles en un acte), elle était déclarée *tombée dans les règles*. Dès lors, on cessait de la jouer et l'auteur n'y pouvait plus rien prétendre. (*H. B.*)

(3) Françoise-Marie de Bourbon, nommée Mademoiselle de Blois, fille naturelle de Louis XIV et de Mᵐᵉ de Montespan. Née en 1677. *Madame*, mère du Régent, n'a pas laissé un portrait brillant de sa belle-fille, qu'elle présente comme ayant un caractère hautain et plein de vanité. « Mon fils l'appelle souvent Mᵐᵉ *Lucifer*, etc. » Lettre du 21 juin 1717. « Elle paraît plus vieille qu'elle n'est, car elle met beaucoup de rouge et elle a le nez et les joues pendants. Il lui est resté de sa petite vérole qu'elle branle la tête comme une vieille femme. » Lettre du 9 juin 1716. D'après Mᵐᵉ de Caylus (*Souvenirs*) « elle avait de la beauté, de beaux bras, de belles mains, mais pas de proportion dans les traits. » (*H. B.*)

à l'opéra; il n'y en eut point, et les spectacles ont été interrompus jusqu'au samedi 8 février inclusivement. Cela n'a pas fait un tort léger à l'Opéra, qui, indépendamment de deux bals masqués, devoit donner le mardi 4 du courant la première représentation de *Platée*, ballet bouffon, dont la musique est de Rameau. Il a été joué pour la première fois dimanche, 9 de ce mois. J'y fus jeudi, 13; et je croirai qu'il y a de la magie dans la composition de Rameau si ce ballet réussit; les paroles ne peuvent être plus basses, plus sottes, plus bêtes et plus ennuyeuses qu'elles le sont. (1) Cahusac est un Quinault au prix; j'excepte pourtant le prologue, dont l'idée est heureuse, et qui auroit pu être excellent; j'avoue que la musique en est bien jolie, mais il est déshonorant pour notre nation qu'on laisse jouer en public des choses aussi détestables.

On nous promet pour le premier jeudi de carême, ou pour le mercredi des cendres, un sermon du révérend père de La Chaussée, de Paris, *sur le Retour sur soi-même*. Déjà presque toutes les chaises sont retenues; c'est-à-dire, pour user de termes moins chrétiens, que l'on aura le 20 du courant la première représentation d'une comédie de La Chaussée, à laquelle il avoit d'abord donné le titre moral et évangélique que je viens de dire. On lui a conseillé de le changer, et sa pièce paroîtra sous celui de *l'École de la Jeunesse;* cet auteur apostolique mène souvent le public à l'école, et est bien fait pour y aller et y rester.

On m'a donné des couplets qui courent, sur Mme de Pompadour; de six, il n'y en a qu'un de passable. On voit bien, au reste, qu'ils sont faits par des gens de la Cour, à leur négligence et à leur malignité; la main de l'artiste n'y est pas, et d'ailleurs il faut que ce soient gens qui vivent à la Cour, pour savoir quelques particularités qui sont dans ces couplets. Les voici :

(1) Les paroles de *Platée* sont d'Autreau. (*H. B.*)

Sur l'air des *Trembleurs d'Isis*.

1ᵉʳ.

Les grands seigneurs s'avilissent,
Les financiers s'enrichissent,
Tous les *Poissons* s'agrandissent,
C'est le règne des vauriens.
On épuise la finance
En bâtiments, en dépense;
L'État tombe en décadence,
Le Roi ne met ordre à rien, rien, rien.

2ᵉ.

Une petite bourgeoise,
Élevée à la grivoise,
Mesurant tout à sa toise,
Fait de la Cour un taudis.
Le Roi, malgré son scrupule,
Pour elle froidement brûle;
Cette flamme ridicule,
Excite dans tout Paris, ris, ris.

3ᵉ.

Cette c.... subalterne
Insolemment le gouverne;
Et c'est elle qui décerne
Les honneurs à prix d'argent.
A ses volontés tout plie :
Le courtisan s'humilie;
Il subit cette infamie,
Et n'est que plus indigent, gent, gent.

4ᵉ.

La contenance éventée,
La peau jaune et truitée,
Et chaque dent tachetée,
Les yeux fades, le col long;
Sans esprit, sans caractère,
L'âme vile et mercenaire,

Le propos d'une commère,
Tout est bas chez la Poisson, son, son.

5ᵉ.

Si dans les beautés choisies,
Elle étoit des plus jolies :
On pardonne les folies
Quand l'objet est un bijou.
Mais pour si mince figure,
Et si sotte créature,
S'attirer tant de murmure,
Chacun pense le Roi fou, fou, fou.

6ᵉ et dernier.

S'il est vrai que pour lui plaire,
Le beau n'est pas nécessaire,
Vintimille sut lui faire
Trouver son minois gentil.
On croit aussi que Destrade,
Si vilaine et si maussade,
Aura bientôt la passade,
Elle en a l'air tout bouffi, fi, fi (1).

Le 20, l'on a remis *Médée et Jason*, opéra de l'abbé Pellegrin et de Salomon ; les Cahusac, les Bonneval (2), les Laujon, les Mondorge, les Ballot, et quelques autres sont parvenus à faire regretter sincèrement cet abbé Pel-

---

(1) M. de Pont-de-Vesle est l'auteur de ces couplets, qui furent la cause de la disgrâce et de l'exil de M. de Maurepas, qui y avoit mis son grain de sel, et chez lequel ils furent faits à souper. M. de Pont-de-Vesle fut obligé quelque temps après de se démettre de sa place d'intendant des classes, qu'il n'exerçoit pas, et qui lui valoit 25,000 livres. Encore eut-on la sotte bonté, quand il en fut chassé, de lui conserver une pension de mille écus sur cette place. Telle étoit la foiblesse de Louis XV. (*Note de Collé, écrite en* 1780.)

(2) Bonneval, ci-devant intendant des menus, est auteur de l'opéra des *Génies* et de celui des *Titans*, qui a été joué une seule fois à la Cour, en 1746. Laujon a fait *Daphnis et Chloé* ; Mondorge, *les Talens lyriques* ; et Ballot a rapetassé le Ballet de *Platée* et l'acte de *Pygmalion*. (*Note de Collé, écrite en* 1780.)

legrin, si honni de son temps. Du moins savoit-il parfaitement la mécanique de son métier. Ses poëmes étoient communs, mais assez raisonnables; il n'y avoit que le génie et l'esprit qui y manquassent. On y trouve souvent des fonds de scène très-passables, quelques vers heureux, beaucoup de mauvais vers à la vérité, mais toujours lyriques.

Médée et *Jephté* surtout sont des preuves de ce que j'avance; je pourrois même dire de *Jephté*, que le poëme en est bien fait, et que l'Écriture sainte, dont il a fait un grand usage, l'a fait penser et s'élever dans cet ouvrage, ce qui ne lui arrivoit pas communément. Il faisoit facilement de mauvais vers, mais il ne pensoit pas.

Au reste, les opéras de pur récitatif ne peuvent réussir qu'avec des récitants, et nous n'en avons point à l'heure que j'écris. Chassé est le seul, et il est excellent; mais ses cadences chevrotées, les saccades qu'il donne à sa voix, et le défaut de chanter faux quelquefois, diminuent le plaisir que l'on prend à entendre et à voir cet acteur, admirable à tous autres égards. Jéliotte est un chanteur unique, mais il n'a ni figure ni action; il n'est bon que dans les rôles de berger, où il faut plutôt exprimer la galanterie que le sentiment; il n'a point d'entrailles et il manque de noblesse. Ce n'est donc point du tout là un récitant, ceci soit dit sans faire tort à l'étendue et à la beauté de sa voix, surtout au goût divin du chant qu'il possède, et que personne n'a poussé aussi loin que lui.

Mlle Chevalier et Mlle Fel (1) sont bien éloignées d'être des actrices, surtout la dernière, dont la voix, légère et parfaite en ce genre, n'est bonne que pour des ariettes.

---

(1) Mlle Chevalier, actrice de l'Opéra, où elle remplissait les premiers rôles. Mlle Fel y jouait les rôles tendres et légers. C'est pour cette dernière actrice que Grimm fit semblant de mourir d'amour, en ne se nourrissant, dans son désespoir, que de *cerises confites*. Voy. les *Confessions* de J.-J. Rousseau, livre VIII. (*H.-B.*)

Mlle Chevalier exprime quelquefois passablement la colère et la fierté, mais elle grimace l'amour, et je la soupçonne d'avoir médiocrement d'intelligence. Comment donc est-il possible de rendre des actions sans acteurs?

N'attribuons donc point uniquement la fureur que l'on a aujourd'hui pour les ballets et le dégoût que l'on a pour les tragédies à la seule musique de Rameau, que j'avoue qui y peut influer; mais rejetons-en la cause, en grande partie, sur la disette des récitants.

Le samedi 22, les Comédiens français donnèrent la première représentation de la pièce de La Chausée, intitulée : *l'École de la jeunesse*. Cette pièce est en cinq actes et en vers, et il n'y a pas de matière pour trois scènes; elle est tombée, et a été huée à la première représentation; elle a repris un peu à la seconde. Je ne sais ce qu'elle deviendra; mais je sais bien qu'elle ne vaut rien.

Comme le fond de son sujet ne lui fournissoit rien, tous ses personnages sont presque épisodiques; je n'en vois que trois de nécessaires: l'amant, la mère et la fille. Le commandeur, le baron, Mme Henrique, la suivante et l'ami, sont étrangers ou inutiles, ou du moins ne sont-ils pas d'une nécessité que le fond du sujet rende absolue. Cette rapsodie, au reste, ne mérite pas l'honneur d'une critique; point de comique, point d'intérêt, même larmoyant; morale usée et rebattue, expression foible et versification lâche, pas un vers de marque.

Il est bien étonnant qu'un auteur de la médiocrité incurable dont est La Chaussée ait donné, pour ainsi dire, le ton à son siècle, et qu'il ait eu le crédit de ramener un mauvais genre de comédie qui étoit proscrit et qui n'est nullement nouveau. On peut voir, par l'histoire du théâtre français, récemment imprimée, que les pièces de roman, et celles mêlées de tragique et de comique, avoient été à la mode jusqu'à ce que Molière eut donné le modèle de la vraie comédie : nous avions pris ce mauvais goût-là des Italiens, qui n'est nullement celui des anciens ni celui de la nature.

Le comique larmoyant du *Glorieux*, du *Philosophe marié*, de *l'Enfant prodigue*, et celui de toutes les pièces de La Chaussée, ne sera et ne peut jamais être goûté des amateurs de la bonne comédie. La comédie doit faire rire; la tragédie doit émouvoir et arracher des larmes; il ne peut y avoir un troisième genre dramatique qui participe de ces deux.

Qu'on invente, si l'on veut, une nouvelle espèce de tragédie ou de comédie héroïque, comme on voudra l'appeler, ce sera toujours une branche de la tragédie; que dans cette tragédie mitoyenne, bourgeoise même, il ne soit point, comme dans les autres, question de grands intérêts, de renversements d'États, de détrônements de rois, de révolutions d'empires; que les personnages ne soient ni princes ni même grands seigneurs; que ce soit, par exemple, une tragédie dans le goût de *Georges Barnevelt*, ou de *Desfrans et Silvie*, j'admets ce genre, ou tel autre, pourvu que cette tragédie moyenne, ou comédie héroïque, soutienne continuellement son caractère, et que l'intérêt n'en soit pas coupé, non-seulement par aucunes scènes, mais encore par aucun trait de comique. On m'ôte tout le plaisir que je prenois à m'attendrir, lorsqu'au milieu d'une scène intéressante et vive on me fait une seule plaisanterie; fut-elle la meilleure du monde, elle est si fort déplacée, qu'elle équivaut pour moi à une plaisanterie qui seroit détestable; à plus forte raison, interrompt-on l'intérêt que je prenois à la pièce, lorsqu'une scène entière, ou gaie, ou plaisante, ou folle, succède à une scène tendre, qui excitoit toute ma sensibilité, qui par-là se trouve émoussée, refroidie et perdue, dans l'instant que l'on entreprend de me faire rire aussi mal à propos. D'ailleurs, supposé que vous m'ayez fait rire, quelles difficultés ne vous êtes-vous pas préparées alors pour me faire reprendre le fil et me ramener à l'intérêt, au sérieux et au tragique de votre sujet, dont vous m'avez éloigné ! Ce passage du rire à l'attendrissement, du sérieux au plaisant, du comique à l'intéressant, ne peut se pratiquer dans une comédie, mais très-bien dans un roman, où l'on a le temps de préparer et de fonder tout ce qui est nécessaire; mais le théâtre resserre trop les événements et les situations, et rend ce mélange impossible, ou plutôt désagréable. Enfin, il me semble qu'il n'y a point de milieu : je veux rire sans pleurer, ou pleurer sans rire, dans un poëme d'aussi peu d'étendue qu'est le poëme dramatique; et je soutiens, ou du moins j'ai senti qu'on m'avoit ôté tout le plaisir que j'avois eu à verser des larmes, lorsqu'on me les avoit interrompues en me faisant rire après. Ajoutez à cela qu'il faut que la plaisanterie soit bien excellente, et d'un genre bien supérieur, pour arracher un ris de quelqu'un qui est affecté de quelque chose d'intéressant (1).

Il y a long-temps que j'avois cette dissertation-là sur le cœur : il en faudroit une autre pour prouver que La Chaussée n'a pas même réussi dans ce que l'on appelle son genre. Toutes les fables de ses pièces n'ont aucune vraisemblance et ne sont bâties que sur des événements physiquement et moralement impossibles; excepté *le Préjugé à la mode*, aucune de ses pièces n'est écrite ; la moitié de ses caractères sont faux et forcés, supposé qu'il y en ait encore; un ton de morale et de pédanterie, que j'aime mieux à la paroisse qu'au théâtre, où l'on n'imagine pas qu'un prédicateur viendra vous relancer, c'est

---

(1) Je ne me dédis point de mon jugement sur le genre larmoyant en général, et sur La Chaussée en particulier. Admirateur de Molière et partisan de la bonne comédie, je mourrai dans ces sentiments, et toute ma vie je les soutiendrai jusqu'au feu *exclusivement*. Je n'exige pas, non plus, que l'on brûle les auteurs *dramatiques* tels que Diderot, etc., mais *leurs drames* seulement. (*Note de Collé, écrite en* 1780). — La *tragédie bourgeoise*, d'où procède le drame d'aujourd'hui, fut une protestation contre les règles des anciens. Il n'est donc pas étonnant que Diderot se soit mis à la tête d'une pareille croisade, et soit spécialement cité par Collé. (*H. B.*)

un guet-apens ; enfin, une foiblesse, une médiocrité et une tiédeur qu'Apollon vomira tôt ou tard. Ce petit homme n'est pas fait pour aller à la postérité.

N'en disons pas davantage, cela me mèneroit trop loin, et ne paroîtroit point du ressort de ce Journal, quoique je pusse dire, pour me justifier de ces énormes dissertations, que ce Journal est l'histoire de mes goûts, de mes sentiments et de mes façons de penser actuelles, que je serai bien aise de trouver écrites dans dix ans, quand elles ne seront peut-être plus les mêmes, et que j'en aurai changé.

Le même jour, 22 du courant, les Italiens donnèrent la représentation du *Retour de la Paix*, comédie en un acte et en vers, de Boissy ; ce sont des scènes épisodiques, remplies de lieux communs et de jugements de café ; c'est une misère. Cette pièce a encore été soutenue par un ballet de Deshayes, et on y va avec fureur. Il faudroit être injuste pour ne pas avouer que dans les ballets des Italiens les figures sont assez bien dessinées, et quelquefois même plaisantes ; mais on m'accordera aussi que les figurants et figurantes, jusques à Coraline et Camille, nclusivement, sont très, mais très-médiocres, et vont, depuis elles, par gradation, jusqu'au détestable.

C'est donc le seul dessin d'un ballet qu'on va voir ; ce ne sont point les danseurs ni la comédie ; et cependant ce théâtre est fréquenté, quoique tous les comédiens en soient fades, ridicules, mauvais, et qu'ils ne sachent jamais un mot de leur rôle ; l'arlequin est froid, le scapin n'a qu'une scène et des grimaces, les femmes sont à faire horreur, excepté Coraline, qui a les grâces de la jeunesse et de la beauté et quelque feu, mais qui, malgré tout cela, n'a nulle intelligence, et a la mauvaise habitude de ricaner quand elle est en scène. La Sylvia est vieille, et Deshayes fort médiocre. C'est pourtant aujourd'hui le spectacle le plus fréquenté ; que dire à cela ? Quoique les Comédiens françois soient bien tombés, et même soient insoutenables dans le tragique, ils me paroissent pourtant encore passables dans le comique, en comparaison des Italiens; et c'est beaucoup dire, car ils ne valent pas grand'chose. Il est vrai que depuis dix ans les Italiens donnent tous les dimanches des feux d'artifice aux marchands de la rue Saint-Denis, qui trouvent le goût de la bonne comédie dans les fusées, les soleils et la puanteur de la poudre à canon.

J'ai lu ces jours derniers le livre de M. le président de Montesquieu, *De l'esprit des lois*. Je ne suis point en état de décider de cet ouvrage; il faudroit que j'eusse plus de lumières et de connoissances pour pouvoir en juger. A l'égard de l'impression machinale qu'il m'a faite, et qui n'a rapport qu'à moi, la voici : le premier volume m'a amusé, et m'a fait plaisir en beaucoup d'endroits, surtout lorsqu'il parle des Romains, de la monarchie et du despotisme; la moitié du second volume ne m'a pas ennuyé, en passant par-dessus bien des calculs sur le commerce, le change, les monnoies, etc.; mais la deuxième moitié de ce dernier volume, qui contient ses recherches sur les fiefs, m'a causé un ennui mortel; et Duplessis, dans son commentaire sur la coutume de Paris, n'est pas plus assommant

Voilà ce que j'ai senti; voici ce qu'en disent les grands auteurs, les métaphysiciens et les gens qui ont un peu de philosophie dans la tête : ils prétendent que c'est un très-mauvais ouvrage, sans ordre, sans liaison, sans enchaînement d'idées, sans principes; c'est, disent-ils, le portefeuille d'un homme d'esprit, et voilà tout (1).

---

(1) Selon Voltaire, l'*Esprit des lois* n'a été attaqué que par les *esclaves des préjugés*. Quant au style, Grimm trouvait que c'était celui du *génie*, etc. (*H.-B.*)

MARS 1749.

Le lundi 3 de ce mois j'ai été à Étioles, où j'ai passé jusqu'au 9 au soir, que je suis revenu souper à Paris; j'y ai laissé mes hôtes, qui doivent y rester jusqu'au 16.

Je suis revenu pour faire ma cour à M. le Duc de Chartres et pour une affaire qui regarde mon ami Saint-Wast, qui est à Paris depuis le 16 février, pour tâcher d'entrer dans les sous-fermes et arranger les affaires qui nous sont communes.

On m'a conté une assez bonne plaisanterie qu'au bal de l'Opéra l'on a faite, ce carnaval dernier, au fils du défunt président Bernard de Rieux, qui s'est nommé d'abord *de Rieux*, qu'on a appelé depuis *de Saint-Faire*, et qui enfin, ayant épousé en secondes noces Mlle *de Boulainvilliers*, en a pris le nom en se mariant. Un masque l'aborda, et lui dit : *Oserai-je demander à M. de Rieux s'il a appris de M. de Saint-Faire comment se porte M. de Boulainvilliers?*

Le 8 on donna la dernière représentation de *l'École de la jeunesse*, qui a été jouée sept fois en tout. La Chaussée croit de la meilleure foi du monde que c'est une cabale ameutée par Voltaire qui a fait tomber sa pièce; il le dit positivement à un souper chez M. de Marivaux, où étoient M. Helvétius et M. Saurin, qui me l'ont rapporté, comme en étant eux-mêmes surpris.

Il m'est tombé ces jours-ci entre les mains une épître en vers de M. de Saint-Lambert, capitaine au régiment de M. le prince de Beauvau. Il fait facilement de jolis vers; il écrit à son colonel, de son quartier d'hiver, qu'il passe chez des parens jansénistes.

La voici, telle que l'on me l'a donnée :

A vivre au sein du jansénisme,
Cher ami, je suis condamné;

Et, des muses abandonné,
Je répète mon catéchisme.

Du Vatican, de Port-Royal,
J'entends conter les vieilles guerres;
J'entends mettre au rang des saints pères
Nicole, Quesnel et Pascal.

J'en lis un peu, par courtoisie;
Ces fous, pleins de misanthropie,
Souvent ne raisonnent pas mal.

Ils ont cru nous faire connoître
L'homme qu'ils ont imaginé;
Mais ils n'ont jamais deviné
Ce qu'il est, ni ce qu'il doit être.

Plus ingénu, moins orgueilleux,
Montaigne, sans art, sans système,
Cherchant l'homme dans l'homme même,
Le connoît, et le peint bien mieux.

Addisson veut nous rendre heureux.
Par mille traits ingénieux
Sa morale flatte, réveille;
Il inspire quand il instruit;
C'est un sage qui nous conduit,
C'est un ami qui nous conseille.

Un vieux janséniste grondeur
Dit qu'en détruisant la nature
On fait plaisir à son auteur,
Et qu'on charme le Créateur
En tourmentant la créature.

Du petit nombre des élus
Tous ses ennemis sont exclus;
Et ces sauvages cénobites.
Qui vantent à Dieu leur ennui,
Ne voudroient plus vivre pour lui
S'il étoit mort pour les jésuites.

Indulgente société!
O vous, dévôts plus raisonnables,
Vertueux sans férocité,
Le goût polit vos mœurs aimables.

Vous vous occupez sagement
De l'art de penser et de plaire ;
Aux hymnes de votre bréviaire
Vous entremêlez prudemment.
Et du Virgile et du Voltaire.

Vous parlez au nom du Seigneur
Et vous n'ennuyez point les hommes ;
Vous nous condamnez sans fureur,
Vous nous voyez tels que nous sommes.

Je ne prends point pour directeur
Un fou dont la mauvaise humeur
Érige en crime une foiblesse,
Et veut anéantir le cœur
Pour le conduire à la sagesse.

Je sens, j'ai des goûts, des désirs ;
Dieu les inspire ou les pardonne ;
Le triste ennemi des plaisirs
L'est aussi du Dieu qui les donne.

Le 10, M. de Voltaire donna sa *Sémiramis*, avec des corrections et des augmentations. Le cinquième acte est beaucoup moins mal qu'il n'étoit, mais il ne vaut rien encore. Le dénouement se fait de même dans le tombeau de Ninus : il n'y a nulle vraisemblance, et d'ailleurs les acteurs n'étant plus en péril à la fin du quatrième acte, la pièce est finie, et la catastrophe devroit être bornée à la mort d'Assur, que Ninias doit faire arrêter et qu'il doit faire mourir aussitôt que le grand prêtre lui a appris qu'il étoit le complice de Sémiramis, à laquelle il doit pardonner, et dès lors l'action est consommée ; on n'a pas besoin du cinquième acte ; vingt vers, à la fin du quatrième, finiroient la pièce.

. Il a ajouté beaucoup de beaux vers épiques, mais il n'a rien changé aux caractères. Sémiramis est toujours la même qu'il l'avoit peinte ; c'est-à-dire, ce n'est point du tout Sémiramis. Arsace est un capitan ; Assur un personnage inutile et un rodomont qui ne produit aucun événement ; le grand prêtre n'a nulle raison de ne point déclarer au premier acte à Ninias qu'il est fils de Ninus, et qu'il doit venger son père; il n'y a nulle action dans les trois premiers actes, excepté à la fin du troisième, où la reine tient les états généraux. L'ombre de Ninus ne fait nul effet; elle a été bien patiente d'attendre vingt ans à sortir des enfers; enfin, le plus grand défaut c'est qu'il n'y a nul intérêt dans cette pièce; on ne peut pas pleurer Sémiramis; Assur n'est pas fait pour toucher; on sait dès la première ou la seconde scène qu'Arsace est Ninias; il n'y a nulle surprise de ménagée, nulle entente du théâtre; et je persiste à dire, malgré les beaux vers qui y sont et malgré le public qui a été en foule à cette reprise, que cette tragédie est une des plus mauvaises et des plus froides tragédies de Voltaire; peut-être aussi, cela vient-il un peu du sujet, que je crois difficile à traiter, et ne prêtant à rien. Elle a eu six bonnes représentations, à cette reprise.

Crébillon a fait imprimer, ces jours-ci, *Xerxès;* il en a tiré quarante louis de Prault fils, et c'est-là le noble motif qui lui a fait faire cette équipée-là. Il devoit naturellement attendre son édition du Louvre, pour la donner; mais il fait actuellement tant de sottises, et tient des discours si peu mesurés, que je ne serois point étonné que son édition n'eût pas lieu; il n'y a seulement pas encore songé; il ne sait ni ce qu'il veut, ni ce qu'il demande; il voudroit qu'on lui donnât deux mille exemplaires; on lui en veut donner six cents; il crie qu'on le vole, et tient, à ce sujet, les propos les plus déraisonnables et les plus extravagants; il faut l'entendre. On a trouvé Xerxès aussi mauvais à la lecture qu'il le fut à la première représentation. Il a présenté cette pièce au roi, qui à l'ouverture est tombé par hasard sur ce vers :

« La crainte fit les dieux, l'audace a fait les rois.

Le roi le loua de très-bonne foi et trouva ce vers fort beau.

Ce mois-ci, l'on a vu encore plusieurs chansons contre madame de Pompadour, et il couroit un bruit que le roi étoit sur le point de lui donner son congé. Tous les ans le même bruit se renouvelle, au temps de Pâques.

Les couplets que l'on a faits contre elle ne sont pas bons, mais ils ont l'air de l'acharnement et de la fureur. En voici un que j'ai retenu, il est sur l'air :

Malgré la bataille qu'on donne demain.

Il faut sans relâche
Faire des chansons ;
Plus Poisson s'en fâche,
Plus nous chanterons.
Tous les jours elle offre
Matière à couplets,
Et veut que l'on coffre
Ceux qui les ont faits.

Ceci sent la main de l'artiste ; les rimes recherchées *de relâche, fâche, offre, coffre*, les vers bien faits et la facilité de ce couplet me feroient penser qu'au moins la mécanique est d'un auteur de profession, à qui l'on en auroit donné tout au plus le fond.

M. du Chatel disoit tout haut, en parlant de la cour, sur ces couplets : *Il faut qu'ils soient bien sots, là-bas, pour ne pas reconnoître le style et la manière de* Pont-de-Vesle *dans toutes ces chansons!*

Voici la fin d'un autre couplet, où M. le duc de la Vallière est maltraité ; le commencement dit que le roi va renvoyer la Poisson, *et tout de suite*

L'ami la Vallière,
Le cousin Ferrand,
Le frère Vandière,
L'oncle Tournehem.

Celui-ci n'est pas fabriqué aussi bien que les autres, mais il a de la naïveté et de la gaîté.

Piron m'a donné l'épigramme suivante ; elle est un peu à la grecque : il faut, pour l'entendre, savoir que pendant les représentations de *Sémiramis*, on montroit un rhinocéros à la foire Saint-Germain, que tout le monde alloit voir en foule. Après cette longue explication, que l'épigramme ne mérite pas, il faut écrire cette épigramme, qui a bien aussi sa longueur :

> O temps ! ô mœurs ! s'écrioit La Chaussée,
> Siècle pervers, qui fuit sa guérison !
> Quoi ! mon école est ainsi délaissée
> Et le carême est ma morte saison !
> Tandis qu'on voit, contre toute raison,
> Deux sots objets (et c'est ce qui m'assomme),
> Deux monstres faits et bâtis Dieu sait comme,
> Deux vilains riens attirer les badauds !
> Méritent-ils seulement qu'on les nomme ?
> *Sémiramis* et le rhinocéros !

Comme cette épigramme est traînante, bon Dieu ! il falloit mettre cela en quatre vers, au plus.

AVRIL 1749.

Voici la suite des couplets sur la marquise (comme on l'appelle).

2ᵉ (1).

> Ils sont punissables,
> Peignant ses beautés
> De traits remarquables
> Qu'on n'a point chantés ;

---

(1) V. le 1ᵉʳ couplet, page 62.

La gorge vilaine,
Les mains et les bras,
Souvent une haleine,
Qui n'embaume pas.

3ᵉ.

Elle veut qu'on prône
Ses petits talents,
Et se croit au trône
Ferme pour longtemps.
Mais le pied lui glisse,
Le roi sort d'erreur,
Et ce sacrifice
Lui rend notre cœur.

4ᵉ.

La folle indécence
De son opéra,
Où, par bienséance,
Tout ministre va ;
Il faut qu'on y vante,
Son chant fredonné,
Sa voix chevrotante,
Son jeu forcené.

5ᵉ et dernier.

Je vois la marquise
Et ses favoris
Bientôt, quoi qu'on dise,
Regagner Paris ;
L'ami la Vallière,
Le cousin Ferrand,
Le frère Vandière,
L'oncle Tournehem.

Crébillon le père a obtenu, le 21 du mois dernier, un arrêt du conseil contre d'anciens créanciers, qui avoient saisi sa part d'auteur entre les mains des comédiens, et, entre celles de Prault le fils, ce qui lui revenoit de son traité fait avec lui, pour l'impression de *Catilina*. C'est un monument de l'équité ordinaire du conseil, et une preuve écrite des mœurs de Crébillon, de sa droiture et de la noblesse de son âme.

Parmi les créanciers qu'il veut payer de fins de non recevoir, et de cet arrêt, se trouve le maître de pension de son fils, à qui il doit depuis trente-deux ou trente-trois ans. La seule raison pour ne pas satisfaire cet homme est, *qu'il ne paie pas les anciennes dettes*, et je lui ai entendu dire encore : *qu'en obtenant cet arrêt, il avoit rendu un grand service aux gens de lettres*. Peut-on manquer davantage de sentiment et de sens! Quelle bassesse, et quelle inconséquence !

N'est-ce pas, au contraire, déshonorer les gens de lettres que d'avoir recours pour soi et pour eux, à des moyens aussi honteux! N'est-ce pas leur rendre un fort mauvais service que d'empêcher qu'ils ne puissent donner une espèce de sûreté, sur leurs ouvrages, lorsqu'ils ont besoin d'emprunter quelqu'argent! (il est vrai que cela ne leur est pas ordinaire, et qu'ils n'empruntent jamais); mais enfin, si le cas leur arrivoit, qui voudra actuellement leur prêter, ou leur faire crédit! Après de pareils traits, et cent autres que messieurs du bel esprit font tous les jours, on ne doit plus être étonné du décri dans lequel sont tombés les auteurs, et pourquoi le plus beau métier du monde (celui de penser), est aussi méprisé qu'il devroit être estimé.

Au reste, l'exposé de cet arrêt et les motifs sur lesquels il est rendu, sont un chef-d'œuvre d'éloquence, de justice et de raison. Cela confirme bien le mot ancien, qui fut dit, du temps de la régence, par une poissarde : *Tais-toi, b........, tu raisonnes comme un arrêt du conseil.*

En voici le texte (1) :

---

(1) Bien que cet arrêt ne se trouve point dans le manuscrit, nous ne le donnons pas moins *in extenso*, à l'imitation de Barbier, qui a cru sans doute devoir le rapporter, à raison du principe qu'il consacre. (*H. B.*)

Arrêst du conseil d'Estat du roi, en faveur du sieur de
CRÉBILLON, auteur de la tragédie de CATILINA,
qui juge que les productions de l'esprit ne sont point au
rang des effets saisissables. Du 21 mars 1749. Extrait
des registres du conseil d'Estat.

Sur la requeste présentée au roi estant en son conseil, par Prosper Jolyot de Crébillon, l'un des quarante de l'Académie françoise; CONTENANT qu'il se trouve dans la nécessité de recourir à Sa Majesté pour prévenir l'effet des saisies et arrêts que quelques particuliers se prétendans ses créanciers, ont eu la témérité de faire faire, tant entre les mains des comédiens françois, de sa part d'auteur dans le produit des représentations de la tragédie de Catilina, qu'en celles du sieur Prault fils, libraire, avec qui il a traité de l'impression de la même pièce. Le suppliant, sans entrer dans le mérite des fins de non-recevoir invincibles qu'il seroit en droit d'opposer aux prétentions de ces particuliers, se contentera d'observer qu'il est inouï qu'on ait jamais entrepris de mettre au rang des effets saisissables les fruits des productions de l'esprit humain; que si un pareil abus pouvoit s'introduire, il en naîtroit un inconvénient sensible, en ce que ceux qui ont consacré leurs veilles à l'étude des Belles-Lettres, et qui ont fait les plus grands efforts pour se rendre par ce moyen utiles à leur patrie, se verroient dans la cruelle position de n'oser mettre au jour des ouvrages souvent précieux et intéressans pour l'État. En effet, personne n'ignore que la plupart de ceux qui se vouent à la littérature, ont besoin, pour vivre, des secours qu'ils ont droit d'attendre de leur travail, et qu'il seroit d'une dangereuse conséquence pour le public qu'ils en demeurassent privés par l'effet des poursuites ausquelles ils seroient journellement exposés, si leurs créanciers étoient autorisés à les revendiquer à leur profit. C'est par des motifs aussi louables qu'on n'a jamais toléré en France la saisie des honoraires des avocats et autres personnes de profession libre. Requéroit à ces causes le suppliant, qu'il plût à Sa Majesté évoquer à soi et à son conseil les instances de préférence ausquelles les saisies et arrêts faites sur lui ès mains des comédiens françois et du sieur Prault fils ont pu ou pourroient donner lieu, et cependant faire dès à présent main-levée provisoire au suppliant desdites saisies et autres oppositions faites ou à faire; ordonner que nonobstant icelles, lesdits comédiens françois et ledit sieur Prault seront tenus de lui payer les sommes qu'ils peuvent lui devoir provenantes tant des représentations que de l'impression de sa tragédie de *Catilina*, à quoi faire contraints par toutes voies dûes et raisonnables; quoi faisant, ils en demeureront bien et valablement quittes et déchargés. Vu ladite requeste, ensemble les exploits de saisies et oppositions faites à la requeste de la veuve du sieur Thomas, maître ès arts en l'université de Paris, et du sieur Rossignol, ancien échevin de ladite ville les 4, 15, 21 et 24 janvier dernier, et l'exploit d'assignation donné à la requeste de ladite veuve Thomas à la dame de Villeneuve, autre saisissante le 31 du même mois. Ouy le rapport. LE ROY ESTANT EN SON CONSEIL, ayant égard à la requeste, a évoqué et évoque à soi et à son conseil les instances de préférence ausquelles les saisies et arrêts faites sur le sieur de Crébillon tant ès mains des comédiens françois qu'en celles du sieur Prault fils, libraire, ont pu ou pourroient donner lieu; et cependant fait Sa Majesté dès à présent main-levée provisoire au dit sieur de Crébillon desdites saisies et autres oppositions faites ou à faire pour raison de sa tragédie de *Catilina*: ordonne que nonobstant icelles, lesdits comédiens françois et ledit sieur Prault seront tenus de lui payer les sommes qu'ils peuvent lui devoir, provenantes tant des représentations que de l'impression de ladite piéce; à quoi faire contraints par toutes voies dues et raisonnables; quoi faisant, ils en demeureront bien et valablement quittes et déchargés. Fait au conseil d'État du roi, Sa Majesté y étant, tenu à Versailles, le vingt-un mars mil sept cens quarante-neuf. *Signé* : Phélipeaux. »

Madame du Châtelet (la véritable) est grosse. La dernière personne qu'on a soupçonnée est son mari, comme l'on croit bien. M. de Voltaire n'en est point coupable, non plus, à ce qu'on assure; tout le monde veut que ce soit **M. de Saint-Lambert** qui ait fait cette ânerie-là; c'est le même dont j'ai inséré des vers dans ce recueil (1), le mois dernier. On prétend qu'elle a pris cet officier pendant une absence de Voltaire.

Ce changement fit dire, dans le temps, cet ancien proverbe :

>C'est aujourd'hui la St-Lambert,
>Qui quitte sa place, la perd.

Quoi qu'il en soit, elle est grosse, sans avoir pensé qu'elle avoit quarante-cinq ans, ou c'est peut-être ce qui l'aura engagée à s'abandonner à la Providence, et ce qui l'aura rendue intrépide sur les suites qu'elle devoit médiocrement appréhender.

Cependant, quand elle a vu qu'elle s'étoit trompée, il a fallu nécessairement qu'elle cherchât, comme une honnête femme, la compagnie de son mari, qui, depuis douze ou quinze ans, ne lui avoit pas dit un mot plus haut que l'autre, et ç'a été le diable. Il n'étoit point à Lunéville, où ce beau coup-là s'est fait. Elle a été obligée de prier le roi Stanislas de l'y faire venir. Le roi n'avoit nullement la fureur de M. du Châtelet, qui l'ennuie tant qu'il veut; mais les instances réitérées de sa femme l'ont emporté; il est arrivé.

---

(1) **Voyez** plus haut, page 58.

Ce n'étoit pas le tout que d'arriver, il étoit bien aussi difficile de l'amener au but; avec un peu de peine, il y est venu, et le tout s'est passé à la satisfaction de cette grande physicienne. Sur cela, quelqu'un disoit : *Mais quelle diable d'envie a donc pris à madame du Châtelet de coucher avec son mari?* — *Vous verrez*, répondit-on, *que c'est une envie de femme grosse* (1)!

Le 17, je vis débuter, à la comédie française, mademoiselle de Beaumenars, dans les rôles de soubrettes du *Tartuffe* et du *Galant jardinier*. C'est une petite créature de dix-huit à dix-neuf ans, qui étoit à l'Opéra-Comique, il y a huit ou dix ans, sous le nom de *Gogo*. Depuis, elle a fait ses caravanes dans des troupes de province, et surtout à l'armée, où elle a été du sérail du maréchal de Saxe. C'est une bien mauvaise actrice, à mon gré, sans feu et sans agrément; une voix désagréable et un accent disgracieux.

Je l'ai vue depuis dans *Démocrite*, où elle jouoit le rôle de Cléanthis; c'étoit encore plus mauvais; cependant le parterre l'applaudit; dans six mois il ne la pourra plus souffrir, et la sifflera; il ne sera plus temps quand elle aura été reçue, et je tremble que cela n'arrive; il est si aisé de coucher avec les premiers gentilshommes de la Chambre (2).

Le 22, nous avons eu la première représentation de *Naïs*, ballet pour la paix; c'est du Rameau garni de son Cahusac. Le poëme est au-dessous même de ce dernier auteur; c'est ce que je pense pouvoir dire de plus fort pour tâcher d'exprimer à quel point il est mauvais. Si Cahusac continue, on manquera de termes pour rendre l'excès de la platitude de ses opéras. La musique m'en a paru jolie, aux scènes près, qui sont d'un ennui mortel.

---

(1) V. Mémoires de Marmontel, tome 1, p. 361, édition in-8°. (*Note de Barbier*).

(2) Elle a été reçue dans l'année. (*Note de l'Auteur, écrite en* 1780.)

A mon goût, cependant, elle est fort au-dessous de ses derniers opéras, et, conséquemment, bien éloignée de ses premiers. J'en parle, au reste, en véritable ignorant en musique, et je rends simplement compte de l'impresson qu'elle m'a faite.

Les directeurs ont fait de la dépense en habits et en décorations ; celle du prologue est fort belle : elle représente la guerre des Titans contre les dieux ; ils entassent montagnes sur montagnes ; une machine enlève les géans et les montagnes à la fois, en sorte que l'illusion est poussée au point de croire que ce sont les fils de la terre qui grimpent sur les rochers qu'ils mettent les uns sur les autres, et qui les font monter jusqu'au ciel, où ils attaquent les dieux ; Jupiter alors les foudroie, et la machine s'abîme avec les montagnes et les géans pêle-mêle ; ce qui forme un spectacle fort beau et qui est fort bien exécuté.

Le palais de Neptune, dans le dernier acte, est encore une assez belle décoration.

On dit qu'à Versailles, ces jours passés, l'évêque de Metz, M. de Saint-Simon, avoit eu une prise violente avec l'évêque de Mirepoix (1). Il se plaignoit, avec hauteur, à ce dernier, de ce qu'il ne vouloit point donner de bénéfices à ses grands vicaires, et aux autres personnes qui lui étoient attachées. Il poussa l'aigreur de ses plaintes si loin, que l'évêque de Mirepoix, se croyant offensé, lui dit : *Mais songez-vous, Monseigneur, que vous êtes chez moi !....* — *Chez vous, Monseigneur,* reprit vivement l'évêque de Metz, *chez vous ! Je suis ici chez le roi ; chez vous est sur le quai des Théatins.*

---

(1) L'Évêque de Mirepoix, le père Boyer, ci-devant Théatin, qui est détesté de tout le monde (*Note de Collé, écrite en* 1780). Ce prélat eut la charité peu chrétienne de porter à Louis XV la *fameuse* ode de Piron, pour empêcher celui-ci d'être admis à l'Académie. Le roi prétendit malicieusement ne pas connaître l'*Ode,* et pria le père Boyer de la lui lire, ce que ce dernier fit « *pontificalement* » dit Piron. (*H. B.*)

Le 24 est arrivé le déplacement et l'exil de M. de Maurepas. Tout le monde veut que ce soit pour les couplets qu'il a été disgracié, mais on ne peut rien dire de positif là-dessus; ce qui est certain, c'est que Mme Destrades et M. de Tournehem, ont tenu à ce sujet des propos indécens, et qui le feroient entendre.

On demandoit, le lendemain : *A qui donnera-t-on la marine?* De mauvais plaisans répondoient *qu'elle étoit donnée aux Anglais.*

M. Rouillé est pourtant actuellement le secrétaire d'État de cette partie, et y a été nommé quelques jours après.

M. de Saint-Florentin a la maison du roi, et M. d'Argenson, le ministre de la guerre, a le département de Paris et les haras.

Voilà comment a été partagée la dépouille de M. de Maurepas, qui a été regretté à la cour pendant trois jours, et dont on ne parlera bientôt plus. Tous ses premiers commis, qui sont des fripons, ont bien peur de n'être pas conservés.

Le mercredi 30 du courant, on a eu la première représentation d'*Aristomène*, tragédie de Marmontel. Pour la versification, il a, ce me semble, fait un pas de géant de cette pièce à *Denis le tyran*, qui étoit sa première. Quoique les comédiens ne fassent pas grande illusion à présent à la représentation, je suspends cependant mon jugement jusqu'à ce qu'elle soit imprimée; et je ne voudrois pas répondre que les vers fussent aussi supérieurs à ceux de *Denis*, qu'ils me le paroissent actuellement; mais je répondrois bien *que ce ne sont pas des vers de tragédie;* ils sentent trop la poésie, ils sont rop épiques. C'est toujours l'auteur, c'est le poëte qui parle, et presque jamais le héros; je souhaiterois dans le dialogue tragique des choses grandes, des idées sublimes revêtues seulement d'expressions simples et nobles, mais sans poésie. Je demande que le héros paroisse et que le poëte se cache. Un exemple de Corneille et de Racine me fera mieux entendre.

Voici comme dans *la Mort de Pompée,* César répond à Ptolomée, qui lui offre sa couronne :

PTOLOMÉE.

Seigneur, montez au trône, et commandez ici.

CÉSAR.

Connoissez-vous César, de lui parler ainsi?
Que m'offriroit de pis la fortune ennemie,
A moi, qui tiens le trône égal à l'infamie?
Certes, Rome, à ce coup, pourroit bien se vanter
D'avoir eu juste droit de me persécuter;
Elle, qui d'un même œil, les donne et les dédaigne,
Qui ne voit rien aux rois qu'elle aime ou qu'elle craigne,
Et qui verse en nos cœurs, avec l'âme et le sang,
Et la haine du trône et le mépris du rang.
C'est ce que de Pompée il vous falloit apprendre,
S'il en eût aimé l'offre, il n'eût su s'en défendre;
Et le trône, et le roi se seroient ennoblis
A soutenir la main qui les a rétablis.
Vous eussiez pu tomber, mais tout couvert de gloire :
Votre chute eût valu la plus haute victoire;
Et si votre destin n'eût pu vous en sauver,
César eût pris plaisir à vous en relever.
Vous n'avez pu former une aussi noble envie;
Mais, quel droit aviez-vous sur cette illustre vie?
Que vous devoit son sang, pour y tremper vos mains,
Vous qui devez respect au moindre des romains?

Dans Bajazet, voici ce que ce héros répond à Roxane. Après avoir fait la comparaison de lui et de Soliman, et voulant étaler la puissance de ce dernier, il dit :

Rhodes, des Ottomans ce redoutable écueil,
De tous ses défenseurs devenu le cercueil;
Du Danube asservi les rives désolées;
De l'empire Persan les bornes reculées;
Dans leurs climats brûlans, les Africains domptés,
Faisoient taire les lois devant ses volontés.

Dans la tirade de César, voit-on autre chose que César? Corneille paroit-il? Dans celle de Bajazet, voit-on Bajazet? et au contraire n'aperçoit-on pas, pour ainsi dire, Racine qui est derrière Bajazet, et qui lui souffle les plus beaux vers épiques qu'un poëte puisse faire? Mais peut-on se prêter un moment à l'illusion, et imaginer un instant que ce soit Bajazet lui-même qui parle?

On a beau dire que les trop beaux vers sont un beau défaut, auquel Racine et Voltaire nous ont accoutumés; j'avoue que je les aime mieux que des vers plats et languissans; cependant je ne sais pas si, dans la tragédie, on doit donner le nom de beaux vers à ceux qui ne conviennent qu'au poëme épique, et qui sont déplacés dans la tragédie, puisqu'ils m'ôtent de l'illusion qui fait la principale beauté du poëme dramatique.

On pourroit peut-être souffrir ces vers épiques dans les descriptions et dans les récits, encore faudroit-il que le personnage, dans la bouche duquel on les mettroit, fût froid, et ne fût pas affecté de grands intérêts, pour passer ainsi le temps à semer des fleurs, et à faire le poëte, mais revenons à *Aristomène*.

La fable de cette tragédie me paroit mal imaginée, et encore plus mal conduite. Cet auteur manque, je crois, de l'invention, qui est la grande partie du poëte : et le jugement ne règle point le peu qu'il en a.

MAI 1749.

Mme de Marville et Mme de Lutzelbourg (celle qui vient de mourir) ont joué il y a quelques mois un tour bien sanglant à Mme de la Porte, femme de l'intendant de Dauphiné (1).

---

(1) Mme de la Porte est Caumartin en son nom. (*Note de Collé, écrite en* 1780.)

Je tiens le fait de M. l'abbé de la Galaizière, à qui madame de Marville l'a elle-même conté.

Ces deux dames, excédées à ce qu'on dit des airs et des impertinences de Mme de la Porte, et dans le dessein de s'en venger, lui dirent qu'elles vouloient au premier jour lui donner à souper avec une femme bien singulière. *C'est*, ajoutèrent-elles, *une belle femme qui pourtant ne plaît pas; qui court après l'esprit, et qui est bête; qui affecte de la gaîté, et qui n'a que de l'extravagance; qui dit des horreurs des autres femmes, et qui est plus c.... qu'aucune d'elles; enfin, mêlant à cela tous les travers de l'esprit, les écarts de l'imagination et les ridicules de toute espèce, qui la rendent délicieuse pour s'en amuser et la persiffler. Il faut que vous la voyiez absolument, il faut que vous soupiez avec Mme* Janua, continuèrent-elles : *cela est bon; rien n'est si bon.* — *De tout mon cœur* répond Mme de la Porte, *j'en meurs d'envie! Quand cela se pourroit-il?* — *Samedi prochain, si vous voulez*, répond mad. de Marville, *ce sera chez madame de Lutzelbourg.* — *A la bonne heure*, dit madame de la Porte, *mais Mme Janua y viendra-t-elle bien sûrement?* — *Elle n'y manquera pas plus que vous*, répond Mme de Marville. *Tant mieux*, dit madame de la Porte, *car je suis bien curieuse de voir madame* Janua, *quand ce ne seroit que le nom de madame* Janua !... Le samedi arrivé, Mme de la Porte vient au souper, et on lui fait des excuses de ce que l'on n'a pas pu avoir Mme Janua, qui s'est envoyé excuser; on se doute qu'elle a un souper de petite-maison; elle y va souvent, dit-on; on parle à ce sujet de son amant, et on désigne légèrement celui de Mme de la Porte (1) : on prend jour pour une autre fois; Mme Janua ne paroit pas davantage; nouvelles excuses de ce que l'on n'avoit pas pu l'avoir; on convient d'un autre souper auquel Mme Janua se trouve aussi

---

(1) Le chevalier de Bissy.

peu ; on demande de nouveaux pardons ; bref, ces dames la mènent et la persiflent pendant sept ou huit soupers. Enfin un soir qu'elle étoit encore engagée avec madame Janua, son mari la voulut mener à un souper de cérémonie, auquel il pensoit qu'il étoit décent qu'elle se trouvât : *J'irai*, lui dit-elle, *mais vous me faites grand tort ; je devois souper ce soir avec une femme qu'on me promet depuis un siècle, une femme rare, qui est farcie de ridicules, sans bienséances, dit-on, faisant de l'esprit toute la journée et n'ayant pas le sens commun ; jouant la gaîté, et n'étant que folle ; traitant toutes les femmes de c.... et faisant son mari c... scandaleusement... Mais il n'est pas possible que vous n'ayez entendu parler, ou que vous n'ayez peut-être rencontré* Mme Janua... *Oui*, Mme *Janua, c'est son nom... Comme vous voilà étonné!.* —. Comment, Mme Janua ! répondit le mari confondu ! *Eh ! madame, vous ne savez pas qu'en latin,* Janua *signifie la* Porte. *A qui vous êtes-vous livrée, madame ! Ne voyez-vous pas que c'est une noirceur qu'on vous fait, que l'on vous ballotte, que l'on vous persifle, que l'on vous joue cruellement ? n'aurez-vous jamais le discernement de choisir les gens avec qui vous devez vivre ?* Après cette belle harangue, ils furent souper ensemble, et quoique Mme *Janua* en fût, le souper ne fut point plus gai qu'il ne devoit l'être ; ces gens qu'on promet ne sont pas toujours aussi plaisants que l'on les a annoncés.

J'ai fait, dans le commencement de ce mois, la parodie de deux gavottes des *talens lyriques*, sur une idée que M. de Montigny le fils me donna à un souper que je fis avec lui chez M. de la Reynière ; il prétend que le fond de ce sermon, que j'ai mis en chanson, *a été sérieusement prêché en Italie.* De ces choses-là, il faut toujours en croire le moins que l'on peut (1).

---

(1) J'ai trouvé cette parodie si mauvaise, que, lorsque je fis mon recueil de *chansons*, je ne daignai pas la copier. Je la trouve aujourd'hui détestable. (*Note de Collé, écrite en* 1780.)

Voici encore deux autres couplets de ma façon. Quoiqu'ils paroissent faits sur une abbesse, ils ne regardent personne en particulier; ils sont de pure imagination. C'est une idée, qui m'a passé par la tête, et que j'ai mise en œuvre, et, à ce sujet, sans vouloir entreprendre mon apologie, je dirai avec vérité que je puis me rendre le témoignage de n'avoir jamais fait un vers contre qui que ce soit. J'ai pensé que c'étoit toujours le procédé d'un lâche, et très-souvent d'un sot. C'est l'esprit le plus aisé à avoir que l'esprit de médisance et de calomnie, et rien au monde n'est plus facile que de rimer des injures; la malignité des hommes nous applaudit d'avance, et nous prépare un succès sûr. Ceci soit dit sans vouloir trop *faire le bon*.

Sur l'air *des Trembleurs d'Isis*.

Sur l'abbesse d'ici-contre
Disons le pour et le contre
Qu'un même couplet nous montre
Ses vertus et ses défauts.
Tentons cet effort étrange,
Et que le juste mélange
Du blâme et de la louange
Ne tombe jamais à faux (1).

[Le 14 je fus à Etioles, d'où je suis revenu le 18 pour recevoir Pelletier, qui devait arriver ce jour-là de Bordeaux, et qui était arrivé de la veille effectivement. Je ne le trouvai changé ni pour le caractère ni pour la figure.

Saint-Vast est retourné à Poitiers le 23.

J'appris en arrivant, que les représentations d'*Aristomène* étaient interrompues par la maladie de Roselly, qui était à la mort le jour que j'arrivai. Ce contre-temps fait à l'auteur un tort irréparable. La reprise ne le dédom-

---

(1) Voy. le second couplet dans le *Recueil des chansons* de Collé.

magera pas à beaucoup près de ce qu'il perd aujourd'hui. Elle a été jouée six ou sept fois au plus.]

Le 21, je fus voir M. de Montauban, chez lequel M. le duc de Chartres étoit lorsque j'y entrai. J'avois rencontré le matin Son Altesse, qui m'avoit honoré d'un coup d'œil plus gracieux qu'à l'ordinaire; je trouvai l'explication de cette faveur dans ce que le prince me dit : il vouloit jouer ma comédie à Villers-Cotterets, et il lui falloit changer le rôle de l'évêque d'Avranches, et même celui de l'abbé. Je répondis que je ferois tout ce qui dépendroit de moi pour mériter la continuation de la protection de Son Altesse. J'ai bataillé sur le rôle de l'abbé, et l'on veut bien le laisser subsister, et samedi, 31 du courant, je vais à Étioles et je travaillerai à substituer *Milord Sinderèze*, à la place de l'évêque d'Avranches (1). La pièce y perdra nécessairement, mais qu'y faire? il vaut mieux obéir le moins mal que l'on peut, que de ne rien tenter pour satisfaire le prince. Je ne perds point au reste mon objet de vue. Le seul que j'aie est de réussir pour les sous-fermes, c'est pourquoi j'agis en tout cela dans l'idée de me conserver la protection du prince; et dans celle de ne faire aucune fausse démarche, ni aucune sottise qui puisse en empêcher l'effet. C'est ce qui m'a engagé à recommander fortement à M. de Montauban de tâcher qu'on ne me nomme point, ou le moins que l'on pourra, dans tout cela; que je n'irois point à Villers-Cotterets, et ne voulois point paroître pour la même rai-

---

(1) Le personnage de l'évêque d'Avranches étoit plus vrai et plus dans la nature que celui de Milord Sinderèze; mais il ne pouvoit être joué, encore moins imprimé. On n'a représenté *la Vérité dans le vin* qu'une seule fois, avec cet Évêque; il fit grand effet, et fort supérieur à celui de Milord. J'observerai que j'avois pris beaucoup de soins pour rendre cet évêque intéressant, je l'avois fait le seul honnête homme de cette comédie et d'une vérité qui frappa prodigieusement Crébillon le fils, très-fidèle observateur de la nature dans ses bons romans. On trouvera dans mes manuscrits une copie de cette comédie, avec l'évêque, qui la rend meilleure qu'avec le Milord. (*Note de Collé, écrite en* 1750.)

son, et de crainte que l'éclat de ces badineries ne pût influer sur notre affaire. M. de Montauban en a senti toute la conséquence; il doit mener cela prudemment, et il m'a assuré d'ailleurs que leurs comédies de Villers-Cotterets ne feroient pas grand bruit, attendu que la cour de M. de Chartres seroit peu nombreuse, et qu'ils ne joueroient presque que devant le procureur fiscal, les élus, et les baillis des environs.

On vient de me dire que lorsque le confesseur de Roselly lui a proposé de renoncer au théâtre, il lui a répondu : *N'abusez point, Probus, de l'état où je suis.* Si cela n'est pas vrai, comme il y a à parier, cela n'est point mal imaginé du moins. Cette application de ce vers me rappelle celle que Crébillon le père fit d'un vers de *Rhadamiste* à M. Hermant, médecin, qui le traitoit d'une maladie dont il pensa mourir. *M. de Crébillon*, lui disoit Hermant, *si vous mourez, laissez-moi, donnez-moi ce que vous avez de fait de* Catilina. Le poëte tragique lui répartit fièrement, et avec une déclamation ampoulée :

Ah! doit-on hériter de ceux qu'on assassine!

JUIN 1749.

La mort de M. Amelot, ci-devant ministre des affaires étrangères, arrivée le mois dernier, a laissé une place vacante à l'académie française. On la donnoit d'abord à l'Évêque d'Autun, M. de Montazet, quoique l'abbé Leblanc se fût déclaré son concurrent. M. le maréchal de Belle-Isle s'étant mis sur les rangs, il n'a plus été question des prétentions de l'Évêque, et à l'égard de l'abbé, on ne lui auroit pas fait l'honneur de penser aux siennes, quand même il se fût présenté seul.

Le nouveau candidat avoit fait demander à l'Académie de le dispenser des visites en personne, et de lui permettre de les faire faire par son écuyer. Le jour que cette proposition fut faite, aucun des académiciens n'eut le courage de la rejeter, excepté M. Duclos, qui soutint seul l'honneur du corps.

Il parla avec vivacité et prudence au maréchal de Richelieu pour le ramener à son avis, et soutint, contre tous les autres, les prérogatives de l'Académie avec une fermeté singulière. Il répondit à ceux qui servoient le plus bassement à ce sujet M. de Belle-Isle : *Que les tyrans ne faisoient pas les esclaves, mais que les esclaves faisoient les tyrans.* Il entreprit vigoureusement et poliment l'abbé d'Olivet, qui appuyoit servilement le parti du maréchal, et enfin il eut la gloire de faire revenir toute l'Académie à son sentiment, et il fut décidé que M. de Belle-Isle feroit ses visites en personne, et il les a faites.

L'usage est que le jour de l'élection, on donne à chacun des académiciens qui s'y trouvent, une boule noire et une boule blanche, qu'ils vont mettre dans deux urnes, qui sont dans une chambre séparée, et où l'on ne va que seul et l'un après l'autre.

La boule noire est infamante, et signifie ordinairement que l'on a des motifs d'exclusion qui attaquent les mœurs de celui à qui l'on a donné cette boule noire. Or, il arriva que le jour de l'élection du maréchal, il se trouva une boule noire, que quelque coquin de ces messieurs avoit donnée pour faire soupçonner Duclos de l'avoir mise, et, en effet, comme il avoit été le seul qui eût opiné contre le maréchal au sujet des visites, on ne pouvoit vraisemblablement en accuser que lui ; mais, par une prudence presqu'incompatible avec sa vivacité, Duclos avoit eu la précaution de garder sa boule noire dans sa poche, et quand il vit celle qu'on avoit mise dans l'urne, il jeta la sienne, et dit : *Messieurs, j'ai oublié de remettre ma boule noire, et la voici.* Ce trait confondit celui qui avoit fait la noirceur ; on en soupçonne l'abbé d'Olivet, qui a déjà par devers lui plusieurs actions de gredin (1).

Le mercredi, 11 du courant, les comédiens italiens donnèrent la première représentation *de la Comète*, comédie en un acte et en vers. Cette pièce, qui est de Boissy, est au-dessous même de Boissy ; il seroit au reste impossible de faire l'analyse du sujet de cette rapsodie, parce qu'il n'y en a point ; et même de donner l'extrait d'une des scènes, attendu qu'il n'y en a aucune qui ait un fond ; au demeurant, mal écrite, pleine de lieux communs, pas un vers saillant, pas une plaisanterie ; en un mot, rien. Elle n'a été jouée qu'une fois, mais elle n'a pas été sifflée, parce que l'on ne siffle plus, surtout aux Italiens.

Le 16, M. de Voltaire fit jouer aux Français *Nanine*, comédie en trois actes et en vers de dix syllabes ; c'est le sujet de *Paméla*, beaucoup plus maltraité par ce grand poëte que par la Chaussée, qui y échoua, il y a quelques années. Les caractères étoient moins bas et mieux saisis dans ce dernier ; il y avoit aussi une espèce d'intrigue, et du moins quelques scènes ; au lieu que *Nanine* n'a ni nœud, ni action ; que les caractères en sont grossiers et sans finesse, et que dans toute la pièce il n'y a pas le fond de deux scènes.

Le comique, s'il y en a (car je n'en ai point trouvé), est mauvais, et ne fait rien au fond du sujet ; je veux parler là du comique que quelques personnes prévenues ont trouvé dans le rôle de la mère, personnage inutile, et qui ne tient point à la pièce ; et l'intérêt larmoyant

---

(1) Voyez dans le tome 2ᵉ des *Mémoires de Marmontel*, page 269, l'anecdote sur un scrutin d'élection à l'Académie française (en 1763). (*Note de Barbier.*) De son côté, Piron a eu aussi beaucoup à se plaindre de l'abbé d'Olivet, qui contribua à lui fermer les portes de l'Académie. (*H. B.*)

est totalement *raté*. Cette comédie me confirme encore dans mon aversion contre cette espèce de genre, qu'ils appellent nouveau et dramatique, et qui m'est insupportable.

Si pour les caractères Voltaire eût suivi le roman, et que d'un autre côté il eût cherché et trouvé un plan et des incidents qui eussent mis en action ces mêmes caractères, peut-être alors, malgré le monstrueux de ce genre, auroit-il pu réussir à attendrir, et eût-il arraché quelques larmes. Ce roman, qui est excellent (à beaucoup de longueur près), fournissoit tant de choses que j'ai été bien surpris qu'il n'en ait absolument tiré aucun parti.

Malgré les gens qu'il avoit jetés dans le parterre pour l'applaudir, la pièce fut mal reçue, et la voix générale étoit qu'elle avoit ennuyé à périr, et qu'on n'y reviendroit pas.

Cet auteur prend actuellement un parti singulier pour attirer du monde à ses pièces : il paye la comédie au public ; il donne les deux tiers du parterre et des loges à ses nièces, ou à quelques autres femmes de sa connoissance ; enfin, les comédiens ont assuré à Dutartre que la réussite de *Sémiramis* lui avoit coûté huit cents livres de son argent au-delà du produit des quinze représentations qu'elle a eues. Avec ces menées, *Nanine* a une apparence de succès, que je ne conçois pas même que cet esprit d'intrigue lui puisse donner. Elle a eu douze représentations (**1**).

---

(1) Quoique *Nanine* soit restée au théâtre, ainsi que *l'Enfant prodigue*, et quelques autres pièces larmoyantes, je ne réformerai point à cet égard les jugements que j'ai portés et de ces pièces et de leur genre. Il ne sera jamais adopté que par des auteurs qui n'ont pas assez de force comique (*vis comica*) pour composer des comédies, ou qui manquent du nerf nécessaire pour composer des tragédies. Ce qu'on nomme aujourd'hui des *drames* sont et seront toujours le partage de la fade médiocrité. Les gens de génie ou de grand talent s'amuseront rarement à ce genre romanesque :

Rien n'est beau, QUE LE VRAI !

(*Note de Collé, écrite en* 1780).

Le 30 du courant, M. le maréchal de Belle-Isle fut reçu à l'Académie françoise; il fit un discours commun, qui ne fut trouvé ni bien ni mal, mais M. l'abbé du Resnel, chargé de lui répondre, en fit un détestable, en récompense; ainsi on n'y a rien perdu.

[J'ai tâché, pendant le courant de ce mois, de marier M. P. à Mlle... C'est le premier mariage dont je me sois jamais mêlé. Il n'a pas réussi.]

JUILLET 1749.

Le 2 du courant, je lus encore ma comédie, avec le changement de Milord Synderèze, à M. le duc de Chartres, qui en parut content. M. de Montauban suit toujours notre affaire avec vivacité; cependant malgré cet incident heureux, je veux dire le dessein qu'a le prince de jouer cette farce à Villers-Cotterets, je ne me flatte point de l'effet de sa protection, que je ne l'aie vu.

Le mardi 15 du courant, on remit *les Caractères de l'Amour,* ballet héroïque; la musique est de Blamont et les paroles de l'abbé Pellegrin. Il n'aura pas, je crois, un grand succès

On prétend que M. d'Argenson, qui a actuellement l'Opéra dans son département, s'est expliqué aux directeurs et leur a signifié qu'il ne vouloit pas qu'on donnât plus d'un opéra de Rameau par an; les partisans de sa musique sont furieux de cet ordre, et publient que ce ministre veut faire tomber l'Opéra, que ce grand génie soutenoit lui seul, dans le dessein de l'ôter aux directeurs actuels, pour le donner à Rebel, Francœur et Jéliotte, qu'il protège. On ajoute que Rameau est piqué jusqu'au vif, jure de ne plus travailler, et que même il a retiré une tragédie de lui et de Cahusac, qu'il avoit donnée pour cet hiver.

Je crois tout cela outré, et M. de Boizemont, qui est toujours chez Mᵐᵉ d'Argenson, m'a dit que M. d'Argenson, à la vérité, ne vouloit pas qu'on mît plus de deux opéras de Rameau par année; et que c'étoit afin de ne pas ôter l'émulation aux autres musiciens; mais qu'il ne pensoit, ni de près ni de loin, à *tanner* (1) ces directeurs-ci et à donner l'Opéra à ce triumvirat.

M. de Laplace, traducteur du *théâtre anglais*, que je rencontrai il y a quelques jours, me dit un fait dont il me jura avoir été le témoin; c'est une folie de Voltaire. Il prétend qu'à la troisième représentation de *Nanine*, où il assistoit, il s'éleva un petit ricanement dans le parterre, qui paroissoit improuver quelques détails de cette rapsodie; qu'alors Voltaire, qui étoit placé aux troisièmes loges en face du théâtre, se leva, et cria tout haut : *arrêtez, barbares, arrêtez!* et que le parterre se tut.

J'ai fait redire deux fois la chose à Laplace, qui me jura de nouveau l'avoir vue et entendue (2).

Cette vivacité d'auteur, au reste, quoique singulière, ne m'étonne pourtant pas autant que le livre qu'il vient de donner.

Je veux parler de *la Connoissance des beautés et des défauts de l'Éloquence et de la Poésie* (3). Cette brochure, qui n'a nul mérite en soi, n'a pour elle que l'excessive impudence de Voltaire.

On ne peut pas douter qu'il n'en soit l'auteur; on le reconnoît d'abord à son style, et d'ailleurs les pièces détachées de lui, qu'il rapporte, et que lui seul peut avoir

---

(1) Fatiguer, molester, ennuyer (fig. fam.) pour henner. (*H. B.*)

(2) Cette anecdote est vraie. Je la confirme en 1780. (*Note de Collé écrite en 1780.*)

(3) Voyez Œuvres de Voltaire, édition in-8° de Beaumarchais. T. 48, page 277. (*Note de Barbier.*)

dans son portefeuille, comme une lettre au roi de Prusse, une autre au maréchal de Berwik, des scènes entières de *Samson*, forment une conviction complète que c'est lui-même qui a eu pour lui-même la complaisance de se louer dans ce livre, et de déprimer les autres.

C'est un parallèle continuel des plus beaux morceaux des meilleurs poëtes, de Corneille, de Molière, de Rousseau, de Crébillon, etc., avec des passages de sa *Henriade*, de ses tragédies et de ses autres ouvrages.

Il critique les premiers avec sévérité et beaucoup de mauvaise foi, et fait des exclamations d'admiration sur les derniers.

Ce livre est unique en son espèce, et jusqu'ici aucun auteur, je crois, n'avoit eu la ridicule insolence de s'extasier soi-même devant ses propres ouvrages, et de dégrader ceux des plus grands écrivains en tous genres, pour se mettre bravement au-dessus. Cet excès de vanité, d'injustice et de folie étoit réservé à Voltaire.

On fait actuellement la répétition d'une tragédie de Mme Dubocage (1), intitulée : *les Amazones*, qui sera jouée le 23 du courant. On prétend que les comédiens ne l'ont reçue que sous trois conditions. La première, qu'elle seroit jouée en été ; la seconde, que l'auteur abandonneroit sa part à la comédie ; et la troisième, que les actrices seroient habillées par Mme Dubocage, qui s'est soumise, dit-on, à tout ce traité honteux.

Mme Dubocage est femme du receveur des tailles de Dieppe ; elle n'a point d'enfants, et elle a vingt-cinq ou trente-mille livres de rente. J'allois chez elle, il y a onze ou douze ans, et je ne l'eusse jamais soupçonnée de faire des vers ; je n'avois aperçu dans cette dame aucunes

---

(1) Dubocage (Marie-Anne Le Page), née à Rouen en 1710, morte à Paris, en 1802, a composé un grand nombre de poésies et deux poëmes : Le *Paradis terrestre* et *la Colombiade*. (H. B.)

prétentions au bel esprit; personne ne se doutoit de sa veine; elle s'est tout d'un coup avisée de son talent prétendu, à un âge où l'on a coutume de le cacher; elle avoit au moins trente-cinq ans lorsqu'elle remporta le prix de vers de l'académie de Rouen; ce qui fit penser alors aux moins malins qu'elle ne les avoit pas autrement composés; tout le monde à Paris se réunissoit assez pour assurer qu'ils étoient de Linant (1), connu par quelques tragédies *flasques*, qui n'ont eu ni chute ni succès. Dutartre même prétendoit dans ce temps que Linant avoit lu ces vers dans les cafés un an auparavant que madame Dubocage en remportât le prix.

Elle a donné depuis *le Paradis terrestre*, dont on fait le cas qu'on sait, et que, malgré cela, on ne la croit pas encore capable d'avoir fait; on l'attribue à M. l'abbé du Resnel (2). Quoi qu'il en soit, nous allons avoir d'elle une tragédie, qu'on ne lui attribuera pas davantage; on la donne déjà au même abbé du Resnel ou à Linant; et vraisemblablement il ne lui restera de cette équipée que le ridicule de tomber, et elle n'aura pas même le triste honneur d'être sifflée en son nom, mais sous son nom seulement.

La mort du cardinal de Rohan, arrivée ces jours-ci, laisse encore une place vacante à l'Académie. M. l'évêque d'Autun, *qui n'est pas un prélat du commun*, et l'évêque de Troyes s'y présenteront, à ce qu'on dit. Le prince Constantin en vouloit jouer aussi. Le cheval de la petite écurie (je veux dire l'abbé le Blanc) se met aussi sur les rangs (3).

---

(1) Linant (Michel), né à Louviers, en 1709, mort à Paris, en 1749. Il avait remporté trois fois le prix de poésie à l'Académie française. (*H. B.*)

(2) Resnel du Bellay (Jean-Fr. du), né à Rouen, en 1692, mort en 1761. Traducteur des *Essais sur la critique et sur l'homme*, de Pope. (*H. B.*)

(3) Le Blanc (l'abbé Jean-Bernard), historiographe des bâtiments du roi. Né à Dijon, en 1707, mort en 1781. Auteur de poésies oubliées et d'*Aben-Saïd*, tragédie. Voy. dans les *Œuvres inédites* de Piron, p. 244, 252, 263, 275, 299, des détails curieux sur cet abbé. (*H. B.*)

Le jeudi 24 du courant, je fus à la première représentation des *Amazones*. Il y avoit un monde comme à une première représentation de Voltaire ou de Crébillon dans le fort même de l'hiver. Mme Dubocage n'y étoit pas ; elle étoit retenue dans son lit, et avoit été saignée deux fois le samedi précédent ; mais sa maladie ne l'empêcha pas de livrer bataille, excepté seulement qu'elle n'y étoit pas en personne, comme le maréchal de Saxe à Fontenoy.

Ce n'est pas, au reste, le défaut de présence du général qui la lui a fait perdre, mais c'est qu'elle combattoit avec des troupes bien lâches, et, pour sortir de la métaphore, si la pièce a été mal reçue, c'est qu'on n'a jamais rien vu de plus foible, de plus commun, de plus ressemblant à tout, et de plus mal *fagoté* que cette tragédie.

Les quatre premiers actes sont pillés, pris, calqués, quant au fond, sur *le Comte d'Essex*, *Bajazet*, *Ariane*, la *Sémiramis* de Crébillon ; les détails et la versification ne sont à personne, et personne n'en voudroit. Le cinquième acte, et surtout le dénouement, est misérable ; ce sont des faits entassés, et l'on fait passer en deux heures ce qui pourroit à peine s'exécuter en six mois par le conquérant le plus rapide.

Thésée, le héros de la tragédie, est le plus *flasque* héros qui ait jamais paru sur le théâtre de l'Opéra même, où ils sont bien *mollets*. Nuls caractères au reste, pas un vers de marque, nuls détails, excepté peut-être dans une scène du quatrième acte où il y a quelque chaleur et où surtout le jeu de la Dumesnil sauva la pièce d'une chute ignominieuse ; on avoit déjà ricané, mouché, bâillé ; mais cette lueur de vivacité ranima ses partisans, et les fi claquer à toute outrance ce qui méritoit un médiocre et très-médiocre applaudissement.

Quoi qu'il en soit, ce foible éclair d'esprit sauva le cinquième acte, ou pour mieux dire, la pièce, du sifflet. Ce n'est pas qu'en sortant tout le monde ne convînt qu'elle l'avoit mérité, et n'admirât la patience du public, qui s'étoit laissé ennuyer mortellement sans crier.

La veille de cette journée, M. de Tourville, capitain aux gardes, ami de M. Dubocage, vint pour l'exhorter à ne point faire jouer la pièce de sa femme; comme elle étoit malade, il entreprit de persuader le mari par les meilleures raisons, et il en avoit d'excellentes. Ce pauvre homme, qui de son côté s'est fait accroire à lui-même qu'il étoit homme de lettres pour avoir fait une mauvaise traduction d'une tragédie angloise (1), ce *benet-là*, dis-je, ne répondit rien autre chose à tout ce que Tourville lui dit de sensé, sinon que le sort en étoit jeté, que la pièce seroit jouée le lendemain, et que c'étoit une épine que madame Dubocage vouloit se tirer hors du pied. Au reste, on persiste toujours à croire que cette tragédie n'est pas d'elle, et on la traite comme si elle en étoit.

M. de Beaumont, archevêque de Paris, se barbouille fort dans l'esprit des honnêtes gens et des gens sensés. Veut-il devenir cardinal, ou n'est-il qu'un sot? Voilà ce qu'on ne décide pas encore; ce qui est bien décidé c'est que, pour quelque cause que ce soit, il tourmente son diocèse; il fait, à ce qu'on dit, de mauvaises difficultés aux calvinistes pour leurs mariages et leurs sépultures; il persécute les ecclésiastiques et les couvents, fait refuser les sacrements, ou du moins autorise ses curés à les refuser à des jansénistes décidés. L'affaire de M. C... à ce sujet, a fait éclat au point que le parlement a été obligé d'en prendre connoissance (2); il est vrai que le roi a

---

(1) V. Oronoko, *mélanges de différentes pièces de vers et de prose,* 1751, 3 vol. in-8°. (*Note de Barbier.*)

(2) M. C.... Conseiller au Châtelet, étoit neveu du fameux C.... de l'Université.

Ce neveu étoit un fieffé libertin, et mon étonnement subsiste encore quand je me rappelle qu'on lui a refusé les sacrements à l'article de la mort, comme janséniste. La maladie qui l'a conduit au tombeau étoit la v.... la plus invétérée et qui a résisté à tous les remèdes. Il vivoit habi-

ordonné qu'il seroit sursis, mais cela aigrit encore les esprits davantage, au lieu de les ramener, si ramener il y a (1).

Ces jours-ci encore il a eu avec les administrateurs de l'hôpital des démêlés qui en ont fait quitter la plus saine partie. M. de Blaru, ancien avocat fort estimé, l'un d'eux, ayant voulu parler pour combattre son sentiment, ce prélat lui dit : *Nous n'avons pas ici, monsieur, besoin d'éloquence, mais d'obéissance.* Cette hauteur, injuste autant qu'impertinente, révolta les administrateurs, qui ne sont point élevés en dignité; ils envoyèrent tous le lendemain leur démission; et il n'est resté que les premiers présidents, avocats et procureurs généraux des cours souveraines.

Cet archevêque fait infiniment regretter M. de Vintimille. Celui-là n'avoit point de religion, mais c'étoit un honnête homme. Il avoit su se concilier les deux partis; les molinistes et les jansénistes se louoient de lui également. L'humanité, la droiture, la justice, la politesse et la bonté faisoient le fond de son caractère.

J'ai dit qu'il n'avoit point de religion; du moins rien n'est-il plus vrai qu'il a douté jusqu'à sa mort. L'abbé d'Harcourt, qui l'y exhortoit, s'engagea assez maladroitement à vouloir lui prouver les vérités de la religion; cela étoit honnêtement gauche vis-à-vis d'un homme qui par son état étoit supposé en être convaincu et en état d'en persuader les autres. Comme sa preuve tiroit en longueur et qu'il ne finissoit point, M. de Vintimille l'interrompit, et lui dit : *Monsieur l'abbé, en voilà assez; ce*

---

tuellement avec une femme nommée Féret, qui logeoit, autant que je puis m'en souvenir, rue Cloche-Perche, belle et grande femme. Il est bien singulier que C..... ait occasionné un pareil tumulte à sa mort, et qu'il ait rassemblé à son convoi plus de 500 personnes de tous états, comme s'il eût été un personnage, mais on le regardoit comme un saint janséniste, qui vivoit pourtant publiquement avec la Féret. (*Note de Collé.*)

(1) Voyez dans le *Journal de l'avocat Barbier*, juin 1749, la suite de cet incident. (*H. B.*)

qui est le plus certain, c'est que je meurs votre serviteur et votre ami.

AOUT 1749.

Le mercredi 6 août, les comédiens du pape donnèrent leur grand spectacle, à Paris, je veux dire que c'étoit le jour de la grande tragédie des jésuites.

Mlle du Luc, sœur du comte du Luc et nièce de l'ancien archevêque de Paris, dont nous venons de parler, leur fit une malice qu'on ne peut pas appeler une malice noire, comme on va le voir, mais une polissonnerie fort puérile et peu convenable à son âge ; elle a au moins trente ans, et beaucoup d'esprit, dit-on ; ce n'est point ce trait-ci qui en pourra faire preuve. Elle étoit placée chez Messieurs de Nicolaï, ses neveux, dont les fenêtres donnoient sur la grande cour, au-dessus d'un grand amphithéâtre réservé pour tous les religieux qui veulent venir à ce spectacle. On voit toujours dans cet endroit deux ou trois cents, tant jacobins, carmes, capucins, que théatins, cordeliers, récollets, barnabites, etc.

Mlle du Luc trouva dans la chambre de ses neveux quelques livres de poudre à poudrer qu'elle fit voler le plus loin et le mieux qu'elle put sur les bons Pères. L'air en fut un instant obscurci, et un moment après ces saints personnages se trouvèrent tous poudrés à blanc, et exposés à la risée et aux huées des écoliers et du reste du public.

Le père de la Tour eut grande peine à apaiser toutes ces orgueilleuses révérences, qui se trouvoient insultées, et il n'en vint à bout qu'en leur promettant satisfaction et de faire donner le fouet à l'écolier auteur de cette espièglerie ; mais il ne put leur tenir parole quand il eut reconnu que c'étoit Mlle du Luc seule qui leur avoit fait cette niche, et qui est demeurée impunie ; un jésuite ne pouvant *naturellement* mettre la main sur une femme.

La pièce de Mme Dubocage, par un miracle qui n'est dû qu'au goût exquis de notre siècle, s'est traînée onze représentations ; il n'y a pourtant eu véritablement de monde qu'à la première et aux deux samedis suivants. A la huitième, les comédiens l'avoient affichée pour la dernière fois ; mais Dubocage et sa femme furent s'en plaindre tendrement à ces Messieurs, qui voulurent bien leur faire la grâce de la jouer encore trois fois, et de la donner deux avec une pièce nouvelle.

C'est une bonne tragédie que celle-ci, disoit Mlle Gaussin, *elle nous fait rire, et elle nous rapporte de l'argent.* Leur recette effectivement, quoique médiocre, a été meilleure que s'ils avoient joué de l'ancien. Il n'est pas vrai, au reste, comme on me l'avoit dit, que Mme Dubocage ait payé les six habits des six amazones ; mais il est certain qu'elle s'est soumise à la condition exigée d'être jouée en été, et de céder sa part d'auteur aux comédiens.

[M. le duc de Chartres s'est démis la rotule au commencement de ce mois, et est actuellement à Bourbonne-les-Bains. J'ai écrit deux fois à M. de Montauban sans en avoir reçu de réponse. Je crains que cela ne soit un mauvais pronostic pour mon affaire. On dit d'ailleurs que M. le contrôleur général, persécuté et excédé par les protections, et ne sachant auxquelles entendre, pourrait bien laisser subsister les sous-fermes dans l'état où elles sont, pour avoir une raison par là de n'accorder rien aux puissances, et, pour n'en mécontenter aucune, de les refuser toutes.]

Le mercredi 13 du courant, les Comédiens français

donnèrent la première représentation de *l'Amant précepteur*, précédée de la dixième des *Amazones*. C'est une comédie en trois actes et en prose d'un M. Duvaure, ci-devant capitaine de je ne sais quel régiment. Cet enfant d'Apollon a cinquante-cinq ans. Cette pièce avoit paru, il y a dix-huit ou dix-neuf ans, sous le titre du *Faux savant*, sous lequel aussi cette fois-ci elle a été affichée dès la seconde représentation. Quoique cet auteur, double majeur, ait mis ses petits vingt-et-un ans à la composer, elle n'en est pas pour cela meilleure (1). C'est une comédie faite sur d'anciennes comédies; rien de neuf. Les plaisanteries même sont calquées sur de vieilles plaisanteries de théâtre; elles en sont, pour ainsi dire, la paraphrase.

Le caractère du *Faux savant*, tel qu'il veut le peindre, est purement idéal, et n'est pas davantage dans la nature que les *Visionnaires* de Desmarets, ou que les *matamores* de nos anciennes comédies.

Il s'est efforcé de donner quelques traits dans ce caractère, qu'on pût appliquer à Voltaire; il y avoit même des personnalités contre ce dernier, que Crébillon le père, comme censeur de la police, a retranchées, et il a bien fait. Il est resté pourtant quelques traits généraux, dont on fait l'application à Mme du Châtelet et à Voltaire encore, mais on pourroit les appliquer à cent autres personnes. Il y a d'ailleurs dans cette comédie un caractère de proxénète qui est assez dans le vrai; l'auteur a vu de ces messieurs-là, et son maître de langue italienne est assez plaisamment rendu. On auroit au reste bien de la bonté d'appeler cela un caractère; c'est un terme impropre dont je me suis servi. Ce maître d'italien est le seul comique de cette pièce; tout en est vieux. D'ailleurs le père et l'amant, le valet, la tante et la soubrette sont

---

(1) Ce M. Duvaure, né en Dauphiné, était chevalier de Saint-Louis. (*H. B.*)

les mêmes qu'on peut les voir dans toutes les comédies, et n'ont rien de distinctif.

Les ressorts de l'intrigue sont tout aussi usés que les caractères. C'est une soubrette qui se déguise en comtesse opulente, pour dégoûter un homme d'un mariage médiocre, en le leurrant de l'espérance d'un autre meilleur, et qui n'est que supposé; c'est encore un homme entêté d'un autre, et qu'on met aux écoutes, pour qu'il entende dire du mal de lui par le personnage pour lequel il est prévenu, et le désabuser par cette façon triviale; en un mot, toute cette comédie n'est que *friperie*. Le style en est assez bas et uniforme; les maîtres et les valets, les amants et les suivantes ont le même langage; rien de caractérisé. Les plaisanteries sont *au gros sel*. Le premier acte cependant n'est pas aussi ennuyeux que les deux autres, qui sont d'une longueur et d'une langueur insoutenables. Le bénin parterre n'a pourtant pas sifflé cette pièce; mais depuis qu'on fixe le nombre de ceux qui y entrent aux premières représentations, et qu'on distribue des billets à des applaudisseurs, on a coupé le sifflet au public, et les pièces ne tombent plus, si pourtant on ne veut point appeler une pièce tombée une pièce qui est reçue avec froideur et qu'on ne reprend plus par la suite. Tel sera le sort de celle-ci, de Mme Dubocage, et de quelques auteurs qui sont mille fois au-dessus de ces *pauvres sires-là*. Je suis très-persuadé, par exemple, qu'on ne reprendra pas nombre de pièces de M. de La Chaussée, ou qu'elles ne seront point suivies à leurs reprises, et oubliées dans vingt ans. Excepté *le Préjugé à la mode,* qui restera; je ne voudrois pas garantir que toutes ses autres pièces n'éprouvassent cette infortune, qu'elles méritent au reste.

Le *Faux savant* a eu onze représentations.

[Vers le milieu de ce mois, un homme de ma connoissance me fit confidence qu'il avoit eu une femme nouvellement mariée, peu de temps après le sacrement. Il ne s'attendait nullement à cette bonne fortune. Elle l'aimoit étant fille, sans qu'il s'en fût autrement aperçu. Elle est jolie et ne manque point d'esprit; jeune, puisqu'elle a été mariée à treize ans et quelques mois, et que voilà son cher époux c... avant qu'elle en ait quatorze. Si ce n'est point une passion véritable qui l'ait engagée à cet âge à faire une démarche aussi hardie, mais un tempérament précoce qui l'y ait portée, on peut présumer que cette petite personne ira loin par la suite, et qu'elle fera parler d'elle dans le monde, et pourra se retrouver en nom dans ces *Mémoires*. C'est commencer de bonne heure. Je la connois et je la vois quelquefois.]

Le 26 ou le 27, M. le lieutenant de police, accompagné d'*alguazils*, se transporta à cinq heures du matin à l'Académie royale de musique, pour y mettre le scellé et déposséder les directeurs actuels en vertu d'une lettre de cachet.

On donne l'Opéra au corps de ville; tout le monde présume que ce spectacle va devenir plus brillant; il faut attendre que cela soit pour s'en réjouir.

Il ne pourroit pas, au reste, être en de plus mauvaises mains; ces gredins de directeurs-ci ne payoient ni les pensions ni les gages des acteurs; on n'a trouvé que 300 livres dans leur caisse. M. de Maurepas n'avoit pu se déterminer à détacher ce fleuron de sa couronne. M. d'Argenson n'y a pas regardé de si près, mais peut-être, et vraisemblablement, s'est-il réservé tous les droits attachés à sa place qui concernent la juridiction sur l'Opéra, et M. le prévôt des marchands n'est qu'en sous-ordre sans doute et reconnoîtra sa supériorité dans cette partie.

Il a beaucoup été question, dans les commencements de ce mois, de l'abbé Leblanc pour l'Académie française; il a même fait ses visites, et avoit la protection déclarée de Mme de Pompadour; quelqu'un lui a ouvert les yeux sur un sujet aussi peu convenable, et elle s'est désistée formellement. On croit, mais l'on n'assure pas, que c'est l'abbé de Bernis qui a engagé madame la marquise à se dédire. L'abbé Leblanc, lui, a toujours été en avant; et ne présumant pas cette rétractation, présumant d'ailleurs à son ordinaire de son propre mérite, il a cru cette affaire immanquable, et s'en est donné partout les violons; ce qui le jette aujourd'hui dans un état d'humiliation capable de faire pitié, même à ceux qui ne l'estiment ni ne l'aiment. Il est pourtant vrai qu'il est malheureux par sa faute.

Une présomption et un amour-propre sans bornes *ni rimes*, lui ont fait penser qu'il étoit homme de lettres, lui, qui non-seulement n'a ni génie, ni esprit, ni talent, mais qui au contraire a donné, par ses ouvrages, en vers et en prose, des preuves *qu'il étoit une bête*, aussi bien en l'un qu'en l'autre (1).

Ayant été contredit, dans une société où je vais quelquefois, sur le mérite plus ou moins de la tragédie de Mme Dubocage, je soutins et j'offris de parier sérieusement cent louis que je ferois en un mois une tragédie meilleure ou moins détestable que la sienne, et que je m'en remettrois au jugement de Crébillon le père, ou de toutes autres personnes qui connoissent le théâtre. Effectivement, rien n'est plus aisé que de fagoter une pareille rapsodie, puisque le fond et les situations sont pris ou imités de toutes les tragédies, et que les détails sont aussi communs, aussi mous, aussi lâches et si mal faits, qu'il est impossible de faire plus mal. Quoique le pari, que j'aurois effectivement fait, n'eût point été accepté, néanmoins quelques jours après je me mis à vouloir exécuter cette idée, du moins pour un acte; mais à la première scène de cet acte, il me vint une idée plaisante et que j'ai

---

(1) L'abbé Leblanc n'était pas *une bête;* outre plusieurs travaux littéraires qui ont une certaine valeur, il a laissé trois volumes de *Lettres d'un Français sur les Anglais*, qui ne manquent ni d'intérêt ni de mérite; Paris, 1743, 3 vol. in-12; réimprim. en 1749-1751 et 1758. (*H. B.*)

mise en œuvre, c'est *Tragiflasque,* tragédie en trois scènes ; elle doit sa naissance à cette contradiction. Quand je suis parti pour Étioles le 24, elle étoit à moitié faite et j'en tenois le plan.

Je l'ai finie cejourd'hui 30 du courant.

SEPTEMBRE 1749.

J'ai dit qu'on ne pouvoit pas douter que Voltaire ne fût l'auteur de *la connoissance des beautés et des défauts de la poésie et de l'éloquence*. Mais si je n'avois pour le croire que de violentes présomptions seulement, on vient de me faire remarquer un endroit de cet ouvrage où il s'est trahi par une étourderie singulière et qui fournit, ce me semble, une preuve complète que c'est lui-même qui a fait cette insolente et inouïe brochure. Voici ces mots : *C'est après une description philosophique des cieux, qui n'est que* DE MON SUJET, etc.; *de mon sujet* lui est échappé ; l'auteur, si ce n'étoit pas lui, n'auroit point pu parler ainsi de *la Henriade* ; il auroit dit : *qui n'est que du sujet de M. de Voltaire* (1).

---

(1) On lit dans la collection des œuvres de Voltaire, édition de Beaumarchais : *Qui n'est pas de mon sujet :* les premières éditions de l'ouvrage portoient à la vérité : *Qui n'est que de mon sujet*, ce qui ne pouvoit être qu'une faute d'impression ; mais la remarque de Collé ne nous en paraît pas moins fausse. Voltaire ne pouvait-il pas dire sans se démasquer : *C'est après une description philosophique des Cieux qui n'est pas de mon sujet*, c'est-à-dire qui n'a pas de rapport avec la *grandeur de Dieu*, dont il est question dans ce chapitre. Collé a sans doute été induit en erreur par Fréron, qui a fait la même remarque dans ses *Lettres sur quelques écrits de ce temps.* (*Note de Barbier.*)

En arrivant à Paris le 6 du courant, j'ai trouvé la tragédie de Mme Dubocage imprimée; il ne s'agit plus que de la lire, quand on en a le courage. Outre l'épître dédicatoire aux femmes, qui est vraiment de bon amphigouri, il y a une chose remarquable à cette impression, c'est d'avoir fait mettre sur la page qui contient le titre de la tragédie : *Représentée dans les mois de juillet et d'août* 1749. Est-ce l'idée vaine de faire accroire à nos neveux que sa rapsodie a été jouée pendant deux mois entiers? Mais se flatte-t-elle qu'une pareille drogue ira jusqu'à la postérité? et d'ailleurs si elle lui parvient, n'est-ce pas à sa honte? La postérité n'est pas si endurante que les polis de notre siècle. M. Duvaure, auteur du *Faux savant*, a fait aussi imprimer sa pièce, et a imité cette gentillesse de madame Dubocage; il prétend aussi en imposer à cet égard; sa préface est un morceau rare.

Mme du Châtelet est accouchée dans le commencement de ce mois-ci.

Dans une compagnie où étoit la maréchale de Boufflers, on exagéroit le ridicule qu'il y avoit eu à Madame du Châtelet d'avoir fait un enfant à son âge; sur quoi la bonne maréchale soutint qu'il n'étoit pas aussi grand que celui que Mme Dubocage s'étoit donné en faisant une tragédie.

Le 10, je présentai à Grandval *Aménophis*, tragédie; le sujet est tiré de *Carmante*, petit roman de Madame de Villedieu (1). L'auteur s'est rencontré avec Linant dans une situation principale de sa pièce. C'est à qui sera joué le premier, et, comme Linant vit avec Clairon et ses complices, je crains fort qu'il n'ait la préférence. J'ai fait ce que j'ai pu vis-à-vis de Grandval pour l'obtenir,

---

(1) Villedieu (Marie-Cath.-Hortense Desjardins de), née à Alençon, en 1632, morte en 1683; femme auteur célèbre par sa vie galante. Quant à l'auteur d'*Aménophis*, dont Collé tait le nom, c'était Saurin. (*H. B.*)

je ne sais encore ce qu'il en sera; j'en aurai réponse à la fin de ce mois-ci (1).

Quoi qu'il en soit, ce seroit un bien pour l'auteur, ou qu'elle ne fût pas jouée du tout, ou qu'elle ne le fût du moins que dans quelques années. Cela lui donneroit le temps de corriger, si tant est qu'il le puisse. Le fond du sujet m'a paru neuf, bien imaginé, conduit avec sagesse, avec adresse même. Il devroit être fort intéressant, mais il n'y a nulle chaleur dans les situations principales, qui sont pourtant faites pour être touchantes; il n'y a nulle vivacité, nulle vigueur; et d'ailleurs, la versification est d'une foiblesse et d'un prosaïque à n'y pas tenir. Le premier et le second acte n'ont ni une matière, ni une action suffisantes.

J'aimerois mieux faire ma pièce en quatre actes, s'il n'est pas possible, ainsi que le jure l'auteur, de faire autrement, et ne faire qu'un seul acte des deux premiers, que de les laisser subsister froids, et aussi peu actionnés qu'ils le sont.

J'apprends à Étioles (2), où je suis revenu le 16, que Mme du Châtelet est morte, hier ou avant-hier en couches. Il faut espérer que c'est le dernier air qu'elle se donnera : mourir en couches à son âge, c'est vouloir se singulariser; c'est prétendre ne rien faire comme les autres. Voltaire doit se ruiner en épitaphes, élégies et vers mortuaires. Il n'en fera peut-être pas d'aussi bons, que ceux qu'un M. de Rochemore fit il y a quelques années, sur la perte de sa maîtresse; ils sont pleins de sentiment. Ce n'est pas assez d'être poëte, il faut encore être amoureux pour en faire de pareils; les voici :

>   Aux autels du tyran des morts
> D'une tremblante main, je consacre ma lyre;
>   Je ne chantois que pour Thémire,
>   Thémire a vu les sombres bords.

---

(1) V. ci-après à la date du 11 novembre 1750.
(2) Maison de campagne de M. de Meulan. (*H. B.*)

Une douleur muette et sombre,
Des larmes qui partent du cœur,
N'écouter, ne sentir, ne voir que son malheur,
Voilà les seuls tributs que je dois à son ombre.

Soyez les garants de ma foi,
Lieux redoutés où repose sa cendre!
Il n'est plus de plaisir, plus de bonheur pour moi,
Que les pleurs, qu'en secret, je viens ici répandre.

Mlle Gardel est aussi morte vendredi ou samedi de la petite vérole; elle vivoit, à ce qu'on dit, depuis cinq ou six mois, avec le Tournéhem.

On disoit ces jours-ci que Voltaire s'étoit enfermé avec M. du Châtelet, pour le consoler; et qu'il lui répétoit sans cesse, et s'excusoit d'être le père de l'enfant dont elle étoit morte en couches. On voit bien, sans qu'on le dise, que ceci est une mauvaise plaisanterie.

Le mardi 23 du courant, on a donné l'opéra de Mondonville et de Fuzelier, pour la première fois. Comme je suis à Étioles, dont je ne serai de retour que le 27, je ne sais s'il a réussi; j'ignore même jusqu'au titre. Fuzelier m'a pourtant dit : *le Carnaval du Parnasse;* mais peut-être en aura-t-il changé.

J'ai fait, pendant mon séjour à Étioles, les couplets suivants, sur l'*air des Savoyards,* qu'on chante à la comédie italienne :

1er Couplet.

Tenez, Monsieur Joconde,
En vain, etc. (1).

On a trouvé ces couplets assez jolis, j'en suis actuellement assez content aussi; peut-être dans quelques mois que je serai refroidi sur la composition, les trouverai-je

---

(1) V. la suite dans le volume des chansons de Collé, intitulé : *Chansons qui n'ont pu être imprimées, et que mon censeur n'a point dû me passer,* 1784, petit in-12. (*Note de Barbier*).

moins bons; comme, par exemple, actuellement je prends la liberté de trouver mauvaise la parodie que j'ai faite, dans le mois de mai dernier, sur deux gavotes de Rameau.

Le vaudeville des *Savoyards* court beaucoup, il a contribué au succès prodigieux du début de la demoiselle Gentilly, à la comédie italienne. Cette petite impure, qui n'a pour tous talens que d'être une médiocre danseuse, mais une impudente créature, est la femme de Favart, auteur de très-jolis opéras comiques, et entre autres, de *la Chercheuse d'esprit*. Elle n'a pour le théâtre ni intelligence, ni habitude, en lui ôtant le chant et la danse; elle chante un vaudeville avec une indécence rebutante, et danse avec des mouvements lascifs et dégoûtants pour les gens qui ont le moins de délicatesse (1).

L'on n'a cependant jamais vu de succès plus brillant; le parterre a demandé et crié qu'il falloit la recevoir. Attendu que le règlement de ne pas admettre dans la troupe des Italiens des Français, et dans celle des Français des Italiens, lui est absolument contraire, on a cabalé pour elle, et le public n'a eu qu'un cri pour qu'on passât par-dessus ce règlement. Je ne sais encore ce qui en sera; ce que je sais bien, c'est que le parterre tombe en enfance et devient imbécile, surtout celui de la comédie italienne, et qu'incessamment on sera obligé de l'interdire et de lui donner un curateur.

Je suis revenu à Paris le 25, deux jours plus tôt que je ne comptois.

Le soir même, je vis le début de Mlle Guéan, nièce de la Dufresne, ou pour mieux dire, de Mlle de Seine, excellente comédienne, qui jadis avoit épousé Dufresne, ce célèbre comédien.

---

(1) Collé montre ici une sévérité inexplicable à l'égard de Mme Favart, que tous les biographes contemporains présentent comme une femme charmante et une actrice d'un véritable talent. Née à Avignon en 1727, elle mourut en 1772. (*H. B.*)

C'est une petite enfant affligée de quinze à seize ans et de la plus jolie figure du monde, assez approchant de celle de sa tante. Elle est sans voix, sans force, sans intelligence et sans talens. Elle jouoit ce jour-là Junie dans *Britannicus*, et Julie dans *la Pupille;* je l'ai encore vue dans les rôles d'Agnès de *l'École des femmes* et d'*Iphigénie*. Elle ne pourra jamais, dans le tragique, faire une confidente passable; peut-être, s'il lui venoit un peu plus de voix, car elle n'en a point du tout, se tireroit-elle des rôles de seconde amoureuse dans le comique, à cause de sa figure qui est intéressante et qui les joueroit toute seule. Au reste, je n'imagine pas qu'on la reçoive, quoique le parterre l'ait applaudie mille fois plus qu'elle ne le méritoit (1).

Le 26 M. l'abbé de Vauxréal, l'évêque de Rennes, fut reçu à l'Académie française, à la place du cardinal de Rohan, et malgré le mérite reconnu de l'abbé Leblanc, ce dangereux concurrent. Son discours a été comme les autres; on m'entend (2).

Grandval m'a rendu *Aménophis*, qui ne sera pas jouée; les comédiens l'ont refusée. Cela est dur pour l'auteur, mais moins mortifiant qu'une chute quelconque, même la moins honteuse.

Il ne s'en tient pourtant pas à la décision de l'aréopage comique, et me prie de porter son manuscrit à Mme de Tencin, pour faire jouer, d'autorité, sa pièce, par le moyen de M. d'Argental ou du maréchal de Richelieu.

---

(1) La demoiselle Guéan n'a point été reçue, heureusement. V. ci-après, à la date du 31 mai 1751. (*Note de Collé.*)

(2) L'évêque de Rennes (Vauxréal), a été le plus bel homme de son temps. Homme à bonnes fortunes, audacieux, plein d'esprit, aimable tout ce qu'on peut l'être, il n'étoit parvenu à l'épiscopat que porté par les femmes; sans principes, sans mœurs, et sans ombre de décence. Lorsque *Tanzaï* parut, le public de la cour, surtout, crut que le caractère du Grand-Prêtre Saugrénutis avoit été fait d'après ce charmant Prélat. (*Note de Collé, écrite en* 1780.)

Quant à la musique, je suis un ignorant et incapable d'en décider; mais elle m'a complétement ennuyé : il paroît qu'elle fait à peu près la même impression sur le public et sur les connoisseurs.

J'ai vu l'opéra de Mondonville; le poëme n'a aucun fond; et conséquemment quelques détails qui auroient été jolis s'ils avoient été amenés, et s'ils venoient à quelque chose, n'ont pu faire aucun effet; il y a aussi quelques scènes dont l'idée étoit jolie si elles avoient été traitées.

Le 30 du courant, il a paru un arrêt du conseil, qui ordonne que les sous-fermes seront criées et adjugées au plus offrant et dernier enchérisseur. M. le contrôleur général n'a fait rendre cet arrêt que pour écarter les puissances et les protections. Cela me rejette aux calendes grecques; cependant, je ne me rebute pas, et je suis toujours ma pointe; je n'ai pas grande espérance, mais je n'en ferai pas moins tous les mouvements nécessaires, ne voulant rien avoir à me reprocher à cet égard.

OCTOBRE 1749.

Je suis revenu le 5 à Étioles : le 6, l'on a donné aux Français la première représentation de la *Ruse inutile*, comédie en vers et en un acte, du sieur Rousseau. C'est l'auteur de *la mort de Bucéphale*, petite parodie insipide, qui n'a été jouée que sur les théâtres de province, et notamment à Compiègne, pendant que le roi y étoit. Ce Rousseau est un petit gascon, qui a en mpudence ce qui lui manque en talents et en esprit (1). La *Ruse inutile*

---

(1) Rousseau (Pierre), né à Toulouse en 1725, mort en 1785. Auteur de

avoit été jouée à Villers-Cotterets, par les personnes de la cour de M. le duc de Chartres ; M. de Montauban, qui y jouoit un rôle, me l'avoit prêtée avant qu'elle fût représentée. C'est la plus grande misère du monde que cette comédie, si toutefois on peut donner ce nom à quelque chose qui n'a nul fond et aucuns détails; ce seroit trop l'honorer que d'en faire une critique plus étendue. J'ai été surpris que les comédiens l'eussent reçue ; il est vrai qu'ils la jouent pendant le voyage de Fontainebleau, et que ce sont les valets de chambre qui l'ont exécutée. Cependant comme rien n'est sifflé dans ce siècle poli, elle a eu sept représentations.

On m'a donné, en arrivant à Paris, le 14, l'épître suivante, où il y a quelques vers assez jolis :

Épître de M. l'abbé de Bernis à M. Duclos.

Tu sais que d'un peu de bêtise
Le bon vieux temps est accusé ;
Mais, dans ce siècle plus rusé,
J'ai grand regret à la franchise
De l'âge d'or si méprisé, etc. (1).

A quelques négligences près des endroits obscurs et de la froide allusion de *Paris à Paris*, cette pièce est assez jolie. Le fond n'en vaut pourtant rien, ou plutôt il n'y en a pas ; mais outre que c'est une petite épître, une pièce légère, le défaut de fond et de suite y est couvert par des détails qui m'ont paru assez agréables.

---

plusieurs pièces de théâtre. Fonda le *Journal Encyclopédique*, qui l'enrichit. (*H. B.*)

On a fait ce sixain sur les trois Rousseau :

Trois auteurs que Rousseau l'on nomme,
Connus de Paris jusqu'à Rome,
Sont différens ; voici par où :
Rousseau de Paris fut grand homme ;
Rousseau de Genève est un fou ;
Rousseau de Toulouse un atome.

(1) Voir la suite dans les *Poésies* du cardinal de Bernis.

OCTOBRE 1749.

Le jeudi 16 du courant, je soupai à la petite maison de M. le duc de Chartres, rue Cadet. J'eus l'honneur de souper avec lui, et ce souper, que je faisois par raison, fut aussi amusant pour moi que je comptois qu'il me seroit ennuyeux; ce souper étoit fort éloigné de ma façon de penser; je le fis sentir à M. de Mautauban qui m'y avoit embarqué; mais il n'étoit pas possible de reculer, dans ma position vis-à-vis du prince, et attendant sa protection pour les sous-fermes ou autres affaires.

Le jeudi 23, Mgr le duc de Chartres m'écrivit un billet, pour avoir une copie de ma chanson des *Savoyards*; je la remis sous enveloppe à un valet de pied qui vint m'apporter sa lettre; ce que j'observe, non par une sotte vanité, mais pour marquer, ainsi que je viens de dire, les dispositions favorables dans lesquelles le prince est encore pour moi au moment que j'écris et dont tout mon but est de tirer parti de façon ou d'autre. Le prince alloit ce jour-là dîner à Choisy avec le roi et Mme la marquise, qui étoient venus de Fontainebleau pour voir Mme la Dauphine.

Voltaire est revenu à Paris, le mois dernier, avec une tragédie de *Catilina,* qu'il donnera cet hiver; il l'appelle *Cicéron vengé,* prétendant par là avoir mieux rendu le caractère de ce grand homme que Crébillon, qui effectivement en a fait un sot homme.

Un des oncles de Mme de Meulan, qui en a entendu la lecture en Lorraine, nous a dit qu'il y avoit dans cette tragédie une situation fort singulière. C'est *Simpronie,* maîtresse de Catilina, qui est grosse. Si cela est passé à la police, je suis en peine de savoir comment cela se passera à la représentation. Voltaire a commencé aussi, dit-on, une *Électre*, dont il a déjà trois actes de faits; et, à quelqu'un qui trouvoit extraordinaire qu'il traitât les mêmes sujets qu'a traités Crébillon, *Sémiramis, Catilina, Électre*, il a répondu que ces sujets-là n'appartenoient pas plus à Crébillon qu'à un autre; que c'étoient des sujets de l'antiquité qui étoient à tout le monde, et que Crébillon n'auroit lieu de se plaindre que lorsqu'il s'empareroit de *Pyrrhus*, ou de *Rhadamisthe*. Au fond cette raison est assez plausible ; et s'il n'entroit dans le projet de Voltaire qu'une noble émulation, ou même qu'un peu de témérité, il a assez de talent et d'esprit pour avoir l'amour-propre de se flatter qu'il luttera contre le génie de ce grand tragique, si rien peut lutter contre le génie ; mais c'est une basse jalousie et une envie mortelle contre ce vieux Entelle, (1) qui le dévore depuis longtemps, et que *Catilina* et son succès ont réveillées et portées à l'excès.

Le 25 du courant, les Français donnèrent la première représentation de la *Colonie* et du *Rival supposé*, précédés d'un prologue. Ces pièces sont de M. de Saint-Foix, auteur de *l'Oracle* et des *Grâces* (2). Son prologue dans lequel il a personnifié la cabale étoit peu de chose, fort court, mais assez gentil ; il fut applaudi et le méritoit.

La *Colonie*, comédie en trois actes, est plutôt une farce grossière, même une parade bien ordurière, qu'une comédie propre au théâtre, et, à cet égard, tout le monde fut étonné que la police eût passé toutes les indécences et les équivoques claires qui sont dans cette pièce ; elle roule entièrement sur le déguisement d'un valet déguisé en fille, qu'un paysan veut épouser parce que cette même fille a 1,000 piastres en mariage.

Ce valet, qui, par la situation, ne sait comment se soustraire aux sollicitations intéressées du manant, lui fait entendre qu'il est *grosse*, pour le dégoûter du mariage.

Le rôle de valet étoit joué par Poisson, qui à force de s'être abruti par le vin, est parvenu à perdre le peu de

---

(1) Fameux athlète célébré par Virgile. (*H. B.*)

(2) Saint-Foix (Germ.-F. Poullain de), littérateur, auteur dramatique. Né en 1698, mort en 1776. A donné un grand nombre de pièces au théâtre, et publié des *Essais historiques* sur Paris. (*H. B.*)

mémoire qu'il avoit, et ne peut plus apprendre de rôle nouveau ; il ne savoit pas un mot du sien, et joua à faire horreur. Il se trompa même très-grossièrement, à tous égards, dans un endroit où déguisé en fille, comme je l'ai dit, il prononça en bredouillant, *qu'il ne permettroit pas qu'on maniât son affaire.*

Au reste, quoiqu'effectivement la pièce roulât sur lui entièrement, elle n'auroit pas réussi davantage, quand il aurait joué son rôle aussi bien qu'il le joua mal.

La seule plaisanterie de cette comédie, qui ait fait rire, est dans un endroit où le paysan nommé Rustaut, écoute un valet qui parle de lui, et le loue d'une façon moitié vraie, et moitié ironique, et qui finit par dire : *Quant à sa naissance, je ne la connois pas parfaitement ; mais s'il est, comme je le présume, de la famille des Rustauts que j'ai connue en Europe, c'est une famille fort ancienne, et que j'ai vue de tout temps occuper les premières places et remplir les plus grands emplois ; et cette famille est fort étendue.*

Le *Rival supposé* est une comédie froide, glaciale et mal écrite, que les comédiens avoient déjà refusée, et que Saint-Foix avoit fait imprimer un an auparavant cette représentation.

Comme il y a, dans cette pièce, un roi qui devient amoureux dans une forêt et qui se masque à la fin pour voir sa maîtresse, on prétendoit y trouver quelque allusion à l'histoire de madame de Pompadour.

Ces deux pièces n'ont eu qu'une seule représentation.

Mme de Pompadour, pour dédommager l'abbé Leblanc de lui avoir retiré sa protection pour entrer de force à l'Académie, a obtenu que l'on fit revivre pour lui la place d'historiographe des bâtimens du roi, que M. Orry avoit, je crois, supprimée, et qui avoit été autrefois remplie par Félibien et par l'abbé Anselme. Les appointements de cette place, qui est, si l'on veut, sans fonctions, sont de 1,200 livres. Cela convient mieux à l'abbé Leblanc qu'une place à l'Académie : il ne mérite point cet honneur, et il mérite du pain (1).

M. Legrand, prévôt de St-Germain, me contoit, ces jours-ci, une histoire dont il m'a fort assuré la vérité; la voici, l'on en croira ce qu'on en voudra.

Il prétend que défunt M. le cardinal de Rohan, peu de temps avant sa mort, avoit présenté à M. l'évêque de Mirepoix un jeune abbé de qualité, et lui demandoit pour lui une abbaye : le Mirepoix promit. Un bénéfice vint à vaquer, le cardinal et l'abbé furent le sommer de sa parole; ce funeste évêque les refusa, en ajoutant que M. l'abbé savoit bien lui-même l'impossibilité où il étoit de lui accorder ce qu'il demandoit. L'abbé, qui se sentoit irréprochable du côté des mœurs et à tous autres égards, pressa si vivement M. de Mirepoix de lui déclarer devant le cardinal de Rohan les causes de son refus, que ne pouvant plus reculer, il lui dit : *Eh bien! monsieur, puisque vous m'y forcez, je vous dirai que je suis étonné que vous pressiez le roi de vous accorder une grâce, dans le temps que madame votre sœur, abbesse de ...., vient de donner un scandale public et est accouchée ces jours-ci; sachez, monsieur, que Sa Majesté a disposé du bénéfice que vous demandez en faveur de M. l'abbé****. — *Comment!* reprit M. le cardinal de Rohan, *que dites-vous, Monseigneur! outre que les fautes sont personnelles et que ce jeune homme, qui est vertueux, ne doit point être puni de celle de sa sœur, c'est que l'abbé***, à qui vous avez donné le bénéfice, est celui qui a fait l'enfant à la sœur de monsieur.* Le Mirepoix, malgré tout son esprit, resta pétrifié.

---

(1) L'Abbé Leblanc est mort à Paris, membre de l'Institut, le 14 messidor, an 7. (*Note de Barbier.*) Cette note repose sur une erreur : l'abbé Leblanc n'a jamais été membre de l'Institut *de France*, mais seulement de l'Institut de *Bologne*. Les Académies de Dijon, della Crusca et des Arcades de Rome l'avaient également admis dans leur sein. (*H. B.*)

NOVEMBRE 1749.

Vers les derniers jours d'octobre, ou dans les premiers de ce mois, M. le comte de Charolois, qui prétendoit avoir des sujets graves d'être mécontent du sieur Ménage, sous-fermier, fut trouver M. le contrôleur-général pour le prier de ne donner aucun intérêt dans les sous-fermes au sieur Ménage. Ce ministre répondit à ce prince qu'il lui étoit impossible de le satisfaire à cet égard, à moins qu'il ne parlât au roi qui rayeroit sûrement ledit sieur Ménage des listes des sous-fermiers, quand Sa Majesté seroit instruite que ce dernier avoit manqué à Son Altesse, et qu'ainsi il eût la bonté de lui dire les sujets qu'il avoit de se plaindre dudit sieur Ménage, pour qu'il en rendît compte au roi.

Le comte de Charolois répondit qu'il avoit pensé qu'il pouvoit lui rendre ce service sans en importuner Sa Majesté; mais que puisque la chose étoit impossible sans prendre ce dernier parti, il souhaitoit qu'il en demeurât là, et qu'il ne vouloit pas que cela allât plus loin. Quelques jours ensuite, après avoir passé deux ou trois fois chez Ménage sans le trouver, attendu que ce dernier se faisoit céler, il laissa un billet à son portier, par lequel il lui marquoit de l'attendre, tel jour, chez lui après l'opéra. Ménage n'osa pas y manquer, et le comte n'y manqua pas; il avoit de trop belles choses à dire. Ce prince s'étant donc arrêté à sa porte, le fit descendre, et, comme ce dernier vouloit approcher de son carrosse, il lui dit avec colère : *Tiens-toi là, ne remue pas, et écoute-moi. Je te défends d'entrer dans les sous-fermes, et si je sais que tu y acceptes quelqu'intérêt et que tu y sois, directement ou indirectement, je te fais donner cent coups de bâton tous les mois. N'approche pas, ne réplique point, ou je te fais sur-le-champ payer de la rente que je promets-là.* Cette admirable expédition faite, il part, et laisse Ménage dans la situation qu'on peut imaginer (1).

Cette affaire a été accommodée quelques jours après par l'entremise de M. de St-Séverin, et le prince permet à présent à Ménage d'être sous-fermier, sans coups de bâton. Si cet acte tyrannique s'étoit adressé à un autre qu'à Ménage, qui n'est ni aimé, ni estimé, on auroit crié bien davantage contre cette brutalité, qui n'en a pas moins révolté tous les gens équitables et sensés. D'ailleurs pour peu qu'on fasse de retour sur soi-même, on craint qu'une semblable aventure n'arrive à soi-même de la part de ces princes du sang féroces, que la bonté du roi, poussée trop loin, ne contient pas assez.

Les mécontentemens du comte de Charolois contre Ménage venoient de ce que ce prince avoit eu envie d'avoir madame Lebreton, fille de ce sous-fermier. Le père et la fille s'étoient conduits, à la vérité, d'une façon gauche, indiscrète et inconsidérée, dans une circonstance aussi délicate. Ils avoient tenu des propos légers, qui avoient été rapportés à ce prince par un laquais qu'il avoit placé chez eux pour lui servir d'espion. Cette histoire est très-véritable, et a fait pendant trois semaines l'entretien de tout Paris.

Le lundi 17 du courant, Voltaire assembla chez M. d'Argental, MM. de Choiseul, l'abbé Chauvelin, Pont-de-Vesle, et quelques autres de ses fanatiques, avec Dumesnil, Clairon, Grandval, et quelques-uns de leurs camarades. L'invitation étoit faite pour une lecture de *Catilina*; Voltaire tire son manuscrit, et commençant par lire les personnages, il dit : *Oreste, Clytemnestre, Electre,* ... tout le

---

(1) Charolais (C. de Bourbon, comte de), second fils de Louis III, prince de Condé. Né en 1700, mort en 1760. Il se rendit célèbre par ses débauches et sa froide cruauté. En vue de montrer son adresse, un jour il logea une balle dans le corps d'un pauvre couvreur juché sur le toit d'une maison, et le tua. (*H. B.*)

monde reste surpris; et alors : *Vous vous attendiez*, dit-il à l'assemblée, *que j'allois vous faire une lecture de* Catilina ; *point du tout, messieurs*, *c'est* Électre *que je donne cette année, et je ne ferai paroître* Catilina *que l'année prochaine. Je vais faire la distribution des rôles. Je demande le plus profond secret.* Ce secret profond a été gardé jusqu'au lendemain matin, et il est actuellement le véritable secret de la comédie.

A quoi tend cette gentillesse? Quelle gloire, quel profit trouve-t-il dans ce mystère? Quel est son but? Qu'est-ce que ce beau jeu? C'est une misère que ses contemporains ni ceux qui nous suivront ne comprendront point, et sur laquelle on se travaillera beaucoup pour lui donner des motifs.

Quoi qu'il en soit, on va jouer *Électre*, encore que les rôles de *Catilina* soient actuellement distribués pour donner le change, et que Dumesnil et Clairon jurent sur leur Dieu qu'elles n'ont point entendu parler d'*Électre*, et qu'elles ne savent ce que c'est.

Un mauvais plaisant a dit à l'occasion de tout ceci : *Vous croyiez d'abord, messieurs, qu'on alloit jouer* Catilina; *on vous a donné le change en répandant le bruit que ce seroit* Electre; *il n'est rien de tout cela*, M. *de Voltaire va vous donner* Atrée et Thyeste, *afin de vous surprendre davantage.*

L'opéra de Mondonville (1), que j'ai dit plus haut ne valoir pas grand chose, et qui m'a pourtant moins déplu à mesure que je l'ai vu, a eu un succès assez complet, puisqu'il tient depuis le 23 septembre, et ne finira que le 5 du mois prochain, que l'on doit donner *Zoroastre*. Il est vrai qu'il y a eu, cet automne, une prodigieuse affluence d'étrangers aux spectacles. Cependant comme bien des gens se sont accoutumés à cet opéra, en

---

(1) **Mondonville** (J. Joseph Cassanéa de) né à Narbonne en 1715. Compositeur de musique sacrée et de musique profane. (*H. B.*)

le voyant souvent, et l'ont trouvé assez joli, il y a lieu de croire que je me suis trompé dans le jugement que j'en ai fait et que j'en fais encore; c'est qu'il n'y a rien de séduisant, ni de caractère dans cet opéra, et nullement de ces traits qui plaisent à l'ignorant comme au grand musicien. A la reprise de cet opéra, dans huit ou dix ans, on décidera plus sainement de sa valeur.

DÉCEMBRE 1749.

Le vendredi 15 du courant, on a donné *Zoroastre*, opéra-tragédie de Rameau et de Cahusac. Je ne l'ai point encore vu; mais j'ai entendu dire à tout le monde que Cahusac était encore au-dessous de Cahusac, et que Rameau n'étoit point égal à Rameau, excepté seulement au quatrième acte, que d'un consentement unanime on trouve admirable, et au pair de ses plus beaux morceaux. La ville a fait de la dépense pour cet opéra, et on parle avec éloge d'une décoration qui est au cinquième acte.

Vers les premiers jours de ce mois, la querelle entre M. le comte de Charolois et Ménage est venue à se rallumer, on ne sait à quelle occasion. L'on soupçonne que ce qui peut y avoir donné lieu, c'est le mariage de sa fille. Madame Lebreton doit avoir épousé le ... du courant, le marquis de Mouchy, brigadier des armées du roi, et colonel d'un régiment; c'est le fils d'un premier lit de Mme de Sebret, dont le mari est gouverneur d'Aire en Flandre; le père, la fille et le gendre, après avoir arrangé toutes les conditions de ce mariage, à Paris, sont allés en faire la célébration dans le gouvernement de M. de Sebret; il doit être actuellement fait, consommé, et peut-être s'en repentent-ils. On dit qu'avant son départ, Mme Lebreton a eu l'imprudence et la bêtise d'écrire une lettre ironique au comte de Charolois. Les amis de Ménage disoient, ces jours-ci, qu'il méditoit de se retirer en Hollande.

Les sous-fermes ont été mises aux enchères. La première a été faite le 5 de ce mois, en présence de M. le contrôleur-général, de six intendans des finances et de dix fermiers-généraux. La seconde a été faite le 12, ensuite de laquelle le contrôleur-général fut à *Zoroastre*, sur quoi un mauvais plaisant dit : *que ce ministre étoit bien petit-maître* d'aller à l'Opéra en sortant de la comédie. Effectivement, c'est une farce qu'il joue à l'hôtel des fermes, puisqu'il a tout arrangé dans son cabinet. La dernière enchère sera pour le 19 du courant.

Je n'ai nulle espérance pour cette partie, mais j'ai quelque lieu de me flatter d'avoir un sou dans la ferme du duc d'Orléans; cependant je ne le croirai sûr que quand je le tiendrai.

Mme de Tencin est morte dans les premiers jours de ce mois-ci (1). Elle a fait son légataire universel son frère le cardinal de Tencin; mais à peine lui laisse-t-elle de quoi payer les legs particuliers. Le médecin Astruc, à qui l'on prétend qu'elle a remis, de la main à la main, beaucoup d'effets mobiliers, est grièvement soupçonné d'avoir volé la succession. L'on en parle sur ce ton dans le monde, et il n'y a qu'une voix sur cette spoliation. S'il ne l'a pas faite, du moins n'a-t-il eu aucune délicatesse, riche comme il est d'environ un million, d'accepter deux cents ou deux cent quarante mille livres, à quoi l'on prétend que montent les effets que lui a remis Mme de Tencin, dont quelques-uns des héritiers sont mal à leur aise, témoin M. d'Argental.

---

(1) Tencin (Claudine-Alexandrine), née en 1681, morte en 1749. Ayant pris forcément le voile, elle se fit dégager de ses vœux et mena longtemps une vie fort irrégulière. Elle eut du chevalier Destouches un fils naturel, le célèbre d'Alembert. Elle est auteur de quelques ouvrages. (*H. B.*)

Cejourd'hui 16 du courant, j'ai été à la comédie française où j'ai appris qu'on ne retiendroit plus le quart des pauvres (1). Ce quart des pauvres étoit prélevé sur la recette de chaque spectacle, sans déduction de frais, en sorte qu'il y avoit des années où ce quart montoit à plus d'un grand tiers de la recette.

Cette espèce d'impôt, qui avoit été mis sur les spectacles à la sollicitation du cardinal de Noailles, vient d'être ôté à l'occasion de l'expulsion totale que M. d'Argenson, le ministre de la guerre, qui a la grande police, veut faire de tous les pauvres du royaume. Il les fait tous prendre, fait guérir à l'hôpital général ceux qui ne sont pas sains, et les fera partir pour nos colonies, où il les fera marier et leur donnera des terres à défricher; on dit que leur destination principale est à l'île de Tabago (2).

Je vis aussi à la comédie M. Destouches, qui me dit qu'après l'*Électre*, nous aurons de lui une comédie intitulée : *la Force du naturel. Aristomène* a été repris après trois injustes représentations de *Sémiramis;* on l'applaudit que c'est une bénédiction : on ne sait quand cette fureur finira.

Il est arrivé, ces jours-ci, une aventure désagréable à M. de Vernage, qu'il a cependant méritée. Il étoit médecin de Mme Desmartrais, femme sujette aux vapeurs, et qu'il avoit souvent envoyé chercher, pour des causes assez légères, mais qui le payoit bien des pas inutiles qu'elle lui faisoit faire.

Ces jours derniers, cette dame se trouva mal après soupé, et un évanouissement qui ne finissoit point, fit

---

(1) Le quart des pauvres n'est point ôté. V. année 1751, mois de février. (*Note de Collé*.)

(2) « Depuis un mois on enlève du monde dans Paris, filles et garçons. « Cela se fait à la chute du jour; un exempt déguisé et trois ou quatre « hommes se saisissent principalement de filles, comme servantes ou filles « qui rôdent dans les rues... L'objet de ces recrues est pour envoyer au « pays de Mississipi pour peupler. » *Journal* de l'avocat Barbier, novembre 1749, et mai 1750. (*H. B.*)

craindre avec raison à Mme Masson, sa mère, que ce
ne fût quelque chose de plus sérieux que ses vapeurs ordinaires; ce qui détermina cette dernière à envoyer un
carrosse à Vernage, avec une lettre pressante, pour le faire
relever, et, dans laquelle elle lui marquoit expressément
qu'elle, qui ne s'alarmoit pas facilement, croyoit son secours indispensable dans ce moment. Un valet de chambre
va porter la lettre; il ne peut déterminer Vernage à sortir
de son lit, quelques instances qu'il lui fasse, et dans
quelque danger qu'il lui peigne Mme Desmartrais; il
revient sans lui. On avoit pendant ce temps envoyé chercher un chirurgien, qui ne voulut pas prendre sur lui
de la saigner, craignant que ce ne fût une indigestion.
Mme Masson se détermina, dans cette circonstance, à
envoyer chercher Pousse, qui étoit couché, qui se releva,
fit saigner la malade, lui fit prendre jusqu'à six grains
d'émétique, et la laissa tranquille et hors de danger,
vers les cinq heures du matin, et s'en fut.

A six heures, on entend frapper à la porte. M. de
Puységur, beau-frère de Mme Desmartrais, qui étoit
resté chez elle avec quelques autres personnes qui y
avoient soupé, met la tête à la fenêtre et voit que c'est
le carrosse de Vernage; il se glisse le long de l'escalier,
donne ordre au portier de bien fermer la porte, et s'armant d'un bâton, il étoit prêt à en faire usage, au grand
déplaisir de Vernage, quand les femmes et quelques
hommes qui étoient encore là, empêchèrent l'exécution
qu'il vouloit faire. Vernage eut une frayeur mortelle,
pâlit, sortit, et en a eu une maladie, dont il a été saigné
trois fois, et qui l'a mis lui-même en danger. On ne peut
pas plaindre un homme qui se joue ainsi de la vie des
autres hommes. C'est une leçon pour MM. les médecins
qui devroient bien du moins se contenter de ne savoir
pas guérir et d'exercer une profession aussi vaine et
aussi impossible que la leur, sans joindre encore à leur
aveuglement ces traits marqués d'inhumanité.

A propos d'ignorance, l'abbé Vatry en conta deux bons traits, chez M. de Velaër, où je dinois avec lui. Ils ne regardent point les médecins, mais de véritables comédiens, je veux dire Beaubourg et la Champmeslé.

Beaubourg (1) demandoit ce que c'étoit que la *Constitution Unigenitus*, dont il entendoit tant parler, sans y rien comprendre; et comme on se mettoit en devoir de l'éclairer, il continua, en disant: *Mais, monsieur, ce qui me surprend surtout, dans cette Constitution, c'est qu'on assure que le pape a condamné l'Ancien Testament.* Et d'une. Voici l'autre:

Mlle Champmeslé demandoit à M. Racine d'où il avoit tiré le sujet d'Athalie; — *de l'Ancien Testament*, lui répondit-il. — *De l'Ancien Testament!* reprit-elle. *Eh! mais, n'avois-je pas ouï dire qu'il y en avoit un nouveau?*

Le lundi, 29 du courant, la cour accorda à Mlle Dumesnil une représentation pour elle, et à son profit entièrement.

L'affiche portoit qu'on donneroit *Mérope* et *le Fat puni*, et, en gros caractères, on y lisoit:

Bénéfice pour Mlle Dumesnil.

---

(1) Beaubourg (Pierre-Tronchon de), acteur du théâtre français. Il était très-laid; aussi, un jour qu'il jouait Mithridate, au moment où Monime lui disait : « *Seigneur, vous changez de visage,* » il entendit une voix du parterre s'écrier : « Laissez-le faire ». Il avait la déclamation très-emphatique. Le Sage l'a plaisanté sur ce travers, mais sans le nommer. Voy. Gil-Blas (t. III, ch. VI). (*H. B.*)

ANNÉE 1750.

JANVIER 1750 (1).

Au commencement de cette année, une jeune fille de dix-huit à vingt ans, entra dans l'église de Sainte-Geneviève pendant qu'on y disoit la messe, et demanda tout haut ce que c'étoit que cette grande maison où elle étoit. On lui répondit que c'étoit une Église : *Qu'est-ce qu'une église?* dit-elle. — *C'est*, lui répartit-on, *un lieu saint où l'on adore Dieu.* — *Qu'est-ce que Dieu?* poursuivit-elle, et continuant sur le même ton de questions et de réponses, elle en imposa si bien, qu'on la crut folle ou imbécile. On la conduisit au curé de Saint-Étienne-du-Mont (qui est le

---

(1) (*Note de Barbier.*) Collé a fait pour cette année, ainsi que pour les précédentes, différentes notes qui confirment ou modifient les jugements qu'il a portés sur les hommes et sur les choses. Ces notes écrites sur de petits morceaux de papier, sont attachées aux pages qui y ont donné lieu. Celle que nous trouvons en tête de la présente année est ainsi conçue :

« *Continuation de ces papiers volants redresseurs de mes torts dans
« ce journal.* J'ai oublié de mettre au commencement de cet écrit mon
« premier tort, celui de la sottise de mon puéril amour-propre, qui s'a-
« muse à ce mauvais ouvrage, mais en vieillissant, on s'amuse de ce qu'on
« peut, même de ses torts! »

curé de Sainte-Geneviève), qu'elle trouva habillé comme son *cher père*, excepté qu'il ne mettoit pas sa chemise dans sa culotte; elle entendoit *par la chemise* le surplis de ce religieux.

Son dessein étoit, comme on l'a découvert par la suite, de passer pour un enfant que l'on avoit tenu depuis sa naissance en charte-privée, et auquel on n'avoit donné aucune sorte d'éducation, à aucuns égards, de s'attirer par-là les aumônes de beaucoup de gens, et se procurer peut-être un établissement, si son aventure parvenoit au duc d'Orléans, qui fait sa résidence ordinaire à Sainte-Geneviève. Elle parloit *de son papa Lagrange*, qui devoit l'épouser incessamment, aussitôt qu'il auroit tué sa sœur Manon; elle contoit que ce cher père sortoit toutes les nuits, tantôt avec des cheveux blonds, tantôt avec des cheveux noirs, qu'il avoit de belles épées, de belles montres, de belles tabatières, qu'il la tenoit toujours enfermée; mais qu'ayant profité d'un moment que la porte de la maison étoit ouverte, elle s'étoit sauvée par le jardin, et qu'après une demi-heure de marche, elle étoit arrivée à Sainte-Geneviève où elle étoit, sans savoir comment, ni par où elle étoit venue.

Elle ajoutoit à tous ses propos décousus un air de naïveté et d'ingénuité qui en imposait au plus grand nombre; les uns croyoient que son père prétendu étoit un voleur, qui avoit enlevé cet enfant, dès le maillot, pour servir à ses plaisirs quand elle auroit atteint l'âge; d'autres pensoient que c'étoit quelqu'homme singulier, qui avoit voulu faire sur cet enfant l'expérience de ce qu'il seroit, si on ne lui donnoit des idées sur rien, et si on l'élevoit dans la plus profonde ignorance.

Enfin, quand on cherchoit le plus à percer ce mystère, cette fille se trahit elle-même par une lettre qu'elle écrivoit à son père, et qu'elle donna au porteur d'eau de la communauté religieuse où le curé de Saint-Etiennedu-Mont l'avoit fait mettre. Son père, à ce qu'on dit, est un garçon orfévre ; elle lui marquoit par sa lettre, qui fut interceptée et remise entre les mains de la supérieure, « que son stratagème réussissoit au mieux ; « qu'elle avoit déjà eu plus de 100 écus d'aumô- « nes, etc. » Effectivement, Mlle de Charolois, la princesse de Montauban, et beaucoup d'autres personnes l'avoient été voir, et lui avoient fait la charité. Cette comédie, qui a duré sept ou huit jours, avait si fort épuisé la poitrine de cette pauvre créature, par la nécessité où elle se trouvoit de répondre à toutes les questions qu'on lui faisoit, que sur les derniers jours elle étoit tombée malade, et ne pouvoit plus parler. M. Berrier a terminé la scène un peu tragiquement, et a fait mettre cette infante dans une maison de force où elle demeurera quelques mois pour son châtiment (1).

Rien, au reste, n'est plus véritable que cette histoire. Dans la suite de ce journal, je n'appuierai plus sur la vérité des faits que j'avancerai. Dès que je ne les donnerai pas pour douteux, ce sera un signe certain qu'ils seront de la dernière certitude, ou qu'ils seront de notoriété publique. En voici un, par exemple, que je ne garantis pas, quoiqu'il coure beaucoup Paris, et que bien des gens l'assurent et le croient. On dit que, ces jours derniers, un officier fut attaqué, en revenant de souper, par un homme en robe de chambre, avec un pistolet à la main. Ne pouvant résister à cette civilité pressante, l'officier donne son épée, sa tabatière et sa montre ; le voleur lui souhaite le bon soir et tourne par une rue. L'officier, sans perdre la tête, le suit et le voit frapper à une porte-cochère de belle apparence, qu'on lui ouvre. Après avoir un peu réfléchi, il heurte lui-même à la porte où il avoit vu en-

---

(1) Dans son *Journal*, janvier 1750, l'avocat Barbier confirme ces faits de tous points. (*H. B.*

trer son homme, et prie le portier de lui faire parler au maître de la maison. *Il est prêt à se coucher*, lui dit le portier, *mais qui êtes-vous, monsieur? — Je ne suis point connu de ton maître, mon ami*, lui répond-il, *mais dis-lui que je viens pour quelque chose de très-pressé et qui l'intéresse infiniment; que comme il ne me connoît pas, je ne trouverai point mauvais qu'il prenne toutes ses précautions, et fasse monter tous ses gens; mais obtiens de lui que je lui parle, parce que rien au monde n'est plus de conséquence pour lui personnellement.* Après plusieurs allées et venues, le portier fait monter l'officier, qui, dans un assez bel appartement, trouve un homme de soixante-dix à soixante-quinze ans, qui étoit prêt à se mettre au lit. Il le tire à part, lui conte tout bas son aventure, et l'assure qu'il a vu entrer chez lui celui qui l'avoit volé, ce qui lui fait craindre qu'il ne soit assassiné cette nuit par ce coquin là ... Le vieillard alors demande à son portier quels gens de la maison sont rentrés les derniers; le portier lui répond naturellement « que c'est M. son fils, qui n'a pas même « été loin, apparemment, puisqu'il étoit sorti en robe « de chambre ». On peut juger de la cruelle situation du père à cette réponse; il eut pourtant assez de force pour monter avec l'officier chez son fils, qui alloit se coucher, et qu'il n'eut pas besoin d'interroger, ayant trouvé des pistolets sur sa cheminée, et sur une table, l'épée, la montre et la tabatière volées; il se jette alors aux pieds de l'officier, pour le prier de ne pas répandre cette affreuse histoire; ce dernier le lui promit, et l'on prétend que ce n'est que par le domestique qu'elle a été sue dans le monde. On dit encore que le voleur est un homme de robe, et que le père est un homme en place; mais ce qu'on peut dire de certain, c'est que c'est un vieux conte rajeuni, et que j'ai ouï faire plusieurs fois, avec quelques circonstances de changées. Une histoire, ou si l'on veut un conte encore moins vraisemblable que le précédent, est celui que l'on débite actuellement.

On veut qu'il y ait, dans un couvent de Paris, une fille à marier, à laquelle on donnera 30,000 liv. de rente à Paris, et 40 en province. Donation sera faite de ses biens à l'époux futur, par le contrat de mariage. On ne demande point que le mari soit riche, beau, bien fait, ni de condition, pas même d'esprit; on le veut honnête homme, et qu'il ait du bon sens; la fille est bien faite, a de l'esprit et de la raison, sait beaucoup, et a été fort bien élevée; mais, comme il faut absolument qu'il y ait un *mais*, cette fille est obligée d'avoir continuellement un masque d'argent sur le visage, attendu que sa tête, du moins sa face est précisément celle d'une tête de mort; que, de temps en temps, il lui prend des râlemens semblables à ceux de la mort, et que ces accès finissent par les derniers soupirs d'un mourant; voyez si vous voulez l'épouser.

J'ai brodé cette histoire d'une autre manière, et je mettois un *mais* plus agréable; je disois que cette fille avoit toujours les yeux comme les femmes les ont quelquefois, dans de certains momens; que de trois heures en trois heures il lui prenoit des extases amoureuses, qui étoient précédées de tendres gémissemens de tourterelle, et de mots entrecoupés qui n'entrent que dans le rite de Cythère, et suivis de cris et soupirs brûlans, et jusqu'à des emportemens qui alloient à faire quelques petites morsures légères et badines; que pour apaiser ces espèces de vapeurs, on demandoit un mari qui pût, toutes les trois heures, calmer ces accès; que c'étoit uniquement le régime nécessaire à sa santé, et ce qui seul pouvoit la rendre heureuse, raison pourquoi l'on ne demandoit point que le futur fût riche, beau, bien fait, spirituel ou de qualité, mais qu'il eût quelque consistance et un service de quelque tenue; et je finissois par assurer que c'étoit une abbesse dans le couvent de laquelle cette demoiselle étoit pensionnaire qui lui cherchoit ce mari difficile à trouver; qu'elle en avoit essayé un grand nombre, sans en avoir pu trouver un qui approchât du point de perfection qu'elle exigeoit.

Un fait plus certain que les deux précédens est que, le 12 du courant, on donna la première représentation de l'*Oreste* de M. de Voltaire, qui fut huée d'une commune voix; il la fit précéder d'un compliment qui étoit encore plus bas qu'il n'étoit ridicule, quoiqu'il le fût beaucoup. Cet *Oreste*, au surplus, est l'*Électre* tant annoncée; c'est la tragédie de Sophocle et celle de Longepierre refondues, et mises, s'il est permis de s'exprimer ainsi, *en compote* (1).

Je n'ai guère vu de tragédie plus dénuée d'action, ni de caractères plus défigurés; Clitemnestre, Oreste ne sont pas reconnoissables, non plus qu'Électre. La première est de temps en temps une bonne mère, et la dernière rabat de la fermeté et de la férocité même que tous les poëtes lui ont données, jusqu'à demander grâce à Égisthe et à se soumettre d'épouser son fils Plisthène; pas une scène intéressante; un dialogue décousu, où personne ne se répond, et dans lequel chaque acteur dit exactement tout autre chose que ce qu'il devroit dire; mal écrite pour Voltaire; remplie de vers séduisans et luisans, qui dans le fond ne disent rien, ou ne disent que des choses communes; nulle espèce d'intérêt et nulle chaleur. Enfin un cinquième acte tel qu'un auteur à sa première tragédie et qui ne se douteroit pas des règles du théâtre n'en feroit pas un plus mauvais.

Je puis même dire, sans exagération, qu'il n'y a pas de tragédie de collége où le cinquième acte soit aussi mal

---

(1) Quoique raccommodée et rapetassée vingt fois, l'*Electre* de Voltaire ne sera jamais qu'une tragédie froide et ennuyeuse. Relisez l'*Électre* de Crébillon, et faites-en la comparaison, et vous conviendrez que les jugemens que j'en ai portés ne sont point à réformer, quelque durs qu'ils paroissent. (*Note de Collé, écrite en* 1780.)

bâti; son dénouement de *Sémiramis*, tout détestable qu'il est, est passable en le comparant à celui de cette pièce. Il a donc été hué de toute la salle, excepté du parterre, qui a été le plus modeste, comme étant payé pour cela, mais qui a été pourtant forcé, malgré lui, de laisser échapper de temps en temps des marques de son ennui, et qui même à la fin ne put s'empêcher de demander l'*Électre* de Crébillon.

Les comédiens annoncèrent *Alzire* pour le mercredi suivant, et *Oreste,* pour la seconde fois, avec les corrections qui ont paru nécessaires, pour le samedi d'ensuite. Voltaire n'a pas tenu parole; il a remis cette représentation à lundi, et je crois qu'il en manquera encore; il n'est pas possible de la raccommoder en aussi peu de temps. Le vice est dans les caractères et dans la fable qui est mal imaginée; il faudroit presque faire une pièce nouvelle, et ne conserver que les vers, s'il vouloit y travailler avec succès. Il ne peut donc tout au plus, dans un aussi court espace, faire que quelques corrections légères, et qui ne seront sûrement pas suffisantes, pour faire passer cette froide rapsodie. Quoi qu'il en soit, Voltaire est bien puni de sa basse jalousie, de son envie qu'il nomme émulation, et de son impertinente présomption qui l'a voulu faire lutter contre une des belles tragédies que nous ayons au théâtre, du moins une des plus intéressantes et des plus remplies de chaleur.

Il avoit eu la petite vanité de faire imprimer sur les billets de parterre, les lettres initiales de ce vers d'Horace : *Omne Tulit Punctum Qui Miscuit Utile Dulci.* C'étoit sans doute un petit coup de patte qu'il vouloit donner à Crébillon, sur sa versification, qui, effectivement, n'est pas aussi correcte et aussi douce que la sienne, mais qui est plus mâle.

Après la chute de la pièce, un plaisant du parterre trouva que ces lettres initiales vouloient dire : *Oreste,*

Tragédie Pitoyable, Que Monsieur Voltaire Donne (1).

Je ne parle point ici d'une comédie en vers et en trois actes intitulée : *la Fausse prévention*, qui a été jouée huit ou dix fois aux Italiens. Je ne l'ai point vue, et sur le rapport qu'on m'en a fait, je ne la verrai point; les drames insipides qu'on représente sur ce maudit théâtre, ne méritent pas l'attention des gens qui ont le moindre goût. On a dit que cette platitude étoit de l'abbé de Voisenon; un certain M. Lieudet en a bien voulu être le parrain. Voilà tout ce que j'en sais et tout ce que j'en veux savoir.

Hier lundi 19 du courant, je fus à la seconde représentation d'*Oreste*, que Voltaire a rapetassé. Le dernier acte n'est pas, à beaucoup près, aussi détestable qu'il l'étoit; mais il est encore bien mauvais, et comme disoit un fort mauvais plaisant à une femme bien laide et fort couperosée :

> Si l'on pouvoit, pour argent ou pour or,
> A vos boutons trouver quelque remède,
> Vous seriez, je l'avoue, infiniment moins laide;
> Mais vous seriez bien laide encor.

---

(1) Voici la forme de ce billet, dont je me suis procuré l'original que j'ai collé ici, comme on le voit. (*Note de l'Auteur, écrite en* 1780.)

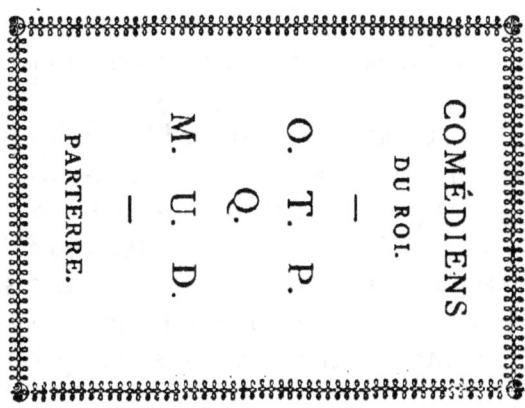

Ce dernier acte est donc encore bien mauvais; deux scènes vides et qui se consument en lamentations et redites, et trois récits consécutifs, forment actuellement la catastrophe de cette tragédie, qui finit par le départ d'Oreste pour la Tauride avec son ami Pilade. Du reste, la pièce est à peu près la même, et je n'ai point vu de changemens sensibles et de quelque importance.

Les caractères de Clitemnestre et d'Électre sont restés toujours aussi défigurés et aussi méconnoissables qu'ils l'étoient. Clitemnestre, que Voltaire a voulu faire moitié bonne, et moitié méchante, ôte absolument tout l'intérêt qu'on pourroit prendre à Électre et à Oreste; rien ne peut rendre intéressans le frère et la sœur, et justifier le parricide, que la barbarie et la férocité de leur mère. La reconnoissance, qui est pillée en partie de Crébillon, n'est ni préparée, ni amenée, ni filée; elle est encore moins naturelle, et même moins possible. Crébillon a fait venir cette reconnoissance par des gradations et des nuances bien autrement vraisemblables. Le dialogue est le même, et l'on diroit que tous les personnages ont fait la partie de ne se jamais répondre juste, et de s'embrouiller toujours. La scène surtout de l'interrogatoire d'Oreste fait par Égisthe, est traitée précisément dans ce goût-là; enfin je n'ai pas été conduit à la plus légère émotion, même dans les scènes qui devroient être les plus touchantes, telles que celle de l'urne et celle de la reconnoissance. Cette tragédie me paroît encore plus pitoyable que *Sémiramis*; et c'est à mon avis la mettre bien bas.

Malgré cela, le parterre soudoyé fit son devoir d'applaudir, et tâcha de gagner son argent; en sorte qu'aidé de ses fanatiques, soutenu par ses cabales et son manége, je ne doute pas que Voltaire ne fasse traîner sa pièce huit ou dix représentations, peut-être même ne lui fasse faire une petite fortune injuste, comme il l'a procurée à *Sémiramis* (en payant s'entend). Je ne serais point étonné qu'elle eût quinze ou dix-huit représentations comme cette dernière rapsodie.

On a appelé le cinquième acte de cette tragédie, qu'il a refait à peu de chose près en entier, *un acte de contrition;* et je dis, moi, que c'est tout au plus un acte d'*attrition,* car la *contrition* n'est nullement parfaite.

Le 28 au soir, Crébillon le fils, perdit l'enfant seul et unique qu'il avoit eu de Mlle de Stafford, un ou deux ans auparavant que de l'épouser, ou du moins, que le mariage ne fût déclaré.

Mlle de Stafford est la tante de Mylord Stafford; elle est louche et d'une laideur choquante; elle avoit fait la connoissance de Crébillon chez Mme de Ste-Maure. Cette fille, qui étoit dévote, et qui ne connoissoit pas le monde, tomba subitement amoureuse de Crébillon, et n'en est pas encore relevée; en sorte que malgré l'inégalité des conditions, elle a fait ce mariage, singulier chez nous, et commun en Angleterre. Sa famille a été cause qu'il n'a pas été tenu secret, par les mauvais propos que les parents de cette demoiselle répandirent sur Crébillon et sur elle, dans le temps qu'ils jouissoient des douceurs d'une fornication pure et simple.

C'est au reste une bien bonne créature, fort douce, fort polie, et ne manquant pas de sens; elle n'est pas riche, et n'a tout au plus que des droits qui peuvent monter à 40 ou 50,000 livres, mais qui ne sont point liquides, et une pension de mille écus que lui fait Mylord Stafford, et qu'il paye comme il peut, et quand il peut.

Le samedi 31 janvier, je fus remercier M. le duc de Chartres des deux sous qu'il m'a fait donner dans la sous-ferme de M. le duc d'Orléans. C'est à quoi ont abouti toutes mes espérances des sous-fermes, et ce que me vaut ma pièce. Elles n'ont pas été remplies autant que j'avois lieu de m'en flatter, eu égard à la protection de M. le duc de Chartres; mais elles passent tous mes désirs en ne considérant les choses que du côté de l'occasion qui m'a procuré cette protection; et j'avoue de bonne foi, que ma comédie qui m'a donné accès auprès de son Altesse ne vaut pas en vérité 18 ou 20,000 livres que je compte que cette affaire me produira. Au reste, j'eusse sans doute obtenu des intérêts dans les sous-fermes du Roi, sans le contre-temps d'une querelle que M. Maréchal eut à soutenir à la fin de l'année dernière, de la part du Dauphin, au sujet de gens que ce dernier voulut y placer malgré ce contrôleur-général.

Ce petit événement fit qu'on ne put jamais déterminer M. le duc de Chartres à faire de nouvelles démarches, et qu'il ne voulut point hasarder de se commettre avec ce ministre. Son Altesse, d'ailleurs, venoit, dans ce temps-là d'obtenir une pension de 100,000 liv. du roi, et il n'avoit pas été content du Machault dans cette conjoncture. Ces deux incidents m'ont nui également, mais j'en suis tout consolé; je me rends justice, je le répète, ma comédie ne vaut pas 20,000 livres; c'est trop payé (1).

FÉVRIER 1750.

Le samedi, 7 du courant, fut la neuvième et dernière représentation de l'*Oreste* de Voltaire. Il faudroit une brochure entière pour écrire les extravagances qu'il a faites pour faire applaudir forcément cette rapsodie; il n'en est pourtant pas venu à bout. Il se présentoit à toutes les représentations, animant ses partisans, distribuant ses fanatiques et ses applaudisseurs soudoyés. Tantôt, dans le foyer, il juroit que c'étoit la tragédie de

---

(1) Elle m'en a valu 100,000, *ceci soit dit entre nous.* (*Note de Collé, écrite en* 1780.)

Sophocle, et non la sienne, à laquelle on refusoit de justes louanges ; tantôt, dans l'amphithéâtre et plongeant sur le parterre, il s'écrioit : *Ah! les barbares, ils ne sentent pas la beauté de ceci!* et se retournant du côté de ses gens, il leur disoit : *Battons des mains, mes chers amis! applaudissons, mes chers Athéniens ;* et il claquoit sa pièce de toutes ses forces.

Enfin, un jour, il a poussé les choses jusqu'à insulter un nommé Rousseau, parce qu'il avoit les mains dans son manchon, et qu'il n'applaudissoit pas. Ce dernier lui répondit assez ferme, mais sagement, et point aussi vertement qu'il auroit pu.

On lui a fait une niche aux marionnettes. Polichinelle paroît, écrivant ; le Compère lui demande ce qu'il fait : — *Une tragédie en quatre actes*, répond Polichinelle, *parce que le cinquième est toujours mauvais ;* le Compère demande quand on la jouera : — *Tout à l'heure,* dit Polichinelle ; — *Comment, tout à l'heure,* reprend le Compère, *il n'y a qu'un instant que tu y travailles.* — *N'importe*, répond Polichinelle, *si on ne la trouve pas bien, j'ai dans ma tête les corrections qui y seront nécessaires.* — *Eh bien! voyons donc ta tragédie,* continue le Compère ; — *Oh! attends donc, mon ami,* répond Polichinelle, *il faut auparavant que j'assemble mes amis pour faire applaudir ma pièce.* Alors paroissent dix ou douze marionnettes, qui battent des mains, avant que la toile soit levée. Polichinelle arrive, qui lâche un gros pet ; les marionnettes battent des mains ; après ce lazzi répété trois ou quatre fois, les marionnettes battent plus fort des mains, et demandent : *l'Auteur! l'Auteur!* Aussitôt Polichinelle présente le derrière à l'assemblée, et marionnettes d'applaudir. Si cette polissonnerie pouvoit dégoûter messieurs les auteurs de se faire demander, Polichinelle leur auroit été bon à quelque chose, et les corrigeroit de ce ridicule.

Mais c'est trop parler de Voltaire et de ses extravagances; terminons ceci par une épigramme que Piron a faite sur lui. La chute en est prise d'un sonnet de Scarron; à ce plagiat près, elle est bien tournée et fort jolie. La voici :

> Son enseigne est à l'Encyclopédie.
> Que vous plait-il? de l'Anglois, du Toscan?
> Vers, prose, algèbre, opéra, comédie,
> Poëme épique, histoire, ode, ou roman?
> Parlez, c'est fait. Vous lui donnez un an,
> Vous l'insultez. En trois ou quatre veilles,
> Sujets ratés par l'aîné des Corneilles,
> Sujets remplis par le fier Crébillon,
> Il refond tout. Peste, voici merveilles!
> — Et la besogne est-elle bonne? — Oh! non.

Fontenelle disoit ces jours-ci : *Voltaire est un auteur bien rare, il fait ses pièces à mesure qu'on les joue.*

Il faut que j'ajoute encore à ce que je viens de dire de Voltaire, deux couplets ébauchés, que j'ai faits pour ne les point donner. Quoiqu'ils n'attaquent que la manœuvre méprisable dont Voltaire s'est servi pour s'efforcer de faire réussir ses derniers ouvrages, mon dessein n'est pourtant point de les faire courir; je me suis fait une loi de n'écrire de ma vie rien contre quelqu'un ou contre quelque chose, je ne veux être et je ne serai jamais ni critique, ni satirique (1); cette façon de penser est un principe pour moi. D'ailleurs, le premier de ces couplets n'est point bon, et la fin du refrain dans l'un et dans l'autre est également mauvaise. Les voici : ils sont sur l'air: *Père, je me confesse en présence de tous*, etc.

> Donnez vos rapsodies,
> Messieurs les grands auteurs;

---

(1) Nous avons dit quelque part (*Introduction* de sa *Correspondance inédite*), « que Collé était un grand enfant qui n'attachait pas plus d'importance au mal qu'il disait des autres qu'au bien qu'il disait de lui. » Nous insistons sur ce point : car l'opinion contraire conduirait à penser que Collé manquait parfois de sincérité avec lui-même. (*H. B.*)

Je les vois applaudies,
Vous aurez des lecteurs.

Le public à présent louera tout ;
On le rend automate,
Le parterre, bien payé surtout
Vous trouvera du goût.

Nulle pièce n'est plate,
Et, comme Mithridate,
Il s'est fait au poison
Qu'on lui donne à foison.

Refrain.

Exaltons,
Et chantons
L'indulgence,
Et la clémence
Du public
Dont le tic
Est d'applaudir, par trafic.

2ᵉ Couplet.

Ami ! tu te confesses
D'avoir payé des gens
A tes dernières pièces
Pour paroître indulgents.

Frères ! c'est l'aumône qu'il fait
En auteur charitable ;
Généreux Voltaire ! c'est un trait
D'humilité parfait.

Va, tu n'es point coupable,
Tu n'es que pitoyable ;
A d'autres nouveautés,
Double tes charités,
Exaltons, etc. (*).

---

(1) Loin de réformer aujourd'hui la rigueur avec laquelle j'ai traité ces couplets, je trouve, au contraire, que je n'en ai pas dit assez de mal. Le cocher de feu M. de Verthamont les avoueroit à peine ; ils sont pitoyables. Je ne les efface pas pour me punir de les avoir faits et surtout écrits. (*Note de Collé, écrite en* 1780.)

Je commence à désespérer que l'article de Voltaire prenne fin; on vient de me donner une espèce de *Calotte*, en prose, faite sur lui, et dont on ignore l'auteur; c'est une polissonnerie qui ne vaut pas grand'chose, mais où l'on trouvera pourtant quelques traits assez plaisants; la voici :

Lettres-Patentes de Bourge-d'Ane.

« *Gilles-Blaise-Georges-Martin*, de Gand, par la grâce d'Apulée sous
« l'autorité de Midas, grand maître de l'ordre, société, suprême tribunal,
« et protecteur de l'Académie de Bourge-d'âne du royaume ; à tous nos su-
« jets, associés, frères, confrères, amis, ennemis et autres qui ces présentes
« verront, salut, savoir faisons que la requête à nous présentée par F. A.
« de V......., Philosophe, Poëte, Peintre, Géomètre, Astronome, Historien,
« Grammairien, Théologien, Musicien, Académicien, Physicien, Payen,
« Chrétien, Luthérien, Comédien, etc., par laquelle il nous expose : que le
« désir qu'il a d'être de tous les corps l'ayant engagé à travailler depuis
« longtemps pour mériter nos suffrages, il a présumé par notre silence à son
« égard que nous ne l'avions pas encore jugé digne d'être dans notre illustre
« compagnie, mais que, ne perdant pas de vue le projet qu'il a formé de
« devenir à la fin notre confrère, il est déterminé à travailler, remplir, re-
« fondre, raccommoder, mutiler et remettre sur le théâtre à l'usage des
« bourges d'ânes, les poëmes tragiques de quelques auteurs, et notamment
« *Électre* et *Catilina*, d'un nommé *Crébillon*, que nous avons toujours mé-
« prisé; et qu'il espère qu'un travail aussi estimable, joint à quelques an-
« ciens qu'il a faits par le passé, le rendront recommandable parmi nous,
« et lui mériteront une place dans notre Académie ; ladite requête signée A.
« de V........ Vu aussi la représentation d'une desdites pièces, la philosophie
« de Newton mise à notre portée, ces deux suprêmes édifices du goût et de
« la gloire bâtis par ses mains, et quelques autres ouvrages de sa façon qui
« lui ont attiré de la part des gens de cour les politesses que l'on fait or-
« dinairement aux messagers qui ne vont pas assez vite au moulin; son ar-
« deur à poursuivre en justice les impertinents qui osent attaquer la
« réputation et critiquer l'embonpoint de son individu, ses judicieuses ré-
« flexions sur des vérités qu'il prend judicieusement pour des mensonges,
« enfin toutes les bourges d'âneries qu'il a faites, fera, et qui le rendront à
« jamais recommandable; désirant traiter favorablement ledit A. de V.......
« et ne pouvant rien refuser à la protection de *la Reine de Navarre*, qui
« parle en sa faveur; Nous, de notre certaine ignorance, puissance vide et
« subordination inférieure, avons admis et admettons, agrégé et agrégeons
« à notredite illustre compagnie, société et académie, le dit A. de V......,
« et lui avons donné, donnons et octroyons la place de conseiller traduc-
« teur ordinaire et extraordinaire des auteurs anciens et modernes à l'u-
« sage de nous et des nôtres, enjoignons à tous les bourges d'ânes du

« royaume, nos sujets et confrères associés, externes et internes, de le re-
« garder dorénavant comme l'un des membres de notre conseil et acadé-
« mie; leur commandons expressément de se tenir à la porte des specta-
« cles six heures avant l'ouverture, les jours qu'ils sauront qu'on doit
« représenter ses ouvrages, s'emparer de toutes les places et particulière-
« ment du parterre, y donner le ton, applaudir à toute outrance comme s'ils
« étoient payés, et ce sans être tenus d'apporter d'autres raisons, sinon
« (c'est du V.......) ; enfin, de le soutenir dans toute occasion, en dépit des
« sifflets, brouhaha, tintamarre et du bon sens, à la charge par lui de ne
« point se négliger dans les traductions, rapsodies et corrections nécessaires
« qu'il nous donnera, et de travailler au reste comme un bon et loyal bourge
« d'âne doit faire, lui promettant d'avoir le tout pour agréable. Mandons
« aux ignorants ayant droit dans nos justices, et à tous nos autres offi-
« ciers associés ânes, etc., qu'ils aient à faire observer ces présentes et
« faire jouir ledit A. de V....... du bénéfice d'icelles, nonobstant clameur
« de baudet, chartres arcadiennes, haussement d'épaules, et lettres à ce
« contraire; car tel est notre plaisir. Donné à Montmartre, l'an de notre
« règne innombrable. G. B. G. M. D. G.

Par Monseigneur,

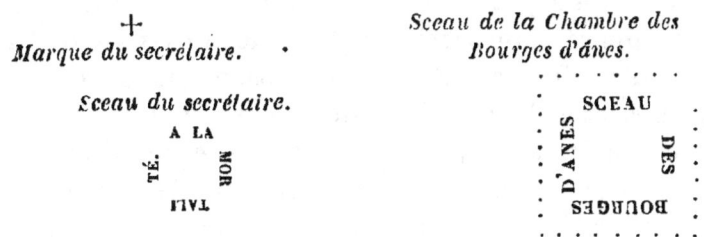

M. d'Argenson, ministre de la guerre, disoit ces jours-
ci, à propos de la colère de Voltaire au sujet de Polichinelle qui avoit montré son cul quand on lui avoit demandé l'auteur, « que pour finir la querelle de ces auteurs,
il falloit les faire embrasser ». Quoique j'aie été beaucoup
plus long que je n'aurois voulu sur le sujet de Voltaire,
je n'ai cependant pas rapporté le quart des mauvaises
plaisanteries qui ont été faites sur lui à l'occasion de son
Oreste.

Le Mercredi des cendres 11 février, je fus à la première représentation de *la Force du naturel,* comédie en
cinq actes et en vers de M. Destouches. Cette pièce est
une des plus mauvaises que cet auteur ait faites; aussi

est-ce un enfant de sa vieillesse ; il n'y a ni l'intérêt qu'ils appellent *larmoyant*, ni comique ; il y a bien quelques scènes qui voudroient être plaisantes, mais qui ne le sont point. Elle me fit l'impression de l'ennui le plus complet que j'aie jamais ressenti, même aux pièces les plus foibles de La Chaussée.

C'est le même sujet du *Crispin gentilhomme* de Montfleury, sujet faux et contre nature. Il tend à prouver que les gens de condition sont d'une nature supérieure aux roturiers, et que de quelque façon que l'on élève une paysanne, elle se sentira toujours de la bassesse de sa naissance, et en conservera les sentiments ; tandis qu'une fille de qualité, élevée à la campagne et par des paysans, gardera ceux qu'une origine illustre lui aura imprimés. Je ne suis pas plus roturier qu'un autre, mais j'ose dire qu'il y a de la pusillanimité à M. Destouches d'avoir pensé à un pareil sujet, et de la bassesse de l'avoir traité ; l'inverse de cette proposition lui auroit fait honneur, et celle-ci le dégrade. Il eut été plus digne de lui de fronder le préjugé de la naissance que de tenter de l'établir ; les gens de qualité ne sont déjà que trop portés à croire qu'ils sont d'un autre limon que le reste des hommes, à se flatter qu'ils sont de la porcelaine de Saxe, et à ne considérer les bourgeois que comme de la fayence et de la terre la plus vile, sans les aller encore affermir dans une créance aussi fausse qu'inhumaine et ridicule (1).

D'ailleurs, s'il eût traité le sujet directement opposé à cette erreur, outre qu'il eût été dans le vrai, c'est que je

---

(1) Dans cette même comédie, un des acteurs dit en faisant l'éloge de la jeune fille que représentait Mlle Gaussin :

.... C'est un pauvre mouton :
Je crois que de sa vie elle ne dira non.

Ce trait fit sourire tout le monde. On se rappela ce mot de la tendre et naïve actrice : « Cela leur fait tant de plaisir, et à moi si peu de peine ! » *Anecdotes dram.*, I, p. 390. (*H. B*).

ne doute nullement que de cette façon il n'eût été plus comique et plus théâtral Sa comédie est froide et languissante, et je n'en suis point étonné; quelque esprit que l'on ait, il n'est pas possible de couvrir le défaut de vérité et de naturel qui manque absolument au fond d'un sujet. Le caractère de la fermière est le seul supportable; celui de Babet, que l'on a trouvé le plus passable, est à mon gré le plus mauvais et le plus opposé à la nature; il faut avouer que le jeu de la Dangeville a beaucoup contribué à l'espèce de succès injuste qu'il a eu. Ce qu'on a applaudi le plus dans ce caractère est précisément ce que j'y ai trouvé le plus à blâmer. Est-il naturel qu'une jeune paysanne qui a été élevée comme une fille de condition, reprenne les habits et l'état de simple villageoise avec la même force d'esprit que pourroit s'efforcer de le faire l'homme le plus philosophe, s'il en est encore qui puisse porter la fermeté d'âme jusqu'à ne pas témoigner de la douleur et du regret en changeant subitement de condition? La gaieté de Babet dans cette circonstance est donc une chose directement contre nature, surtout dans une femme; y en a-t-il une qui pût seulement se voir dépouiller, sans verser des larmes, de ses habits et de ses ajustements pour en prendre de paysanne? Comment donc supposer à Babet la grandeur d'âme de changer d'état avec une joie et une force qui est même au-dessus de l'humanité? Je ne parle point du caractère de l'intendant, ni de l'amant, qui sont d'une insipidité merveilleuse; l'amour subit de ce dernier pour la fille de condition cachée sous l'habit de paysanne n'est point amené avec art; il n'est pas naturel. Les rôles du marquis et de la marquise sont presque épisodiques; ceux des deux suivantes le sont absolument. Le petit imbroglio de la jalousie que l'on veut inspirer à la marquise contre son mari, à l'occasion de la fausse Babet, me paroît étranger au sujet, ou du moins si mal traité qu'il ne fait aucun effet dans la pièce.

Voilà pourtant où nous mène le mauvais goût du genre larmoyant, qui est impossible ou du moins si difficile à traiter, que la plupart du temps on manque également dans ces comédies à nous attendrir et à nous faire rire. Ce ne sont plus des pièces de théâtre, ce sont des romans, où pour vouloir peindre les hommes en beau on ne les peint plus au naturel.

Le 24 je fus à Saint-Cloud, voir représenter *le Philosophe marié*. Mme la Duchesse de Chartres y jouoit le rôle de Céliante, M. le Duc de Chartres celui de l'oncle, qu'il joua avec plus de gaieté et de vérité que le vieux Duchemin; le chevalier de Pont fit valoir celui du marquis du Lauret, qu'on ne connoissoit pas, ayant toujours été livré à de mauvais comédiens. Mme de Forcalquier joua le rôle de Mélite assez bien, à quelque imitation près du jeu de la Gaussin et un peu de déclamation dans les endroits tendres. M. de Montauban, qui jouoit le rôle du Philosophe marié, seroit un excellent comédien : il ne lui manque que l'habitude du théâtre; il a beaucoup de feu et de naturel.

J'ai lu ces jours-ci les *Lettres sur l'Esprit de patriotisme*, livre anglais, traduit par M. le Comte de Bissy, et dont l'original est de mylord Bolingbroke. Il ne m'appartient pas de décider sur le mérite de cet ouvrage ou la valeur de la traduction; je mettrai seulement ici une omission faite exprès par le traducteur à la page 213, après ces mots : *Avoit l'air préparé et arrangé*. C'est de Louis XIV dont on parle.

« Il ménageoit si fort les apparences, qu'ayant pour
« maîtresse une femme mariée, dont tous les ans il
« avoit des enfants, il lui avoit donné une place auprès
« de la Reine, pour déguiser le vrai motif de son séjour
« à la cour; tous les jours il dînoit, soupoit et couchoit
« avec sa femme, et la traitoit avec tant d'égards et de
« respect, qu'on eût pu croire qu'il n'avoit point de maî-
« tresse.

« Le duc d'Orléans, qui lui succéda, non dans sa di-
« gnité mais dans son pouvoir, fut un homme sans
« mœurs; il eut quelque esprit, mais nul principe; il en
« faisoit même si peu de cas qu'il affectoit, dans ses
« discours, de tourner la morale en ridicule. Sa conduite
« fut encore plus dépravée que son cœur ne fut cor-
« rompu; et ses actions détestables firent bientôt con-
« noître la différence de son caractère et de celui de son
« prédécesseur. Il eut les vices des deux sexes; dans l'un,
« cruauté à part, il rappela au genre humain la mémoire
« de Néron; dans l'autre, toutes les horreurs de Messa-
« line.

« Je laisse son portrait à finir à ceux qui écriront les
« chroniques scandaleuses.

« *Aussi Louis XIV s'attira-t-il une grande réputation,*
« *etc.* »

MARS 1750.

J'ai oublié de marquer, dans le mois dernier, la remise de *Platée* (1), qui a été donnée cinq ou six fois, avec assez peu de succès. Quelque admirable qu'en soit la musique, il faut avouer qu'on a toujours peine à tenir contre la stupidité et l'ennui des paroles.

On reprit aussi dans le même temps à peu près, ou dans le commencement du carême, le *Carnaval du Parnasse*, où le public courut avec une espèce de fureur. Ce vertige du public en faveur de cet Opéra, qui pour les paroles est à la vérité moins bête et moins fastidieux que *Platée*, mais dont la musique est cent piques au-

---

(1) Opéra-ballet bouffon en trois actes, par Autreau, musique de Rameau. (*H. B*).

dessous, a si fort mortifié Rameau, auquel il semble qu'on ait voulu donner Mondonville pour rival, et même le lui préférer, que ce grand homme a juré de ne plus travailler. Il ne tiendra pas sa colère ; et son génie, qui l'agitera malgré lui, le fera remettre à l'ouvrage, à mesure que le temps éloignera de lui le dégoût que le public lui a donné dans cette circonstance.

A ces deux Opéras a succédé *Tancrède*, qui m'a ennuyé complétement. Une tragédie de pur récitatif ne sauroit plaire sans d'excellents récitants ; il n'y a que Chassé qui joue dans cet Opéra. Le rôle de Clorinde, qui est rempli par la Chevalier et en second par Romainville, et celui d'Herminie par la Fel et Coupée, sont rendus à faire mal au cœur.

Voici des petits vers qu'on attribue à M. de Saint-Lambert. Il faut supposer que c'est un Cordelier qui les donne à une dame, à laquelle il présente une toilette et dont il est amoureux. Il y a des gens qui croient que c'est véritablement un Cordelier qui les a faits, et qu'ils ne sont point de M. de Saint-Lambert (1). Quoi qu'il en soit, ce n'est point la peine de les lui disputer. On les a trouvés jolis, je les trouve assez communs ; il n'y a que les trois derniers vers qui soient effectivement assez gentils ; on en va juger. Les voici :

> Malgré la haire et le cilice,
> Et le cordon dont je suis ceint,
> Je sens, sous l'habit de novice,
> Qu'il est plus facile, Clarice,
> D'être martyr que d'être saint.
>
> Au fond de ma sombre cellule,
> Mon cœur, rebelle à Saint-François,
> Brise ses fers, s'échappe, et brûle
> De se ranger sous d'autres lois.
> Pour calmer la langueur secrète

---

(1) Ces vers sont du cardinal de Bernis.

Qui me consume nuit et jour,
Mes mains ont poli la toilette,
Premier hommage qu'à l'amour
Rend un timide anachorète.

Je vous aime quand le soleil
Sort du sein orageux de l'onde;
Je vous aime quand moins vermeil
Il fait place à la nuit profonde;
Je ne dis rien de mon sommeil :
On sait trop que les gens du monde
N'en connoissent point de pareil.

Le 11 mars fut la treizième et dernière représentation de *la Force du naturel,* qui n'en méritoit qu'une seule et unique.

Vers ce temps-là, *in illo tempore,* et même sur la fin de l'année dernière, florissoit Mme Pâris, supérieure d'un couvent de filles perdues, établi par elle rue de Bagneux sous la protection du Lieutenant de police. Son monastère, où tout Paris a couru et court encore, a été pendant quatre mois le vaudeville de toutes les conversations. Les femmes de la Cour et de Paris, ce qu'on appelle les honnêtes femmes, en parloient ouvertement; et tout le monde admiroit les règles de son institut. Saint-François, Saint-Bernard, Saint-Benoît et Saint-Ignace n'y font œuvre. On peut apercevoir cependant quelques différences entre ces ordres et celui de Mme Pâris; ceux-là veulent des novices, celle-ci n'admet que des professes.

Pour réduire la chose au simple, et parler sans figure, Mme Pâris tient b....., et y a mis un ordre singulier : elle fait effectivement apprendre aux filles qui sont chez elle à lire, à écrire, leur religion, à chanter, danser, etc.; M. Berryer la soutient et la protège.

Il seroit peut-être et sans doute à souhaiter que tous les mauvais lieux fussent connus, tenus et soutenus de même par la police. La santé des jeunes gens courroit moins de risques...... il n'arriveroit point de ces désordres, de ces vols, de ces batteries et de ces assassinats dont ces lieux inconnus sont souvent la cause.

Comme il a été du bon air et de mode d'aller chez cette femme cet hiver, M. Dangé, fermier général, n'a pas été le dernier à lui rendre ses hommages (1). Il y fut souper, dans les premiers jours de ce mois, avec quelques talons rouges. Ces jeunes seigneurs, qu'il voit malgré eux, et qui se moquent de lui toute la journée, entreprirent de lui faire payer seul le soupé et les filles, et voici comment ils s'y prirent. Ils prévinrent la Pàris qu'à la fin du repas un d'eux proposeroit d'enrichir ces dames, et que chacun donneroit vingt-cinq louis (ils étoient quatre, sans compter Dangé); que, comme le fastueux financier ne manqueroit sûrement pas de donner autant qu'eux, Mme Pàris garderoit les vingt-cinq louis du publicain et rendroit à chacun des autres leur argent; ce qui fut exécuté et eut son plein effet, en sorte que les vingt-cinq louis de Dangé payèrent le soupé et les filles. Les quatre seigneurs retirèrent leurs enjeux, et prodiguèrent mille plaisanteries à cet agréable Turcaret.

[M. de Montauban, dans les premiers jours de ce mois, me demanda de lui faire quelques couplets pour Mme la duchesse de Chartres, sur l'air et le refrain : *On ne doit pas avoir peur sur les flots de Cythère quand on est bon rameur.* Il fallait qu'ils fussent décents et faits promptement. Ils ne pouvaient donc pas manquer d'être mauvais ou communs; pour ne pas me juger à la rigueur, prenons le dernier. Les voici :

1.

Sur les mers du Dieu des amours
Il faut oser tout faire.
Les voyages sont de long cours

---

(1) V. plus haut, page 47 la note relative à ce personnage.

Si l'on n'est téméraire.
On ne doit point avoir peur
Sur les flots de Cythère
Quand on est bon rameur.

2.

Que Vénus soit, dans les gros temps,
Votre étoile polaire;
Ce n'est jamais que peu d'instants
Qu'on a le vent contraire.
On ne doit, etc.

3.

Prenez votre route au levant :
C'est la route ordinaire.
Vite, mettez la voile au vent,
Et montrez-vous corsaire.
On ne doit, etc.

4.

Coulez tous vos rivaux à fond;
Qu'ils boivent l'onde amère.
Arborez votre pavillon
Et montez leur galère.
On ne doit, etc.

5.

Prendre le vent sur un époux,
Ce n'est pas une affaire.
Ces ennemis-là filent doux
Et l'on peut tout leur faire.
On ne doit point avoir peur
Sur les flots de Cythère
Quand on est bon rameur.]

Le 21 mars mourut Mlle Conelle (1), comédienne; elle faisoit les rôles de confidentes dans les tragédies,

---

(1) Conelle (Marg.-Louise Daton), née en 1714. D'origine écossaise, elle avait débuté au Théâtre-Français en 1734. Elle fut reçue pour les rôles de confidentes tragiques et ceux de secondes amoureuses comiques. *Anecdotes dramatiques*, t. III, p. 117. (*H. B*).

et ceux de secondes amoureuses dans le comique. On ne pouvoit dire ce qui étoit chez elle le plus froid, de son jeu ou de sa physionomie. Bonne enfant d'ailleurs, qui se prêtoit à tout, et qui jouoit malheureusement tous les jours. La cause de sa mort est le refus, a-t-on dit, que Mlle Grandval lui fit de prendre son rôle, pour aller jouer à la Cour. Comme elle étoit enrhumée et avoit la fièvre lorsqu'elle partit pour Versailles, elle en revint la nuit si malade, qu'elle en est morte. L'obstination de Mlle Grandval à ne vouloir pas aller à sa place, dans cette circonstance, est ce qui l'a tuée. Au reste, il a beau mourir de mauvaises comédiennes et de méchants comédiens, la troupe n'en devient pas meilleure.

Baron, la Le Couvreur et les Quinault, que j'ai vus, quoique je ne sois pas encore bien vieux, m'avoient donné une idée de la perfection, surtout Baron, auquel il ne manquoit quelquefois que de la chaleur pour être le plus accompli comédien qui ait jamais pu exister. Il faut supposer même qu'il avoit eu cette partie essentielle du comédien lorsqu'il étoit jeune. Quand je l'ai vu il avoit déjà soixante-douze ou soixante-quinze ans, et à cet âge on pouvoit bien lui pardonner de ne pas entrer aussi vivement dans la passion que l'eût pu faire un acteur de trente ans. Il suppléoit de reste à ce défaut par une intelligence, une noblesse et une dignité que je n'ai vues qu'à lui. Il excelloit surtout dans les détails d'un rôle ; il avoit un naturel qui alloit jusqu'au familier, même dans le tragique, sans par là en dégrader la majesté. Il n'étoit pas moins supérieur dans le comique ; je lui ai vu jouer divinement les rôles du Misanthrope, d'Arnolphe et de Simon dans *l'Andrienne* ; il y avoit une si grande vérité dans son jeu et tant de naturel, qu'il vous faisoit oublier toujours le comédien, et il portoit l'illusion jusqu'à faire imaginer que l'action qui se passoit devant vous étoit réelle. Il ne déclamoit jamais, pas même dans le plus grand tragique, et il rompoit la mesure des vers de telle sorte que l'on ne sentoit point l'insupportable monotonie du vers alexandrin. Aussi le beau vers ne gagnoit rien avec lui, et l'on avoit de la peine à démêler dans son débit s'il récitoit des vers de Racine ou de La Chaussée ; il ne rendoit jamais le vers, mais la situation, mais le sentiment ; il faisoit de si longues pauses, et jouoit si lentement que le spectacle duroit une demi-heure de plus, quand il y avoit un rôle. En sortant de la coulisse il s'animoit et parloit bas à lui seul, ou à celui avec qui il entroit sur la scène, et par ce moyen il paroissoit en action dès le premier vers qu'il disoit. Il aimoit la pompe théâtrale, et quand il jouoit quelque rôle d'empereur ou de roi il se faisoit toujours précéder de huit ou dix gagistes, habillés à la romaine. Je me souviens, à propos de cela, que représentant le grand-prêtre dans *Athalie*, des gagistes qu'il avoit fait habiller en lévites ne se présentant pas assez tôt pour un jeu de théâtre nécessaire, il cria tout haut : *Un lévite ! un lévite ! Comment, par la mordieu, pas un b..... de lévite !* Ceux qui étoient sur le théâtre l'entendirent et rirent de tout leur cœur de sa colère d'enthousiaste. Il étoit fanatique de son métier, et c'est un grand point pour y réussir.

Mlle Le Couvreur, avec plus d'art et tenant moins de talent de la nature, la rendoit pourtant dans le vrai ; elle traitoit parfaitement tous les détails d'un rôle, et faisoit aussi oublier l'actrice. On ne voyoit que le personnage qu'elle représentoit ; elle excelloit dans les endroits où il falloit de la finesse plus que dans ceux où il falloit de la force. On n'a jamais rendu comme elle le premier acte de *Phèdre* et le rôle de Monime ; il s'en falloit bien qu'elle fût aussi bonne dans le comique. Elle rendoit ses rôles avec esprit, intelligence et noblesse ; mais qu'elle étoit éloignée du naturel de la Gaussin ! Je lui ai vu jouer Célimène, dans le *Misanthrope ; l'Andrienne,* l'amoureuse dans *le Florentin*, et la marquise dans *la Surprise de l'amour*; mais, je le répète, il n'y avoit pas dans son jeu, à beaucoup près, la vérité et les grâces que Mlle Gaussin met dans le sien.

Mlle Dumesnil, que dans le tragique on peut à présent lui comparer, ne joue jamais bien que les morceaux vifs d'un rôle, et j'avoue que dans ces endroits elle a plus de chaleur et d'entrailles que n'en avoit Mlle Le Couvreur. Elle va plus loin que cette célèbre comédienne; mais quelle différence dans tout le reste! elle ne joue bien que les endroits de fureur et de passion. Nulle dignité, d'ailleurs, point de noblesse; exprimant mal l'amour, médiocrement la fierté, et déclamant assez souvent. Figure ignoble, démarche forcée, vilaine voix; mais dans les morceaux où elle est bonne elle est au-dessus de tout; elle fait oublier tous ses défauts et tous ses désagréments.

Mlle Gaussin, qui jouoit avant elle dans le tragique, et qui a succédé à Mlle Le Couvreur, a toujours cru y exceller, et n'est pourtant qu'une fort médiocre actrice dans ce genre, sur lequel cependant elle aime mieux être louée que sur le comique, dans lequel elle excelle; il n'est pas possible d'imaginer qu'on puisse mieux jouer qu'elle dans certains rôles; *l'Oracle, la Magie de l'amour*, tous les rôles naïfs et de jeune fille, ont été son triomphe, et personne ne la remplacera; quoiqu'elle ait actuellement plus de quarante ans, elle n'en paroît pas avoir plus de seize dans ces sortes de rôles-là; dans *l'Oracle*, elle a même l'air enfant. Il sera aussi bien difficile de voir mieux remplir les amoureuses dans le haut comique, surtout dans *l'Homme à bonnes fortunes*, le *Misanthrope*, *la Coquette*, *Turcaret*, etc. Dans le comique sa voix est douce et tendre, et va au cœur; elle n'est pas assez forte pour le tragique; elle devient, par cette raison, d'une monotonie insoutenable, et entraîne beaucoup de déclamation conséquemment, et par là s'éloigne de la nature. Sa figure, ingénue, noble et belle, et toutes ses grâces sont des dons de la nature, qu'aucune femme n'a eus autant qu'elle. Je l'aime moins dans le comique larmoyant; mais peut-être aussi cela vient-il de ce que je suis prévenu contre ce genre ; je crois effectivement que d'autres actrices ne s'en tireroient pas aussi bien qu'elle, et que La Chaussée et ses complices doivent une partie de leur réussite à sa figure et à sa voix intéressante dans les rôles tendres qu'ils lui ont donnés.

Mlle Clairon, qui joue aussi les premiers rôles dans le tragique, a beaucoup de partisans; je suis fort éloigné d'en être, quoiqu'en cette partie je la mette infiniment au-dessus de Gaussin : sa déclamation ampoulée, chantée, et remplie de gémissements, est celle de la vieille Duclos, et me paroît insoutenable. Elle a cependant des entrailles, et rend quelquefois très-bien des morceaux de sentiment, quoique bien inférieure à la Dumesnil à cet égard ; mais elle exprime mieux l'amour que cette dernière, surtout l'amour outragé ; elle joue très-bien la princesse quittée, Ariane, Didon, etc. Elle lui est beaucoup supérieure par la noblesse, et une fierté pleine d'intelligence, dans les endroits qui demandent peu de chaleur et beaucoup de dignité : les rôles dans les pièces de Corneille lui vont assez bien par cette raison ; et c'est aussi par cette même raison qu'elle fit valoir celui de Fulvie, dans le *Catilina* de Crébillon : au reste, voix lourde, assez belle pourtant, mais monotone et pleine de respiration forcée, et quelquefois de hoquets désagréables.

Tous les autres acteurs de tragique sont mauvais et forcés, déclament comme des forcenés, et sont outrés à faire grincer les dents, excepté Sarrazin, qui est, après Dufresne, l'acteur que j'ai vu qui a le plus d'entrailles (1); mais, ressemblant à cet égard à la Dumesnil, il ne

---

(1) Sarrazin était le compatriote de Piron, qui, mécontent de son jeu

joue jamais un rôle entier; il n'en rend que les morceaux vifs et de sentiment. Où il est bon, on ne sauroit être meilleur; les rôles de Lusignan, dans *Zaïre*, de dom Diègue, dans le *Cid*, de Burrhus, du vieux Horace, sont ses rôles favoris, et personne jamais n'en rendra mieux les endroits pathétiques. Il auroit aussi parfaitement réussi dans les rôles à manteau, s'il avoit voulu s'y adonner; j'en juge par le rôle de Baliveau, qu'il a joué d'original dans *la Métromanie*, et qu'il a rendu avec une vérité et une naïveté parfaites.

Grandval, qui est à présent leur premier acteur de tragique, n'y est pas supportable, quoiqu'il ne manque pas d'intelligence; mais la nature lui a tout refusé pour ce genre : une voix rauque et disgracieuse, ne pouvant prononcer les *r*; un visage qui devient violet, et les yeux d'*un chat fâché*, pour peu qu'il se passionne. Du reste, physionomie plus gentille que noble : dur et forcé; il n'y a que La Noue à qui la nature ait été plus marâtre. Ce dernier, sans entrailles (du moins l'autre en a), a l'air le plus ignoble, la voix la plus vilaine, le maintien le plus bas et le jeu le plus froid qu'il soit possible d'imaginer; il dit des vers comme quelqu'un qui les lit; il impose à quelques-uns par l'intelligence et l'esprit qu'il met dans son jeu, parties qu'on ne sauroit lui refuser, mais qui ne peuvent tenir lieu des principales et des essentielles qui lui manquent; il est passable dans le comique, dans les rôles froids et sensés, tels que ceux du *Distrait*, d'Ariste dans *la Pupille*, du *Philosophe marié*, etc.; je dis qu'il est passable, car dans cette dernière pièce il est à cent lieues de Quinault l'aîné, auquel je l'ai vu jouer d'original. C'étoit un excellent acteur de comique, quoique par fois forcé, et voulant mettre sou-

---

dans *Gustave* et sachant qu'il avait été abbé dans sa jeunesse, lui cria du milieu de l'amphithéâtre : « Cet homme, qui n'a pas mérité d'être sacré « à vingt-quatre ans, n'est pas digne d'être excommunié à soixante. » (*H. B*).

vent trop d'esprit dans ses rôles. Grandval, qui lui a succédé dans une partie de ses rôles, ne l'a égalé et même surpassé que dans ceux d'amants fougueux et étourdis, et de petits-maîtres, qu'il joue avec une vérité qui ne laisse rien à désirer; mais combien est-il au-dessous de ce grand comédien, et même de Dufresne, son frère, dans les rôles de haut comique, tels que dans *le Misanthrope, le Glorieux, le Complaisant*, Durval, dans *le Préjugé à la mode*, le Baron, dans *les Dehors trompeurs*, etc.! Grandval a fait tomber *le Glorieux*, à la reprise qu'il en a fait faire, ainsi que *le Complaisant*, que j'ai vu remettre il y a quelques années; c'est à la vérité une mauvaise comédie, mais Quinault l'aîné et sa sœur l'avoient fait un peu réussir. Depuis même la retraite de ce grand comédien, Grandval n'a pas osé faire reprendre plusieurs pièces dont Quinault tiroit parti, tel que *le Flatteur, l'Important*, et d'autres; de même que depuis la mort de Baron et de la Le Couvreur les comédiens et Dufresne lui-même, ce grand acteur de tragique, n'ont pas osé remettre *Sertorius, Nicomède, Don Sanche d'Aragon, Bérénice*, et plusieurs autres tragédies qui demandent des comédiens supérieurs.

Mlle Grandval, femme du comédien, est une actrice assez passable dans le comique; je l'ai vue jouer dans le tragique, où elle ne valoit rien; c'étoit une froide imitation du jeu et de la voix de Gaussin; on peut juger de la bonté dont devoit être la copie par l'excellence de l'original. Elle se tire assez bien des rôles de premières et secondes amoureuse dans le comique; mais il en est un surtout où elle excelle, c'est celui de la marquise dans *la Surprise de l'amour*, que Mlle Le Couvreur, à laquelle je l'ai vu jouer d'original, ne rendoit pas aussi naturellement et autant en femme du grand monde. Cette comédienne a des talents, et si elle avoit de l'esprit, elle auroit été très-loin dans le comique; car elle ne joue si bien ce rôle, que parce qu'elle l'a eu, pour ainsi dire, noté de Mlle Quinault, qui s'est donné la peine de le lui montrer pendant le temps qu'elle avoit les bonnes grâces de Grandval son mari, dont elle étoit folle.

Mlle Dangeville, qui est la seule soubrette qu'on ait actuellement au théâtre, a des choses inimitables dans son jeu; mais il ne faut pas la sortir de ces rôles-là, elle n'y est plus. Elle a beaucoup plus de talent que d'esprit; ils disent même qu'elle est un peu trop bête (1). Aussi n'a-t-elle nullement rempli les rôles que Mlle Quinault jouoit si bien avant elle : Céliante dans *le Philosophe marié*, Mme Croupignac, dans *l'Enfant prodigue*, la duègne, dans *le Magnifique*, et même la suivante, dans *le Glorieux*, quoique en général dans toutes les autres suivantes je l'aimâsse mieux que Mlle Quinault, et qu'effectivement elle eût infiniment plus de naturel et de gaieté; mais, comme j'ai dit, on ne peut pas la sortir de son genre, qui est borné strictement aux rôles de soubrettes tout ordinaires.

Armand, qui la seconde si bien dans les rôles de valet, est le meilleur comique de cette espèce que j'aie jamais vu. Je n'en excepte point la Thorillière le père, que j'ai vu : il étoit plaisant, mais outré et grimacier; celui-ci est naturel et gai, quelquefois même un peu trop fou; mais il a dans son jeu une naïveté et une vérité soutenues d'une chaleur et d'un comique qui ne se démentent jamais.

Poisson, qui fait les Crispin et quelques autres rôles bouffons et grotesques, étoit fait pour être bon comédien, et l'a même été quelque temps; mais quoiqu'il n'ait guère plus de cinquante-cinq ans, il est tellement abruti par

---

(1) Lemazurier s'élève vivement contre cette opinion de Collé, qui, « le « plus satirique et le plus mordant de tous les hommes sous une apparence « de bonhomie, fait tous ses efforts, dit-il, pour faire croire que Mlle Dan- « geville n'avait point d'esprit, etc. » *Galerie du Th. f.*, II, p. 130. Du reste, dans une note, qu'on trouvera plus loin, Collé a quelque peu adouci son jugement. (*H. B.*)

le vin, que je suis bien trompé s'il peut jouer encore deux ans. Le vin lui a totalement ôté la mémoire; il ne peut plus apprendre de rôles dans les pièces nouvelles, et il commence à oublier ceux qu'il savoit. Jamais acteur comique ne fut mieux facé qu'Armand et lui; on ne sauroit être plus naturel, et avoir un jeu plus vrai que le sien; son masque fait rire avant qu'il ouvre la bouche.

Deschamps double Armand dans les rôles de valet : il a de la chaleur, de la finesse et de l'intelligence, mais il est maniéré et grimacier, et est beaucoup inférieur à Armand.

La Thorillière fait les rôles de père ridicule, de jaloux et de caractère bizarre : il a du feu, une prononciation difficile et embarrassée; souvent plaisant, mais toujours outré, et ayant la rage de faire rire le parterre à force de charger. Je l'ai vu siffler pendant quinze ans de suite; il jouoit alors dans le tragique les rôles de confident et les amants dans les petites pièces. Son père un jour demanda grâce pour lui au parterre.

Dangeville, frère de la Dangeville, fait les confidents dans le tragique, dans lesquels on ne le siffle plus depuis qu'il a pris les rôles de niais dans le comique; il ne se tire point mal de ces rôles, qui au reste sont fort aisés à jouer. Il y est horriblement outré, et il n'approche pas de la perfection avec laquelle son oncle Dangeville, que j'ai vu, jouoit ces rôles-là. Il y étoit inimitable; je n'ai jamais manqué, tant qu'il a vécu, de voir *le Malade imaginaire*, dans lequel il étoit curieux de lui voir rendre le rôle de Thomas Diafoirus.

Le reste ne vaut pas l'honneur d'être nommé; cependant, puisque j'ai tant fait que de m'étendre si fort sur cet article, je vais mettre ici la liste des comédiens et des comédiennes qui sont actuellement au théâtre, avec un détail succinct des rôles qu'ils jouent, et de quelques talents que quelques-uns de ceux qui restent ont ou pourroient acquérir.

Les hommes sont :

Grandval,	Rozelly,	Dangeville,
Sarrazin,	Legrand,	Bonneval,
Armand,	Paulin,	Ribou,
Poisson,	Deschamps,	Drouin,
La Noue,	Dubreuil,	Baron,
La Thorillière,	Dubois,	

En tout, dix-sept hommes.

Les femmes sont :

Dumesnil,	Dangeville,	Gauthier,
Gaussin,	La Mothe,	Lavoye,
Clairon,	Grandval,	Beauménars.

En tout, neuf femmes.

Rozelly (1) fait les seconds rôles dans le tragique et les amants dans le comique; il a peu d'entrailles et quelque intelligence, mais il est mal fait, cagneux, l'air ignoble, peu de voix, une prononciation difficile; je crains que cela ne fasse jamais qu'un second acteur médiocre.

Dubois a beaucoup de feu, du comique et de l'impudence : on en doit espérer; il fait assez pathétiquement un récit dans les tragédies; il joue quelquefois les marquis et des rôles de valet avec assez de gaieté : c'est cependant encore un acteur médiocre.

Paulin joue les rois et les paysans ; mais autant il est maussade dans les rôles de tyran, autant il est bien placé dans ceux de manant; c'est un acteur dur, forcé, sans grâce, sans intelligence, même la plus commune, et sans aucun goût; sans être mal de figure, il a l'air rustre ; sa voix est belle et forte, mais il la grossit et la défigure, et la rend la plus désagréable qu'il peut. Il ne

---

(1) Rozelly, tué par Ribou, qui est en fuite. Voy. ci-après à la date du 21 décembre 1750. (*Note de Collé.*)

parle jamais aux princesses que le poing sous le nez. C'est un des mauvais comédiens que j'aie vus.

Bonneval fait tous les rôles à manteau, et les confidents dans le tragique ; quelques rôles de père, de notaire. Il n'y a point d'expression pour dire à quel point il est froid et mauvais ; il est pourtant facé comiquement, et a une des belles voix de la comédie.

Dubreuil fait les confidents depuis quarante ans, avec le même désagrément pour lui et pour les autres. Comme les deux tiers des comédiens actuels ne sont guère que des confidents, il joue à présent rarement, et les Dubois les Drouin, les Legrand, les Bonneval, les Dangeville, les Baron, jouent à sa place, et le laissent reposer dans sa vieillesse.

Le Grand, fils de l'ancien comédien, qui est auteur de quelques comédies gaies et basses, excelle dans les récits ; c'est sans contredit la voix la plus belle et la plus sonore de la comédie : il joue indifféremment, dans le comique, quelques rôles. C'est un comédien d'une médiocrité incurable : un air ignoble, sans grâce et sans taille.

Drouin et Ribou doublent Grandval : ils font les amants dans le comique, et les seconds rôles dans le tragique. Ce sont deux pitoyables comédiens, quoique tous deux bien faits et tous deux d'une assez belle figure ; Ribou a pourtant quelques rôles dans le comique où il n'est pas absolument si mauvais, comme le marquis, dans *Turcaret* ; mais Drouin n'est agréable ou supportable dans rien.

Baron, petit-fils du grand Baron, est le dernier et le plus exécrable de tous ces comédiens ; il joue les notaires, les exempts, et autres rôles de ce brillant.

Quant aux femmes, Mlle Lamothe joue les rôles de folle, de mère, de ridicule, et de paysanne ; mauvaise comédienne, voix aigre et désagréable.

Mlle Gauthier, qui se croit un mérite supérieur et qui sourit sans cesse à ses talents, veut faire les rôles de suivante, et y met des grâces insupportables, quoiqu'elle les ait rapportées de la province, dont elle a pris et conservé les bons airs. Elle a sur sa physionomie un air de satisfaction qui ne contente personne; elle est abominable dans le tragique, où elle joue quelquefois les seconds rôles, et double les premiers. Mlle Lavoye, fille de défunt Lavoye ou Dumont, qui étoit un comédien assez passable dans le comique, où il jouoit les rôles à manteau et les paysans, partage les rôles de mère et de ridicule, avec Mlle Lamothe; elle fait les confidentes dans les tragédies; mauvaise actrice, déclamant sans cesse, même dans le comique. Enfin, Mlle de Beauménars, dont j'ai parlé lors de son début, est toujours aussi maussade qu'elle étoit, et va l'être encore davantage, parce qu'elle paroîtra plus souvent. Elle va remplacer Mlle Conelle dans le rôle de confidente; elle double aussi quelquefois Mlle Dangeville dans les rôles de soubrette. Mauvaise et très-mauvaise actrice, de laquelle il n'y a rien à espérer pour le théâtre, et dont les amants ont tout à craindre à tous égards.

Tout ce bavardage établit, tant bien que mal, l'état actuel des comédiens françois, et pourra servir de continuation à la mauvaise histoire du Théâtre-François, en ne manquant pas, par la suite, à marquer les changements qui arriveront dans la troupe (1).

Le vendredi saint, 27 du courant, un laquais de M. de la Boüexière de Gagny, receveur général des finances de Grenoble, devint fou en entendant prêcher la passion aux Capucins. Dans l'instant que le capucin qui la prêchoit tira le crucifix pour le faire voir au peuple, il se mit à pleurer et à gémir, et s'écria : *Voilà le véritable Dieu d'Israël! mon père, faites-moi voir mon Dieu; ne m'a-*

---

(1) Les appréciations de Collé touchant le mérite des acteurs et actrices dont il cite les noms ne s'accordent pas toujours avec le jugement porté par Lemazurier et d'autres biographes sur les mêmes artistes. (*H. B.*)

bandonnez pas, moi qui suis un pécheur. En disant ces paroles et quelques autres, il fend la presse, aborde la chaire du prédicateur; le capucin, interrompu, en descend, lui parle à l'oreille, et vient enfin à bout de le faire mettre dehors de l'Église; il est reconduit chez M. de Gagny par tout le peuple : à peine est-il entré chez son maître, qu'il demande une plume et de l'encre pour écrire sa vie, prétendant être saint, et disant et faisant mille autres extravagances; il est revenu pendant quelques moments dans son bon sens, par des émulsions qu'on lui avoit données, mais il est retombé tout d'un coup; il ne vouloit rien prendre par l'avis du médecin, il a fallu aller chercher son confesseur pour le déterminer à faire des remèdes; et il ne suit que les ordonnances de ce dernier pour sa nourriture et les remèdes qu'on doit lui donner, et qui conviennent à son état. On sera obligé de le faire enfermer; c'étoit, m'a dit le maître d'hôtel de M. Boüexière, un fort bon domestique, fort sage et fort dévot; un cœur tendre, un cerveau foible, et de la dévotion; en voilà plus qu'il n'en faut pour rendre un homme fou.

Je vais placer sous ce jour-ci une ancienne épigramme de Gallet sur le vendredi saint, et qui, sans être fortement versifiée, à l'impiété et à quelques autres petits défauts près, est assez jolie (1) :

> Le vendredi saint, dans les rues,
> Un ivrogne, dès le matin,
> De force pintes par lui bues
> Voituroit le faix incertain.
> Quelqu'un passant se scandalise
> Et dit : Comment, un jour si bon,
> Est-il possible qu'on se grise?
> A quoi repart le biberon,

---

(1) Voyez, sur Gallet les *Mémoires de Marmontel*, tome 2, page 98. *Note de Barbier.*)

(Non sans espèce de raison) :
« Quand toute la nature, en crise,
« Voit succomber la déité,
« Quoi! ne sauroit-on sans surprise
« Voir chanceler l'humanité? »

AVRIL 1750.

Le 7 du courant les Comédiens françois rouvrirent leur théâtre par *Polieucte*, les Italiens par *Samson*, et l'Opéra par *Tancrède*.

Le prévôt des marchands, ou plutôt M. d'Argenson, sous le nom de ce premier, a fait une grande réforme dans les entrées : j'ai été du nombre des réformés, et je n'en suis point surpris; j'en jouissois sans titre. Ils ont fait peindre leur salle en vert et or, et on l'a trouvée très-brillante et de fort bon goût.

Le jeudi 9 les Comédiens françois représentèrent l'*Électre* de Crébillon : il y eut une chambrée médiocre; mais le samedi qu'ils la donnèrent encore il y avoit du monde comme à une première représentation. Cela fait mourir de chagrin Voltaire, qui vient de faire imprimer son *Oreste*, avec une préface remplie de plaintes contre le mauvais goût du siècle, et de protestations sincères que sa tragédie est excellente. Toutes ces jérémiades d'un auteur tombé sont contenues dans une épître liminaire qu'il adresse à Mme la duchesse du Maine. Il dit galamment à cette princesse qu'elle a vu la fin du siècle passé, et l'entretient ensuite des poëtes grecs, qu'il assure très-bien entendre, et qu'il met au-dessus de tout, excepté de lui.

Son *Catilina*, qu'on attendoit après Pâques, ne sera pas joué, du moins de si tôt.

Les comédiens sont excédés de ses extravagances, et disent qu'ils ne veulent plus jouer de ses pièces. Les corrections qu'il fait à chaque représentation, et qu'il les force d'apprendre, par les ordres qu'il leur fait donner par le gentilhomme de la chambre, les fatiguent cruellement ; mais quoi qu'ils disent et qu'ils fassent, Voltaire les fera toujours obéir quand il voudra ; et si ce n'étoit pas ce vilain *Oreste*, on trouveroit que rien n'est plus juste que de ne point laisser les comédiens les maîtres de faire la loi aux auteurs.

Voici encore une épigramme de Piron contre Voltaire ; elle est fort jolie, à ce qu'il me paroît. La voici :

> N'en doutez point, oui, si le premier homme
> Eût eu le tic de ces faiseurs de vers,
> Il eût fait pis que de mordre à la pomme,
> De Satan même il eût eu le travers ;
> Portant envie aux miracles divers
> Du grand auteur de la nature humaine,
> Il eût voulu refaire l'univers,
> Et le refaire en moins d'une semaine.

On devoit jouer, à la rentrée, *le Provincial à Paris*, comédie en cinq actes et en vers, du sieur Mouillé de Moissy, garde du roi ; les comédiens avoient reçu cette pièce, mais à la répétition qu'ils en ont faite, les rôles à la main, ils ne l'ont pas jugée assez bonne pour en hasarder la représentation. Pour dégoûter l'auteur sans paroître manquer à leur parole, Grandval, qui a obtenu un congé de deux mois, on ne sait pourquoi, a rendu son rôle. M. de Moissy s'étoit déterminé à le donner à un autre, et le leur avoit dit, lorsque Mlle Gaussin lui a renvoyé le sien ; Mlle Dangeville alors a signifié que si Mlle Gaussin ne jouoit pas, elle ne joueroit pas non plus. C'est un grand abus de laisser cet aréopage comique le maître de juger de la bonté des pièces. On devroit établir pour juges dans ces matières des gens qui fussent plus éclairés, par exemple deux ou quatre académiciens, qui décideroient nonseulement des poëmes qu'on pourroit représenter, mais encore qui seroient chargés de distribuer les rôles de ces poëmes aux comédiens ; les gens de lettres qui travaillent pour le théâtre ne seroient plus exposés, par ce moyen, aux caprices et aux impertinences de ces maroufles d'histrions.

Piron a réduit en huit vers les vingt-et-un qui sont à la page 135 du présent journal.

J'ai dit qu'on les attribuoit à M. de Saint-Lambert, et on les donne actuellement à M. l'abbé de Bernis. Piron m'a dit qu'il les lui enverroit, en lui marquant qu'à l'âge de l'abbé on allongeoit, et qu'au sien l'on raccourcissoit ; que c'étoit ce qui lui avoit fait mettre en huit vers ce qu'il avoit mis en vingt-et-un. Piron au reste n'est précis, comme vous allez voir, qu'aux dépens de la clarté et de l'agrément. Voici ces vers :

> Martyr, hélas, sans être saint,
> Cordelier, sans être moins homme,
> J'offre, en bois, ce présent succinct,
> Faute d'or, pour offrir la pomme ;
> Pour vous, d'un feu qui me consomme,
> Je brûle, nuit, soir et matin.
> Parfois je dors, mais de quel somme !
> Qu'il est peu connu du mondain !

Je doute que si l'on n'eût pas entendu d'abord les vers de l'abbé Bernis, on pût entendre ceux-ci, qui ont assez l'air d'un logogriphe pour quelqu'un qui n'est pas au fait ; il n'y a d'ailleurs rien de saillant ni de piquant dans tout cela.

Le 14 du courant je remis à M. de Montaubin une lettre que nous avions concertée ensemble, et qu'il tâchera de faire signer à M. le duc de Chartres. Comme M. le contrôleur général s'est réservé de disposer des intérêts vacants par la mort des sous-fermiers, j'ai cru ne devoir pas m'endormir, et tâcher, au contraire, de faire usage dans cette occasion de la protection de Son Altesse.

Mais pour déterminer le prince par quelque chose, et comme souvent une mauvaise plaisanterie réussit mieux auprès des princes que de bonnes raisons et de justes motifs, j'ai composé un placet, en chanson, pour supplier le prince de signer la lettre qui y est jointe. J'ai pris ce tournant-là, de l'avis de M. de Montauban, qui a trouvé les couplets assez jolis; il les trouveroit encore bien meilleurs, ainsi que moi, si nous réussissions, car nous partagerions par moitié les intérêts qui me seroient accordés. Je doute du succès, jusqu'à ce que je l'aie vu; j'en douterois encore davantage si ma comédie ne m'avoit pas conduit à avoir deux sous dans la ferme d'Orléans. La route que je prends me paroît à moi-même fort singulière; mais enfin le pis-aller est que cela ne réussisse pas; ce sera alors un coup d'épée dans l'eau. Avant que d'entamer cette affaire, j'ai été prendre conseil de Bouret, qui m'a fort assuré d'un plein succès si le prince signe la lettre telle qu'elle lui sera présentée, et écrit deux lignes de sa main. Quoi qu'il en soit, voici ce placet :

Placet, sur plusieurs airs.

1ᵉʳ couplet, sur l'air : *Son Altesse congédie.*

Si Son Altesse vouloit mettre
Son nom au bas de cette lettre,
Ajouter un mot de sa main
Et ne point ménager les termes,
Sans doute dès le lendemain
J'aurois place dans les sous-fermes.

2ᵉ, sur l'air : *Quand le péril est agréable.*

Si sur moi sa bonté s'épanche,
Mon air content l'annoncera,
S'il me refuse, il me rendra
Tout *Évêque d'Avranche* (1).

---

(1) Allusion à une naïveté d'un évêque d'Avranches, qui, éprouvant un

3ᵉ, sur l'air : *Connoissez-vous Grégoire?*

C'est un plaisir de prince
De rendre les mortels heureux ;
Ce plaisir n'est pas mince :
C'étoit celui des dieux,
Dans les temps fabuleux ;
C'est à présent celui
D'un prince d'aujourd'hui,
Qui m'a servi d'appui (*bis*).

4ᵉ, sur l'air : *Monsieur le Prévôt des marchands.*

Prince, accorde ou n'accorde pas,
Je suis le même en ces deux cas ;
Oui, ma reconnoissance est sûre,
Ton premier bienfait t'en répond ;
Ce que j'en dis, n'est pas, j'en jure,
Pour te dégoûter du second.

5ᵉ et dernier, sur l'air : *Lanturelu :*

Mais sur ma requête,
Qu'en chanson j'ai cru
Rendre un peu moins bête
Qu'elle n'eût paru,
Monseigneur s'apprête....
Et peut-être a répondu :
Lanturelu, lanturelu,
   Lanturelu (1).

Je marquerai dans la suite de ce journal l'effet qu'aura produit cette badinerie.

On devoit donner lundi, 20 du courant, à la Comédie-Françoise la première représentation de *Caliste ou la*

---

malaise, dit, à ceux qui étoient près de lui : *Je me sens tout J... F.....* (*Note de Collé.*)

(1) S'il est permis de dire de ses ouvrages le bien comme le mal, j'userai de la permission, et je dirai que ces couplets sont bien tournés, qu'ils sont faits avec goût et beaucoup de gaieté. Ce que j'en estime encore davantage, c'est que le suppliant n'a nullement l'air bas d'un suppliant. (*Note de Collé, écrite en* 1780.)

belle pénitente; c'étoit, dit-on, une traduction ou imitation d'une tragédie anglaise qu'on trouvera dans le théâtre de La Place. L'auteur jusqu'à présent n'en est point connu. Elle avoit été présentée aux comédiens par l'abbé de la Tour, que l'on appelle l'abbé Épaminondas parce qu'il a fait un mauvais abrégé de la Vie de ce héros grec.

La pièce étoit sue et a été arrêtée à la police par Crébillon le père, qui est le censeur et l'examinateur des pièces de théâtre. La raison du refus de sa permission de la jouer est que le fond de cette tragédie ou tragicomédie est un adultère, et conséquemment absolument contre les mœurs. Quoique je sois fâché de ne pas voir cette nouveauté, j'en suis consolé en partie, par la peine que cela fait aux comédiens, qui méritent bien ce petit accident pour les punir de leur mauvais procédé vis-à-vis de l'auteur du *Provincial à Paris*. Il est mal et très-mal à eux de ne pas donner la première pièce d'un homme de vingt-deux ans, quelque douteuse qu'elle soit, surtout après l'avoir reçue; c'est dégoûter les gens à talent.

Piron a fait son épitaphe, qu'il m'a donnée et que voici :

> Ci-gît. Qui? Quoi? Ma foi, personne, rien.
> Un qui vivant ne fut valet ni maître,
> Juge, artisan, marchand, praticien,
> Homme des champs, soldat, robin ni prêtre,
> Marguillier, même académicien,
> Ni frimaçon. Il ne voulut rien être,
> Et vécut nul : en quoi certe il fit bien;
> Car après tout bien fou qui se propose,
> Venu de rien et revenant à rien,
> D'être en passant ici-bas quelque chose !

On devoit donner le 21 du courant la première représentation de *Léandre et Héro*, opéra nouveau, dont les paroles sont de M. Lefranc (1), auteur de *Didon*, et la musique de M. le chevalier de Brassac. Jéliotte, qui est tombé malade le 19 et qui a été saigné trois fois, est cause que l'on en a suspendu la représentation; on ne sait encore quand on le donnera.

Je fus hier, 27 du courant, à la première représentation de *Caliste*. Cette tragédie, que Crébillon ne vouloit pas d'abord approuver, a été donnée après une répétition qu'on en a faite devant M. Berryer, et au moyen de quelques retranchements et adoucissements que Crébillon lui-même y a faits, et auxquels, m'a-t-il dit, il a été occupé pendant trois ou quatre jours, attendu que l'auteur ne s'est pas montré, et qu'on ignore même encore qui il est. L'auteur a prudemment fait de se cacher. Peu s'en faut, tant ce drame monstrueux est mal écrit, que l'on n'en fasse tout l'honneur à M. l'abbé Épaminondas (2), qui a présenté cette pièce aux comédiens. C'est une traduction presque littérale de la tragédie anglaise; et comme la versification en est au-dessous de celle de Mme du Bocage, je ne vois pas pourquoi l'on refuseroit à ce grand écrivain la gloire d'en être le traducteur; cette foiblesse-là est de sa force.

Comme dans ce siècle poli l'on a pris civilement le parti de ne plus siffler, cette pièce, tout abominable qu'elle est, ne l'a point été. Elle a pourtant été huée en beaucoup d'endroits; et ceux qui ne l'ont pas été méritoient bien autant de l'être.

Pour en faire la critique, il faudroit entreprendre celle de l'original anglois, qui aura pourtant toujours

---

(1) Pompignan (J.-J. Lefranc, marquis de) poëte tragique, littérateur, membre de l'Académie française. Né en 1709, mort en 1784. Outre des pièces de théâtre et un *Voyage de Languedoc et de Provence*, a laissé des *Poëmes sacrés*, dont Voltaire a dit :

Sacrés ils sont, car personne n'y touche. (H. B.)

(2) Sobriquet donné à l'abbé Séran de la Tour. Voy. p. 156. Au surplus, cette tragédie est d'un M. de Maupié. Voy. p. 160. (H. B.)

plusieurs avantages sur la copie françoise, par les raisons suivantes :

1° L'invention du poëme, ou pour mieux dire de plusieurs scènes qui y sont répandues, qui, si elles étoient placées et fondues, marquent du moins de l'imagination dans l'auteur anglois ;

2° Toutes les choses qui ont rapport au goût, aux mœurs et aux coutumes des Anglois ne sont point en place sur notre théâtre, et le sont sur le leur; ils sont convenus, par exemple, de secouer le joug de plusieurs règles, telle que celle des trois unités; ils aiment les spectacles sanglants, et le reproche qu'on feroit à leurs auteurs à cet égard seroit mal fondé ;

3° Au moyen des lénitifs, que sur notre scène on a apportés au caractère de Caliste, qui n'est presque pas criminelle, les fureurs du mari, et surtout du père de Caliste, sortent absolument de la nature et de la vraisemblance. Les punitions du père y sont encore moins conformes, et ne sont nullement proportionnées à la faute de Caliste, qui n'a fait d'autre crime que d'avoir aimé Lothario avant son mariage; il n'est nullement prononcé dans la pièce françoise qu'elle ait couché avec cet amant; au lieu que sa foiblesse à cet égard est établie sans aucun doute dans l'original anglois; ainsi donc, dans notre copie, *voilà bien du bruit pour une méchante omelette*, qu'on me passe cette allusion ; puisque le crime de Caliste n'est fondé en aucune façon, ni même donné à entendre, à quoi donc tendent les transports et la barbarie du père? sur quoi tout cela pose-t-il ?

Enfin, il faut présumer que la pièce est passablement écrite en anglais, peut-être l'est-elle fortement, au lieu que cette flasque copie est pour le style au-dessous de celui des Cahuzac, des du Bocage, etc.; et c'est être à cet égard au-dessous de rien.

Voilà donc beaucoup d'avantages que cette tragédie doit avoir en anglois; mais de la façon dont elle est traitée et écrite en françois, ce seroit perdre son temps que d'entrer dans aucun détail de critique sur une aussi misérable rapsodie. Si l'auteur la laisse traîner, elle pourra avoir sept ou huit représentations; ce que je dis en partant du mépris que je fais du goût de ceux qui fréquentent actuellement les spectacles, sans quoi je jugerois et dirois affirmativement qu'il ne devroit y avoir personne à la seconde. Il y avoit au reste, à la première représentation, un monde comme à une pièce de Voltaire.

Je fus hier à la seconde représentation de *Caliste*, que j'ai trouvée tout aussi mauvaise que le premier jour; j'ai eu cependant tort de dire qu'il n'étoit pas établi ou du moins donné à entendre que Caliste avoit couché avec Lothario; ce fait est fondé dans plusieurs endroits de la pièce. Cela m'étoit échappé à la première représentation, ce qui ne m'empêche pourtant pas de persister dans mon sentiment, et de soutenir que Caliste n'est pas assez coupable pour éprouver toutes les punitions horribles auxquelles la condamne son vieux fou de père, dont le caractère n'est nullement dans la nature, de quelque nation que l'on fasse ce père, et quelque préjugé national qu'on veuille adopter. Les fureurs de Sciolto eussent été judicieusement transportées et placées dans le rôle d'Altamont. Celui-ci est amant, mari, et outragé dans son amour; on eût pu se prêter aux excès de sa rage et aux horreurs de sa vengeance, et les lui pardonner en quelque sorte, parce que l'amour ôte la raison, et que ces barbaries eussent été dans le caractère de son rôle. Mais comment imaginer qu'un père veuille tuer lui-même sa fille, pour avoir eu un commerce criminel, avant son mariage, avec un autre homme que celui qu'il force sa fille d'épouser?

J'ai encore trouvé cette fois-ci la versification plus misérable que la première fois. Il faut que La Chaussée ait de grands ennemis, puisqu'on lui donne cette pièce. Je n'en crois pas un mot; ni du côté du style, ni de celui de l'entente du théâtre, elle ne ressemble à aucun égard, à la touche de cet auteur, qui est foible à la vérité, mais qui n'est jamais tombé si bas. On n'en connoît point encore l'auteur; mais l'abbé de la Tour est violemment soupçonné, et cette *imbécillité-là* lui iroit assez bien (1).

Quelques amateurs du spectacle, à la tête desquels se sont mis MM. le Chevalier de Lussan, d'Aigremont, Dutartre, et un quatrième, dont j'ai oublié le nom, ont demandé aux comédiens de jouer tous les vendredis une pièce comique, et de donner les meilleurs acteurs qu'ils pourroient. Les comédiens ont accordé une partie de ce qu'on leur a demandé, c'est-à-dire qu'ils ont commencé vendredi dernier, 24 du courant, à donner une comédie (le *Baron d'Albikrac*); mais il y avoit les trois quarts des mauvais acteurs qui y jouoient. Ils firent cependant une recette de 1200 liv.; ce qui les *affriolera*, peut-être, et pourra les déterminer à faire prendre les rôles aux bons acteurs. Ils donnent demain vendredi, 30 du courant, *la Mère coquette* : je suis persuadé qu'ils auront beaucoup de monde; ils ont promis de remettre ces jours-là d'anciennes pièces qui n'ont pas paru depuis long temps et qui sont presque ignorées.

[Il est huit heures du soir, ce jourd'hui 30 avril, et je sors de la comédie, où j'ai vu le début de Mlle Soulet dans le rôle de Mélite. C'est une grande fille brune, assez laide, assez maigre et remplie d'ailleurs de toutes les disgrâces que peut rassembler une actrice de province, sans intelligence, sans physionomie. Je ne sais pourquoi cette créature a été choisir de préférence les rôles d'amoureuse. Elle n'a nullement l'air intéressant, et me paroît dénuée totalement de sentiment et d'entrailles. Conséquemment, le rôle de Finette, dans *le Phi-*

---

(1) Cette tragédie de *Caliste* n'est point de M. de Séran de la Tour, qui l'a présentée, elle est de M. de Maupié, qui est mort depuis sa pièce. Ce M. Maupié étoit un gentilhomme qui vivoit de son bien. (*Note de Collé, écrite en* 1760).

losophe marié, lui convenait plus que celui de Mélite, qu'elle a joué à faire horreur. J'espère qu'elle ne sera pas reçue : 1° parce qu'elle n'est pas jolie; 2° parce que le parterre, au lieu de l'applaudir, s'est un peu expliqué à l'annonce que l'on en faisait pour dimanche; et, enfin, parce qu'il y a encore quatre ou cinq nouvelles actrices qui doivent débuter, qui valent mieux et qui sont plus protégées (1).]

Voici encore une épigramme de Piron, sur Voltaire. Ce dernier, dans une petite brochure, imprimée avec sa *Sémiramis*, sous le titre de *Mensonges imprimés*, et de laquelle il a donné une espèce de suite, qu'il a jointe à sa tragédie d'*Oreste*, a soutenu que le *Testament politique* du cardinal de Richelieu n'étoit pas de ce grand ministre; il a été réfuté par une personne qui appartient à madame la duchesse d'Aiguillon, par Fréron, dans une de ses feuilles, et par M. de Foncemagne, dans une brochure particulière. Quoi qu'il en soit, voici l'épigramme :

> Qui s'inscrivit en faux, sans craindre l'anathême,
>   Contre les Testaments de Dieu
>   Peut fort bien s'inscrire de même
>   Contre celui de Richelieu.

Outre que cette épigramme n'a rien de bien vif ni de bien piquant, il me paroît d'ailleurs qu'il est toujours lâche, quand on y croit, d'attaquer quelqu'un sur la religion; mais quand on n'y croit pas, il y a de la lâcheté et de la mauvaise foi (2).

---

(1) Elle a été refusée heureusement. (*Note de Collé.*)
(2) Il n'y avait ni lâcheté ni mauvaise foi dans le fait de Piron, qui, dans le sens rigoureux du mot, était plus *croyant* que Collé. (*H. B.*)

MAI 1750.

Le 4 du courant, je fus à la première représentation du *Provincial à Paris*, que le sieur Mouillé de Moissy (1) a donnée aux Italiens, pour se venger des mauvais procédés des François. Il faut avouer que la pièce ne vaut rien du tout; mais pourquoi ces derniers l'avoient-ils reçue et gardée pendant près de deux ans? et pourquoi faire essuyer des dégoûts cruels à un jeune auteur, à sa première pièce? C'est un procédé infâme, même pour des comédiens auxquels on passe de n'avoir pas les meilleurs. M. de Moissy a réduit sa pièce en trois actes, ce qui y a ajouté sûrement des défauts dont elle n'avoit pas besoin. Ce jeune homme n'a nulle connoissance du théâtre, encore moins du monde; on peut, je crois, faire une bonne tragédie à l'âge de vingt ans; mais à cet âge il est impossible de faire une comédie passable (2). L'auteur tragique tire tout de son imagination; l'auteur comique n'est qu'un peintre, qui ne peut rendre que les tableaux qu'il a vus dans le monde.

« Étudiez la cour, et connoissez la ville. »

Son imagination ne peut lui servir que dans l'arrangement de sa fable, et à lier les unes aux autres les scènes, dont il a été témoin, et qu'il peut étendre aussi loin que la nature, qu'il doit toujours avoir pour guide, le lui permet. Le fond de son art est l'étude des mœurs des hommes et des différentes sortes de ridicules, dont

---

(1) Moissy (Moulier de), né à Paris, ancien garde-du-corps, auteur de plusieurs pièces de théâtre. (*H. B.*)

(2) Voy. la *Correspondance inédite* de Collé, p. 319, où, à propos d'une comédie qui avait été soumise à son examen par un M. Dupoirier, notre auteur étend et développe l'idée exprimée ci-dessus. (*H. B.*)

ils sont variés à l'infini, ce qu'il ne peut apprendre qu'après avoir été répandu dans le monde quelque temps, et en lui supposant de bons yeux, pour apercevoir; il n'en est pas de même de l'auteur tragique, qui de son cabinet peut connoître la marche des passions et du cœur humain; les passions sont les mêmes dans tous les hommes de tous les siècles; elles ne sont pas susceptibles des différentes nuances que ces mêmes passions prennent dans le comique, et qui dépendent des usages, des modes, du goût du siècle, et de mille autres circonstances qui constituent le ridicule.

Aussi M. de Moissy, indépendamment de l'art du théâtre, dont il ne se doute seulement pas, ne nous a-t-il fait voir dans sa comédie aucuns caractères neufs ni marqués, ni aucunes situations comiques et nouvelles; portraits mal faits, de l'esprit par *placage*, s'il est permis de parler ainsi, dissertations déplacées et qui interromproient l'action s'il y en avoit dans sa comédie; nul fonds de scènes, dialogues hors du sujet, nulle liaison, ni enchaînement de scènes; enfin, cette pièce est complétement mauvaise et ennuyeuse; sa versification cependant m'a paru assez naturelle et assez passable; peut-être en rabattrai-je à l'impression; quoiqu'à vrai dire les Comédiens italiens ne soient pas faits pour faire illusion à cet égard. Il y a aussi quelque gaieté dans quelques endroits de sa pièce; mais ils sont rares. En apportant toute l'indulgence qu'on peut accorder à un jeune auteur, à sa première pièce, peut-être n'en faudroit-il pas tout à fait désespérer; mais il faut avouer en même temps qu'alors c'est pousser l'indulgence jusqu'où elle peut aller, en voulant avoir égard à la vérité. Grâce au goût exquis et délicat de ce siècle, cette comédie a pourtant eu une espèce de succès, quoiqu'elle ait été jouée à faire horreur; je ne pouvois même me passer de le dire, puisque ce sont les Italiens qui la représentent, et que je défie l'imagination de nos neveux de se figurer de plus détestables comédiens que ces *animaux-là*.

Le 5, on donna à l'Opéra la première représentation de *Léandre et Héro;* les paroles sont de M. Le Franc, auteur de Didon, et la musique de M. le chevalier de Brassac. Je ne l'ai point vue; mais je soupai avec tous gens qui s'y étoient ennuyés assez complétement; je verrai cet Opéra la semaine prochaine, et je rendrai compte de l'impression qu'il m'aura faite, sans en juger en aucune manière, ne me connoissant point du tout en musique; mais suivant ce que j'entendis dire hier, M. de Voltaire, dans son *Temple du Goût,* auroit tout aussi bien fait de ne pas dire : *Chantez Brassac* (1).

Samedi, 9 du courant, fut donnée la sixième et dernière représentation de *Caliste.*

[Le mardi au soir, 12, je me fis saigner pour quelques petits mouvemens de dyssenterie, qui n'ont pas eu de suite.]

Je suis parti le 16 pour Étioles; on y fit la partie d'aller à la première représentation de *Cléopâtre,* ce qui ne me surprit pas; mais la partie a tenu, ce qui m'a étonné.

J'ai donc vu cette tragédie, qui fut représentée le mercredi 20 du courant. Elle est de M. de Marmontel, et je ne crois pas qu'on puisse voir un plus mauvais poëme. Il est vrai, et je l'ai entendu dire vingt fois à Crébillon le père, qu'il est impossible de traiter ce sujet; qu'Antoine, pris dans cette époque de sa vie, ne peut absolument être mis sur le théâtre, et que le caractère de Cléopâtre est tout au moins aussi difficile à rendre; la foiblesse extrême, pour ne pas dire la lâcheté d'Antoine, et les artifices et la coquetterie outrée de Cléopâtre, pour ne pas dire aussi davantage, ne peuvent exciter qu'une sorte de pitié, qui n'est pas celle de la tragédie; ce sont

---

(1) Brassac (Chevalier de), ancien écuyer du prince de Dombes, colonel d'une brigade de carabiniers, était auteur de la musique de *Léandre et Héro,* de *l'Empire de l'amour,* et de l'acte de *Linus.* (*H. B.*)

des personnages qui font tout au plus compassion, dès que l'on voudra leur garder leurs caractères, et on ne peut s'en écarter trop fort. Des faits d'histoire aussi connus ne peuvent être changés que dans de très-légères circonstances. Aussi M. de Marmontel, après le tort qu'il a eu de choisir un sujet intraitable, a-t-il déplu généralement à tout le monde en suivant assez exactement l'histoire, surtout dans les caractères de Cléopâtre et d'Antoine, qui ont réussi d'autant moins que les peintures en étoient plus fidèles; son héros et son héroïne auroient, je crois, été passables sur le théâtre de l'Opéra, où l'amour joue les premiers rôles; mais ils sont fades et rebutants dans une véritable tragédie.

Le caractère d'Octave est défiguré, et l'on ne sait ce que c'est. Si l'auteur étoit, pour ainsi dire, contraint par l'histoire de rendre Antoine et Cléopâtre tels à peu près qu'ils étoient, du moins, par l'histoire même, avoit-il de l'étoffe pour ennoblir le rôle d'Octave et en faire une espèce de héros, ou au moins un grand politique; mais il n'en a fait qu'un petit *polisson*, qu'on auroit bien de la peine à définir.

Je ne m'amuse pas à faire la critique du personnage de Césarion, qui est absolument étranger à la pièce, et que l'on peut en ôter sans qu'on s'en aperçoive; mais je passe à celle de la conduite de la tragédie.

Elle est si déraisonnable et si peu liée, que je décide (du moins pour moi) que cet auteur n'a nul talent pour le dramatique. Quoique ses deux premiers ouvrages parussent me le prouver suffisamment, je voulois cependant m'obstiner à garder quelque espérance; mais le peu d'entente du théâtre que je vois dans cette dernière rapsodie, le défaut d'invention pour le fond, et le manque absolu d'intérêt, me démontrent, à ce qu'il me semble, qu'il est incapable de jamais faire une bonne tragédie.

Le dialogue est aussi fort mauvais; en général, les

personnages ne se disent presque jamais et se répondent rarement ce qu'ils doivent se dire et se répondre : fréquentes déclamations de rhéteur ; écarts déplacés pour avoir occasion de faire des portraits, des descriptions et des vers luisants.

Les deux premiers actes sont presque dénués d'action; l'entrevue d'Antoine et d'Octave est totalement *ratée ;* il y a dans le commencement de cette scène des choses dont le fond est pris de celle de Sertorius; et quant à leur accord, il est hors de toute vraisemblance. En effet, y a-t-il rien de plus ridicule que d'entendre Octave proposer à Antoine de se démettre l'un et l'autre du souverain pouvoir, et d'aller ensemble à Rome, prier le sénat de décider lequel des deux sera le maître du monde? Cela est contre les caractères de ces deux Romains, et d'ailleurs hors de toute vraisemblance. Mais quoi de plus absurde que de voir Antoine donner dans cette proposition, si ce n'est de voir interrompre cette conférence célèbre par un petit bâtard, je veux dire Césarion, que les gardes laissent mal à propos passer, pour venir ouvrir les yeux à Antoine sur sa bêtise, et faire sentir à cet imbécile qu'Octave, qui s'en remet à la décision du sénat, est certain qu'elle sera en sa faveur, parce que Rome entière et le sénat sont absolument de son parti. Le comble, enfin, de l'extravagance, c'est l'idée qu'Octave et Antoine ont et veulent réaliser de se faire succéder à l'empire par Césarion, tandis qu'Octave n'a encore que vingt ans, et qu'Antoine a des enfants. Y a-t-il rien de plus opposé au bon sens et à la raison que les défauts que je viens de relever?

Une autre faute encore, bien contraire au sens commun, c'est qu'avant cette entrevue, pour laquelle Octave quitte son camp et de laquelle il est et doit être uniquement occupé, ce même Octave soit reçu par Cléopâtre, au lieu de l'être par Antoine, et que cette reine ait avec lui une conversation de deux ou trois heures avant l'arrivée d'Antoine, qui encore ne semble venir là que par hasard; rien choque-t-il plus la vraisemblance? Cette même scène où Cléopâtre tente, par ses agaceries et ses artifices, de rendre Octave amoureux d'elle, est-elle une scène qui puisse entrer dans une tragédie? C'est une scène de comédie du genre de La Chaussée; elle n'est point du tout du ton de la tragédie, elle la dégrade; mais ce qu'il y a de plus condamnable encore, c'est que ces agaceries et ces artifices de Cléopâtre sont les ressorts en grande partie, et forment presque le nœud de la pièce. Quels petits moyens!

Il faut pourtant rendre justice à Marmontel, sur une assez belle situation qui est au cinquième acte, et qu'on désireroit fort qui fût dans une meilleure pièce. Éros, affranchi d'Antoine, séduit par Cléopâtre, veut assassiner Octave; Antoine arrache le poignard à Éros, et sauve la vie à son ennemi : cela fait un coup de théâtre fort heureux; ce n'est pas tout de même, car cette situation conduit assez naturellement au dénouement, en ce que cela laisse le poignard d'Éros entre les mains d'Antoine, qui est arrivé vaincu et désarmé; en sorte que lorsqu'il a appris l'infidélité de Cléopâtre, il s'en sert pour se donner la mort. Le dénouement de cette tragédie, et même le cinquième acte, est ce qu'il y a de plus passable; et si l'on réduisoit la dernière scène à vingt vers, ce qui seroit facile, je serois assez content de ce dénouement, au défaut des caractères. La mort de Cléopâtre est d'après l'histoire : elle feint de vouloir couronner Antoine de laurier après sa mort; on lui apporte une corbeille pleine de couronnes, au fond de laquelle sont des aspics; elle se saisit d'un, et s'en fait piquer : il y avoit un petit ressort dans le corps de l'aspic, qui fit un bruit, comme si l'aspic eût réellement piqué.

Je n'ai point parlé du rôle de Ventidius, ami d'Antoine, qui, en lui disant des vérités dures et sans réponses, ne sert qu'à dégrader davantage le personnage d'Antoine et à le rendre plus petit et plus fade.

La versification de la situation du cinquième acte m'a paru fort belle en cet endroit; celle du reste de la pièce m'a paru boursouflée, trop épique, point assez naturelle, trop chargée d'ornements et remplie de longueurs; malgré cela, je l'ai trouvée encore plus supportable que celle d'*Aristomène* et de *Denis;* je crois, au reste, qu'il faut attendre, pour en mieux juger, que la pièce soit imprimée.

Mademoiselle Clairon a joué son rôle de Cléopâtre très-bien, mais très-bien, à quelque déclamation près et quelques endroits qu'elle a outrés; pour les autres acteurs, il n'y a rien à en dire que du mal.

Il y a huit ou dix ans que nous avons eu une tragédie de *Cléopâtre* d'un M. Boitel (1), qui la retira à la sixième représentation, autant que je peux m'en souvenir; la scène entre Antoine et Octave étoit assez belle. La versification de cette pièce promettoit un poëte, et je ne conçois pas comment depuis ce temps-là on n'a point entendu parler de ce M. Boitel. Je me rappelle deux assez beaux vers qu'Antoine, réduit à se donner la mort, disoit à Éros, son affranchi. Les voici :

> S'il est vrai que la mort rende égaux tous les hommes,
> Je dirai, *mon ami*, dans l'état où nous sommes.....

Du reste, cette pièce étoit mauvaise, mal conduite, sans liaisons et sans intérêt, comme celle de Marmontel, et sans trop d'intelligence aussi du théâtre; mais, autant que ma mémoire peut me le fournir, elle valoit mieux que celle-ci, suivant l'impression qui m'en est restée; je ne crois pas que cette tragédie de Boitel ait été imprimée (2).

---

(1) Boistel d'Uvelles (J.-B. Robert), de l'Académie d'Amiens, trésorier de France dans la même ville. (*H. B.*)

(2) Elle paroît l'avoir été en 1741. Voyez le *Dictionnaire dramatique* de Champfort, Paris, 1776, tome 1ᵉʳ. (*Note de Barbier.*)

J'insérerai de temps en temps, par la suite dans ce journal, quelques petites pièces fugitives de différents auteurs, que j'ai depuis longtemps dans mes vieux papiers, et que je crois entre les mains de peu de personnes.

Voici, par exemple, un madrigal de M. Saurin, à l'occasion de ce que madame *** avoit promis d'embrasser celui qui feroit les plus jolis vers pour le jour de sa fête. Le Saurin fut embrassé, et il le méritoit bien, pour avoir fait la pièce suivante, qui est fort galante et fort jolie. La voici :

> Quoi! d'un baiser faire la récompense
> De celui dont les vers auront la préférence!
>   Pauline, quelle est votre erreur?
> C'est donner à l'esprit ce qui n'est dû qu'au cœur.
> Un baiser fut toujours le prix de la tendresse,
> Et c'est à l'amour seul qu'en appartient le don.
> Les habitants du Pinde, en leur plus grande ivresse,
> N'ont jamais espéré qu'un laurier d'Apollon.
> Des vers à mes rivaux je cède l'avantage,
> Ils riment mieux que moi; mais je sais mieux aimer.
>   Que le laurier soit leur partage,
>   Et le mien sera le baiser (1).

Voici encore un ancien quatrain, fait par Palaprat, secrétaire de M. de Vendôme, qui lui avoit demandé des vers pour mettre au bas de son portrait. Palaprat étoit paresseux et gourmand. Comme depuis longtemps il faisoit languir M. de Vendôme, sans lui donner ces vers, ce dernier, un jour à l'heure du dîner, enferma Palaprat dans une chambre, en lui jurant qu'il n'en sortiroit point qu'il n'eût fait les vers qu'il lui promettoit depuis un siècle. Une demi-heure après, Palaprat cria, comme un possédé : *Monseigneur! c'est fait, Monseigneur! c'est parfait.* Il faut encore dire, pour l'intelligence de ce quatrain, que M. de Vendôme avait attaqué Barcelone par un endroit par lequel il étoit impre-

---

(1) Ce n'est pas par l'exactitude de la rime que brille ce madrigal. (*H. B.*)

nable; qu'il étoit b....., mais d'ailleurs le meilleur de tous les hommes, et qu'il laissoit prendre avec lui à ses secrétaires toutes sortes de libertés. Après cette longue anecdote, voici le quatrain, qui est bien court :

> Le héros que tu vois ici représenté,
> Favori de Vénus ainsi que de Bellone,
>   Prit l. v..... et Barcelone
>   Toutes deux du mauvais côté.

M. de Vendôme, dès qu'il eut entendu cette épigramme, dit avec bonté à son secrétaire : *Tes vers sont jolis, mon ami; mais me conseilles-tu de les faire mettre au bas de mon portrait? Réponds donc!*

Puisque je suis en train, mettons ici une petite pièce de M. Saurin, que je trouve encore très-jolie (1).

Le 21 du courant, et dans les derniers jours de ce mois, il y eut à Paris une émeute considérable de la plus vile populace, mais sans chef. Ces mutins furieux se répandirent dans plusieurs quartiers de Paris, et surtout rue Saint-Honoré, du côté de M. Berryer; et en trois ou quatre jours tuèrent sept ou huit hommes. Le motif de la fureur de ces gens-là étoit qu'on leur enlevoit leurs enfans; et aussitôt qu'ils voyoient quelqu'un de mal vêtu, surtout en habit rouge, et qui ressembloit à quelque agent de police, ils couroient sus et le poursuivoient, en criant : *Voilà un preneur d'enfants* (2). Un de ceux-là, qui s'étoit réfugié chez le commissaire Lavergée, rue Saint-Honoré, dans l'hôtel d'Auvergne, fut massacré avec une inhumanité portée aux derniers excès, et traîné, après sa mort, la corde au cou, jusques sur la porte de M. Berryer.

---

(1) V. dans les Œuvres de Saurin cette pièce, qui commence ainsi :
Ma Thémire, il est un bouton, etc.

(2) Voyez plus haut la note au bas de la page 112. Berryer a été successivement, grâce à l'appui de Mme de Pompadour, lieutenant de police, ministre de la marine et garde des sceaux. Il montra partout une complète incapacité. Mort en 1762. (*H. B.*)

Le commissaire avoit été contraint, parce que l'on alloit mettre le feu à sa maison, de le remettre entre les mains de quatorze archers, qui ne purent le sauver de celles de la populace. Ceci se passa le samedi 23. L'homme qui fut massacré se nommoit Parisien ; il étoit mouche de la police et très-estimé dans ce métier, où il étoit extrêmement adroit, parce que jadis il avoit été voleur de la compagnie de Raffiat, avec lequel il auroit été roué vif si sa grâce ne lui eût été accordée, attendu qu'il servit merveilleusement à trouver le fil de toute l'intrigue de ces assassins. Il étoit, dit-on, le premier homme du monde pour découvrir des voleurs, et M. Berryer le regrette véritablement. Ce magistrat, pour en revenir à ce que je disois, a aussi couru des risques dans cette occasion. Ces têtes échauffées délibérèrent longtemps s'ils mettroient le feu chez lui ; ils n'osèrent pourtant pas y entrer, quoiqu'on leur eût ouvert la porte avec quelque sorte d'intrépidité, et qu'on leur eût demandé ce qu'ils vouloient. Ils se contentèrent de casser toutes les vitres de la partie de sa maison qui donne sur la rue, et restèrent devant la porte jusqu'à cinq heures du matin, après quoi ils se dissipèrent d'eux-mêmes. Le guet à pied et le guet à cheval, qui étoient commandés, avoient sans doute des ordres de ne rien faire de violent ; car ils furent spectateurs tranquilles de la mort de cet homme. Les gardes françaises et suisses furent sur pied, je crois, le soir du samedi même. Le lundi 25, tout étoit à peu près calmé. Le parlement, qui a pris connoissance de cette affaire, en fait actuellement informer par M. Severt, et éclaircira sans doute ce mystère d'iniquité, si la cour le laisse faire.

On ne doute presque point, au reste, que ce ne soit l'abus que les exempts ont fait de l'ordre qu'ils avoient de M. Berryer d'enlever des enfants libertins et sans aveu qui deviennent des filous et des voleurs par la suite, qui a causé cette espèce de sédition. Ce vigilant lieutenant de police a fait revivre une ancienne ordonnance, rendue pour faire enfermer les enfans sans aveu et non réclamés; mais on dit que quand on les réclamoit, les exempts ne les vouloient rendre qu'à force d'argent, et l'on ajoutoit que M. Berryer ne vouloit point entendre les plaintes des pères et mères contre ces coquins-là. J'ai pourtant peine à croire ce défaut de prudence et ces marques de dureté et d'inhumanité de la part de ce magistrat, dont on vante l'équité, et qui est d'ailleurs, de l'aveu de tout le monde, le lieutenant de police le plus actif et le plus intelligent que nous ayons eu depuis M. d'Argenson le père.

Il y a pourtant quelques personnes qui croient qu'il y a un dessous de cartes dans ces enlèvements d'enfants; cependant je n'ai encore vu que des conjectures, sans probabilités raisonnables. On dit, et l'on assure très-fort, qu'à Poitiers nommément, et dans plusieurs autres villes du royaume, ces enlèvements ont été faits ainsi qu'à Paris, et qu'on s'est pareillement ameuté.

A propos de cette sédition, M. de Fontenelle racontoit ces jours-ci que dans sa jeunesse, se trouvant à Rouen dans une émeute qui commençoit et qu'il voyoit de loin, il demanda en sortant de chez lui, à une femme qui filoit assez tranquillement sur sa porte : *Qu'est-ce donc que tout ce bruit-là, ma bonne mère?* — *Monsieur*, reprit-elle, avec un sang-froid singulier et continuant de tourner son fuseau, *ce n'est rien, mon beau Monsieur, c'est que je nous révoltons.*

On demandait ces jours-ci à une femme d'esprit du grand monde si elle avait lu *le Portier des chartreux*. Non, répondit-elle; ce n'est point par aucun scrupule, mais je ne *puis souffrir ces livres que l'on ne peut lire que d'une main.*

Je retournai samedi 30, à *Cléopâtre*. Quoiqu'on l'ait beaucoup élaguée, surtout dans le rôle de Césarion, et qu'on ait ôté quelques absurdités frappantes, il en reste encore pourtant suffisamment pour faire toujours une détestable pièce.

Une de celles que l'auteur a ôtées est l'interruption de la conférence par Césarion. Il auroit bien fait, s'il avoit eu le temps, de retrancher totalement ce rôle de Césarion, et de remplacer les vides que cela laisseroit dans sa pièce, par le rôle d'Éros, qu'il auroit étendu davantage, en faisant faire une plus grande figure à cet affranchi d'Antoine. Peut-être auroit-il pu épargner par là à Cléopâtre l'action odieuse de séduire un homme pour assassiner Octave, dans un lieu où, par un billet doux, elle lui donne un rendez-vous amoureux ; ce procédé est de la dernière infamie. Si Éros, au contraire, eût joué un plus grand personnage dans la tragédie ; il auroit pu se déterminer de lui-même à cet assassinat, en apprenant au spectateur et le mettant dans la confidence que pour faire réussir cette action il la cache avec soin à Antoine et à Cléopâtre, dont la générosité s'opposeroit à son dessein. Au reste, tous ces changements seroient peines perdues. Le fond de cette tragédie est si vicieux qu'il n'est pas possible de la raccommoder ; peut-être même est-il absolument impraticable de mettre Antoine et Cléopâtre au théâtre dans cette époque de leur vie, comme je l'ai déjà dit, du moins je le crois : c'est un sujet d'opéra tout au plus.

Voici une petite pièce de vers que Voltaire adressa, il y a quelques années, à madame de Pompadour ; elle parut à tout le monde, dans le temps, un peu familière :

> Ainsi donc, vous réunissez
> Tous les arts, tous les goûts, tous les talents de plaire.
> Pompadour, vous embellissez
> La cour, le Parnasse et Cythère.
> Charme de tous les cœurs, trésor d'un seul mortel,
> Qu'un sort si beau soit éternel !
> Que vos jours précieux soient comptés par des fêtes !
> Que de nouveaux succès marquent ceux de Louis !

Soyez tous deux sans ennemis,
Et gardez tous deux vos conquêtes.

Quand j'ai dit que cette pièce étoit familière, ce n'est que vis-à-vis du roi que je la trouve telle. Je n'aime point : *des jours comptés par des fêtes*. Au reste.......

JUIN 1750.

Le lundi 1ᵉʳ juin eut lieu la quatorzième et dernière représentation du *Provincial à Paris*; il est hors de toute vraisemblance que cette misérable comédie n'ait point été sifflée à la première. Le ballet qui a soutenu cette fastidieuse rapsodie n'étoit point connu, du moins à cette première représentation. A quoi donc attribuer l'espèce de succès qu'elle a eu, sinon au goût dépravé de ce siècle? Que dis-je? il n'y a plus de goût.

[Le 2, je fus à la Comédie française voir le début de Mˡˡᵉ Émilie dans *le Misanthrope* et dans *la Pupille*. Elle jouait le rôle de Célimène dans la première pièce et celui de Julie dans la seconde. C'est une grande fille, assez bien faite, fort laide et fort maigre; une grande bouche, désagréable, sans voix, sans grâces et sans intelligence. Elle jouait, dit-on, à l'hôtel de Tonnerre, et en était la merveille. Elle n'est rien moins que cela au Théâtre-Français. Les meilleurs acteurs d'un théâtre particulier sont ordinairement très-médiocres, pour ne pas dire plus, sur un théâtre public. Je crains fort cependant qu'elle ne soit reçue. Elle est, à ce qu'on dit, fort protégée, et le parterre, où, suivant l'usage, elle avait envoyé ses partisans, lui a prodigué ses imbéciles applaudissements (1).]

---

(1) Elle a été renvoyée, Dieu merci. (*Note de Collé.*)

Dans les commencements de ce mois, M. Roussel a fait l'acquisition de la Selle, autrement dit le petit Château, que madame de Pampadour lui a vendu 174,000 livres.

C'est une petite terre qui rapporte, à ce qu'on prétend, 3,500 livres de revenu ; peut-être en faut-il rabattre : elle est située à une très-petite lieue de Versailles et à quatre lieues de Paris. M. Roussel a balancé longtemps, pour plusieurs considérations, à faire cette acquisition ; et il ne s'y seroit point déterminé s'il n'avoit craint de déplaire à cette favorite, qui s'étoit avancée pour la lui faire faire beaucoup plus qu'honnêtement elle n'auroit dû. Le roi lui-même, en chassant du côté de Beauregard, maison de campagne à deux cents pas de la Selle, que M. Roussel avoit louée depuis un an, demanda à son jardinier si madame Roussel se plaisoit dans ce canton, si Roussel trouvoit cet endroit agréable ; et le jardinier lui ayant répondu qu'ils se plaisoient fort l'un et l'autre dans ce pays : — *Eh bien*, reprit le roi, *Roussel devroit acheter le petit Château*. Madame de Pompadour a fait depuis persécuter ce denier, par M. de Tournehem et d'autres bas valets de sa cour, et par Colin, son intendant, pour le décider à acquérir ; et le contrat en a été passé ces jours-ci. La marquise s'est conduite dans cette vente d'une façon bourgeoise et mesquine : elle est venue elle-même, le jour de la Fête-Dieu, à la Selle, faire dresser l'état de tous les meubles qu'elle emportoit ; c'étoit l'affaire de son intendant. Elle n'a fait présent à madame Roussel que d'un canapé, de quatre fauteuils qui étoient dans le salon, et de quelques autres meubles de peu de conséquence. M. Roussel s'accommode d'une partie de ceux qui sont en place, et les paye suivant l'estimation qui en sera faite par le tapissier de madame de Pompadour ; ces meubles, qui monteront peut-être à 5 ou 6,000 livres, auroient dû naturellement être les épingles et le pot-de-vin qu'elle devoit donner à madame Roussel, faisant cette acquisition sur le même pied que madame de Pompadour l'avoit faite de M. Bachelier; car il est à présumer que ce dernier l'avoit vendu à cette femme sa valeur, et au-dessus.

A l'occasion des craintes que M. Roussel avoit eues en faisant cette acquisition, et sur ce qu'il disoit à madame de Pompadour : « qu'il appréhendoit que dans le public « on ne trouvât mauvais qu'un fermier général achetât « une terre où le roi avoit été ; que s'il y faisoit quelques « accommodements et y bâtissoit pour 2,000 écus seule- « ment, on ne manqueroit pas de dire qu'il ne se trou- « voit pas bien logé dans une maison que le roi avoit « habitée; qu'on tiendroit encore d'autres propos; » Madame de Pompadour lui répondit : *Eh quoi! monsieur Roussel, vous embarrassez-vous des discours qu'on tient; croyez-vous que je ne sache pas bien qu'on parle aussi de moi? Faites comme moi, ne vous en embarrassez point; je vous jure que cela ne m'inquiète guère.*

Je laisse à réfléchir sur cette reponse, qui, les mœurs à part, me paroît bien dépourvue de sens et d'esprit.

Madame Dubocage, à qui la tête a tourné par le prétendu succès de sa tragédie (1), succès dont elle seule est persuadée, a entrepris depuis quelques mois le voyage d'Angleterre, où elle est encore. Elle a voulu à toute force être présentée au roi. Dans les allées et les venues qui se sont faites pour cette importante négociation, le roi d'angleterre a demandé à M. de Mirepoix, notre ambassadeur à sa cour, si les femmes de l'espèce de Mme Dubocage étoient présentées au roi de France ; et comme M. de Mirepoix lui a répondu que cela n'étoit pas d'usage en notre cour, ce prince a décidé que Mme Dubocage ne lui seroit point présentée, ou du moins que si on la lui présentoit, il ne la salueroit point. Sur cela Mme Dubocage a fait l'équipée dont les lettres que je vais transcrire rendront mieux compte que ce que je dirois On verra la vanité

---

(1) Voyez page 84 et suivantes.

puérile et malhonnête de cette femme, qui s'est fait présenter au prince de Galles, et qui doit faire juger du ridicule personnage qu'elle joue actuellement en Angleterre.

Lettre de M. de Mirepoix (1), *ambassadeur de France en Angleterre, à madame la présidente de Rieux, sa belle-mère.*

A Londres, ce 11 mai 1750.

« Vous savez, ma chère maman, que je ne me mêle
« ni n'observe guère ces petits procédés qui se passent
« *souventes* fois entre vous autres, mesdames, et que l'on
« nomme vulgairement des tracasseries ; mais par la
« considération particulière que j'ai pour tout ce qui
« vous intéresse, je n'ai pas pu me dispenser de re-
« marquer et de vous rendre compte de la façon dont
« il a plu à madame Dubocage de répondre aux soins
« de madame de Mirepoix et aux miens pour l'accueillir
« ici selon vos intentions.

« Je vous ai mandé, ma chère maman, que dès le
« lendemain que nous avons su son arrivée à Londres
« nous avons été la chercher chez elle ; que son mari et
« elle dînèrent le jour d'après chez moi, et que notre
« maison leur fut offerte pendant leur séjour en Angle-
« terre ; tout cela a été exécuté comme j'ai eu l'honneur
« de vous le mander.

« Madame Dubocage désira être présentée au roi
« d'Angleterre, et madame de Mirepoix s'offrit de la me-
« ner à la cour. Selon les usages de cette cour, le roi
« ne reçoit les dames que certains jours de la semaine,
« et il n'en restoit plus que deux avant le départ de ce
« prince pour Hanovre. ;

---

(1) Il avait épousé en premières noces la fille du président Bernard de Rieux. Madame de Mirepoix d'aujourd'hui est venue du prince de Leixen de la maison de Lorraine. Voy. ci-après, à la date du 16 du même mois. (*Note de Collé.*)

« Sur ces entrefaites, madame de Mirepoix se trouva
« fort enrhumée, et si sérieusement indisposée qu'elle
« fut plusieurs jours hors d'état de sortir de chez elle.

« Dans la nécessité de ces circonstances, elle fit dire
« à madame Dubocage qu'elle avoit prié milady Alber-
« male, son amie, de se charger du soin de la présenta-
« tion. Ce choix ne pouvoit être plus honnête pour ma-
« dame Dubocage, tant parce que milady Albermale est
« femme de l'Ambassadeur d'Angleterre en France,
« que par le rang qu'elle tient dans ce pays-ci et la
« considération personnelle qu'elle a en cette cour.

« Par la popularité que le roi d'Angleterre veut bien
« affecter à l'égard de tous ceux et celles de ses sujets,
« il est dans l'usage de saluer indistinctement toutes les
« dames qui lui sont présentées; mais il lui a plus
« d'observer plus de distinction avec celles qui sont
« étrangères.

« Le matin du jour que devoit se faire la présentation
« de madame Dubocage, le duc de Richemont vint chez
« milady Albermale, de la part du roi d'Angleterre,
« lui dire que la susdite dame ne seroit point saluée.

« Comme, relativement aux usages, le refus du salut
« auroit été une espèce de dégoût, non-seulement pour
« la personne présentée, mais encore pour celle qui
« présentoit, milady Albermale prit le parti d'avertir
« madame Dubocage, et lui fit dire qu'elle se trouvoit
« si incommodée ce jour-là qu'elle ne pouvoit la mener
« à la cour. Comme le roi d'Angleterre partoit peu de
« temps après, il ne fut plus question de la présentation
« de madame Dubocage.

« Naturellement la susdite dame n'ayant point été
« présentée au roi d'Angleterre, ne pouvoit l'être au
« prince de Galles; mais ce prince ayant témoigné, sur
« sa réputation (1), quelque curiosité de la connoître,

---

(1) Il est bon d'observer que c'est moins sur la réputation de cette dame

« madame de Mirepoix, qui se portoit mieux, se chargea
« de la lui présenter.

« Ce prince, comme son père, ne voit du monde que
« certains jours de la semaine. En attendant un de ces
« jours, il prit fantaisie à ce prince d'aller déjeuner chez
« la femme d'un homme qui lui est attaché (1), et qui
« se trouve de la connoissance de madame Dubocage, à
« qui il fit dire de s'y trouver; madame de Mirepoix fut
« aussi invitée d'être de la partie. Dans toutes les cours
« il y a des sortes de circonspections à observer, et
« plus à celle-ci qu'aux autres, par les divisions qui
« règnent dans la famille royale : relativement à ces
« considérations, madame de Mirepoix dut éviter la
« partie particulière proposée par le prince de Galles,
« et s'en excusa sous le prétexte d'une migraine.

« Le lendemain de ce déjeuner devoit se faire la
« présentation de madame Dubocage. La Dame chez
« qui il s'étoit fait fit dire à madame de Mirepoix que,
« comme elle étoit incommodée, si elle agréoit qu'elle
« présentât le surlendemain la susdite dame, à quoi
« madame de Mirepoix acquiesça.

« Devant, ou après sa présentation, il plut à madame
« Dubocage d'écrire à madame de Mirepoix la lettre dont
« je joins ici la copie.

« Jugez, ma chère maman, si madame de Mirepoix,
« par ses procédés, devoit s'y attendre; et de plus, elle
« et moi eussions-nous pu croire qu'aucune circonstance,
« quelle qu'elle pût être, eût mis madame Dubocage en
« droit de lui en écrire de pareilles? Vous croyez bien,

---

que sur l'affectation que le prince de Galles a de faire toujours le contraire
de ce que fait le roi son père, que ce prince a montré tant de désir de voir
l'illustre Dubocage. (*Note de Collé, écrite en* 1780.)

(1) Il n'est pas bien difficile d'imaginer que cette femme est la maîtresse
du prince de Galles, et conséquemment qu'il n'étoit ni décent ni prudent
à la femme de l'ambassadeur de France de se trouver à déjeuner chez elle,
après ce qui s'étoit passé vis-à-vis du roi d'Angleterre au sujet de la Dubocage. (*Note de Collé.*)

« ma chère maman, que la lettre est demeurée sans
« réponse, et traitée avec le mépris dû à de pareilles
« incartades; mais madame de Mirepoix seroit au déses-
« poir de laisser le moindre doute sur ses attentions
« pour tout ce qui peut vous intéresser; et c'est par
« cette raison qu'elle m'a engagé de vous instruire de
« tout ce qui s'est passé entre madame Dubocage et elle.

« Elle m'a chargé de mille compliments pour vous,
« et de vous témoigner combien elle est fâchée qu'il ait
« passé par la tête à madame Dubocage de se mettre
« hors d'état de traiter avec elle selon vos intentions.
« J'ai l'honneur, etc. »

Lettre de madame Dubocage à madame de Mirepoix.

« Je sais fort la différence qui est entre vous et moi,
« madame, mais la sincérité est de tout état; et quand
« j'aurois eu tort, par le conseil des dames anglaises, de
« vous parler de me présenter au roi, il me semble
« qu'au lieu d'allonger le temps, et d'en charger milady
« Albermale, ensuite de lui mander le contraire, vous
« deviez me dire ou m'écrire les véritables raisons qui
« vous en empêchoient. Elles ne m'auroient pas fâchée,
« quand elles n'auroient tombé que sur les rangs et l'é-
« tiquette, ne me donnant que pour ce que je suis;
« mais à présent que le prince de Galles en est instruit,
« qu'il me trouve bonne pour lui faire ma cour, et qu'il
« veut bien même le désirer, l'éloignement que vous
« m'avez marqué pour vous y prêter m'est extrêmement
« offensant, parce qu'aux yeux des étrangers il ne peut
« plus tomber que sur ma personne. Je ne sais qui vous
« a donné de si mauvais mémoires; mais comme je ne
« suis point du tout inconnue, j'ose vous assurer que
« quand vous serez mieux instruite de ma façon de pen-
« ser, vous serez fâchée de m'avoir traitée avec aussi
« peu de ménagement, et qu'on sera surpris, à Paris

« comme ici, quand je dirai que vous êtes la seule per-
« sonne dans Londres qui ne m'ait point donné des
« marques d'attention. Comme vous n'avez point jugé
« que j'en méritasse, ni que je fusse propre à paroître
« en public avec vous, je ne le suis point non plus pour
« aller chez vous ; ainsi, vous ne serez point étonnée,
« madame, que je n'aie plus l'honneur de vous faire
« ma cour. Quelle opinion prendra-t-on ici des dames
« françaises, n'y en ayant que deux, de voir si peu d'u-
« nion entre elles? Si vous ne réglez votre estime que sur
« le degré de noblesse, il seroit peu flatteur de la fixer ;
« mais je ne puis avoir cette opinion d'une personne
« aussi éclairée que vous : ainsi je reste dans la surprise
« de votre procédé, avec le respect que je vous dois,
« madame,

« Votre très-humble, etc.

Et plus bas :

« Je sais que cette lettre est inutile, madame, mais
« ayant plus de sincérité que vous ne m'en avez montré,
« je n'ai pas voulu vous laisser ignorer mes sentiments. »

Il ne faut point de commentaire sur une pareille lettre, et l'on y donnera, aussitôt qu'on l'aura lue, les
qualifications qu'elle mérite. La plus douce sera de supposer que cette chère dame a perdu la tête.

Le samedi 13 du courant fut donnée la dernière représentation de *Cléopâtre*.

Le même jour les Comédiens italiens donnèrent la
première représentation de la *Feinte supposée*, comédie
en un acte, avec le ballet *des Chinois*, et tout cela aura
une espèce de succès, quoiqu'on m'ait parlé de cette
pièce avec tant de mépris que je n'en parlerai point. Je
ne la verrai pas davantage.

Le lundi 15 les Comédiens italiens donnèrent encore la première représentation du *Sommeil de Thalie*,

comédie en un acte, mais en vers, avec le ballet des *Bûcherons*. J'ai demandé à plusieurs personnes le nom des auteurs de ces deux pièces, et l'on n'a pu me le dire; je m'en informerai encore, et sans doute quand on me les aura nommés, ils n'en seront pas plus connus ; quelque misérables que soient ces pièces, je ne doute pas qu'elles ne réussissent à la faveur des ballets. Après *le Provincial à Paris*, et les preuves du *dégoût* public, il ne faut désespérer de rien.

J'ai oublié, à l'occasion de l'histoire de madame Dubocage, d'insérer un couplet de chanson qui fut fait sur madame de Leixin, lorsqu'elle épousa M. de Mirepoix, aujourd'hui son mari ; le rang qu'elle perdoit par ce mariage en est le sujet. Mais avant de les écrire il est nécessaire, pour l'intelligence de ce couplet, d'en rappeler un, fait anciennement sur une mademoiselle de Tournon qui, ayant épousé en premières noces un duc de Chaulnes, se maria ensuite à un comte d'Hauterive ; ce qui lui fit perdre et son rang de duchesse et le tabouret, et toutes ces billevesées d'honneur, de grandeur et de petitesse. On fait parler mademoiselle de Tournon :

> Si j'ai quitté le fameux nom de Chaulne,
> Après avoir eu celui de Tournon (1).

Voici actuellement celui fait sur madame de Mirepoix ; on lui adresse la parole :

> Pauvre Leixin, à l'exemple de Chaulne,
> Vous renoncez à l'éclat d'un grand nom
> Pour Mirepoix ; mais il n'a pas cette aune
> Qui d'Hauterive avoit fait le renom.
>   Ton relon ton ton tontaine
>   Latontaine,
> Ton relon tonton tontaine latonton.

---

(1) Voyez la suite dans le *Recueil* de 1784. (*Note de Barbier.*)

Le couplet sur madame de Chaulnes est beaucoup meilleur; mais ce dernier-ci a son sel et de la gaîté, sans avoir pourtant le mérite de l'invention de l'idée, ni de la correction du premier.

Malgré le ferme propos que j'avois fait de ne point voir les deux pièces nouvelles des Italiens, comme, lundi 22 du courant, on les jouoit ensemble, je m'y laissai entraîner. *La Feinte supposée* est telle que l'on me l'avoit dite, et digne du dernier mépris; l'auteur est un nommé Mennevillette (1), personnage fort ignoré, et qui sûrement le sera toujours.

Le Sommeil de Thalie est de M. de Marcouville, qui n'est guère plus connu que le précédent bel esprit, mais qui par la suite pourroit l'être davantage; il a cependant trente ans, et c'est bien tard s'il n'en avoit que dix-huit ou vingt, j'espérerois beaucoup de cet auteur-là.

Le Sommeil ou *le Réveil de Thalie* est une petite comédie de scènes à tiroir, genre de comédie qui n'en mérite pas le nom; mais enfin, sans entrer dans cette discussion, il est certain que cette petite pièce est joliment écrite, que les vers m'en ont paru bien faits, et que l'auteur montre du goût, de la vivacité et de la gaieté; il a un peu trop d'ambition d'esprit et la fureur des antithèses (2). L'idée de sa pièce est assez jolie : l'oracle d'Apollon, que l'on consulte pour savoir ce qui pourra réveiller Thalie, répond « qu'elle sortira de son sommeil « quand il se trouvera un auteur qui pourra se faire « comprendre, etc.; » et dans la dernière scène arlequin vient proposer une pantomime, qui effectivement réveille Thalie; cela me paroît assez ingénieux. M. de Marcouville cependant n'a pas tiré parti de son sujet, et ne

---

(1) Les auteurs des *Anecdotes dramatiques* attribuent cette pièce à un M. Chicanneau de Neuvilée, t. I, p. 351, et *le Réveil de Thalie* à l'abbé de Voisenon, t. II, p. 129. (*H. B.*)

(2) La lecture m'a désabusé du peu de bien que je dis là du *Sommeil de Thalie*. (*Note de Collé.*)

l'a pas traité comme il auroit dû l'être : au lieu d'un seul auteur qui tente de tirer Thalie de son assoupissement, il en devoit faire paroître plusieurs, de différents genres, comme, un auteur tragique, un auteur bas comique, un comique larmoyant, etc.; mais peut-être dans ce siècle circonspect, imbécile et poli, ne lui auroit-on pas permis une critique honnête des auteurs, et cela est probablement cause qu'il s'est jeté dans des scènes étrangères au fond de son sujet, et qui n'y tiennent point du tout, telles que sont celles de Caroline et de Silvia, qui ne tendent point, au contraire, qui s'éloignent du but de la pièce (1). Dans les scènes de *l'Homme du monde* et de *l'Auteur*, M. de Marcouville auroit bien pu s'étendre davantage qu'il n'a fait, et dire beaucoup de choses agréables et solides, qu'il n'a pas dites et auxquelles on s'attendoit; quoi qu'il en soit, dans l'état qu'est cette pièce, je ne sais si je me suis trompé et si la représentation m'a fait illusion, mais j'avoue de bonne foi que j'y ai trouvé du goût et de l'esprit. Quelques épigrammes assez vives, une versification aisée et naturelle, mais un peu trop abondante. Il y a un peu de lieux communs; mais quel est l'auteur qui s'en sauve!

Le 23, je rencontrai à la promenade Thiriot, ancien ami de Voltaire; il me donna les vers suivants, qu'il m'assura que le roi de Prusse avoit faits, et adressés à d'Arnaud, autrement dit Baculard; la réponse du d'Arnaud est ensuite. Il m'assura si positivement que ces petits mauvais vers étoient de ce roi et de cet auteur, qu'il faut avoir aussi peu de foi que j'en ai pour en douter encore. Comme Voltaire est odieusement comparé à d'Arnaud, je penchois à croire que c'étoit une satire indirecte que l'on avoit voulu faire contre ce premier. En effet, d'Arnaud est infiniment fou, mais n'est point

---

(1) **Notre respect du texte nous a fait maintenir certaines phrases dont la construction est incorrecte.** (*H. B.*)

poëte; il est auteur d'une méchante tragédie en trois
actes, intitulée : *la Saint-Barthélemy*, qui n'a jamais été
jouée, mais qui est imprimée : ses vers sont harmonieux, mais n'ont que du son, point de pensées, beaucoup, mais beaucoup d'amphigouris dans son style; il
a fait quelques odes et quelques petites pièces galantes
dans ce goût-là; il est aussi auteur d'une comédie, intitulée : *le Mauvais Riche*, qui a été jouée cet hiver, par
des particuliers, à l'hôtel de Tonnerre. Et à propos de
cette représentation, il faut que je dise que Voltaire a fait
jouer ces jours-ci, à Sceaux et chez lui, plusieurs fois,
deux ou trois de ses tragédies, notamment *Rome Sauvée*
et *Zulime*, je crois même, *Adélaïde du Guesclin*, qu'il a
raccommodée. Nous verrons sans doute ces pièces cet hiver. En attendant, voici les vers dont je viens de parler :

Vers du roi de Prusse au sieur Arnaud de Baculard.

    D'Arnaud, par votre beau génie,
Venez réchauffer nos cantons,
Et, des sons de votre harmonie,
Réveiller ma muse assoupie,
Et diviniser nos Manons.

    L'Amour préside à vos chansons,
Et dans vos hymnes, que j'admire,
La tendre volupté respire
Et semble dicter ses leçons.

    Dans peu, sans être téméraire,
Prenant votre vol jusqu'aux cieux,
Vous pourrez égaler Voltaire,
Et près de Virgile et d'Homère,
Jouir de vos succès fameux.

    Déjà l'Apollon de la France
S'achemine à sa décadence :
Venez briller à votre tour;
Élevez-vous s'il brille encore;
Ainsi le couchant d'un beau jour
Promet une plus belle aurore.

Réponse du sieur d'Arnaud au Roi de Prusse.

    Ovide chante l'empereur,
C'est d'une muse peu timide ;
Mais l'empereur chanter Ovide,
C'est le comble de la faveur.

    De cette grâce singulière,
Grand roi, vous daignez m'honorer ;
L'adorateur le plus vulgaire
Par son Dieu se voit célébrer.

    Que l'envie en ce jour ranime
Tous les serpents de sa fureur ;
Son désespoir est légitime,
Je suis au faîte du bonheur.

    Je ne suis point sur le Parnasse ;
Mais, mille fois plus glorieux,
Vos vers m'accordent une place
Qui m'élève au plus haut des cieux.

    Comment pourrois-je reconnoître
Un bienfait aussi précieux ?
Je ne puis qu'aimer mieux mon maître,
L'amour acquitte envers les Dieux.

    A ma muse, qui vient d'éclore,
Vous annoncez un sort brillant ;
Grand roi, Voltaire à son couchant,
Vaut mieux qu'un autre à son aurore.

    Mais si vous daignez me prêter
Quelques traits de votre lumière,
A ce prix, j'ose me flatter
D'obtenir l'éclat de Voltaire.

J'en reviens toujours à croire que ces vers sont une niche qu'on a voulu faire à Voltaire. Je n'ai pas besoin de dire que de quelque main qu'ils partent, ils sont exécrables, ils n'ont que les mots de la poésie, mais nulles pensées ; il n'y a ni tour ni expressions françaises, c'est du vide partout. Quelle fatuité d'ailleurs dans ceux de d'Arnaud, d'adopter presque la comparaison qu'on fait de lui à Voltaire, supposé toujours que ces vers soient véritablement de lui et du Roi de Prusse; ce n'est pourtant que sur le fond ement de cette supposition que je me suis donné la peine de copier cette platitude.

Deux personnes dignes de foi viennent encore de m'assurer aujourd'hui que ces vers sont bien véritablement du roi de Prusse et de d'Arnaud. Quel singulier assemblage! Oh, le plaisant commerce de littérature!

Fuzelier, que je rencontrai hier, me fit part de deux anecdotes qu'il a vues se passer sous ses yeux, et que je ne veux point perdre.

La première regarde M. Le Sage, auteur de *Gil Blas*. Avant que de faire jouer son *Turcaret*, il avoit promis à madame la Duchesse de Bouillon d'aller lui lire sa pièce; on comptoit que la lecture s'en feroit avant le dîner; quelques affaires le retinrent, et il arriva tard. La Duchesse de Bouillon le reçut avec un air d'impatience et de hauteur, et lui dit d'un ton aigre, qu'il lui avoit fait perdre plus d'une heure à l'attendre. *Eh bien, madame*, reprit froidement Le Sage, *je vais vous faire gagner deux heures;* après cette courte réponse, il fit sa révérence et sortit. Quelque chose qu'on fît, et quoiqu'on courût après lui sur l'escalier, il ne voulut jamais remonter, n'y dîna pas, et ne lut point sa pièce.

J'aime cette fierté dans un homme de lettres; il faut avoir de l'élévation dans l'âme pour en être susceptible et pour la montrer avec tant de fermeté. Si les auteurs étoient moins bas, les protecteurs ne seroient point insolents; on n'écrase que les bêtes qui rampent.

L'autre anecdote regarde défunt M. Danchet. Il dînoit un jour chez Hoguer, le Suisse. Un Allemand, qui étoit de ce dîner, dit à M. Danchet, en assez mauvais français : *Je crois, monsieur, avoir eu l'honneur de vous voir quelque part, je ne puis me rappeler où.* Danchet avoit beau donner la torture à sa mémoire, il n'avoit pas la plus légère idée d'avoir jamais rencontré cet étranger, qui, à force de rêver, lui dit : *Oh, parbleu, M. Danchet! je me souviens à présent où je vous ai vu; je vous ai vu dans les couplets de Rousseau.*

On peut regarder ces deux petits faits comme sûrs. Fuzelier a été le témoin du dernier, et tout le monde sait l'intimité dans laquelle il a presque toujours vécu avec M. Le Sage, qui, m'a dit Fuzelier, le lendemain même de son aventure, la lui raconta telle que je la rapporte.

Fuzelier, au reste, ne passe point pour menteur; on pourroit, au contraire, lui reprocher d'avoir toujours dit trop crûment la vérité (1).

On a affiché *Cénie*, et non Célie, pièce nouvelle en cinq actes et en prose de madame de Grafigny; j'irai ce soir.

Madame de Grafigny est l'auteur des *Lettres péruviennes*, qui à mon sens ont fait plus de bruit qu'elles ne méritoient. L'invention du fond est entièrement prise de *Paméla*, des *Lettres Persanes* et des *Amusemens sérieux et comiques;* le style en est assez agréable, et quelquefois assez vif. Il y a de la chaleur dans plusieurs endroits; mais il y en a beaucoup davantage où l'on trouve des choses languissantes, des lieux communs, et des idées effleurées qu'on pouvoit étendre davantage et qu'elle n'a point traitées; on pourroit, par exemple, tirer davantage parti du contraste de nos mœurs avec celles des Péruviens; quoi qu'il en soit cependant, en l'état même qu'il est, c'est un assez joli ouvrage pour une femme, et qui doit, avec justice, lui faire honneur.

Madame de Grafigny a vécu anciennement à la cour de Lorraine, et étoit connue de l'empereur d'aujourd'hui. Quelque temps après que les *Lettres péruviennes* eurent paru, un ami qu'elle avoit à la cour de l'empereur lui

---

(1) Fuzelier (Louis), né à Paris, en 1672, mourut en 1752. Il eut le privilége du *Mercure*, conjointement avec La Bruère, en récompense de ses travaux et de ses succès dramatiques. Il fit jouer des pièces sur tous les théâtres, tantôt seul, tantôt en collaboration avec Le Sage, d'Orneval, Piron, etc. (*H. B.*)

écrivit que ce prince et l'impératrice les avoient lues avec un extrême plaisir, et en avoient fait l'éloge ; qu'elle devroit entreprendre de faire quelques comédies convenables pour cette cour ; que l'impératrice étoit dans le goût d'en faire jouer par les princesses et les dames qui l'approchoient ; et que si celles qu'elle composeroit étoient acceptées, il ne doutoit pas qu'elles ne lui attirassent la bienveillance et les bienfaits de l'Empereur. Madame de Grafigny s'est prêtée à cette idée ; elle a fait cinq ou six comédies, qui ont été effectivement jouées par les princesses et les dames de la cour de Vienne ; et elles ont si bien réussi que l'empereur a envoyé, il y a environ un an, à madame de Grafigny, un brevet de pension de 1,500 livres, à condition qu'elle ne feroit point imprimer ni ne donneroit à aucun théâtre les comédies en question.

Cénie, que l'on joue aujourd'hui, n'est donc point du nombre de celles qu'elle a composées pour l'empereur.

J'ai donc été aujourd'hui, 25 du courant, à la première représentation de *Cénie*. C'est un petit roman en action, divisé en cinq actes, auquel, comme aux autres pièces de ce genre, on ne peut donner ni le nom de tragédie, ni celui de comédie, ni même celui de tragi-comédie. Quoi qu'il en soit, sans prétendre en fixer la dénomination, je vais dire naturellement ce que je pense de cette pièce.

Quelque prévenu que je sois, en général, contre cette espèce monstrueuse de poëme dramatique, j'avoue que celui-ci m'a un peu ému dans de certains endroits, et m'a tiré quelques demi-larmes, si l'on peut s'exprimer ainsi ; il y a quelques situations et quelques morceaux de sentiment assez bien touchés, mais qui ne sont pas d'assez longue durée ; vous commencez à vous attendrir, et l'on vous laisse là. Ce défaut vient de la construction de la pièce ; mais encore plus de la foiblesse et du vice du genre *larmoyant*. Dans cette espèce de drame, un auteur n'a jamais et ne peut pas même avoir assez de temps pour exposer nettement son sujet, et pour faire toutes les préparations nécessaires à l'intelligence de sa pièce. Dans un roman, il auroit ses coudées franches, et pourvu que dans le commencement d'un roman le style soit coulant et vif et un peu agréable, on peut s'étendre autant que l'on veut, et l'on accorde volontiers au romancier le temps qu'il lui faut pour fonder tous les événements; mais, comme je l'ai déjà dit ailleurs, l'action théâtrale resserre un auteur dans des bornes si limitées et si étroites, qu'il est, je ne dis pas difficile, mais j'oserois dire impossible de développer bien clairement, et d'une façon suffisamment étendue, ce qu'il est indispensable d'établir dans l'exposition de cette comédie bâtarde.

Un autre défaut, qui est encore inhérent à ce genre, c'est l'obligation de cacher le dénouement et d'empêcher qu'on ne le devine; ce qui est cause presque toujours que l'exposition dure jusque dans les derniers actes, et que l'on a encore des faits même au cinquième acte dont il faut instruire le spectateur; et rien au monde n'est plus froid que le récit de ces faits qui coupent presque toujours indispensablement l'action, et justement dans le temps où tout est davantage en mouvement, et où cela dérange nécessairement les situations les plus vives et dans lesquelles il doit y avoir le plus de chaleur. L'action théâtrale resserre aussi infiniment les conversations et les explications; et comme dans les pièces de romans, le sujet est mille fois plus embrouillé que dans quelque autre pièce que ce soit, les éclaircissements sont plus fréquents, et sont, sans aucune comparaison, plus difficiles à faire que dans un véritable roman, surtout si l'on ne veut pas être froid; aussi la plupart du temps dans les derniers actes de ces pièces les personnages s'entendent-ils à demi-mot, et le plus souvent encore se devinent-ils. Quelquefois même, comme l'auteur sait que les spectateurs sont au fait, il les fait dispenser bravement de s'éclaircir absolument entre eux; enfin, le plus grand vice de ce genre, et qui est dans presque tous les poëmes de cette nature, c'est le manque total de vraisemblance. Toutes ces pièces ne sont échafaudées que sur des impossibilités entassées; il n'y a pas, à mon jugement, une pièce de La Chaussée qui ne soit impossible, au lieu que dans Molière et dans les bons auteurs de comédies, rien ne s'est passé avant l'action ; rien encore moins ne se passe sous vos yeux pendant l'action qui ne soit dans la plus exacte vraisemblance. Vous voyez partout la nature, et dans les caractères vous avez rarement de ces hommes parfaits, sans vices et sans ridicules, et de ces femmes vertueuses et sans défauts, que l'on n'a jamais trouvées que dans les romans, et de la peinture idéale desquels on est venu défigurer nos comédies; ces tableaux imaginaires, et qui ne ressemblent à personne, étoient relégués dans nos romans : par quelle fatalité les en déplace-t-on aussi mal-à-propos pour nous en ennuyer sur le théâtre, et nous faire perdre le goût de la bonne comédie, dans laquelle nous avons été plus loin que les anciens? Il est vrai qu'il faut médiocrement d'esprit et de force pour faire ces sortes de pièces; les auteurs foibles et sans génie, qui ont désespéré d'atteindre au sublime et à la majesté du tragique, ou qui, dans le comique, ne connoissent point les hommes, leurs vices et leurs ridicules, et sont sans imagination pour les mettre en action sur le théâtre, et d'une façon plaisante, ont donné dans ces pièces de romans, dont la meilleure ne peut pas être vue ou lue trois fois sans ennui; et en cela elles ressemblent aux véritables romans, dont elles tirent leur naissance et qu'on ne sauroit lire deux fois dans sa vie; les gens de bon sens ne font cas que de deux sortes de romans : la première est celle qui, en donnant de grands préceptes, comme dans *Télémaque*, tend à l'instruction des hommes, ou qui simplement fait voir une grande imagination, comme ceux de La Calprenède, ou une imagination vive et forte, comme ceux de Prévôt; la seconde est celle qui tend aussi à notre instruction, par une route différente, en nous donnant le portrait naïf de la société, et en nous faisant la peinture des hommes privés et des mœurs, comme dans *Gil Blas*, les *Illustres Françaises*, *M rianne*, *le Sopha* même, et quelques autres; le reste des romans, qui ne sont que purement romanesques, sont méprisés des personnes sensées et qui ont du goût, et on les abandonne volontiers aux femmes et aux jeunes gens qui sortent du collége. Mme de Grafigny eût donc moins mal fait de faire un roman de sa pièce que de tenter l'impossible, en voulant l'assujétir aux entraves du poëme dramatique. Par les réflexions spirituelles, sensées et utiles qu'elle y eût pu jeter, elle en eût fait un joli roman, et elle n'en a fait qu'une mauvaise comédie.

D'ailleurs, la ressemblance de sa pièce avec *la Gouvernante* de La Chaussée lui sera encore reprochée, et elle aura beau dire que sa pièce étoit aux trois quarts faite quand ce dernier donna la sienne, le public admet rarement ces sortes d'excuses.

M. l'abbé de la Galaizière m'a pourtant assuré que rien n'étoit plus vrai que ce fait, et qu'on a eu même toutes les peines du monde à la déterminer à achever son ouvrage, lorsqu'elle eut vu paroître l'autre.

Quoi qu'il en soit, si ces deux pièces se ressemblent (1) par les défauts qui sont communs au genre larmoyant, elles ne sont point du tout semblables du côté de l'intérêt et de choses pensées. Celle de madame de Grafigny m'a paru intéressante, jusqu'à un certain point, du moins m'a-t-elle fait quelques petites impressions à la représentation et a-t-elle excité chez moi quelques légères émotions

---

(1) Voyez ma rétractation ci-après, à la date du 18 novembre de la présente année. (*Note de Collé.*)

momentanées, au lieu que celle de La Chaussée m'a laissé froid depuis le commencement jusqu'à la fin. Il y a dans celle de La Chaussée un peu plus d'entente et de connoissance du théâtre, des scènes mieux liées et mieux enchaînées; les préparations sont plus adroitement faites, et l'on y voit plus en général ce qu'on appelle la main de l'artiste; mais il y a dans celle-ci plus de choses finement pensées dans les détails, et même plus neuves et plus fortement exprimées. Le style de La Chaussée est plus uni, plus naturel, et même, si l'on veut, plus plat; celui de Mme de Grafigny est plus rempli d'esprit, même il y en a trop, tout est tourné en maximes et en pensées sentencieuses : *Per tormentum sententiarum*, comme dit Pétrone.

Cette dame l'emporte aussi par les caractères sur l'Académicien français; ceux de ce dernier sont presque tous faux, et se démentent; et d'ailleurs, suivant l'usage bénin des comédies larmoyantes, les personnages de sa pièce n'ont ni vices ni ridicules; du moins Mme de Grafigny a-t-elle tenté de nous donner la peinture d'un homme faux, scélérat et hypocrite.

Ce caractère est contrasté avec celui de Dorimont, qui est un homme vrai et sensible, sans affectation; malheureusement vers la fin de son cinquième acte elle fait agir ce personnage très-inconséquemment à son caractère, et le rend dans le reste de la pièce un peu trop bête et trop foible.

La première scène du cinquième acte est ce qu'il y a, selon moi, de meilleur dans toute la pièce : c'est là une véritable scène de comédie; elle est bien traitée, bien filée, assez bien écrite, et sort parfaitement du fond du sujet; je ne sais si je me trompe, mais j'ai trouvé cette scène excellente. Grandval la joue, il est vrai, dans la grande perfection, et en général cette pièce est bien jouée, et la représentation en est séduisante. Mlle Gaussin rend des choses qui font un effet étonnant, quand elles sont dans sa bouche, et qui ne feront sûrement aucun effet quand elles seront sur le papier ; il en est de même de Sarrazin, de Roselly et de la Dumesnil, qui se sont surpassés.

C'est ce qui doit faire suspendre encore le jugement sur ce qu'il y a de bon dans cet ouvrage, et notamment sur le style ; il faut l'attendre dans le cabinet. Je suis déjà persuadé que l'impression en fera furieusement rabattre à tous égards, et que cette pièce a grandement besoin du prestige de la représentation et de l'illusion que nous font les acteurs.

Les deux premiers actes sont froids, et dès le premier on devine aisément le dénouement.

Il est ridicule au troisième acte, et c'est un manque total d'imagination et d'invention, que Dorimont, sur la seconde lettre qui lui apprend que Cénie est fille de la gouvernante, ne veuille plus l'adopter pour sa fille, tandis qu'il avoit fait cette action généreuse lorsque par la première lettre on lui apprenoit seulement que Cénie n'étoit point sa fille, sans lui marquer que la gouvernante fût sa mère. Dans ce dernier cas, il lui faisoit épouser son neveu et lui donnoit tout son bien. Or, s'il lui fait cette grâce dans le temps qu'il ignore absolument quels sont ses parents, et qu'il la regarde comme un enfant trouvé et supposé qui lui doit être odieux, à combien plus forte raison doit-il faire cet acte de générosité lorsqu'il découvre que Cénie est fille de la gouvernante, femme qu'il estime et qu'il respecte, et qu'on lui prouve être innocente du crime de la supposition de l'enfant? Au lieu de cela, cet homme, qu'on fait si bon qu'il en est quelquefois bête, sitôt qu'il a su que Cénie est fille de la gouvernante, les laisse sortir de chez lui, et se contente de leur faire quelques libéralités, sans vouloir d'ailleurs approfondir quelle est la naissance de la gouvernante, et sans même lui demander son histoire, qu'il n'apprend que très-imparfaitement au cinquième acte, lorsque ces femmes sont sur le point de se retirer dans un couvent.

Est-il d'ailleurs naturel, n'est-il pas au contraire impossible, et n'est-ce pas le comble de l'absurdité, que Mélisse, la défunte femme de Dorimont, ait écrit deux lettres, à l'article de sa mort, pour révéler la naissance de Cénie? deux lettres différentes et qui divisent sa confession, l'une, adressée à Cénie, découvre qu'elle n'est point sa fille; l'autre, qui est pour Dorimont, dit qu'elle n'est point sa fille, et qu'elle doit le jour à la gouvernante. Je demande dans quelle vue la défunte n'auroit point développé entièrement dans l'une et dans l'autre de ces lettres ce mystère d'iniquité, que ses remords seuls et la crainte de la justice de Dieu la forçoient d'avouer? On ne peut pas la soupçonner, dans un instant aussi terrible pour elle, de s'être entendue avec Méricourt et d'avoir voulu favoriser les artifices damnables qu'il emploie par la suite. Quel étoit donc son but dans cette double confession, dont l'une est tronquée? On n'en aperçoit pas d'autre, sinon que par cette lettre l'auteur a cru fortifier le nœud de son intrigue; mais ce moyen, outre qu'il est mauvais et sans vraisemblance, ne produit rien, ou du moins ne devroit rien du tout produire, puisque, bien loin d'empêcher Dorimont d'adopter Cénie et de lui donner son neveu et son bien, cela devroit au contraire l'y exciter davantage, tant par le respect et l'estime qu'il a pour la gouvernante, que pour punir Méricourt de la trahison infâme qu'il lui a faite, de ses procédés abominables; ce dernier motif même suffiroit seul, quand l'autre, qui est bien aussi puissant, ne s'y trouveroit pas; mais quand tous les deux concourent ensemble, je ne vois pas ce qui peut arrêter Dorimont à se déterminer à cet égard, si ce n'est le besoin que l'auteur a que sa pièce ne finisse pas si tôt. Il ne falloit donc absolument qu'une lettre, qui eût contenu la déclaration du mourant dans son entier, ou que les deux lettres eussent dit la même chose, et il falloit chercher et trouver un autre moyen dans le caractère fin et faux de Méricourt qui parût mettre Dorimont presque dans l'impossibilité d'adopter Cénie, et Cairval dans celle de l'épouser.

Outre la froideur des deux premiers actes et le nœud misérable dont je viens de faire la critique, il y a bien d'autres défauts, qu'il seroit trop long de détailler ici ; le dénouement, comme je l'ai dit, se devine dès le premier acte; mais on ne devine pas, ou pour mieux dire, il faudroit deviner l'affaire d'honneur qu'a eue le père de Cénie, qui n'est expliquée clairement en aucun endroit de la pièce, et dont à la fin même on ne sait pas davantage l'histoire. C'est pourtant sur elle et sur celle de sa femme que roule tout l'intérêt de cette comédie ; et dans le dénouement même (où, par parenthèse, la reconnoissance du père et de la mère de Cénie est manquée) on n'a qu'un éclaircissement léger et imparfait de leurs aventures, ce ne sont que des généralités, qui ne mettent point nettement au fait; je ne veux pas dire par là qu'il eût fallu s'appesantir sur des détails; non, mais au moins doit-on rendre raison succinctement de tout.

La soubrette est totalement inutile; Clairval est trop romanesque dans certains endroits de son rôle, et surtout lorsqu'il appuie sur l'illustre naissance de Cénie; mais il est dans la nature, et divin dans la première scène du cinquième acte. La gouvernante parle un peu trop par sentences, et est parfois précieuse; tous les autres acteurs en tiennent aussi un peu, et le style de la pièce est le même pour tous les personnages, sans en excepter la suivante; il est vrai que la gouvernante renchérit sur tous les autres par le ton sentencieux et hérissé de maximes; elle ne laisse presque rien au sentiment. Ce style de Sénèque est fort du goût de ce siècle spirituel, sans génie, et qui ne connoît plus la belle nature. Après toutes ces critiques, il faut pourtant convenir que cet ouvrage fait honneur à une femme, et qu'il y a des hommes même à qui il en feroit. Ce sera, si l'on veut, et je le veux, un méchant poëme; mais ce sera un ouvrage où il y a de l'esprit, et qui est pensé : cela n'est pas encore si commun aujourd'hui. Quoique tout le monde ait de l'esprit à présent, il y a plus de choses vues, finement pensées, et nouvelles dans cette pièce-là, qu'il n'y en a dans beaucoup de rapsodies du très-illustre et très-médiocre La Chaussée (1).

On n'a jamais pu venir à bout d'engager Mlle Dangeville à se charger du rôle de la soubrette (2); ce petit automate tranche, depuis quelque temps, de la grande actrice; il faut qu'un rôle lui plaise pour qu'elle le joue. M. Duclos s'étoit entremis, pour le lui faire accepter; il n'a pu y réussir, quoiqu'il ait mis en œuvre la dernière ressource qui lui restoit contre pareil oison; je veux dire, qu'il ait tenté de la prendre du côté de l'amour-propre. *Eh bien! mademoiselle,* lui dit-il, *puisque vous ne voulez pas vous charger du rôle, on le donnera à Mlle Beaumenars; la jeunesse et la beauté lui tiendront peut-être lieu de ce qui lui manque du côté du talent.*

Cette dernière botte n'a pas porté.

On ne devroit point laisser les comédiens les maîtres de refuser un rôle, surtout dans les pièces nouvelles; les gentilshommes de la chambre devroient les leur faire jouer malgré eux, et les punir quand ils y manquent : c'est la cause pour laquelle le public est souvent

---

(1) La lecture m'a furieusemet désabusé. V. à la date du 18 novembre 1750. (*Note de Collé.*)

(2) J'ai été longtemps dans l'erreur sur la demoiselle Dangeville; le public l'a crue et la croit encore une bête : rien n'est plus faux ! *elle ne manque point d'esprit* est la phrase qui lui convient; on ne peut aller en deçà, ni au delà, si l'on veut être juste. Mlle Dangeville a été très-jolie, et a eu un talent supérieur; les femmes ont dû en dire du mal, et les histrions sans talents n'en pas dire de bien. (*Note de Collé, écrite en* 1780.) Voyez la note au bas de la page 145.

si mal servi; les comédiens ont mille peines à s'accorder entre eux, pour les rôles des pièces courantes, et ils ont à ce sujet des disputes journalières, auxquelles les gentilshommes de la chambre couperoient court s'ils savoient ou vouloient établir une bonne police à cet égard.

Sarrazin, qui est zélé pour la recette, et qui dit tout naturellement que quand on fait un métier aussi infâme que celui de comédien, du moins il faut y gagner beaucoup d'argent, a déclamé mille fois dans les assemblées, contre cet abus. Un jour même que l'on faisoit le répertoire pour la semaine et qu'on avoit déjà proposé plusieurs pièces où ces demoiselles, sous différens prétextes, refusoient de jouer des rôles, Sarrazin leur dit en colère : *Eh bien! mesdames, il faudra donc fermer boutique et mourir de faim!.. — Eh quoi! monsieur*, répondirent-elles, *serez-vous plus à plaindre que nous? Quand vous manquez une recette, ne la manquons-nous pas comme vous?* — *Oui*, reprit vivement Sarrazin, *oui, mesdemoiselles; mais je n'ai point d'autres ressources, moi!.......*

Je me rappelle à ce sujet un bon mot de Ponteuil, ancien comédien (1), qui étoit ennemi déclaré de Dancourt, et qui décrioit sans cesse les pièces de ce dernier. Mlle Dancourt lui fit à ce sujet une sortie vigoureuse en pleine assemblée : elle l'appeloit traître à sa compagnie, lui donnoit les noms les plus odieux, et le peignoit des couleurs les plus noires. Après qu'elle eut fini le torrent d'injures qu'elle lui disoit et où elle n'avoit rien oublié, Ponteuil lui dit d'un grand sang-froid : *Eh bien, mademoiselle, est-ce là tout? Vous avez beau chercher*

---

(1) Ponteuil (Étienne Le Franc, dit), né à Paris, en 1674, mort en 1718, alla jouer en Pologne, où il se maria. De retour à Paris, il débuta au Théâtre-Français, où il fut reçu. Il représentait également bien les rois et les paysans, et fut un des premiers qui ont apporté au théâtre un débit simple et naturel. (*H. B.*)

à me dire toutes les horreurs du monde, vous avez beau faire, vous ne m'appellerez jamais p..... (1).

On me disoit ces jours-ci une épitaphe latine, qu'on fit en Angleterre, sur St.-Evremond, le jour qu'il fut enterré; on prétend qu'il n'étoit entré dans l'église que ce jour-là. Voici l'épitaphe :

Sanctus Evremontius tandem ecclesiam ingressus est.

JUILLET 1750.

Le 5 du courant Pelletier est arrivé à Paris; il vient ici passer deux mois et demi, fort dégoûté de Bordeaux, et cherchant tous les moyens de s'en tirer.

L'abbé Terrasson se meurt; cette mort laissera une place vacante à l'Académie française; il est beaucoup question de Piron. La Chaussée s'oppose le plus qu'il peut à ce qu'il soit proposé; et il disoit ces jours-ci : *J'ai une pièce en main qui empêchera toujours que cet homme-là n'entre à l'Académie.* Il vouloit parler de son *Ode à Priape.* Sur quoi Duclos répondit : *Mais, monsieur, s'il y avait eu une Académie romaine, auroit-on refusé d'y admettre Virgile, Horace et Ovide, les deux premiers, parce qu'ils ont fait, l'un des Églogues, et l'autre des Odes un peu libres; et le dernier, parce qu'il a composé l'Art d'aimer, et d'autres Poésies licencieuses? la postérité trouveroit-elle*

---

(1) Dans sa *Galerie du Théâtre Français*, page 473, Lemazurier a rapporté cette anecdote, et, pour sa plus grande commodité, il a reproduit *textuellement* le récit de Collé, mais sans citer son nom. Lemazurier, paraît-il, était assez coutumier de ce genre d'oubli; déjà, dans les *Œuvres inédites de Piron*, p. 128, nous avons eu l'occasion de signaler un *emprunt* analogue, fait par lui aux *Mémoires* de Bachaumont, sans en indiquer la source. (*H. B.*)

aujourd'hui ces raisons suffisantes? Si vous n'en avez point d'autres que celles-là pour donner l'exclusion à Piron, je ne les crois pas assez fortes, et j'ose dire cela d'une façon d'autant plus désintéressée, que moi personnellement je n'aime point Piron; mais j'estime ses ouvrages à beaucoup d'égards.

Le 10 du courant, le parlement rendit et fit exécuter un arrêt contre la nommée Moyon, m........., et quelques femmes, qui ont été promenées dans la ville, sur des ânes, avec des chapeaux de paille, etc. La Moyon fut fouettée et marquée : son crime étoit d'avoir débauché de petites filles de neuf ou dix ans, et de les avoir prostituées. Je ne comprends pas pourquoi elle n'a pas été condamnée à la mort; les lois infligent la peine capitale dans les cas de rapt, même de rapt de séduction; le crime de la Moyon me paroît plus grand.

Le 16, je fus à la Comédie-Française, voir débuter Mlle Brillant, dans les rôles d'amoureuse de *l'Homme à bonnes fortunes* et des *Folies amoureuses*. Cette fille a joué longtemps à l'Opéra comique, sur les théâtres de province, et notamment à l'armée du maréchal de Saxe (1). Elle a contracté dans ces différentes troupes un air de garnison indécent et même malhonnête dont elle se défera difficilement. Le rôle noble dont elle étoit chargée dans la première pièce ne lui convenoit donc nullement; elle se tira un peu mieux de celui d'Agathe, dans *les Folies amoureuses*; cependant, en total, cela fait et fera toujours, à mon avis, une mauvaise comédienne.

Un visage inanimé, des yeux un peu louches, point

---

(1) D'après Lemazurier, cette actrice se distingua dans l'emploi des confidentes tragiques C'était une vraie luronne, qui, comme on va voir, n'avait pas été pour rien à l'école du maréchal de Saxe. Ayant à se plaindre d'un jeune homme qui avait fait des vers satiriques contre elle et contre d'autres actrices de la Comédie-Française, Mlle Brillant l'attira adroitement dans sa loge, où ses compagnes et elle, armées d'une poignée de verges, l'étrillèrent impitoyablement. Le jeune homme fut si honteux de cette aventure, que trois jours après il partit pour les îles Lemazurier, II, p. 150. (*H. B.*)

de feu, ou du moins une vivacité d'emprunt ; par-ci par-là, des tons ignobles dans la voix et des manières indécentes ; petite, sans taille, un peu d'habitude du théâtre pourtant, mais une médiocre intelligence, voilà le sujet qui néanmoins sera reçu, suivant toutes les apparences. On l'a applaudie des pieds et des mains ; c'étoit une fureur, ou plutôt une manie. Elle a d'ailleurs la protection du maréchal de Saxe, qui étoit à son début.

L'abbé Mangenot (1) vient de me donner une fable qu'il a faite il y a environ trente ou trente-cinq ans, au sujet de la dispute de M. de la Motte et de M. de Voltaire, sur la difficulté des vers et de la rime, et de savoir si l'on devoit se délivrer de ce joug-là.

On voit encore les vestiges de ce combat littéraire dans la préface de l'*OEdipe* de Voltaire, édition de 1729, et, je crois aussi, dans quelques ouvrages de M. de la Motte. C'est une des critiques ou des plaisanteries de ce temps-là qui, à ce que l'on m'a dit, a le plus fâché M. de la Motte. On n'en excepte pas même *Momus fabuliste*, où les fables de ce bel esprit sont si cruellement tournées en ridicule. Quoi qu'il en soit, voici cette fable, dont le fond seul est joli ; ôtez-en l'idée, on trouvera qu'elle est trop longue, que la poésie en est foible et les expressions impropres et sans vigueur ; nulle image, point de vivacité, rien de vivant.

LE CHIMISTE, *fable.*

Certain chimiste assez habile
Pour s'être fait connoître, en bien autant qu'en mal,
    Aux champs, à la cour, à la ville,
Et qu'un tas de grimauds y trouvent sans égal ;

---

(1) Mangenot (Louis), chanoine du Temple, à Paris, né en 1694, mort en 1768, était un poëte de société et un homme aimable. En 1776 on a publié ses *Poésies*. (*H. B.*)

Toujours en forcené méditant quelque ouvrage,
Fit tant qu'un beau matin, par l'ardeur du charbon,
   De l'odorat, qu'il n'avait pas trop bon,
Il perdit pour jamais totalement l'usage.
   Notre ouvrier réduit en cet état
Entreprend un traité; sur quoi? Sur l'odorat;
Et parcourant les dons de Flore et de Pomone,
     Il lui prend en gré de prouver
     Que chacun a tort de trouver
L'œillet plus odorant que sa sœur l'anémone;
    Or voici le rare moyen
Qu'il prend pour mettre à chef cette belle entreprise :
   Dans un matras il met la fleur exquise,
     La décompose et fait si bien,
     Que de son exacte analyse
   Il en conclut, en grand logicien,
     Que l'œillet ne l'emporte en rien
   Sur l'anémone, et que pure bêtise
     Nous fait préférer cette fleur.
   D'un ton piteux, pour couronner l'erreur,
   Il dit encor que tous tant que nous sommes,
     Tristes jouets d'une convention
   Furtivement faite entre tous les hommes,
Nous donnons à l'œillet notre admiration.
    Quel est le fruit de son délire.
Ses nouveaux sentimens seront-ils bien suivis?
     Non, les nez fins le laissent dire;
   Mais les punais sont tous de son avis.

On dit à présent que *le Réveil de Thalie*, qui, par parenthèse, est détestable à la lecture, n'est pas de M. de Marcouville, et qu'il n'a fait que prêter son nom à l'abbé de Voisenon.

Cela me rappelle, quoique ce ne soit pas absolument la même chose, une ancienne anecdote sur le président Dupuis, qui voulut se faire passer pour auteur d'une tragédie de *Tibère*, faite par le Père Folard, jésuite, et que ce premier donna à ajuster au théâtre à l'abbé Pellegrin, moyennant, disoit-on dans ce temps-là, dix écus, pour la peine qu'il avoit eue à mettre un rôle de Princesse dans cette pièce, où il n'y avoit point de femme puisque c'étoit un jésuite qui en étoit l'auteur primitif.

Comme on siffloit autrefois les pièces qui le méritoient, *Tibère* tomba à sa première représentation. J'y étois, je sifflai fort bien. Cela fait, sur ce qu'on jetoit la pierre au président d'avoir donné cette infâme rapsodie, un mauvais plaisant fit l'épigramme suivante, pour le justifier, comme on va le voir :

> Pourquoi vouloir de ce *Tibère*
> Blâmer le président Dupuy ?
> Si sous son nom il n'a pu plaire,
> Auroit-il *plus* plu sous celui
> De celui qui, pour le lui faire,
> A reçu dix écus de lui.

Vers le commencement de ce mois, la femme d'un M. d'Hennery ou d'Hannery, accoucha furtivement, et mourut dans la petite maison de M. l'Escalopier de Nouras, avec lequel elle vivoit ; elle s'étoit séparée de son mari depuis quelque temps, et je ne sais même si elle ne plaidoit pas contre lui en séparation. M. de l'Escalopier, pour réparer, à ce qu'il croyoit, l'imprudence qu'il avoit commise, en faisant accoucher cette femme chez lui, renvoya dans un fiacre le corps mort de sa maîtresse, que le mari a fait enterrer ; mais il demande l'enfant, quoiqu'il ne soit pas de sa façon, attendu qu'il peut en devenir l'héritier mobilier, et que, d'un autre côté, cela le dispensera de rendre la dot aux héritiers de sa femme. Cet enfant ne se trouve pas, on ne sait sous quel nom il a été baptisé. Cependant ce M. d'Hennery se prépare, dit-on, à attaquer en justice M. de l'Escalopier, pour se faire rendre cet enfant. Avant que de faire enterrer sa femme, on assure qu'il a fait constater par un procès-verbal de chirurgiens qu'elle étoit accouchée quelques jours auparavant. Voilà où en est l'affaire, et l'on croit que ce c... sacrifiera sans façon à son intérêt, son honneur et celui de sa femme, et qu'il ne s'embarrassera point de l'éclat que tout cela fera. D'un autre côté, M. de Nouras est blâmable d'avoir eu l'indiscrétion de faire accoucher cette femme chez lui, et fort coupable s'il a fait baptiser l'enfant sous un autre nom que celui de cette femme et de son mari; mais la grande injustice, et qui, dans ce siècle sans mœurs, paroît une gentillesse, est de mettre des enfants dans une famille étrangère et d'abuser de la loi : *Pater est quem nuptiæ demonstrant.* Si je disois cela tout haut dans le monde, je me ferois siffler par tous les jolis cœurs, et même par les trois quarts et demi des gens ; personne actuellement n'a de principes, mais surtout à cet égard.

L'abbé Terrasson est hors d'affaire, mais il végète. Quand on voulut le confesser, il dit d'une voix faible et tombante, au prêtre qui se présentait pour ce pieux office : *Monsieur, je suis exténué, et je ne saurois parler, j'ai d'ailleurs perdu absolument la mémoire; mais voici Fanchette, ma gouvernante, qui vit avec moi depuis vingt ans, et qui sait tout ce que j'ai fait; qu'elle se confesse pour moi, je vous en prie, et vous jugerez après si vous pouvez me donner l'absolution.* Ce fait est très-constant, quoiqu'il soit fort singulier.

Le 22 du courant, je reçus le billet suivant de Mme de Polignac, qui s'étoit chargée, en l'absence de M. de Montauban, de présenter à M. le duc de Chartres, le placet en vers qui est sous la date du 14 avril de la présente année (M. de Montauban est à Dijon, à la suite d'un procès de conséquence qu'il a à ce parlement); voici le billet :

« Monsieur le duc de Chartres, monsieur, n'a point
« accordé, puisqu'il n'a point signé la lettre : il n'a
« point non plus refusé, et, en conséquence, je ne me
« tiens point pour battue, mais je ne réponds de rien.
« Ce qu'il y a de sûr, c'est que je ferai, monsieur, de
« mon mieux. »

Moi, je me tiens pour battu, c'est-à-dire que je n'ai

plus guère d'espérance d'entrer à présent dans les sous-fermes ; mais mon parti est pris, je n'en boirai pas moins frais, notamment aujourd'hui ; je dîne chez moi, tout seul, et mon eau est à la glace..

Le samedi, 25 du courant, fut la quatorzième et dernière représentation de *Cénie*. Elle n'est point encore dans les règles, et les comédiens comptent la reprendre cet hiver, après le voyage de Fontainebleau ; elle ne sera vraisemblablement imprimée que dans ce temps. Je le répète, elle perdra furieusement à la lecture.

Roi (1) a fait une épigramme contre Mme de Grafigny, si l'on peut appeler épigramme des injures grossières rimées et sans bon mot à la fin. Roi, dont le talent pour les opéras et les ballets est universellement reconnu, est peut-être le plus vil coquin qui soit dans le royaume. Ses mœurs basses empêchent qu'on ne lui rende toute la justice qu'on lui doit pour ses ouvrages lyriques. Depuis Quinault, personne n'a été plus loin que lui dans le genre de l'opéra ; c'est même un génie en ce genre. Il s'est frayé par ses ballets une route nouvelle, que Quinault n'a point tentée, ou du moins n'a fait qu'essayer. Ses *Éléments* sont un ouvrage qui passera à la postérité ; il est dans ses ballets original en tout. Quinault est tendre et plein de sentiment ; Roi s'est fait un chemin nouveau par la galanterie. Il n'est pas sans doute aussi difficile de réussir par cette dernière voie que par l'autre, mais du moins doit-on savoir gré à Roi d'avoir connnu ses forces, de s'être restreint au genre galant, ne pouvant pas atteindre au sentiment, et d'avoir osé être original au lieu d'être imitateur servile, comme l'ont été tous les autres faiseurs d'opéra, qui n'ont travaillé que d'après

---

(1) Roy (Pierre Ch.), né à Paris, en 1683, mort en 1764, poëte et auteur dramatique. On prétend que son humeur satirique lui attira un grand nombre de coups de bâton. Voyez à ce sujet le charmant petit volume de M. Victor Fournel, intitulé : *Du rôle des coups de bâton dans l'histoire littéraire*. (*H. B.*)

Quinault. *Callirhoé*, qui est un opéra excellent, quant au poëme, et quelques autres de lui qui n'ont pas réussi à cause de la musique, prouvent encore que ce n'est point dans les ballets seulement qu'est renfermé son talent. Quoiqu'il faille peut-être autant d'art pour travailler et réduire un sujet dans un seul acte, comme celui d'*Yxion*, de *Vertumne et Pomone* et quelques autres, que pour l'étendre en cinq actes, il n'y a que les gens du métier qui soient en état de sentir la difficulté énorme d'exposer, de nouer et de dénouer une pièce en cent cinquante vers, et d'y amener à propos un ou deux divertissemens. On a bien autrement ses coudées franches dans un grand opéra; mais, d'un autre côté, il faut avouer aussi qu'un opéra en cinq actes est susceptible d'autres beautés, que le ballet ne comporte pas ordinairement. Cependant on ne louera jamais ce poëte autant qu'il le mérite, tant qu'il sera en vie. Ses mœurs basses, les coups de bâton qu'il a reçus de qui lui en a voulu donner, la façon infâme dont il est c... volontaire, ses disgrâces dans le commerce de la vie, et, pour ainsi dire, la bêtise dont il est dans le monde, font et sont cause qu'il ne jouit pas de la réputation et de la célébrité que ses ouvrages devroient lui avoir données. Fontenelle disoit de lui que c'étoit l'homme d'esprit le plus bête qu'il eût jamais connu; il semble, ajoutait-il, qu'il eût son talent passé dans lui, sans qu'il y eût aucune part. Après cette digresssion, trop longue de moitié, voici sa prétendue épigramme :

> Jeune et belle, l'on devient riche ;
> De jour en jour l'on s'arrondit :
> Vieille et pauvre, on n'a que l'affiche
> De dévote ou de bel esprit.
> Ces métiers donnent à repaître ;
> Mais le premier s'apprend sans maître,
> L'autre exige plus de façon ;
> Oui, jadis ; mais aujourd'hui, non.
> Romans, lettres, pièces sifflées
> D'auteurs femelles, tout est bon.

Broutez donc, bêtes épaulées ;
Mais au bas du sacré vallon.

Des amis de Mme de Grafigny, qui ne se sont point fait connaître, ont retourné, sur les mêmes rimes, cette épigramme contre Roi ; elle porte pourtant davantage contre sa femme que contre lui. Cette pauvre diablesse n'est pas si coupable qu'une autre femme de l'avoir fait c... et de s'être fait entretenir par le Riche. L'avarice de son mari l'aura menée là plutôt que son inclination ; je ne voudrois pas même jurer que Roi n'ait été le m........ de sa femme ; son consentement du moins doit avoir été par la suite donné bien formellement, vu la publicité et l'indécence avec lesquelles Le Riche depuis douze ou quinze ans entretient madame Roi. Quoi qu'il en soit, voici cette épigramme, qui est au moins aussi mauvaise que l'autre, au commencement près, qui est assez plaisamment parodié ; les deux derniers vers n'ont pas le sens commun.

Quand on est c... par Le Riche,
De jour en jour on s'arrondit ;
Sa fortune en vain l'on affiche,
Sous le titre de bel esprit.
Cocuage donne à repaître ;
On n'y fait plus tant de façon.
De son honneur l'on est le maître,
Quand on profite, tout est bon..
Coche, opéras, odes sifflées ;
Oui, jadis ; mais aujourd'hui, non.
Époux de bêtes épaulées,
Sont chassés du sacré vallon.

[M. de M**, receveur général des finances d'Amiens, combat la demande en séparation de corps et de biens que sa femme a formée contre lui le 9 décembre dernier. Il vient de donner, ces jours-ci, un *Mémoire* sur cette affaire. Il est si mal écrit, si plat et si mal fait, qu'on croirait presque qu'il est de sa composition, si l'on n'y trouvait pas une lettre de sa façon qu'il a forcé sa femme de lui écrire pour ravoir ses diamants, et de laquelle il lui avait donné le modèle. Il faut avouer que le style de cette lettre est encore mille fois au-dessous de celui du *Mémoire*. C'est une véritable lettre de *parade;* le père Cassandre n'écrirait pas autrement, ou écrirait mieux.

Je crois, au reste, que M. et Mme de M** ont de très-grands torts réciproquement. Dans les procès de cette nature, il est bien rare que cela puisse être autrement. La femme est haute, impérieuse, aigre et emportée, pleine de vanité et d'aversion pour son mari; ayant toujours voulu jouer la femme de condition et se l'étant cru : c'est une bourgeoise de qualité, ridicule aujourd'hui si commun aux femmes riches.

Le mari est un bœuf, qui ne rumine pas même ; c'est exactement un automate. Mme de M** l'aurait subjugué facilement si elle s'y était prise, dans les commencemens, par des façons honnêtes, du moins en apparence. Mais elle n'a jamais su que l'accabler du mépris le plus injurieux et le plus marqué, et dès les premiers jours de son mariage. C'est une faute dont elle sera la victime. Quand elle gagnerait son procès (et il n'y a pas d'apparence), elle ne se trouverait pas encore à son aise, en comparaison de l'état qu'elle a toujours tenu; et si elle le perd, il faudra qu'elle revienne vivre avec son mari ou qu'elle se retire dans un couvent, avec une pension de deux mille écus, au plus.

En attendant la décision du procès, voici de la prose de l'éloquent mari; voici cette lettre dont il avait envoyé le modèle à sa femme, qu'elle a effectivement copiée, et que lui, M***, a eu le courage de faire imprimer dans son *Mémoire :*

Le 4 avril 1747.

Vous avez raison, mon ami, de vous plaindre en m'apercevant toujours mal mise, comme si vous ne me donniez pas 20,000 francs par an. Une idée de dévotion m'a portée à vous prier de reprendre les diamants dont vous aviez eu la bonté de me décorer. Aujourd'hui je sens tous mes torts à votre égard. Je veux réparer les mauvaises impressions que mes propos émanés sans fondement ont occasionnées. Je vais me mettre au mieux ; je serai habillée proprement, mes diamants relèveront la chose ; je les porterai tous les jours, et ne les prêterai à qui que ce soit, si vous m'accordez la grâce de me les rendre ; et tout le monde saura que vous me donnez 20,000 francs par an, quoique vous n'ayez pas de moi, malgré la suppression du douaire de Mme Lagny, 15,000 francs de rentes, sur lesquelles vous êtes tenu de payer le 10e et les 2 s. p. liv., d'entretenir les bâtimens de mes terres et de mes maisons, et d'attendre mes redevables : ce qui fait que vous n'avez pas réellement 10,000 francs de moi, qui ne saurais assez vous remercier de me donner 10,000 francs du vôtre, sans me faire contribuer à la dépense de notre enfant. Cette dépense très-forte ne paraît rien vous coûter, par le plaisir que vous avez de lui donner la meilleure éducation à désirer. Tant de bontés de votre part, après tant de justes sujets de vous plaindre de mes procédés, me tirent de l'erreur dans laquelle mes parents m'ont plongée. Je vous supplie de les oublier, de me rendre mes diamants, et de me croire, de tout mon cœur, très-sincèrement plus à vous qu'à moi-même.

Signé : C** de M**.]

J'ai eu occasion, ces jours-ci, de voir le médecin Sénac (1). La guérison du maréchal de Saxe a fait sa grande

---

(1) Sénac (J), premier médecin de Louis XV. Né en 1693, mort en 1770. *Traité de la structure du cœur*, 2 vol. in-4°. Il eut pour fils Sénac de Meilhan, habile administrateur, littérateur, publiciste, dont notre spirituel ami M. de Lescure a publié les *Mémoires* ; Poulet-Malassis, 1863, 1 vol. in-18. (*H. B.*)

réputation, qu'il mérite aussi à d'autres égards, autant qu'un médecin la peut mériter, et à proportion que l'on a de foi à la médecine. Sénac parle beaucoup de ce grand général; il en racontoit devant moi une plaisanterie qui me paroît assez bonne.

Dans les commencements de sa convalescence, il le menoit partout avec lui : un jour qu'au siége d'une ville le maréchal voulut aller reconnoître lui-même quelques ouvrages, il fit avancer jusqu'à demi-portée de canon son carrosse, dans lequel étoit le bon médecin; il en descend, monte à cheval, et dit à ce cher Esculape : *Attendez-moi là, docteur, je serai bientôt de retour.* — *Mais, monseigneur,* lui dit Sénac, *et le canon!... je vois d'ici des canonniers qui vont prendre pour but notre carrosse, et moi qui serai dedans.....* — *Vous n'avez qu'à lever les glaces!* lui dit militairement le maréchal, et il part. Sénac partit aussi, ou du moins descendit sur-le-champ du carrosse, et fut se mettre en sûreté à la queue de la tranchée, jusqu'à ce qu'il vît revenir son convalescent, et il fit bien.

Le lundi 27, je fus à la première représentation de *la Double extravagance*, comédie en trois actes et en vers. Cette pièce est d'un nommé M. Bret (1), qui en avoit déjà donné une en un acte, il y a deux ou trois ans. Je l'ai vue dans ce temps; mais je ne me souviens pas même du titre, tant elle m'a fait peu d'impression. Quant à celle-ci, le fond en est misérable, et n'a aucune vraisemblance : tous les caractères en sont faux et contre nature. Ce sujet ne pouvoit tout au plus être que celui d'une mauvaise farce ou d'une parade, encore ne seroit-il pas suffisamment plaisant; il n'y a nulle invention dans le plan de cette comédie, et elle annonce un auteur qui n'en pourra jamais faire.

---

(1) Bret (Antoine), né à Dijon, en 1717, mort en 1792. Critique, auteur dramatique. *Commentaires sur* Molière, *la Double extravagance*, *l'École amoureuse*, *l'Épreuve indiscrète*, comédies, etc. (*H. B.*)

C'est un père qui ne veut marier sa fille qu'à un homme âgé : le vieillard auquel il la destine ne connoît point la manie de ce père à cet égard ; au contraire, en arrivant dans la maison de la future, il se laisse persuader par la suivante de se déguiser en jeune homme, pour plaire, dit-elle, à sa maîtresse, qui n'aime que les jeunes gens. Ce bon homme, sottement crédule, tope à cette proposition extravagante ; il imagine apparemment qu'un habit d'officier et des airs évaporés cachent des années; et, à soixante-six ans, il entreprend de ne paroître en avoir que vingt-cinq. Grand coup d'imagination, d'autant plus vraisemblable, qu'il réussit, et que tous les acteurs de cette comédie sont les dupes de ce stratagème, même le père de la demoiselle, qui connoît depuis trente ans l'agréable débauché qui se métamorphose si miraculeusement en adolescent! Comme tout cela est probable! Mais pour rendre encore plus étonnant le mystère de la transfiguration de ce vieillard en jeune homme, il a fallu à l'auteur que ce vieillard passât pour son propre fils, et qu'il vînt à bout de le persuader au père, qui, malgré son ancienne connoissance, y est attrapé, ne le reconnoît point, le prend pour ce qu'il se donne, et se prête à cette absurdité, sans laquelle il n'y auroit plus de comédie. Le déguisement du fils en vieillard, et qui, pour plaire au père et pour contraster, est obligé de se travestir ainsi et de passer, lui, pour son père, ne sort point absolument de la nature; il est mille fois plus aisé de paroître âgé de vingt ans de plus qu'on ne l'est, qu'il n'est facile de paroître plus jeune de cinq. Ce second travestissement est plus vraisemblable.

C'est pourtant du premier que M. Bret a voulu tirer le comique de sa pièce, ce qui la rend farce, et farce peu risible, mais très-ridicule. Enfin, il a voulu trouver un fond de comédie et de comique où il n'y en avoit point.

Il faut pourtant lui rendre justice à quelques égards. M. Bret a quelque intelligence du théâtre ; il profite assez bien des erreurs où sont ses personnages pour en tirer du comique, qui se trouve sortir véritablement, par ce moyen, du fond même du sujet. Il n'a pas l'ambition de montrer de l'esprit; il n'y a point chez lui de dissertations, de portraits, d'antithèses répandues dans les scènes, point de vers à prétention et déplacés; les acteurs disent assez ce qu'ils se doivent dire; mais aussi le disent-ils d'une façon très-commune. Quelques traits, de la gaieté, de la plaisanterie tirée du fond du sujet; enfin, un peu plus de sel viendroit fort à propos, et seroit absolument nécessaire pour relever le style fade et réchauffer la froide et languissante monotonie des détails de cette pièce. La versification m'en a paru assez naturelle, mais lâche et sans force; d'ailleurs rien de neuf dans les pensées ni dans les tours.

Quelque mauvaise que soit cette comédie, le parterre l'a néanmoins fort applaudie, suivant sa louable coutume d'à présent; les claquements de mains et les éloges outrés ne m'empêcheront pas pourtant de dire affirmativement que cette pièce ne vaut rien; qu'elle est froide, ennuyeuse, et qu'elle n'a pas le sens commun. Comment persuader ces tristes vérités à l'auteur, quand il a un demi-succès tout au moins? Et s'il n'en est pas convaincu, ne continuera-t-il pas à travailler toujours, et ne travaillera-t-il pas plus mal encore? Ces petits triomphes au théâtre étoient autrefois du moins tempérés par les critiques et les sarcasmes des feuilles hebdomadaires de Fréron et de l'abbé de Laporte, qui tondoient de près les lauriers des auteurs; mais à présent la voix de la critique est étouffée, depuis que le chancelier a défendu à ces petits bourreaux d'écrire et d'exécuter. Conséquemment la défense de la critique, même raisonnable et mesurée, que l'on interdit actuellement, sera, avec bien d'autres causes, une des sources de la corruption du goût, et ensuite de sa décadence finale en France. L'abbé Desfontaines est mort en le défendant, et pour ainsi dire en combattant sur ses ruines ; il a empêché qu'on n'emportât la place, qui ne fait actuellement guère de résistance, et qui en fera bien moins par la suite.

Pour quitter ce style figuré, je pense qu'une critique éclairée et sévère est utile et nécessaire aux lettres. Je ne voudrois pas en faire le métier, de même que je n'accepterois pas la place de lieutenant criminel, mais je serois bien fâché qu'elle ne fût pas remplie, et par un juge austère et intègre. Ainsi, quoique les auteurs ne soient nullement de mon avis, je regrette tous les jours l'abbé Desfontaines ; il en faudroit un actuellement qui vînt redresser les torts du Parnasse. Je souhaiterois qu'il fût plus impartial que ce défunt satirique, et qu'il ne fît ou ne dît rien dans ses critiques par des vues basses et d'intérêt ; je désirerois encore, s'il est possible, que dans ses observations il fît le moins qu'il pourroit de plaisanteries ou de railleries, et même qu'il n'en fît point du tout, s'il avoit assez de force pour prendre cela sur lui et ssez d'esprit pour s'en passer. Des épigrammes et du persifflage ne sont pas des raisons. D'ailleurs, dans l'idée que je me forme de la saine critique, il faut tâcher de ramener à la vérité l'auteur qu'on critique, et ce n'est point en blessant son amour-propre, mais en portant une lumière douce à son esprit, et en le conduisant à la conviction avec honnêteté et politesse, qu'on peut se flatter d'en venir à bout (si la chose est possible), et de l'engager à corriger son ouvrage, ou du moins à profiter de ses fautes à l'avenir. J'en aurois bien encore de belles à dire sur la vraie critique ; mais ce bavardage n'est déjà que trop long ; finissons-le par une ancienne épigramme que Piron, qui n'aime pas les critiques, a faite autrefois contre le défunt abbé Desfontaines ; elle est bonne et plaisante :

> Cet écrivain, si fécond en libelles,
> Croit que sa plume est la lance d'Argail ;

Au haut du Pinde, entre les neuf Pucelles,
Il s'est planté, comme un épouvantail.
Que fait le bouc en si joli bercail?
S'y plairoit-il? Penseroit-il y plaire?
— Non, c'est l'eunuque au milieu du sérail :
Il n'y fait rien, et nuit à qui veut faire (1).

L'épigramme est bien faite et pleine de sel; mais je ne crois point du tout qu'un bon critique soit un eunuque; il fait beaucoup en empêchant de faire, ou en empêchant de faire mal, plus mal, ou très-mal.

AOUT 1750.

Le 3 août, on pendit à Paris, par arrêt du parlement, trois de ces séditieux qui avoient eu part à l'émeute dont j'ai parlé dans le mois de mai dernier (2). Cette exécution eût dû être faite le lendemain de l'émotion, et militairement. Une punition si tardive ne fait point sur le peuple la même impression qu'il est nécessaire qu'elle fasse pour notre repos et notre sûreté. Tout le guet, même le guet à cheval, étoit sur pied; il y avoit encore six compagnies des gardes de commandées; elles étoient distribuées par corps-de-garde dans toutes les avenues de la Grève; si l'on eût remué, elles devoient se replier, et avoient ordre de se rejoindre et de faire feu sur le peuple qui les auroit poussées : on avoit distribué aux soldats de la poudre et du plomb. Il n'est rien arrivé, sinon qu'au premier criminel quelqu'un de la populace

---

(1) Dans la *Vie* de Piron, qu'il a placée en tête des *Œuvres complètes* de ce poëte, Rigoley de Juvigny raconte une anecdote plaisante à laquelle donna lieu, entre Piron et Desfontaines, l'épigramme ci-dessus rapportée. (*H. B.*)

(2) Voyez plus haut, p. 170.

s'avisa de crier : *grâce, grâce!* Ce cri fut suivi de plusieurs; le bourreau, qui serroit le col du patient, suspendit même un moment son exécution ; mais on s'aperçut bientôt que ces cris n'étoient poussés que par des gens qui vouloient exciter quelque tumulte, et qui, tout en criant, s'avançoient et poussoient le guet, qui les bourra vigoureusement ; et l'exécution fut achevée tranquillement.

L'arrêt du parlement est du 1ᵉʳ août, et il a été sursis jusqu'au 3, je ne sais pour quelle raison.

Le 4, M. Bouret d'Érigny épousa Mˡˡᵉ Poisson, cousine de Mᵐᵉ de Pompadour. Le mariage a été célébré dans la chapelle de Meudon, et la noce a été faite au château de Bellevue. Les dedans n'en étoient pas encore achevés; on les a pressés pour cela avec la dernière vivacité; et l'on enlevoit de force des ouvriers pour travailler et achever les ouvrages qui restoient à faire. Ce M. d'Érigny a un bon du roi pour la troisième place de fermier général, et son frère Valroche, qui devoit l'être, a l'agrément pour la première charge de receveur général des finances. D'Érigny a d'abord porté le petit collet, a ensuite été capitaine d'infanterie, depuis receveur général des fermes de Marseille, et il sera vraisemblablement fermier général et c...; il est difficile de deviner lequel des deux lui arrivera le plus tôt; il y a pourtant un de ces deux événements plus commun et moins difficile à arriver que l'autre.

Le 8 du courant, les comédiens italiens donnèrent la première représentation de *l'Étourdi corrigé*, ou de *l'École des pères* (1), comédie en trois actes et en vers. Je n'y étois pas, mais de mes amis, qui y étoient présens,

---

(1) Comédie en trois actes, en vers, par Rousseau de Toulouse. L'acteur s'étant avisé de déclamer emphatiquement le vers suivant :

« Le mensonge est en l'air, et je le vois partir. »

Ouvrez les loges, s'écria-t-on du parterre. (*H. B.*)

m'ont dit qu'elle fut sifflée et huée scandaleusement dès le premier acte, qu'on ne laissa pas finir le second, et que le troisième ne fut ni entendu ni entièrement achevé. Ce qui révolta le parterre, c'est que la pièce, m'a-t-on dit, est mal et bassement écrite, et les mots sont la seule chose que le public juge aujourd'hui le moins mal. Quoi qu'il en soit, le petit Rousseau, auteur de cette comédie, a bien joué de malheur d'être aussi impitoyablement sifflé; il y a nombre d'années qu'aucune pièce, telle mauvaise qu'elle ait été, n'a été sifflée aux François, et moins encore aux Italiens. L'auteur malheureux en étoit quitte, dans le plus grand échec, pour quelques bruits sourds et quelques bourdonnements que le public mécontent mêloit au claquement de mains des gens jetés par lui dans le parterre pour l'applaudir. Dutartre prétend que dans cette occasion-ci il y avoit des fanatiques de Voltaire qui ont fait cabale contre Rousseau, pour venger ce premier du noble différend qu'ils ont eu à une représentation d'*Oreste*. Ce petit Rousseau est généralement haï et méprisé; il a la plus grande impudence et pas le moindre petit mérite, ce qui me fait douter infiniment qu'on ait voulu prendre la peine de cabaler contre lui.

[Dans les commencements de ce mois-ci, la comtesse de P**, qui plaidait contre son mari en séparation de corps et de biens, a perdu son procès à la grand'chambre, tandis que Mme de M*** (1), a gagné le sien en première instance au Châtelet; c'est-à-dire qu'elle a été admise à faire preuve des faits avancés dans sa requête. C'est beaucoup, mais ce n'est pas tout, et Messieurs de la grand'chambre disent tout haut qu'elle ne gagnera sûrement pas lorsque la cause sera portée devant eux (2).

---

(1) Voyez plus haut, page 207.

(2) Ces procès en séparation pour cause d'impuissance étaient alors fréquents; mais, si scandaleux qu'ils fussent, la morale publique s'en accommodait mieux encore que de ces épreuves honteuses, autorisées jadis par nos lois et connues sous le titre de *Congrès*. Dans une feuille supplémentaire

Dans ces deux différents jugements, on a eu plus égard aux personnes qu'aux moyens que les parties employaient. Mme de P*** a perdu parce qu'elle avoit la réputation d'une grande c.... et d'une femme méchante et odieuse; et Mme de M*** a gagné parce que son mari est méprisé et méprisable à bien des égards, quoique de son côté elle ait furieusement des torts vis-à-vis de lui, et n'ait pas, à ce qu'on dit, de moyens suffisants pour demander et obtenir sa séparation.]

Piron m'a donné un sixain qu'il a fait pour mettre au-dessous du portrait de M. de Saint-Florentin. Les trois derniers vers sont assez bien faits :

> Noble et digne héritier du rang de ses aïeux,
> Intègre, vigilant, affable, officieux,
> L'homme d'État en lui se fait si bien connoître,
> Il sait si bien mêler l'agrément aux vertus,
>   Qu'on ne sait qui l'aime le plus,
>   Du peuple, des grands, ou du maître.

Du reste, je ne réponds pas qu'il ne mente point, du moins à quelques égards.

Le 24 du courant fut la douzième et dernière représentation de *la Double extravagance*.

Le 26, Mme la Dauphine accoucha d'une princesse, ce qui jeta la cour dans une consternation pareille à celle que causeroit une bataille perdue qui mettroit l'ennemi aux portes de Paris. Le peuple de valets qui habitent Versailles, et il y en a ici beaucoup, a peur appa-

---

aux *Mémoires* de Jean Rou, avocat du parlement de Paris (1638-1711), publiés en 1857 par Francis Waddington, on peut voir l'historique curieux d'une de ces *épreuves juridiques*, qui eut lieu chez le baigneur Turpin entre le marquis de Langey et sa femme. Tallemant des Réaux prétend que Mme de Lavardin et Mme de Sévigné étaient en carrosse à deux portes de là. On les entendait rire du bout de la rue, et le marquis de Langey alla les trouver après l'épreuve, qui tourna à sa confusion; ce qui ne l'empêcha pas de se remarier plus tard et d'avoir des enfants. Voy. *Historiettes* de Tallemant des Réaux, t. X, p. 191-207. (*H. B.*).

remment de manquer de maître. Les rois et les grands doivent nous être aussi indifférents que nous le leur sommes ; sans leur souhaiter ni bien ni mal, aimons-les autant qu'ils nous aiment, rien n'est plus équitable et ne sera moins gênant (1).

Le vendredi 28, on donna à l'Opéra la première représentation des *Fragments*. Le premier acte est celui de Linus, ancien acte de *l'Empire de l'Amour*, paroles de Moncrif, la musique du chevalier de Brassac ; le second acte, intitulé *Almasis*, est encore de Moncrif, la musique de Royer ; et enfin le dernier, qui est le seul qui ait plu, est aussi de Moncrif, et la musique de Rebel et Francœur. On s'accorde assez, au reste, pour trouver en général ces fragments ennuyeux. Un seul bon acte ne peut pas soutenir le reste.

Le 31 du courant, je fus à la première représentation du *Billet perdu*, comédie en un acte et en vers libres de M. Desmahis. C'est un jeune homme de vingt-deux ans, à ce qu'on dit. Je le ne connois point, pas même de vue (2).

Sa comédie est sans fond et sans scène ; il n'y en a qu'une tout au plus, qui est celle où le petit-maître veut se faire congédier par une femme, et ne peut en venir à bout. Cette scène est théâtrale et neuve ; mais elle n'est point traitée comme elle le devroit être, et les personnages ne se disent point et ne se répondent jamais ce qu'ils devroient se dire et se répondre ; ce n'est, ainsi que le reste (à quelque chose près), qu'une conversation dialoguée, pleine de traits brillans, de portraits et

---

(1) Nous ne devinons pas la cause de cette déclamation, ou, pour mieux dire, de cette boutade de notre auteur, si peu d'accord avec sa conduite et ses démarches pour entrer dans les sous-fermes. Peut-être avoit-il encore sur le cœur le refus de M. le duc de Chartres d'apostiller son placet ! Voy. plus haut, p. 204. (*Note de Barbier.*)

(2) Desmahis (Jo.-Fr.-Ed.-de Corsembleu), poëte dramatique, a laissé des *poésies fugitives* qui lui ont donné un rang distingué parmi les poëtes du siècle dernier. Né en 1722, mort en 1761. (*H. B.*)

de dissertations déplacées. Ses idées sont prises, pour la plupart, de la comédie du *Méchant* et des ouvrages de Crébillon le fils, soit du *Sopha*, des *Égarements*, ou de *Tanzaï*. Je ne sais comment le style et les vers paroîtront à la lecture; mais à la représentation ils m'ont paru parfaitement bien faits et très-saillants. Je ne connois que Gresset, duquel à beaucoup d'égards il est imitateur, qui fasse mieux des vers de comédie que ce M. Desmahis; mais comme cette comédie manque absolument par l'invention, je suis fâché de ne pouvoir me flatter que ce jeune homme fasse jamais de comédies; il a beaucoup d'esprit, mais nul génie; il invente peu de fond, et ce qu'il en a imaginé, il ne sait pas le traiter. Il est bien éloigné de pouvoir bâtir une comédie, à peine peut-il créer une scène; et quand il la trouve, l'art du théâtre lui manque encore pour la conduire et faire dire à ses acteurs ce qu'ils doivent se dire, sans leur faire avoir de l'esprit mal à propos. Enfin, je le répète, et je suis au désespoir de le dire, cet ouvrage ne nous promet point un auteur comique; nous aurions pourtant grand besoin d'auteurs qui fissent reprendre le ton de la bonne comédie; au moins celle-ci n'est-elle ni larmoyante ni romanesque.

A la troisième représentation, on changea le titre de la pièce; on ne l'a plus affichée depuis et elle n'a été imprimée que sous celui de *l'Impertinent*. On auroit pu la nommer mieux en la nommant *le Tracassier*; d'ailleurs, ni l'un ni l'autre titre n'est rempli; ainsi on auroit bien pu lui laisser le premier titre, qui est vague et qui ne prétend à rien. Dès la seconde représentation on ôta plusieurs traits outrés, à ce qu'on disoit, contre les femmes, et qui n'ont point été imprimés; je les regrette, ils étoient plaisants et vrais : on ne peut guère dire à présent rien d'outré sur les femmes (1).

---

(1) Collé formule ici une proposition qui dénote de sa part peu d'indulgence pour les femmes de son temps; et cependant, pour bien des raisons, il lui appartenait peut-être moins qu'à tout autre de se montrer sévère

SEPTEMBRE 1750.

Le 7 du courant, les Comédiens français remirent au théâtre *Agrippa, ou le faux Tiberinus*, tragédie de Quinault. Elle fut sifflée, et ne fut point achevée; c'est pourtant une pièce qui a été jouée trois mois de suite. Quand elle fut donnée la première fois, elle avoit été reprise de temps en temps avec quelques petits succès, surtout quand de grands comédiens en couvroient les défauts et la foiblesse; mais les détestables tragiques que nous avons actuellement (j'en excepte les femmes) feroient tomber l'Évangile, s'ils le jouoient, comme a dit Piron, au sujet de son *Fernand Cortez*, qui fut joué indignement. Cette chute d'*Agrippa* menace tous les ouvrages foibles de n'avoir au plus qu'un succès passager; plusieurs autres pièces, aussi flasques qu'*Arippa*, et notamment le théâtre de Campistron presque entier, ne se sont soutenues qu'un temps, et tombent petit à petit dans l'oubli; il ne faut pas être un grand devin pour prédire d'une façon positive le même sort à tous les ouvrages de La Chaussée. Son seul *Préjugé à la mode* tiendra plus longtemps, mais il périra aussi.

Le même jour je fis exécuter à Étioles une petite fête à laquelle je travaillois depuis le 15 du mois dernier : elle étoit faite pour le bouquet de madame de Meulan.

Panard est celui qui m'en a fourni l'idée, idée heu-

---

sur ce point. Sans doute il y avait alors parmi les femmes du haut parage un esprit d'intrigue insatiable, effronté, et un libertinage qui semblait s'accroître à proportion du rang qu'elles occupaient dans la société ; mais en descendant vers les classes moyennes, on trouvait des qualités solides, le respect du devoir et de touchantes vertus Notre ami Collé s'était un peu gâté au contact des grands, et il voyait la société à travers les vices élégants et sans contrainte qui éclataient chaque jour à ses regards. (*H. B.*)

reuse, que j'ai tournée le moins mal qu'il m'a été possible, vu le peu de temps que j'ai eu pour la traiter.

La Foire du Parnasse étoit le sujet et le fond de cette fête, qui fut donnée à Étioles le 7, et eut un succès qui passa mon espérance, quoique je m'attendisse à un peu de réussite.

J'avois établi dans le jardin d'Étioles une véritable foire. Dans les ailes de cette foire étoient deux préaux formés dans deux bosquets; dans l'un étoit figurée une loge de danseurs de corde, avec une galerie en dehors de la loge, où l'on devoit jouer, et sur laquelle on joua effectivement une parade; dans l'autre préau l'on avoit dressé une tente, dans laquelle on promettoit de faire voir le grand Turc dans son sérail. Il y avoit effectivement dans cette tente un domestique habillé magnifiquement en Turc : il étoit assis sur une estrade, les jambes croisées, et à chacun de ses côté, six têtes à perruque, habillées plus grotesquement les unes que les autres. Quand on vint voir cette curiosité de la foire, je chantai le Vaudeville suivant :

Sur l'air : *Ton relon tonton tontaine la tontaine*, etc.

1ᵉʳ couplet.

Sans nul orgueil, quoiqu'elles soient fort belles,
Sans se piquer d'esprit, ni de beauté,
Elles ne sont ni vaines ni cruelles;
Un air uni, beaucoup d'humanité.

Refrain :

Jamais la fierté
Chez ces belles
Mortelles
Ni la vanité
N'a gâté
Leur beauté.

2ᵉ.

Sans nul babil, même jamais parlantes,
Elles n'ont pas le verbe estropié;
Sans gourmandise, actives, vigilantes,
La nuit, le jour, chacun les voit sur pied.
  Quelle activité,
   Dans ces belles
    Mortelles!
  Quelle sûreté!
  Quelle sobriété!

3ᵉ.

En tout un an, n'usant pas quatre robes,
N'en mettant pas même, pour dire mieux,
Sans nul besoin d'aller aux garde-robes,
On les prendroit pour des corps glorieux :
  Quelle propreté
   Dans ces belles
    Mortelles!
  Quelle netteté!
  La belle qualité!

4ᵉ.

Quand on leur monte un bonnet sur la tête,
Qu'on leur enfonce une épingle qui tient,
Sans sourciller, et sans crier : Arrête!
Jusqu'à la fin, leur vertu la soutient.
  Quelle fermeté
   Dans ces belles
    Mortelles!
  Quelle dureté!
  Quelle stoïcité!

5ᵉ.

Quand elles sont dans ces moments terribles,
Où le grand Turc veut user de ses droits,
Par le cœur seul on les croiroit sensibles;
Partout ailleurs ce sont pièces de bois.

Quelle chasteté
Dans ces belles
Mortelles !
Exemple cité,
Mais jamais imité.

6e.

Le grand Seigneur, jaloux de ses Sultanes,
Veut à lui seul avoir tout son bétail ;
Ne lancez point des œillades profanes
Sur ces tendrons qu'enferme son sérail.
Voyez la beauté
De ces belles
Mortelles !
Voyez leur beauté
Sans en être tenté.

7e.

Si par leur teint et de lys et de roses,
Elles plaisoient à quelque vieux pécheur,
Que de ces fleurs nouvellement écloses,
Il n'aille pas respirer la fraîcheur.
Voyez la santé
De ces belles
Mortelles !
Voyez leur beauté
Sans en être tenté.

8e et dernier.

Quand ces dondons, par leurs minauderies,
Vous promettroient les plaisirs des houris ;
Défendez-vous de leurs agaceries,
Craignez, messieurs, le fer des bistouris :
Voyez la bonté
De ces belles
Mortelles !
Voyez leur beauté,
Sans en être tenté.

Ces couplets ne valent rien détachés du spectacle qui les faisoit valoir. Ces têtes à perruque les faisoient sortir et les rendoient plaisants.

Dans le fond de la foire et en face de la grande rue étoit un Mont-Parnasse, au sommet un Pégaze, au bas une boutique avec un écriteau illuminé au-dessus et transparent, sur lequel on lisoit :

Magasin de chansons.

« Le sieur Lejoyeux tient la manufacture des lanla,
« des mirlitons, des flons flons, des lanturelu, et de
« tous les vaudevilles anciens et nouveaux, faits et à
« faire. »

Plus bas, à l'entrée d'un des préaux, étoit placé un opérateur qui distribuoit ses drogues et donnoit à chacun des paquets qui contenoient des plaisanteries innocentes contre ceux auxquels ces paquets étoient adressés.

Vis-à-vis de cet opérateur, et à l'entrée du préau du grand Turc, étoit un docteur dans une chaire sur laquelle étoient des balances, au-dessus desquelles étoit un écriteau où l'on lisoit : *Les balances merveilleuses du mérite.* On pesoit dans ces balances, qui étoient suspendues, les différents ouvrages des auteurs, tant anciens que modernes ; par le poids le docteur assuroit qu'il falloit juger de leur mérite. J'avois fait mettre du plomb dans la couverture d'un petit *Virgile* latin ; moyennant cet expédient, la pesanteur de ce petit et mince volume emportoit pourtant le *Tasse, Télémaque, la Henriade,* et *le Paradis perdu...* J'avois fait accommoder de même un petit *Cinna,* qui emportoit tout le théâtre des Grecs ; et une *École des Maris,* qui à elle seule pesoit davantage que cinq volumes de Regnard, cinq de Destouches et deux de La Chaussée.

Ce docteur lut, après ces tours, une liste de livres qui lui avoient, disoit-il, été envoyés de Hollande. C'étoient des titres de livres qui faisoient plaisanterie contre plusieurs personnes de la société.

En descendant ensuite dans la foire, on trouvoit encore huit boutiques pareilles à celles qui étoient au pied du Parnasse ; il y en avoit quatre d'un côté et quatre d'un autre. Ces boutiques étoient semblables à celles que l'on voit aux petites foires de Paris, comme à la foire de Saint-Ovide, la foire Saint-Roch et autres ; la seule différence étoit que chacune de ces boutiques portoit un écriteau illuminé.

En voici la distribution :

La première en entrant à main droite dans la foire avoit cet écriteau-ci :

Cabaret du Parnasse.

A l'enseigne du cocher de M. de Verthamont.

« Vin d'Hypocrène à la glace. Magasin de vins en
« gros et en détail à juste prix, puisqu'on ne payera
« rien. »

« Au printemps il fleurit,
« Au mois d'août il mûrit ;
« En Automne
« On l'entonne ;
« En hiver
« On s'en sert. »

La première à gauche étoit celle-ci :

Café du Parnasse.

« Eau glacée du sacré vallon, liqueurs fraîches ;
« petits vers glacés, comédies à la glace, tragédies
« froides ; et toutes sortes d'autres rafraîchissements. »

La seconde à droite :

Magasin d'hyperboles et de mensonges.

« Le sieur de la Léthargie, poëte suivant la cour, com-
« pose des odes à la louange de tout le monde ; il fait

« les harangues pour l'Académie, des épîtres dédica-
« toires, et vend toutes sortes d'éloges, distillés et pas-
« sés à l'alambic. »

La seconde à gauche :

Magasin d'amphigouris.

« Le sieur Galimathias, Allemand, fait tous les opé-
« ras nouveaux, les tragédies d'été, des dissertations sur
« le cœur et l'esprit, qui sont toutes faites; il a seul le
« secret qu'on n'y perd rien lorsqu'on ne le comprend
« pas. »

La troisième à droite :

Magasin de fadeurs.

« Mlle Fadasse, marchande de madrigaux et de pain
« d'épices, de bouquets pour Iris, d'anis de Verdun,
« d'éloges sucrés, et de toutes sortes de dragées pour les
« femmes et les petits enfants. »

La troisième à gauche :

Magasin de vers tristes.

« La veuve du sieur Deprofundis fait et vend toutes
« sortes d'épitaphes, à la dernière mode, et des épitha-
« lames pour les mariages, fait des romances, des élé-
« gies et des cantiques qui ne sont pas spirituels : elle
« compose son opium elle-même, et guérit toutes
« sortes d'insomnies. »

La quatrième à droite :

Magasin d'ordures.

« Le sieur Libertini, Italien, fait toutes les chansons
« où il y a du mouton, des contes plus forts que ceux
« de la Fontaine, et des épigrammes à la Rousseau. Il

« fait aussi toutes sortes de déclarations d'amour à la
« mode, c'est-à-dire des jouissances. Il grave ses figures
« lui-même. »

Enfin, la quatrième à gauche :

Magasin de noirceurs.

« Le sieur Roué, poëte satirique, fait et vend des
« satires à l'eau-de-vie, des épigrammes au feu d'enfer,
« du sublimé corrosif, et toutes sortes de libelles diffa-
« matoires. Il compose ses poisons lui-même. »

J'avois placé dans chacune de ces boutiques les plus
jolies femmes de chambre, et des hommes qui imitoient
les cris des marchands et marchandes, et qui appeloient
le chaland. Par exemple, dans le magasin de chansons,
le marchand crioit : « *Des flons flons, des lanturelu, de
« beaux lanla, mesdames! des lairelanlaire, des mirli-
« tons, des mamie Margot, messieurs!* »

Dans la boutique du café, la marchande crioit : « *A la
« fraîche, qui veut boire! à la fraîche, qui veut lire! à la
« fraîche, qui veut entendre comédies froides, petits vers
« glacés, et toutes sortes d'autres rafraîchissements!* »

Dans celle des noirceurs, le marchand, d'une voix
dure, disoit « : *Chansons infâmes sur la cour et la ville;
« couplets satiriques contre les amants qui quittent les pre-
« miers, mesdames! épigrammes au feu d'enfer contre les
« femmes qui ne veulent pas se rendre, messieurs! entrez
« ici, messieurs et mesdames, nous avons tout ce qu'il y
« a de plus noir contre la réputation des hommes et
« l'honneur des femmes. Entrez ici, je vous accommoderai,
« mesdames, je vous accommoderai.* »

Et ainsi du reste des boutiques, qui avoient chacune
leur cri particulier.

J'avois fait des chansons, vaudevilles, bouquets, contes,
stances, strophes d'ode et autres petits vers que nous
débitâmes alternativement, M. de Lagrange, M. Terré et

moi, dans chacune des boutiques, à mesure que M. de Meulan, avec qui nous en étions convenus, nous conduisoit la compagnie, qui s'arrêta à chaque boutique.

J'avois distribué, le mieux qu'il m'avoit été possible, ces chansons et ces vers, suivant les écriteaux des boutiques.

Dans celle des fadeurs on chanta, par exemple, les chansons qui étoient à la louange de M. et de Mme de Meulan, de ses enfants, et de toutes les femmes de sa compagnie. Dans celle des noirceurs, je débitai deux strophes d'ode que je vais mettre ici, après que j'en aurai mis deux autres qui badinent l'abbé de la Galaizière, et ainsi des autres.

1er.

Descends, dieu de la bonne chère,
Divin Comus, dieu des gourmands;
Vole à nous d'une aile légère;
Que les chasseurs et les amants,
Fuyant les bois et le mystère,
Quittent leurs forêts et Cythère,
Leurs fusils et leurs sentiments.
Que l'abbé de la Galaizière,
Qui perd à ses yeux sa visière,
Nous consacre tous ses moments.

2e.

Cet abbé ne quitte Diane
Et n'abandonne les forêts
Que pour tromper une Ariane
Qu'il quittera deux jours après.
Amant et chasseur plein d'adresse,
De canton comme de maîtresse
Il change vingt fois en un mois.
Comus, dieu de la gourmandise,
Laisses-tu sur les gens d'église
D'autres dieux usurper tes droits?

Je dis, dans la boutique des noirceurs, que pour ne point effrayer les dames j'allois leur donner ce que j'avois de moins satirique, et je leur déclamai entre autres choses les deux strophes suivantes, qui avoient été précédées de quelques couplets qui avoient l'air de la satire en général :

1ᵉʳ.

Attaquons ce siècle insipide,
Dont le mauvais goût fait horreur
Dans le bourbier aganippide
Allons répandre la terreur.
Que la flèche de la critique
Perce un vil peuple poétique,
Du bon sens aveugle ennemi ;
Et faisons de la populace
Qui barbotte au bas du Parnasse,
Une autre Saint-Barthélemi.

2ᵉ.

Quel est ce poëme fantasque
Qu'on voit réunir dans ses traits
Ceux du tragique le plus flasque
Et du comique le plus frais ?
Quel est cet oiseau d'Arcadie,
Dont Rameau, par sa mélodie,
Ranime en vain les vers mollets ?
Dis, lâche dieu de la critique,
Pour son amphigouri lyrique
Que sont devenus tes sifflets ?

Dans le magasin des chansons, M. de Lagrange chanta celle de la sœur grise et du bedeau, qui réussit, à ce qu'on m'a dit, singulièrement, car je ne l'entendis pas ; il faut se représenter le chanteur, déguisé en sœur grise, vis-à-vis d'un vilain laquais déguisé en bedeau, auquel il adressoit tendrement la parole ; sans ces déguisements et les lazzis de celui qui chante, ce n'est rien que la chanson. La voici cependant ; elle est sur l'air : *Si le danger vous étonne.*

1ᵉʳ Couplet.

Il faut qu'aux échos je dise
L'état de mon cœur,
J'ai pour un homme d'église
La plus vive ardeur.
En parlant. Ah ! ah ! quelle ardeur !
Quelle vive ardeur ! etc. (1)

Cette fête fut terminée par une parade, intitulée : *Gilles, chirurgien anglais*, qui étoit affichée au bas de la loge des danseurs de corde. J'avois fait imprimer une douzaine des affiches suivantes :

« La grande troupe des danseurs, sauteurs et volti-
« geurs du bas Parnasse, qui a ennuyé les Neuf Muses
« et fait bâiller Apollon lui-même avec un succès pro-
« digieux, fera l'ouverture de son théâtre le lundi
« 7 septembre 1750, par la première représentation de
« *Gilles, chirurgien anglais*, comédie en un acte, de
« M. Wezticpetzeerdenstafflittlefgrafflitte, baronet de la
« Grande Bretagne, et de l'Université de Cambridge.

« La demoiselle Stockholm, Suédoise, qui n'a jamais
« paru sur aucun théâtre, y dansera le menuet d'Alcide
« et une contre-danse seule.

« On prendra, au théâtre, premières loges et amphi-
« théâtre, la pièce de douze sols comme elle est, huit
« sols aux secondes, cinq sols aux troisièmes, et le par-
« terre à l'ordinaire, où l'on pourra faire entrer ses
« domestiques; messieurs les laquais sont priés de n'y
« point amener leurs chiens.

« La loge est dans le grand préau de la foire du bas
« Parnasse. »

Je composai à la hâte, et sur d'anciennes parades, celle qui fut jouée ; l'ouvrage me commandoit, je n'eus pas le temps de la rendre moins mauvaise ; d'ailleurs,

---

(1) V. la suite dans le *Recueil de chansons de Collé*.

je ne pus pas faire exécuter et me servir de quelques parades que j'ai faites, et qui n'ont jamais été jouées, attendu qu'il ne falloit point qu'il y eût d'ordures, tant à cause des enfants de M. de Meulan que du nombre de gens étrangers à leur société qui pouvoient se rencontrer, et qui se trouvèrent effectivement à cette fête.

Le lendemain, M. de Meulan, qui pour le bouquet de sa femme avoit fait accommoder son collier de façon qu'il pût être changé en bracelet quand elle le voudroit, et qui par cette raison l'augmentoit de 12 ou 1500 livres de diamants, lui chanta les couplets suivants, que je lui avois faits.

Ils sont sur l'air : *Dessus l'herbe fleurie.*

1ᵉʳ Couplet.

Des fleurs de ma prairie
Et de mon jardinet
Pour ta fête, Marie,
Viens prendre ce bouquet,
Et autre chose itou,
Dont ton mari te prie,
Et autre chose itou,
Il n'ose dire tout.

2ᵉ.

Il n'ose pas te dire,
Sans avoir quelque peur,
Qu'il s'est laissé séduire
Par monsieur *Lempereur* (1),
Pour joindre à ce bouquet,
(Ne va pas l'en dédire)
Pour joindre à ce bouquet
Ce mince bracelet.

3ᵉ.

Mais quoi ! tu te disposes
A gêner mon désir !

---

(1) Nom d'un joaillier fameux de ce temps-là.

Que diable ! tu t'opposes
Toujours à mon plaisir !
Mais laissons ce discours,
Et parlons d'autres choses,
Parlons de nos amours,
Qui dureront toujours.

4ᵉ et dernier.

Seize ans de mariage
N'ont point éteint nos feux ;
Je t'aime davantage,
Et toi, tu m'aimes mieux ;
Disputons-nous toujours
Le charmant avantage
De voir, de jour en jour,
Augmenter notre amour.

Il y a quelque adresse dans ces couplets, en ce que, sans appuyer sur le présent de diamants, ils rabattent assez promptement sur le sentiment, et finissent d'une façon fort tendre. M. Meulan ne put pas les chanter sans attendrissement, et sa femme pleura aussi de tendresse, en les entendant. Je ne prétends point, au reste, que cette fête soit bonne ou même médiocre ; mais ce que je puis dire, c'est que c'étoit un assez joli tableau, et quelque chose de fort amusant, pour une bagatelle faite en société (1).

Le lundi 14 septembre je vis débuter aux Français le sieur Le Kain dans le rôle de Titus, du *Brutus* de M. de Voltaire. C'est un jeune homme de vingt-trois à vingt-quatre

---

(1) Je regarde encore aujourd'hui cette fête comme une des plus jolies bagatelles que j'aie faites ; l'idée ne m'en appartient pas, je la dois à Panard, comme je l'ai dit. Elle a été donnée depuis, par moi, à Saint-Cloud, chez M. le duc d'Orléans ; elle y eut un grand succès ; je n'y fus point par politique : j'avois peur de me forger des chaînes ; j'ai voulu toujours, et j'ai conservé ma liberté. Elle a été donnée quelques années après chez M. le comte de Clermont, et imitée encore dans plusieurs autres endroits. (*Note de Collé, écrite en* 1780.)

ans, qui n'est point mal fait, mais dont le visage est hideux et l'air passablement ignoble. Des grimaces à chaque sentiment qu'il veut exprimer; d'assez beaux gestes, et nulles entrailles, à mon gré, car j'ai vu bien des gens être de mon sentiment à ce dernier égard; je souhaite m'être trompé : il réussit beaucoup, quoiqu'il m'ait déplu souverainement. Il a pourtant quelque sorte d'intelligence, avec le défaut cependant de jouer plutôt le mot que les choses; il a le talent de faire des pauses assez longues, ce que je regarde comme une grande adresse et un grand art, quoique beaucoup de gens prennent cela pour un défaut. Ces pauses lui donnent le temps pour varier ses tons; et c'étoit peut-être en quoi excelloient Baron et la Le Couvreur. Mais, je le répète, je ne lui crois point d'entrailles; il ne m'a point ému dans ce rôle de Titus, qui n'est pas un rôle des moins vifs et des moins pathétiques qui soient au théâtre. Il m'a laissé froid, donc il a tort; et ce sont de ces sortes de torts dont on ne revient point : on n'acquiert point d'entrailles. Tout comédien sans chaleur sera toujours un mauvais ou un très-médiocre comédien. Sa voix n'est pas forte, et elle devient désagréable quand il veut la forcer. Enfin je reviens à sa figure, qui ne dédommage nullement de ce qui lui manque en talent, et surtout en vivacité : il aura beau faire, il aura toujours, ainsi que La Noüe, une vilaine effigie de *martyr* ou de *roué;* ce m'est tout un (1).

Vers le milieu de ce mois-ci, on a donné à la Comédie-Italienne une comédie nouvelle en un acte et en prose,

---

(1) Je me suis trompé probablement sur Le Kain; mais, soit prévention, aveuglement, ou tout ce qu'on voudra, ce hideux et rauque comédien ne m'a jamais fait grand plaisir : sa voix blessoit toujours mes oreilles, et sa figure atroce m'a toujours répugné. Je rendois justice à son art, quand il l'a eu perfectionné; mais jamais *ce monstre à voix humaine* ne m'a remué que désagréablement; il ne me paroissoit placé que dans les rôles où il faut être horrible, comme dans l'*Orphelin de la Chine*. J'ai tort, puisque le public l'adoroit. (*Note de Collé*, *écrite en* 1780.)

de M. Mouillé de Moissy, intitulée : *les Fausses Inconstances*; elle a eu six représentations : je ne l'ai point vue, mais on m'en a parlé avec le dernier mépris.

M. l'abbé Terrasson est mort à la fin de ce mois; Piron fait tout ce qu'il peut pour avoir sa place à l'Académie française, et cependant voudroit faire accroire qu'il n'y pense pas; peu de gens seront ses dupes à cet égard. Il a beau jeu pour obtenir cette place. Ceux qui se présentent ne sont pas des adversaires bien redoutables. Un abbé Trublet, et quelques autres inconnus, font des démarches qui seront inutiles, suivant l'apparence. Les évêques d'ailleurs ne donnent aucun signe de vie à ce sujet, sans doute à cause de la brouillerie du clergé avec la cour.

Si Piron obtenoit cette place, il seroit assez bien, et auroit du pain et de l'aisance même. On lui a donné ces jours-ci 600 livres de rente viagère, et il ne sait à qui s'en prendre : le bienfaiteur se cache (1). Mlle Quinault, l'ancienne comédienne, lui demanda il y a quelques mois son baptistaire, sous le prétexte d'une gageure qu'on avoit faite, pour savoir son âge; et ces jours derniers un notaire lui ayant écrit pour le prier de passer dans son étude, il s'y rendit; on lui fit signer et accepter ce contrat de 600 livres de rente viagère, sur la maison de Condé, et on lui donna vingt-cinq louis pour une année d'avance de ladite rente. On a soupçonné d'abord feu M. de Lassay de cette action généreuse; mais plusieurs circonstances qui avoient fondé les conjectures ne se rencontrent plus aussi justes qu'on l'avoit cru d'abord. On croit à présent que c'est M. le duc de Nevers, jusqu'à ce que l'on croie apparemment que ce soit un autre. Piron, comme on le juge bien, a voulu percer ce mystère; Mlle Quinault n'a point voulu parler,

---

(1) Ce bienfaiteur anonyme ne fut connu qu'après sa mort ; c'était le marquis de Lassay. V. les *Œuvres inédites* de Piron, p.

et même a juré ses grands dieux qu'elle ignoroit et ne se doutoit pas même de quelle main ce bienfait partoit. De qui que ce soit, au reste, c'est une belle action ; et je suis bien aise que notre nation dispute ces beaux traits aux Anglais.

OCTOBRE 1750.

Le samedi 3 octobre fut la quinzième et dernière représentation de *l'Impertinent*. L'acteur nouveau qui a débuté avec quelques succès le 14 du mois dernier, et dont j'ai parlé, a été la cause innocente de la petite fortune de cette mauvaise comédie, à laquelle on ne sauroit cependant ôter le mérite d'être bien versifiée et le défaut d'avoir de l'esprit déplacé. Elle est imprimée : je l'ai lue. Les vers se soutiennent à la lecture ; mais la pièce est bien mauvaise et d'une froideur glaciale.

Le 6 octobre je fus à Berny, avec mon ami Davoust, pour y voir jouer une comédie que le comte de Clermont, prince du sang, faisoit représenter, et dont on assuroit qu'il étoit l'auteur. Mlle Le Duc, sa maîtresse, me dit qu'elle étoit entièrement de lui, et que personne n'y avoit mis la main : je veux le croire pieusement (1). Cependant, il y a dans cette pièce une sorte d'intelligence du théâtre que le seul usage peut donner, et qu'on ne peut guère avoir sans avoir mis plusieurs

---

(1) Le comte de Clermont était fils de Louis III, prince de Condé et de Mlle *de Nantes*. Né en 1709, mort en 1771. Il était abbé de Saint-Germain-des-Prés, ce qui ne l'empêchait pas d'avoir une espèce de sérail. Au surplus, suivant le bibliophile Jacob, « ce grand seigneur *écrémait* les plus « riches abbayes de France ». D'où il suit qu'il joignait à sa fortune personnelle d'assez gros revenus. (*H. B.*)

fois la main à la pâte. J'y trouvai aussi un style un peu formé, qui me fait soupçonner que M. Rongoll, secrétaire des commandements du prince, n'avoit pas nui à la composition de cette comédie; ce ne sont pourtant que de foibles et très-foibles conjectures; et il peut bien être, au reste, que le comte de Clermont soit véritablement et uniquement l'auteur : la pièce est assez mauvaise pour cela.

Le plan en est mal combiné, rempli d'inconséquences, et n'a rien de neuf; les caractères aussi vieux et aussi communs que le plan, mal soutenus et mal conservés; un dialogue mal fait, et un dénouement misérable. Il y a pourtant quelques situations théâtrales, ou plutôt quelques scènes, surtout deux, dont on pouvoit tirer parti, si elles avoient été bien amenées, et mieux liées au plan. Enfin beaucoup de froid, ce qui est le plus grand défaut de quelque ouvrage que ce soit. Cette comédie est intitulée : *Barbarin, ou le Fourbe puni*; elle est en trois actes et en prose. Le vieux Duchemin et Gaussin y jouoient, et n'aidèrent pas peu à réchauffer la pièce. Rozelly y jouoit le principal rôle; le chevalier de Bonac y faisoit l'amant, et M{ile} Le Duc, la cadette, la soubrette.

[On représenta ensuite une petite pastorale, en vers libres, mêlée de chants et de danses, faite sur les *vendanges* par le petit Laujon. Oh! c'est cela qui était une véritable misère! Nul sujet, nuls détails, petits madrigaux à la glace, vieux et usés, et qui ont été retournés cent fois de cent façons. Je ne vis de mes jours spectacle plus léthargique que cette pastorale. Laujon y jouait un rôle encore plus mal, s'il est possible, qu'il ne fait des vers.]

M. de Rongoll, dont je viens de parler, nous conta, à propos de quelque chose qui se disoit dans la conversation, une anecdote qu'il nous assura véritable. Il prétend qu'un homme à talent, voulant obtenir une grâce de M. le Régent, lui présenta un placet dans un moment où il étoit presque seul et que le suppliant avoit su se ménager. Ce placet étoit dans la forme ordinaire. Quand le Régent l'eut lu, le demandeur lui dit : *Si Son Altesse vouloit le relire, le voici en vers?* — *Volontiers,* lui dit le duc d'Orléans, *donnez.* Quand il eut vu les vers, mon homme demanda la permission de le chanter, on le lui permit ; il chanta. A peine eut-il fini, qu'il dit : *Si Monseigneur le souhaite, je vais le danser?* — *Oh! dansez-le,* lui répondit le Régent ; *je n'ai jamais vu de placet dansé, et pour la nouveauté du fait je vous accorde ce que vous demandez.*

Le 8 je fus à la Comédie-Française voir débuter Mlle Lully, actrice de la comédie de Besançon. C'est une blonde, d'une figure assez aimable, mais sans noblesse ; les plus beaux cheveux du monde, blanche, grasse, courte et ramassée. Si elle n'a que quinze ans et demi, comme on le prétend, elle est fort grande pour son âge, et ce sera quelque jour un colosse. Elle jouoit le rôle d'Agnès dans *l'École des femmes* ; je n'en fus point mécontent. Sa voix est assez jolie ; elle a un peu d'accent, qu'elle perdra. Je l'ai vue depuis jouer le rôle d'Aricie dans *Phèdre* ; il s'en faut bien que j'en aie été aussi satisfait. Son accent paroît davantage, et sa figure beaucoup moins. Elle joua enfin ce rôle d'Aricie comme une pensionnaire de Saint-Cyr. Mlle Brillant se tira assez bien du rôle d'Ænone, et je commence à revenir un peu sur son compte, et à croire qu'elle sera utile dans les rôles de confidente et de seconde amoureuse dans le comique. On a actuellement besoin d'un pareil sujet ; et, médiocre pour médiocre, autant vaut celle-ci qu'une autre. Elle a du moins par devers elle une grande habitude du théâtre.

Le 12 du courant, je fus à la première et dernière représentation d'une petite comédie en un acte et en vers libres, intitulée : *le Tribunal de l'Amour*, ouvrage d'écolier, qui ne mérite point de critique et que les Français ont donné pendant le voyage de Fontainebleau. C'est une pièce de scènes épisodiques; mais il me seroit impossible de dire, et peut-être l'auteur ne pourroit-il pas dire lui-même quel est le fond de son sujet, même celui d'aucune scène en particulier; il n'y a ni but ni plan dans cette comédie; un dialogue froid et sans action depuis le commencement jusqu'à la fin. Nul esprit dans les détails, lieux communs, mauvaise versification, mauvais ton, nulle connoissance des hommes ni du monde. L'auteur se nomme M. Deslandons. M. Marchand, notaire, qui le connoît, m'a dit qu'il avoit trente à trente-cinq ans; à cet âge, il auroit pu avoir le sens de ne point faire, ou du moins de ne point donner une pareille misère. Il falloit que cela fût bien mauvais, puisque le patient parterre d'à-présent se détermina à le huer, et que les comédiens n'ont pas osé en risquer une seconde représentation.

Ils jouent actuellement des tragédies pendant le voyage de Fontainebleau. Comme ils ont trois actrices de tragique, et que tous les hommes, excepté Sarrazin, jouent également mal dans le tragique, il leur est indifférent par qui il soit joué; pourvu que Clairon, ou Dumesnil, reste à Paris, cela va toujours. C'est Clairon qui est restée pendant ce voyage.

Vendredi dernier, 23 du courant, M. le Dauphin prit place au conseil pour la première fois. Le soir même, Mme la Dauphine ayant eu de l'humeur, il lui dit en plaisantant : *Qu'avez-vous donc, madame? feriez-vous déjà la femme de ministre?* Je tiens cette petite anecdote de M. de Sauvigny, intendant de Paris, qui nous l'a contée à Etioles, où nous sommes.

Je travaille depuis le commencement de ce mois à un opéra-comique de société; le plan en est fait : il sera en trois actes. Il me paroît plein d'action, et fort théâtral; conséquemment ce sera la faute des détails si je n'en fais point quelque chose de passable. Une ancienne histoire arrivée à Mme D. B***, que M. Dutilloy m'a contée à Etioles, où il a passé quelques jours pendant que j'y étois, m'a fourni l'idée de cet opéra-comique, à laquelle j'ai joint celle du conte du *Rossignol*, de Vergier; j'ai même tiré de ce conte les noms de mes principaux personnages.

Voici l'histoire de Mme D. B*** :

Quoique cette dame ait actuellement 40 ou 50,000 liv. de rente, et que sa fille soit mariée à un homme de condition, elle n'en a pas moins été entretenue dans sa jeunesse, étant bien ce qu'on appelle fille entretenue. Son père étoit un pauvre huissier; et sa fortune à elle est un coup de hasard que je ne dirai point, parce que cela la feroit reconnoître sur-le-champ. Elle étoit belle, et demeuroit, dans le temps de l'aventure que je vais conter, chez ses parents; son monsieur n'avoit point voulu l'en tirer, soit de peur d'un trop grand scandale, ou d'une trop grande dépense : il y a trente-cinq ou quarante ans qu'on étoit encore retenu par l'un ou l'autre de ces deux motifs; le siècle depuis s'est bien formé.

Cet amant en titre fut averti, par quelques fâcheux, qu'il avoit un rival favorisé; qu'il y avoit un certain Médor qui s'introduisoit de temps en temps les nuits chez son Angélique. Il l'épia, fut convaincu du fait par lui-même, et s'en vengea comme vous allez voir.

Elle logeoit au premier, sur le devant, dans une rue fort étroite; il trouva moyen de louer une chambre qui donnoit vis-à-vis de la sienne, et qui dominoit tellement, que l'on pouvoit facilement voir de là tout ce qui se passoit chez elle, et même se parler sans forcer sa voix. Quand il se fut assuré de cette chambre, il s'y renferma quelques heures avant celle à laquelle il étoit averti qu'on avoit donné au galant le rendez-vous nocturne. Il le vit effectivement de sa fenêtre entrer chez sa princesse, et refermer doucement la porte : il avoit tout fait préparer. Une demi-heure après que son rival fut entré, il fait attacher une barre de fer à la porte, par un serrurier qu'il avoit très-bien payé pour cette opération ; il se met ensuite à sa fenêtre, en attendant tranquillement, autant qu'il le peut, la fin du rendez-vous. C'étoit en été ; à quatre heures, il entend mon petit greluchon qui veut sortir, qui tourne cent fois la clef dans la serrure, et qui trouve que la porte ne peut s'ouvrir ; après avoir, pendant trois quarts d'heure, fait tout seul ce qu'il pouvoit pour en venir à bout, il retourne conter le cas à son infante ; ils descendent ensemble : leurs efforts réunis n'y font rien ; ils remontent, et elle se détermine à voir par sa fenêtre si elle pourroit en dehors apercevoir l'obstacle qui empêchoit cette damnée porte de s'ouvrir ; mais à peine a-t-elle mis la tête à la fenêtre, que le premier objet qui la frappe est son entreteneur, qui étoit à celle vis-à-vis. Ce n'étoit point un méchant homme, comme vous allez voir : après qu'il l'eut raillée un peu cruellement, tenue en échec pendant quelques instans, et enfin traitée comme elle le méritoit, il ne voulut pas que la chose allât plus loin, et que le père sût cette aventure. Il envoya donc le serrurier ôter la barre ; le petit homme à bonnes fortunes sortit, et lui la quitta. C'est de cette espiéglerie, jointe au conte du *Rossignol* (1), que je veux tâcher de faire un opéra comique (2).

---

(1) Voyez la pièce intitulée : *le Rossignol*, dans le *Théâtre de Société*, tome I*er*, édition de 1777. (*Note de Barbier.*)

(2) A l'occasion de l'histoire de madame D. B*** que j'ai contée ici, je ferai observer que l'auteur dramatique-comique doit prendre ses scènes dans la société ; mais qu'il doit les déguiser tellement, que les individus auxquels les aventures sont arrivées ne puissent pas être reconnus. La probité et l'honneur de l'auteur sont engagés à cette attention, qu'on ne sauroit pousser trop loin, sans quoi le poëte comique devient poëte satirique, et le plus cruel de tous. Dans *la Vérité dans le vin*, et dans plusieurs autres de mes comédies de société, il se trouve nombre de scènes qui se sont passées réellement entre gens de mon temps, et jamais on n'a deviné les masques.

Je suis fâché d'avoir traité la comédie du *Rossignol* dans le genre des opéras-comiques anciens, elle eût été mieux en prose simplement ; les couplets affoiblissent la vérité de cette gentille comédie. (*Note de Collé, écrite en* 1780)

Cette aventure me rappelle ce que dit autrefois à l'abbé de Grécourt la marquise de Richelieu.

Cette dame étoit fille de la duchesse de Nevers, la fameuse Mancini. C'est encore la mère du duc d'Aiguillon d'à-présent. Elle étoit belle, dit-on, avoit beaucoup d'esprit, sans frein, sans préjugés, sans principes, et elle tenoit de sa mère le goût des voyages; elle alloit passer son carnaval à Venise, comme j'irois passer trois jours à Saint-Cloud : il lui étoit arrivé aussi cent aventures, plus singulières les unes que les autres, dans ses voyages.

Elle disoit donc un jour à l'abbé de Grécourt : *Tous les romans qui paroissent sont bien dénués d'événements piquants; si j'écrivois ma vie, vous verriez bien d'autres aventures. Par exemple, en allant un jour à tel endroit, je fus arrêtée dans un bois, loin de tout secours, par un voleur : mes gens prirent la fuite; quand il m'eut bien volée, le galant s'avisa de me trouver belle, et en conséquence il en fallut passer par ce qu'il voulut; il demandoit le don d'amoureuse merci d'une façon si pressante et si tendre, avec un pistolet à la main, qu'il n'y avoit pas moyen de le refuser. . . . . Ah! charmant voleur! ah! voleur charmant!*

Si effectivement, comme on me l'a assuré, il lui est arrivé beaucoup d'aventures de cette espèce, ou aussi extraordinaires dans un autre genre, c'est grand dommage que nous n'ayons pas l'histoire de cette femme.

M. Ferrand a la place de fermier général, vacante par la mort de M. Masade, arrivée le 20 de ce mois. Celle de l'Académie n'est point encore donnée. Excepté Piron, tous ceux qui se présentent pour la remplir occuperoient aussi bien une place de finance, et je les aimerois autant parmi les quarante fermiers généraux qu'au nombre des quarante illustres.

M. Duclos est historiographe du roi, avec une pension de 2,000 livres. M. de Voltaire, qui va s'établir en Prusse, a laissé cette place vacante; et le crédit de Mme de Pompadour l'a fait donner à Duclos, auquel M. de Foncemagne la disputoit. Quoique M. Duclos soit mon ancienne connoissance, et que je l'estime à beaucoup d'égards, et du côté des mœurs et du côté de l'esprit, je ne puis pourtant m'empêcher de dire qu'on a trouvé injuste, assez universellement, que Foncemagne ne l'ait point emporté sur lui.

Suivant la coutume établie par feu M. Orry, pendant le temps qu'il a été directeur des bâtiments du roi, on a exposé cette année, durant le mois de septembre, dans un salon du vieux Louvre, les tableaux de nos peintres; on sait que cette montre sert à exciter leur émulation, et les met à portée de la critique des connoisseurs, et dans le cas d'en profiter s'ils ne sont pas aussi fous et aussi entêtés que nos poëtes; ce que j'ai peine à croire. Quoi qu'il en soit, depuis cet établissement, il a paru presque tous les ans une brochure critique sur les tableaux exposés. Cette brochure n'a pas plu autrement aux peintres; soit qu'ils aient raison ou non, ils ont prétendu que celui qui en étoit l'auteur étoit un ignorant et un homme qui n'avoit pas les plus légères connoissances en peinture; c'est ce que je ne suis point en état de décider. Mais cette idée, vraie ou fausse, a donné à un élève de Coypel celle de faire une estampe dans laquelle il fait un aveugle auteur des *Lettres sur les tableaux* (1).

NOVEMBRE 1750.

Le 7 du courant, les Comédiens français remirent au théâtre *le Mari sans femme*, une des plus foibles pièces

---

(1) Huquier et Mathon de la Cour ont successivement publié, vers cette époque, une série d'articles *Sur l'exposition des tableaux au Louvre*. Quant aux fameux *Salons* de Diderot, ils se rattachent à une date postérieure (1759 à 1781). MM. Chaudé et Walferdin s'étaient proposé de publier une édition complète de ces *Salons*; malheureusement leur projet n'a

de Montfleury; j'entends de celles qu'on reprend encore de temps en temps.

Le jeudi 12 ils donnèrent la première représentation d'*Aménophis*, tragédie qui n'a été jouée qu'une seule fois et eut le sort le plus triste. Je l'avois présentée, et elle fut refusée l'année passée (1). Comme l'auteur est mon ami (2), je n'entrerai dans aucun détail; je me renfermerai à dire que par les changements qu'il a faits depuis l'année passée il en a gâté le plan, qui étoit beaucoup plus raisonnable. La principale situation étoit auparavant plus frappante; d'ailleurs, mêmes défauts de chaleur et de versification que lorsque je la présentai. Excepté Clairon, au reste, il n'est guère possible d'imaginer qu'une pièce puisse être plus mal jouée. Le Kain faisoit le rôle d'Aménophis, Ribou celui de Sosis, et la perfide Gauthier celui de Nephté. Dans l'impatience qu'a eue l'auteur de paroître, il n'a pas voulu attendre le retour des comédiens, qui sont à Fontainebleau; il est vrai que vraisemblablement il n'auroit pas été joué cet hiver. Mais il auroit mieux valu ne l'être jamais que de l'être aussi détestablement; je dis, abstraction faite de sa pièce. J'avois fait l'année passée tous mes efforts pour empêcher l'auteur de la donner, je lui en avois donné autant à entendre cette année; mais il n'a consulté que ceux qui lui conseilloient de la faire jouer. M. d'Argental l'a aidé, dans cette équipée, de ses cruels avis, et, qui pis est, de son crédit auprès du duc d'Aumont, qui est d'année. Sans cela les comédiens ne l'auroient point reçue, et encore moins jouée; surtout le grand rôle étant destiné à Le Kain, qu'ils trouvent détestable, avec raison, et qui sera reçu malgré eux, sans raison. L'auteur s'est trompé sur cet acteur, presque autant que sur sa pièce;

---

eu qu'un commencement d'exécution, qui s'est arrêté à l'impression du *Salon* de 1759, dont il a été tiré seulement vingt-quatre exemplaires. (*H. B.*)

(1) Voyez plus haut sous les dates des 10 et 26 septembre 1749.
(2) Saurin.

c'est un petit drôle qui ne peut jamais devenir rien, même de médiocre; il n'a point d'entrailles absolument; très-peu, mais fort peu d'intelligence; une voix rauque et cassée, aussitôt qu'il a déclamé vingt vers; joignez à cela sa figure, qui est si hideuse que la Noue paroît presque un Adonis auprès de lui.

Pour en revenir à *Aménophis*, j'observerai qu'il faut que l'aveuglement des auteurs pour leurs ouvrages soit poussé bien loin, puisque j'eus beaucoup de peine le lendemain à déterminer mon ami à la retirer. Dutartre, Monticourt, et surtout Clairon, fixèrent à cet égard son irrésolution. Il est vrai que Marivaux, Helvétius et le chevalier de Blanc lui conseilloient de la laisser jouer, du moins encore une fois. Ce qui fit pencher la balance pour notre avis, ce fut véritablement Clairon, qui, malgré l'intérêt visible qu'elle avoit que cette pièce fût donnée encore, fut cependant du sentiment de la retirer.

Je n'ai jamais vu d'auteur si affligé ni si honteux; les consolations et les raisons n'opérèrent rien sur son esprit; je lui croyois plus de fermeté, ou, pour mieux dire, je ne l'aurois pas soupçonné d'autant de foiblesse. Ce qui a fait son grand malheur, et qui y a mis effectivement le comble, c'est qu'on a trahi son secret : il est connu pour l'auteur, de tout le monde. Clairon, à laquelle il l'avoit confié, l'a dit à son amant Villegagnon; le marquis du Rollet, qui est son parent et son ami, l'a su de lui, et l'a été redire en confidence à l'oreille de vingt personnes, en sorte qu'en moins d'un jour ce secret-là est devenu véritablement celui de la comédie.

Avant de finir ce triste article, il faut que je dise un mot de la lâche servitude et de la bassesse avec laquelle M. de Crébillon, le père, fait son emploi de censeur de la police. Je fus lui porter moi-même la pièce pour avoir son approbation. On jugera si l'on peut être plus craintif, sans raisons, plus vil et plus esclave qu'il me l'a paru, en effaçant les vers ci-après :

> Rarement on est grand au faîte des grandeurs.
> A la cour de son père, entouré de flatteurs,
> Et trop sûr de monter au rang de ses ancêtres,
> L'orgueil et la mollesse auroient été ses maîtres.
> Mais le sort pour tout bien lui laissant le danger
> D'un trône à conquérir et d'un père à venger,
> A toutes les vertus on exerça son âme ;
> De l'amour de la gloire on y porta la flamme ;
> On endurcit son corps aux plus rudes travaux :
> Du prince on fit un homme, et de l'homme un héros (1).

Ces quatre premiers vers retranchés touchent légèrement les rois; en voici d'autres, qui effleurent les prêtres et qu'il retrancha encore.

Acte II, *scène III.*

Arthésis dit à Aménophis :

> Ce n'est plus aujourd'hui ces prêtres respectables,
> Révérés des bons rois, aux tyrans redoutables,
> A l'exemple des dieux justes et bienfaisants
> Qui, juges des rois morts, qu'ils respectoient vivants,
> Pesoient, sans passions, leur conduite passée,
> A leurs manes ouvroient ou fermoient l'Élysée.
> Aujourd'hui, devenus de lâches courtisans,
> Aux seuls dieux de la terre ils prodiguent l'encens,
> Et de la tyrannie, organes et ministres,
> Prêtent la voix du ciel à ses ordres sinistres ;
> Ils oseront juger et condamner leur roi ;
> Le pouvoir est leur dieu, l'intérêt est leur loi.

On demandera encore bien davantage pourquoi il a rayé ces quatre-ci :

Acte IV, *scène première.*

> Le peuple qui gémit sous le poids du pouvoir,
> Saisit avidement le plus frivole espoir ;

---

(1) Les dix vers de Saurin ci-dessus sont les plus beaux vers qu'il ait jamais faits : ils sont *Cornéliens.* (*Note de Collé, écrite en* 1780.)

La nouveauté lui plaît : malheureux et volage,
Il croit changer de sort en changeant d'esclavage.

Voici peut-être l'endroit unique qu'il auroit pu raisonnablement ôter, quoique ce soit, comme on va le voir, un personnage odieux qui parle, et qui est ensuite réfuté. Voici le morceau :

Acte IV, *scène IV*.

AMÉNOPHIS.

Eh! qui de mes aïeux leur a transmis les droits?

LE GRAND-PRÊTRE.

Le peuple qui jadis a choisi vos ancêtres.
L'intérêt de l'État demandoit d'autres maîtres ;
Nous en avons changé.

Ce vers a été ainsi changé :

N'alléguez point ici les droits de vos ancêtres.

Enfin, il a laissé subsister, par grâce singulière, cette pensée-ci :

Allons montrer un maître ;
Un roi par le malheur rendu digne de l'être.

Ce fut inutilement que je lui donnai les meilleures raisons, pour laisser les choses telles qu'elles étoient ; il n'en voulut rien faire. En vain je lui citai, en faveur des quatre premiers vers, celui-ci, de *Brutus*, qu'il a jadis approuvé lui-même :

Qui naquit dans la pourpre en est rarement digne.

A l'égard des vers qui regardoient les prêtres, je lui rappelai de fiers morceaux de l'*OEdipe* de Voltaire ; j'allai jusqu'à lui opposer ses propres vers, ceux de Fulvie à Probus, dans *Catilina.*

Et enfin quand je vins au vers :

Le peuple qui jadis a choisi vos ancêtres,

je lui dis, avec vivacité : *En vérité, monsieur, il est bien singulier que le même homme qui vient de faire imprimer dans* Xerxès :

La crainte fit les dieux, l'audace a fait les rois.

veuille chicaner quelqu'un sur l'autre vers, et veuille le rayer.

A l'exception de ce vers cependant, les autres furent dits, sans égard aux ratures qu'il avoit faites; je ne pus pas le déterminer à faire ce que les comédiens prirent sur eux de faire; sans me combattre de raisons, bonnes ou mauvaises, il n'eut d'autre réponse à me faire, sinon que son indulgence l'avoit empêché d'avoir la pension du sceau.... et qu'il y a deux ans on lui avoit refusé sa gratification pour une bagatelle qu'il avoit passée, etc. Il y a, comme on voit à présent, une véritable inquisition établie sur les pièces de théâtre; elle est étendue sur le reste de la librairie.

Après le despotisme qui se fait de plus en plus sentir partout, on doit s'en prendre aux censeurs qui, pour faire lâchement leur cour et obtenir quelques centaines d'écus, sacrifient les lettres et les gens de lettres à leur petit intérêt personnel.

Cette inquisition sera une source de la décadence du goût, des arts, des sciences et de l'esprit en France. Tout cela va passer chez des peuples qui ont la liberté de penser, de parler et d'écrire. Car, je le répète encore, parce que cela me tient au cœur : qu'un censeur obscur en use de cette façon vile, il n'en rejaillit point d'opprobre sur les gens de lettres, comme lorsqu'une pareille bassesse part d'un homme aussi célèbre que Crébillon. Un auteur illustre comme lui seroit fait au contraire pour donner plutôt la loi au magistrat, au sujet des ouvrages d'esprit, que pour la recevoir de lui. Il devroit être le médiateur éternel des gens de lettres, et occupé à plaider leur cause devant le lieutenant de police, au lieu de jouer auprès de lui le rôle de bas valet, comme il fait.

La timidité d'esclave de Crébillon, dont il fut question dimanche à dîner, chez Helvétius, donna occasion de conter quelques réponses hardies et nobles faites à des rois par leurs sujets.

Milord Stanley nous dit, par exemple, que Jacques II ayant voulu établir à Londres quelques nouveautés, le maire de cette capitale s'y opposa avec une fermeté respectueuse et inébranlable. Le Roi le poussant et le menaçant de quitter Londres, de transporter dans une autre ville le séjour de la cour, et avant de partir de priver Londres de plusieurs avantages, ajoutant même avec colère qu'il en emporteroit tout ce qu'il pourroit, pour la punir...... Le lord maire lui répondit froidement : *Nous espérons, Sire, que du moins Votre Majesté n'emportera point la Tamise.*

Ce trait fit raconter quelques réponses hardies faites à Louis XIV, mais moins roides que celle-là. Les voici :

Le marquis de Marivault, après avoir perdu un bras à l'armée, demandoit, au retour de la campagne, une grâce à Louis XIV, qui, en prenant son placet, lui dit : *On verra.* — *Sire!* repartit M. de Marivault, avec une fierté noble et respectueuse en même temps : *Si j'avois dit on verra quand il falloit aller contre vos ennemis, j'aurois encore mon bras.* Le Roi ne répondit autre chose, sinon : *Marivault, je vous accorde ce que vous me demandez.* Il est beau, en cette circonstance, à un roi aussi despotique de n'avoir pas été injuste.

M. de Courcillon, qui étoit si doux et si brave, à ce

NOVEMBRE 1750.

qu'on dit, reçut un coup de feu à la cuisse, qui obligea de la lui couper; et, par parenthèse, on dit qu'il soutint cette opération avec une fermeté qui paroît au-dessus de l'humanité. Il étoit entouré de ses amis, avec lesquels il causa pendant tout le temps qu'on lui coupoit la cuisse, comme si l'on eût fait l'opération à un autre, sans changer de visage, et sans jeter un cri ni une larme.

Pour retourner au fond de l'histoire, il demanda à Louis XIV, pour récompense de sa blessure, qu'il lui accordât la croix de Saint-Louis. Il étoit fort jeune, et n'avoit pas le nombre d'années compétent pour l'obtenir, et dans les commencements de l'établissement de cet ordre Louis XIV ne croyoit pas pouvoir pousser la régularité trop loin à cet égard; ce qui fut cause qu'en la lui accordant, le Roi lui dit : *Monsieur de Courcillon, je vous donne volontiers la croix de Saint-Louis, quoiqu'il vous manque encore tant d'années de service.* —*Oui, Sire, et une cuisse!* reprit en riant M. de Courcillon.

[Enfin, au siége de Mons, un officier auquel le feu Roi avait refusé une grâce qu'il lui avait demandée, ayant été blessé à mort à l'attaque d'un ouvrage qu'il emporta, fut vu par Louis XIV, ou, pour parler d'une façon plus vraisemblable, cette action ayant été sur-le-champ rapportée au Roi, il envoya dire à cet officier qu'il lui accordait la grâce en question, et de plus une pension de cent pistoles. Le brave militaire, qui mourut une heure après du coup qu'il avait reçu, répondit à celui qui lui parlait de la part du Roi : « *Allez, monsieur, dites au Roi que je n'ai plus besoin de la grâce qu'il m'accorde, et que je pars pour un pays où l'on se f.... de lui et de moi.* »]

M. le comte de Bissy aura la place de l'Académie française (1), vacante par la mort de M. l'abbé Terrasson;

---

(1) Thiard (Claude, comte de Bissy), né en 1721, mort en 1810. Membre de l'Académie française. *Histoire*, *d'Emma ou de l'âme; Lettres sur l'esprit de patriotisme*, traduites de l'anglais (Bolingbroke). (*H. B.*)

il ne devoit l'obtenir à aucuns égards, ni en qualité de seigneur ni encore moins en celle d'homme de lettres, ce qui est beaucoup dire. Les seigneurs qui entrent à l'Académie doivent être des gens de la cour, de la plus grande illustration ou du plus grand crédit, du moins de la plus haute naissance; il est bien éloigné d'être dans aucun de ces cas. Pour ses lettres, elles ne vont pas jusqu'à savoir l'orthographe, ainsi que l'on verra par l'une des siennes, dont je ferai la copie figurée à la suite de cet article.

Il passe pourtant pour auteur de la traduction des *Lettres sur l'idée d'un Roi patriote*, mais Flinth, maître d'anglois, disoit ces jours-ci à Monticourt que M. de Bissy savoit moins d'anglois qu'un homme qui auroit étudié cette langue pendant quinze jours; que c'étoit lui, Flinth, qui lui avoit fait faire des versions de ces lettres; que Duclos et Crébillon le père avoient revu ensuite légèrement cet ouvrage, qui est tombé actuellement dans le mépris des Anglais, qui n'y trouvent point leur langue, e dans celui des Français, qui y trouvent la leur défigurée; c'est pourtant là son seul titre pour entrer à l'Académie; ridicule que peut-être on lui auroit passé s'il s'en fût ouvert les chemins du moins par des voies honnêtes et légitimes; mais il a fait au contraire les manœuvres les plus basses et les plus indignes d'un galant homme, pour éloigner ses concurrents.

Comme Piron se présentoit, et que vraisemblablement il auroit été reçu s'il eût persisté et qu'il n'eût pas quitté la partie, il a fait sourdement courir le bruit que le Roi donnoit l'exclusion à Piron, qui en conséquence a dès cet instant cessé ses poursuites, en quoi il s'est mal conduit, puisque quelques semaines après ces bruits M. le Maréchal de Richelieu dit en pleine Académie que le Roi ne donnoit point l'exclusion à Piron.

Malgré cette déclaration authentique, Piron n'ayant point voulu se mettre sur les rangs, M. de la Place s'y est mis et étoit sur le point de faire ses visites, assuré qu'il étoit de leur succès, lorsqu'il rencontra, le dimanche 8 du courant, M. le comte de Bissy à l'Opéra.

Voici tout ce qui se passa entre eux, que je tiens de M. de la Place lui-même (1), et qui en me contant son histoire m'en a remis entre les mains les pièces justificatives, je veux dire ses lettres et celles du comte de Bissy, que je transcrirai tout à l'heure.

M. de la Place donc, qui vivoit depuis des temps infinis avec M. de Bissy, lui dit : « qu'il se plaignoit à lui-même « de ne pas apprendre par lui qu'il songeoit à l'Académie, « que son amitié étoit blessée de n'avoir su cette nou- « velle que par le public ; que s'il visoit à être ambas- « sadeur, comme on le lui avoit assuré, et qu'il pensât « qu'une place à l'Académie pût, avec son mérite per- « sonnel, concourir à ses desseins, il lui abandonneroit « volontiers ses prétentions, et lui en feroit le sacri- « fice, etc. » M. de Bissy le rassura, et lui dit bien positivement, et en termes bien clairs et bien précis, « qu'il « n'avoit songé à l'Académie qu'au cas qu'il ne se « présentât pas des gens de lettres ; que comme le Roi « avoit donné l'exclusion à Piron, il lui conseilloit de « faire ses démarches pour en être ; qu'il n'y pensoit « plus dès ce moment ; enfin, que son amour pour les « lettres, et nullement des idées de fortune, lui avoit fait « naître l'envie d'entrer à l'Académie ».

Voilà M. de la Place, sur ce discours, dans une sécurité parfaite, et qui, sûr de n'avoir point d'autre concurrent que M. de Bissy, laisse passer le vendredi et le samedi sans faire ses visites.

Le dimanche 15, il va voir les officiers de l'Académie : M. de Marivaux en étoit chancelier, et M. de Mirabaud pour lors secrétaire. Il apprend chez ces deux messieurs

---

(1) La Place (M. Pierre Antoine de), né à Calais. Auteur ou traducteur de plusieurs romans et de quelques pièces de théâtre. *Venise sauvée, Jeanne d'Angleterre, Adèle de Ponthieu*, etc. *Tom Jones*, roman. (Fielding.) (*H. B.*)

que son homme a fait ses visites le vendredi, et que comme on n'a point entendu parler de lui, la Place, il a été arrêté le samedi, à l'Académie, que ce seroit M. de Bissy qui en seroit. Il soutient là-dessus à M. de Marivaux que la chose est impossible; que le dimanche M. de Bissy lui avoit donné sa parole de ne point concourir avec lui; qu'il croiroit déshonorer M. de Bissy s'il ajoutoit foi à ce qu'il lui disoit de ses démarches. Comme elles étoient effectives, il ne fut pas bien difficile à M. de Marivaux de lui en démontrer la réalité. La Place devient furieux, il court chez le comte de Bissy, dans le dessein d'en tirer raison; il ne le trouve point. Il court tous les spectacles, point de Bissy; il lui écrit, point de réponse; il prend enfin le parti de le dénoncer à l'Académie, par une lettre adressée à M. de Mirabaud, qu'il prie d'en faire la lecture le lendemain à l'Académie avant l'élection.

Pendant ce temps-là M. de Marivaux, plus heureux que M. de la Place, cherche M. de Bissy, et le trouve; il lui fait voir l'affaire cruelle qu'il va s'attirer, et vis-à-vis de l'Académie, et vis-à-vis de la Place, qui ne se possède pas, et qui sera, à ce qu'il lui fait entrevoir, assez fou pour se battre. Le Bissy a peur; il supplie M. de Marivaux d'être le médiateur; ce dernier réussit, avec bien de la peine, à apaiser la Place, qui ne se rend qu'à condition que M. de Bissy écrira une lettre contenant un désaveu formel de ce qu'il lui a dit à l'Opéra; ils en font ensemble le projet; c'est cette lettre, sans orthographe, qui est ci-dessous figurée, qui a terminé ce différend. A moins que de faire dire à un homme expressément qu'il a manqué de parole comme un malheureux, et qu'il a trompé comme un coquin, on ne peut faire dire rien de plus fort. Cette lettre est du 19. Le 20, qui étoit un vendredi, M. de Bissy aborda M. de la Place à l'Opéra, et lui faisant quelques politesses, lui dit : *Vous avez dû voir, monsieur, une lettre que j'ai écrite ce matin* à *M. de Marivaux*. — *Oui, monsieur, je l'ai vue*, lui répondit-il sèchement, *et il me la falloit, ou un coup d'épée.*

Lettre de M. de la Place à M. de Bissy, du 16 novembre.

« Ce qui m'arriva hier, monsieur, m'alarmeroit vivement si j'avois moins l'honneur de vous connoître, et si la confiance que je dois à vos promesses n'étoit pas véritablement fondée sur ce que la plus haute estime et l'attachement le plus respectueux m'inspirent toujours pour vous. Vous vous souvenez sans doute, monsieur, du zèle peu suspect avec lequel je vous offris, à l'Opéra, dimanche 8 de ce mois, le sacrifice des foibles droits que je pouvois avoir à l'Académie, au cas qu'il fût vrai, comme on me l'avoit dit, que vous eussiez fait vos visites, et qu'il fût aussi essentiel pour vous qu'il l'est réellement pour moi d'y remplacer feu M. l'abbé Terrasson.

« Vous eûtes la bonté de me dire qu'à supposer que vous pussiez prétendre à l'Academie, ce ne seroit du moins jamais en concourant avec un homme de lettres que vous en croiriez digne, et surtout avec moi ; que vos démarches à ce sujet n'avoient eu d'autre but que de prévenir celles de quelques personnes du haut rang que vous me nommâtes, qui sembloient avoir quelque envie de se présenter, au cas que M. Piron ne se présentât pas ; mais qu'il n'étoit pas vrai que vous eussiez fait des visites expresses, et que ce bruit vous déplairoit très-fort. Vous me priâtes même de dissuader sur ce point les deux seules personnes auxquelles je vous avouai m'en être ouvert la veille, *attendu que si ce même bruit se répandoit ainsi sans votre aveu, vous vous trouveriez peut-être forcé de le réaliser.* »

« Voilà, je crois, monsieur, *et très-exactement*, ce que vous m'avez dit à l'Opéra, et vous savez positivement avec quelle franchise j'ai sur-le-champ exécuté ce qu'il

« vous avoit plu de me prescrire. C'est sur ce fondement
« (que je me serois fait un crime d'imaginer douteux)
« que je fis hier mes visites en forme à Messieurs de l'A-
« cadémie, en déclarant pourtant à chacun d'eux que si
« M. Piron se présentoit, je rendois trop justice à ses talents
« pour ne pas, en réunissant mes vœux à ceux du public,
« révoquer dans l'instant ma demande. Mais avec quelle
« surprise ne me suis-je pas fait redire et répéter plus
« d'une fois que ce n'est pas M. Piron qui se présente,
« et que M. le comte de Bissy a fait ses visites en forme !

« Je n'ai cependant pu le croire, monsieur ; les sen-
« timents que j'ai pour vous n'ont pu me le permettre.
« J'ai dit, pour prouver le contraire, tout ce que vous-
« même m'aviez prié de dire ; j'ai soutenu qu'on avoit
« mal entendu, qu'on interprétoit mal vos démarches,
« que vous vous en étiez très-clairement expliqué avec
« moi, en un mot que j'en étois certain.

« Daignez-donc, je vous en supplie, monsieur, en
« déclarant à ces Messieurs bien nettement vos inten-
« tions, lever les obstacles qui s'opposent à la fortune
« d'un homme de lettres pour qui vous avez eu tant
« de bontés, qui vous avoit si généreusement offert ses
« droits, quels qu'ils fussent, et qui par ce cruel mal-
« entendu se trouve aujourd'hui compromis.

« Le temps presse, vous le savez; l'élection se fait
« jeudi, et je respecte trop encore un coup M. le comte
« de Bissy pour insister plus longtemps sur la justice
« qu'il me doit.

« J'ai l'honneur d'être, etc. »

Lettre du même à M. de Mirabaud, secrétaire de l'Académie française (1).

« Ce que la probité se doit à elle-même, monsieur,
« me force à prévenir, dans l'esprit de l'Académie, des

---

(1) Mirabaud (F.-B. de), précepteur des filles de la duchesse d'Orléans,

« soupçons que mon silence rendroit peut-être légi-
« times, et tourneroit en certitude.

« J'ai dit, j'ai soutenu hautement que M. le comte de
« Bissy n'avoit point fait de visites pour demander l'Aca-
« démie, et qu'il ne prétendoit point concourir avec un
« homme de lettres, *surtout avec moi;* et qu'on avoit mal
« compris sans doute et ses propos et ses démarches.
« L'affirmation de ce fait me coûtoit d'autant moins que
« je parlois d'après lui-même, et que je croyois l'obliger
« en détruisant des bruits qui m'avoient paru lui dé-
« plaire, et je m'étois flatté que sa réponse à une lettre
« que je lui écrivis avant-hier me mettroit à portée de
« vous confirmer *par écrit tout ce qu'il m'avoit dit de*
« *bouche;* j'ignore les raisons de son silence; je crain-
« drois même de l'interpréter; mais le mien pourroit
« être suspect, et cela me suffit, monsieur, pour vous
« supplier de vouloir bien faire part à l'Académie de
« cette lettre, et de la copie de celle que je lui ai écrite;
« son estime m'est trop précieuse pour que je ne cherche
« pas à me la conserver dans toute sa pureté.

« J'ai l'honneur d'être, etc. »

Billet de M. de la Place à M. de Mirabaud, écrit la veille
de l'élection de M. de Bissy, pendant le temps qu'on né-
gocioit une espèce d'accommodement entre eux.

« Quelqu'un qui s'intéresse au chagrin cuisant que cet
« événement me cause me fait entrevoir une réponse
« satisfaisante de la part de M. de Bissy : j'aurai l'honneur
« d'en faire part à M. de Mirabaud; mais s'il n'apprenoit
« rien de moi d'ici à demain midi, je le prie instamment,
« en lisant mes lettres à l'Académie, de me dispenser de
« les rendre publiques. »

---

membre de l'Académie française. Paris, 1675, mort en 1760. *Le Système*
de la nature, du baron d'Holbach, fut publié sous le nom de Mirabaud.
(*H. B.*)

Lettre du comte de Bissy à M. de Marivaux, pour être laissée à M. de la Place.

« J'ai été très-fâché, monsieur, d'apprendre que dif-
« férentes choses que j'avois pu avancer dans la conver-
« sation que j'ai *eu* avec M. de la Place, l'avoient *induites*
« en erreur. Je suis très-fâché d'avoir *donée* lieu à ce
« qu'il a crû, en ne m'expliquant pas assez clairement.
« Je saisirai toutes les occasions de réparer le chagrin que
« j'ai pû lui causer; je vous prie de l'en assurer, de ma
« part, et d'être persuadé de l'attachement avec le-
« quel, etc.
« Le Comte de Bissy. »

Le choix de l'Académie dans cette occasion lui a donné un ridicule affreux, et l'a fait tomber même dans une espèce d'avilissement. S'ils continuent à recevoir des seigneurs de l'espèce de M. de Bissy, les gens de la cour trouveront au-dessous d'eux d'y entrer; ils feront bientôt donner ces places à leurs secrétaires, ou du moins à des *manants* qu'ils protégeront.

On disoit ces jours-ci à M. de Chimène : *Allons, Chimène, nous n'avons point de temps à perdre; apprenons l'orthographe, nous aurons une place à l'Académie.*

M. le comte de Montboissier, commandant des mousquetaires, n'en veut plus, dit-il, recevoir qu'ils ne soient auparavant maîtres ès Arts, prétendant que, depuis l'aventure de M. de Bissy il pourra les faire tous recevoir, les uns après les autres, à l'Académie (1).

---

(1) Du temps de Louis XV, et peut-être dix ou douze ans après la réception de M. le comte de Bissy à l'Académie, et dans une vacance de place, le roi demandoit à ce sublime académicien, en présence de M. le duc de la Vallière, quel sujet ils se proposoient d'élire ? *Sire*, lui dit le duc de la Vallière, *ils éliront Bissy. — J'ai une place à l'Académie*, répondit naïvement ce cher comte. *Eh bien!* repartit M. le duc de la Vallière, *vous en aurez deux !* (*Note de Collé, écrite en* 1780.)

Le 18, les comédiens ont repris *Cénie*, avec un succès qui étonne tous les gens qui ont le moindre goût ; elle est imprimée, je l'ai lue. Je fais amende honorable du peu de bien que j'en ai dit ; le prestige de la représentation avoit furieusement fasciné mon jugement. Je chante la palinodie. Je trouve cette rapsodie au-dessous de celle de La Chaussée : mal écrite, toutes les pensées sont communes, fausses, louches, jamais le terme propre ; enfin, la forme et les détails sont aussi mauvais que le fond, qui est bien la plus pitoyable création que l'on ait faite depuis cent cinquante ans. Quelle création encore ! *La Gouvernante* de La Chaussée, *Nanine* et *Tom Jones* sont les champs où l'auteur a pillé, ou plutôt gaspillé la moisson qu'il a faite.

Le 20, Mlle de Laroche-sur-Yon mourut à Paris de la petite vérole, à l'âge de cinquante-quatre ans. Elle étoit aimée, et est morte fort regrettée.

Le même jour M. d'Aguesseau, chancelier de France depuis trente-quatre ans, et âgé de quatre-vingt-deux ans, envoya au Roi sa démission ; ses infirmités l'empêchent de continuer ses fonctions. On ne sait point encore qui lui succédera ; celui-ci sera regretté. C'est le plus savant homme de l'Europe, peut-être du monde entier : homme juste, intègre, de beaucoup d'esprit ; sa science immense ne l'avoit pas éloigné des choses d'agrément et de goût ; il étoit un peu trop timide et trop foible, ce sont peut-être là les seuls défauts qu'il ait eus ; sa dévotion extrême lui avoit fait aussi pousser la sévérité dans la librairie jusqu'à la pédanterie. Le Roi lui donne une belle retraite ; il lui fait cent mille livres de rente viagère, avec faculté de disposer par testament du quart de cette pension de la façon qu'il le voudra.

Le 23, M. Chauvelin, fils unique du garde des sceaux, fut tué en duel par M. Delagrange, officier aux gardes, beau-frère de M. Joly de Fleury, procureur général actuel.

Ils avoient eu querelle à Chambord, chez le maréchal de Saxe; on les avoit accommodés, ou, pour dire le vrai, le petit Chauvelin avoit demandé honteusement excuse à M. Delagrange de ce qu'il lui avoit fait. Ce dernier a publié ici ce traité honteux; les amis de M. Chauvelin lui ont mis le feu sous le ventre pour le faire battre : on prétend même que son père l'y a excité, ce que je n'assurerai pas. Quoi qu'il en soit, il a été tué. Ce M. Delagrange, qui en a fait l'affaire, est un très-mauvais sujet; brave, mais querelleur, et sans principes; il a déjà tué un homme. Le petit Chauvelin étoit aussi un plat sujet; rien, au reste, n'est plus avéré que ce duel : c'est la clameur publique, et on ne le poursuit pas. A peine s'est-on donné la peine de conter une histoire, pour le couvrir. On a pourtant dit qu'en exerçant des chevaux neufs, dans la plaine de Grenelle, sa calèche lui avoit passé sur la tête. C'est un homme qui a essuyé furieusement de chagrins, que M. Chauvelin!

Le dimanche 29 du courant, on remit *Tétis et Pélée*, opéra de M. de Fontenelle; il y étoit, et fut applaudi du parterre et de l'amphithéâtre; il est actuellement dans sa quatre-vingt-quinzième année, et conserve encore toute sa tête : il n'a nulle infirmité corporelle, excepté une extrême surdité. On a donné la première représentation de cet opéra en 1689; en sorte qu'il en voyoit ce jour-là la reprise, soixante-un ans après la première représentation. On lui demanda, aux répétitions, s'il falloit dans l'acte du Destin, faire danser les prêtres du Destin ou les faire seulement marcher : *il faudroit*, répondit-il, *les faire danser, mais je ne sais pas trop comment. On pourroit consulter là-dessus M. de Machault le contrôleur général, qui s'entend si bien à faire danser le clergé* (1).

---

(1) M. de Machault avoit fait ordonner, en 1750, que le clergé et les religieux donneroient un état de leurs biens, afin que le roi pût voir par ce qu'ils possédoient ce qu'ils devoient à l'État. Jamais proposition ne fut plus juste, dit Voltaire; mais les conséquences en parurent sacriléges. Le clergé

Il dîna ce jour-là à l'hôtel Duplessis-Châtillon, rue des Bons-Enfants, où il avoit soupé il y avoit soixante-un ans, le jour de la première représentation de son opéra, chez le petit-fils de M. Nonant, qui n'avoit que sept ans dans ce temps-là.

Le 30 mourut M. le maréchal de Saxe : grande perte pour la France et grande joie pour ses voisins de Chambord, où il faisoit vraiment le tyran pour la chasse. C'étoit, même de l'aveu de ses ennemis, un très-grand homme de guerre ; meilleur pour l'État que pour la société, il étoit dur, injuste, tyran, comme je viens de le dire, et cruellement pillard. Malgré ses défauts, ses hautes qualités le feront regretter de tous ceux qui craignent la guerre, et aiment le repos dans lequel son nom seul nous auroit maintenus longtemps.

Voici une épitaphe en deux vers qu'on lui a faite. C'est une vieille pensée rajeunie (1) :

> Maurice a fini ses destins ;
> Riez, Anglais, pleurez, c.....

DÉCEMBRE 1750.

Quand le maréchal de Saxe vit arriver Sénac, il se mouroit déjà, ou du moins sentoit bien qu'il n'en reviendroit pas. La première parole qu'il lui dit, fut : *Mon*

---

empêcha la réussite du plan. Le contrôleur général perdit sa place, mais son entreprise lui mérita la reconnoissance de la nation. Il fut bientôt récompensé par le roi lui-même, comme on va le voir. (*Note de Barbier.*)

(1) Collé veut sans doute parler d'une épitaphe conçue en ces termes :
> Desfontaine et Rieux ont fini leurs destins ;
> Riez, auteurs, pleurez, c..... (*Note de Barbier.*)

17.

cher Sénac, me voilà à la fin d'un beau songe. Je tiens ce trait de Sénac lui-même. Voici une épigramme de Piron contre l'Académie française :

> Gens de tout état, de tout âge,
> Et bien, et mal, et non lettrés,
> De Cour, de ville, et de village,
> *Castorisés*, *casqués*, mitrés,
> Messieurs les beaux esprits titrés,
> Au diable soit la Pétaudière,
> Où l'on dit à *Nivelle* (1) : entrez,
> Et *nescio vos* à Molière !

Les deux mots de *castorisés* et de *casqués*, qu'il a forgés, n'ont pas la mine de passer si tôt, surtout *castorisés*.

Voici une autre épigramme de lui à peu près sur le même sujet, puisque cela regarde M. de Bissy, et en général la fureur que quelques gens de qualité ont d'être de l'Académie : je n'en ai retenu que la fin. Dans le commencement, il exhorte ces messieurs à briguer d'autres honneurs que celui-là :

> Gloire qui soit faite d'autre façon ;
> Car celle-ci (s'il faut ne vous rien taire),
> Va comme iroit une mître à Voltaire,
> Et le plumet à l'abbé Terrasson (2).

Le mercredi au soir, 9 du courant, le Roi donna les sceaux à M. de Machault, qui reste cependant contrôleur général, et la place de chancelier à M. de Blancmesnil, ci-devant premier président de la cour des aides. On veut, et c'est un bruit général, que ce dernier en acceptant cette place en ait donné sa démission en blanc ; si cela est, la charge de chancelier n'est plus qu'une commission.

Samedi 12 fut donnée la onzième et dernière repré-

---

(1) Nivelle La Chaussée. (*H. B.*)
(2) Voy. cette épigramme dans les *Œuvres complètes de Piron*, t. IX, p. 163. (*H. B.*)

sentation de la reprise de *Cénie*; avec les quatorze premières cela fait vingt-cinq en tout; il y a eu du monde jusqu'à la fin. Elle auroit bien encore été une semaine, si les Comédiens l'eussent voulu; cette réussite me surprend presque autant que les miracles de M. Pâris (1).

Le 14 je fus à la Comédie-Italienne, à *l'Ecole des Prudes*, dont la première représentation avoit été donnée *incognito*, le jeudi 10 du courant. Il est inutile de parler d'une pièce dont on ne parlera jamais. On soupçonne qu'elle est de l'abbé de Voisenon (2); si le fait est vrai, je lui ai fait avaler des couleuvres, sans aucun dessein cependant de le mortifier, et étant dans la bonne foi. Je le rencontrai dans le parterre, et lui demandai le nom de l'auteur de la pièce; il me répondit que c'étoit une œuvre posthume d'une madame du Hally, qui avoit été accommodée et mise au théâtre par un M. Jourdan. Je lui en dis du mal, il se joignit à moi de façon à ne pas pouvoir le croire coupable; et comme cela me mit à mon aise, je lui en dis tant que, s'il en est l'auteur, il en doit dire de moi.

Ces chers, ces tendres amis, d'Arnaud et le Roi de Prusse, ont rompu; ce dernier vient de renvoyer l'autre. On prétend que c'est Voltaire qui a fait chasser d'Arnaud; il n'imagine pas qu'il aura le même sort, et qu'il sera chassé quelque jour, mais avec plus d'éclat que ce polisson.

On devoit donner dans les premiers jours de ce mois, et les comédiens avoient répété *Zarès*, tragédie d'un M. Palisot ou Palaizeau (3). C'est, dit-on, un jeune homme de vingt-deux ou vingt-trois ans; les comédiens l'ont fait convenir aux répétitions, à ce qu'on m'a assuré, qu'il

---

(1) Pâris (F. de), écrivain ecclésiastique, diacre, fameux par les prétendus miracles opérés sur son tombeau. Paris, 1690-1727. (*H. B.*)

(2) L'auteur était un M. Jourdain. *Anecd.* D. I, p. 287. (*H. B.*)

(3) Cette tragédie est de Palissot. Elle a été imprimée sous le titre de *Ninus second*. (*H. B.*)

devoit retoucher sa pièce : on la lui a rendue ; sans doute qu'il y travaille. Sa tragédie portoit d'abord le titre de *Sardanapale;* mais comme son sujet est de pure invention et qu'il n'est pas pris dans l'histoire, on lui a fait avec raison changer ce titre. Madame de Pompadour devoit jouer le mois prochain *l'Homme de Fortune,* comédie de M. de La Chaussée ; on a été plus surpris de ce qu'elle avoit accepté cette pièce à la lecture qu'on lui en avoit faite, qu'étonné de la lui voir refuser à présent. On m'a dit qu'il y tomboit à bras raccourci sur les financiers et sur l'injustice de leur fortune, et cela étoit peu convenable, à ce qu'il semble, à la position de cette marquise, qui a son mari, son oncle, son cousin, fermiers généraux, et l'oncle de son mari, M. de Tournehem, qui a encore une place entière dans la Ferme, sans y paroître en nom.

La Chaussée sollicite actuellement le duc de Chartres pour la représenter à Saint-Cloud, et on lui a fait espérer qu'on la joueroit.

Le 18 de ce mois l'on remit *Jodelet Maître ou Valet,* comédie de Scarron, qui a été jouée trois ou quatre fois ; ce n'est point une bonne pièce, mais c'est une farce qui fait rire. On est si las d'être tout prêt à s'attendrir et à pleurer, sans pouvoir en venir à bout, dans les drames insipides de La Chaussée et de ses complices, qu'une parade à présent ne déplairoit pas. Scarron a, dans tous ses ouvrages, un air de gaieté originale qui n'est qu'à lui et qui saisit tout le monde. Il est étonnant, d'ailleurs, que dans une intrigue aussi compliquée qu'est celle de *Jodelet,* et si difficile à exposer, développer et dénouer, il ait pu trouver le moyen et le temps d'y jeter autant de comique qu'il a fait ; plus on examinera cette pièce, et plus on trouvera que c'est un prodige que cela.

Voici des vers de Saurin sur le maréchal de Saxe ; ils me paroissent assez bien faits :

De ce héros mère adoptive,
La France dut la paix à ses nobles travaux ;

Il tint sous ses drapeaux la victoire captive,
Et remporta toujours des triomphes nouveaux ;
Il eut des envieux, et n'eut point de rivaux.

Le 21 je fus voir le début du sieur de Bellecourt (1), dans *Iphigénie;* il y joua très-médiocrement et très-fraîchement le rôle d'Achille. Sa voix un peu grasseyante et souvent un air riant sont des défauts légers, en comparaison de celui de manquer d'entrailles ; j'ai peur qu'il n'en ait point, du moins dans le tragique ; je n'en voudrois pourtant pas encore décider, attendu que dans le comique, où il a joué avec beaucoup plus de succès, il a fait paroître du feu, de la vivacité et du sentiment.

Quelques endroits du *Glorieux,* du *Babillard* et de *l'Homme à bonnes Fortunes,* dans lesquels il m'a paru fort vif et plein de chaleur, me font encore suspendre mon jugement sur son manque d'entrailles dans le tragique; d'autant plus qu'il est convenu avec moi que la peur l'avoit empêché absolument de jouer ; et il crut si bien avoir déplu, qu'il vouloit retourner à Bordeaux le lendemain de son début : ses malles étoient toutes faites, et il quittoit la partie si l'on ne l'eût arrêté et empêché de prendre ce parti violent. Quoi qu'il en soit, si du moins il ne vaut rien dans le tragique, il est sûr qu'il est un joli acteur dans le comique, et qu'il a de quoi devenir supérieur dans ce genre, s'il veut travailler. Beau, grand, bien fait, l'air noble, de l'intelligence et du feu, il n'a aucune des disgrâces que l'on contracte ordinairement en province. C'est un comédien à aller au grand, s'il veut se donner de la peine et écouter les avis des gens du métier; je lui ai donné celui d'éviter de prendre ceux des con-

---

(1) Bellecourt (Colson, dit), élève du célèbre peintre Vanloo. Son goût pour le théâtre lui fit abandonner la peinture. Il débuta par le rôle d'Achille, et joua plus tard les premiers rôles comiques avec succès. Il s'occupait aussi de littérature dramatique, et a fait jouer une comédie intitulée; *les Fausses apparences.*

noisseurs, et je lui ai désigné particulièrement MM. de Villars et de Thibouville, qui s'empareroient de lui de toutes manières s'il se laissoit faire.

Ce n'est nullement, au reste, pour lui donner exclusivement mes conseils que j'ai tâché de lui persuader de n'en point prendre des autres. Je n'estime pas davantage les miens, si tant est que je puisse me mettre au rang des connoisseurs du théâtre; je suis convaincu qu'un vieux comédien qui sera doué de quelque intelligence est mille fois plus capable de montrer son art, dont il a la pratique, que l'homme qui a le plus d'esprit et en même temps le plus de goût pour le théâtre, mais qui ne peut avoir là-dessus que des connoissances théoriques.

C'est pour cela que je le mets entre les mains de Chassé (1), qui m'a promis de lui donner des leçons, et Bellecourt ne demande pas mieux. On m'a fait encore espérer, et je l'ai flatté que l'on pourroit le mettre aux prises avec Dufresne, qui consent et qui veut bien, à ce que m'a dit M. de Montauban, lui donner des avis et des leçons. Je tâcherai encore de lui faire faire connoissance avec Marcel, le fameux maître à danser; il en a grand besoin.

Je fais ici, au reste, mes protestations sincères que je ne me mêle point de ce nouveau comédien, par air ni par vanité, ni pour jouer le protecteur; non, j'aime encore passionnément la comédie, et j'envisage uniquement mon plaisir dans les services que je rends à cet homme, et qui ne tendent qu'à le former et à le perfectionner : il sera sûrement reçu.

La mort du pauvre Rozelly, qui a été tué en duel par Ribou, ou du moins qui est mort de ses blessures, laisse deux places vacantes (2); il en aura une, et ce que

---

(1) Chassé (M. de), célèbre basse-taille de l'Opéra et excellent acteur, avait débuté en 1720. (*H. B.*)

(2) Voy. *Lemazurier*, t. I, p. 522 à 530. (*H. B.*)

j'appréhende, c'est que Le Kain n'ait l'autre. Ribou est en fuite, il n'y a pas d'apparence qu'il puisse jamais assoupir cette affaire, qui a fait un trop grand éclat; les gentilshommes de la chambre ont d'ailleurs intérêt de ne pas laisser rentrer à la Comédie un pareil spadassin, qui, au mépris de leurs ordres, fait une querelle à son camarade et le tue. C'est à l'occasion d'un rôle que ces messieurs avoient décidé devoir être joué par Rozelly, que Ribou, qui n'a pas voulu le lui céder, lui a fait mettre l'épée à la main. Cette querelle commença dans les foyers; ils ne s'étoient pourtant rien dit d'assez fort pour se couper la gorge, lorsque l'infâme Gauthier lâcha tout haut ce propos-ci : *En vérité, il est bien singulier que des gens qui ont chacun une épée à leur côté, s'amusent à se dire des pouilles.* Elle n'a pas encore, dit-on, été satisfaite de ce discours général; elle a eu, à ce qu'on ajoute, une conversation particulière avec Ribou, dans laquelle elle l'a animé le plus qu'elle a pu, en l'encourageant et lui disant que s'il offroit cent coups de bâton à Rozelly, ce dernier n'en refuseroit pas un. Ce n'est point par imprudence et bêtise seulement que cette détestable créature en a agi ainsi : elle avoit un intérêt réel que ces deux hommes s'égorgeassent ou se fissent une affaire qui pût les faire chasser tous deux, du moins l'un ou l'autre; elle craignoit qu'on ne réformât, qu'on ne chassât Drouhin, qu'elle vient d'épouser nouvellement, si l'on recevoit Le Kain et Bellecourt; effectivement, Drouhin devenoit aussi inutile qu'il est mauvais, et c'est beaucoup dire. Si l'on eût eu à la Comédie pour les mêmes rôles de tragique et pour les amoureux dans le comique Rozelly, Ribou, Le Kain, Bellecourt, son Drouhin alors devenoit nul, au lieu que par la mort de l'un et par la fuite de l'autre le *vilain* est devenu nécessaire.

Rozelly ne vouloit point se battre; il a même couru des bruits que Ribou lui avoit donné des coups de plat d'épée pour l'y obliger. Cependant M. du Roulet (dont je ne me rends pourtant pas le garant) m'a fort assuré qu'il n'avoit pas attendu ces extrémités pour se battre ; mais qu'il étoit bien vrai qu'il avoit dit tout ce qu'il avoit pu pour éviter l'affaire ; qu'il avoit fait envisager à Ribou la suite dangereuse pour lui qu'elle pourroit avoir : qu'il étoit l'agresseur, qu'il alloit directement contre les ordres des gentilshommes de la chambre ; il ajouta que ce n'étoit pas leur métier de se battre, que lui Rozelly ne savoit pas manier l'épée. Ribou, qui est un ferrailleur et un coquin, prit sans doute de ce dernier motif des raisons de le pousser plus vivement ; il l'a tué ou plutôt assassiné (l'autre ne s'étant presque pas défendu) ; leur combat s'est passé dans la rue, proche Saint-Sulpice, vers les neuf heures du soir. Il n'est mort que plusieurs jours après le combat, et peut-être par la faute de son chirurgien, qui a, dit-on, mal sondé une blessure qu'il avoit à la poitrine, et dont il n'a pas connu toute la profondeur. Rozelly, cependant, pour ne pas perdre Ribou, et voulant cacher leur combat, parut le 20 à la Comédie, où je le vis et lui parlai. Le misérable pour qui il avoit eu ces ménagements ne les méritoit nullement, suivant tout ce que je viens d'exposer ; mais voici encore un dernier trait, qui l'en rendoit bien indigne. Dans les premiers jours de ses pansements, le pauvre Rozelly apprend que l'on parloit beaucoup de leur duel ; il envoie chercher Ribou pour prendre des mesures, de concert avec lui, pour étouffer ces bruits dans leur naissance ; ce coquin lui répond durement *qu'il se moque de tout ce qu'on en dit, et qu'il n'a qu'à s'attendre à se battre toutes les fois qu'il lui disputera un rôle.* Malgré cette férocité, ce digne garçon est mort sans le charger, et en niant toujours qu'il se fût battu.

Rozelly étoit de Paris, d'une famille honnête ; son véritable nom étoit Montet. Son tuteur, qui avoit mangé son bien et le sien, l'avoit réduit à prendre le parti de la comédie ; avant que de s'y déterminer, il avoit sommé plusieurs fois ses parents de l'aider, ou de lui faire donner un emploi; comme ils n'en voulurent rien faire, il se fit comédien. Il n'auroit jamais été bien loin dans ce métier, quoiqu'il travaillât beaucoup; mais la nature lui avoit presque tout refusé, et l'art est toujours très-borné quand on n'a rien reçu d'elle. Il avoit des mœurs, ce qui est assez rare parmi les gens de cette profession, que le libertinage fait assez souvent embrasser. Quand il est mort, il n'avoit que demi-part, quoiqu'il y eût déjà huit ou neuf ans qu'il fût à la Comédie; et cela est d'autant plus injuste à MM. les gentilshommes de la chambre, que Mlle Beaumenars, qui est détestable, et qui n'est que depuis un an à la Comédie, a demi-part depuis huit mois. Comme il étoit réellement fort honnête homme, et qu'il ne vouloit pas faire de dettes, il logeoit dans un bouge et n'avoit pas de laquais pour le servir. C'étoit son perruquier qui, dans sa loge, l'aidoit à s'habiller; il ne manquoit pas d'esprit; il avoit beaucoup de douceur et de politesse.

C'est dans ce mois-ci, mais je ne sais quel jour, que l'on a arrêté M. de Rassiguier (1), et qu'il a été conduit à Vincennes, où je crois qu'il est encore, pour avoir fait les vers ci-après. Il étoit officier aux gardes. C'est un homme de condition; il est chevalier de Malte; il a perdu son emploi de cette affaire-là, et est banni du royaume à perpétuité. A tous égards, ces vers ne méritoient pas qu'on fît tant de bruit et même qu'on y fît attention; ils seroient tombés d'eux-mêmes, et la peine me paroît trop rigoureuse.

---

(1) Rességuier (De), chevalier de Malte, d'une très-ancienne famille du Rouergue. Né à Toulouse. *Voyage d'Amathonte*, ouvrage mêlé de prose et de vers, imprimé et supprimé en 1750. C'était une satire sanglante contre la Pompadour. Delatour, imprimeur, mort en 1807, possédait l'exemplaire de Berryer, lieutenant de police. Rességuier fut enfermé au château d'If. A publié quesques autres ouvrages et la traduction du *Traité de l'Amitié*, ainsi que celle *de la Vieillesse*, de Cicéron. Voy. Quérard, *France littéraire*, VII, p. 542. (*H. B.*)

Punir un pareil écrivain, c'est illustrer un sot; et une punition si forte fait penser qu'on en a été fâché. Le mépris étoit un parti, peut-être plus juste, mais sûrement plus noble; quoi qu'il en soit, voici les vers :

Vers faits à l'occasion du château de Belle-Vue.

Fille d'une sang-sue, et sang-sue elle-même,
Poisson dans son palais, d'une arrogance extrême,
Étale à tous les yeux, sans honte et sans effroi,
Les dépouilles du peuple et l'opprobre du Roi.

On a remis *Tancrède* à l'opéra sur la fin de ce mois. Le 30 M. le comte de Bissy fut reçu à l'Académie Française; sa harangue est misérable, et pour qu'on n'en doutât pas, il l'a fait imprimer. Celle du maréchal de Belle-Isle, qui le reçut, ne vaut rien non plus; mais du moins elle est française et sans amphigouris : elle est tout naturellement plate. Celle de M. de Bissy abuse de la permission accordée depuis longtemps à ces discours de ne rien dire et de ne rien valoir. On l'avoit pourtant bien vue, revue et corrigée; entre autres choses, on lui a conseillé d'ôter l'éloge de Mme de Pompadour, qu'il avoit eu l'adresse d'insérer dans ce discours, avec autant d'élégance que de noblesse d'âme et de hauteur de sentiments. Le chevalier de Bissy, son frère, l'a surtout, dit-on, beaucoup aidé dans la composition de ce chef-d'œuvre d'éloquence. *C'est son second en esprit*, et c'est pour cela que le comte du Luc appelle ce cadet Bissy-*Thomas*, et qu'il nomme l'aîné *Pierre*; faisant allusion à *Pierre* et à *Thomas* Corneille. Cette plaisanterie a si bien pris, que beaucoup de gens ne les appellent plus autrement.

ANNÉE 1751.

JANVIER 1751.

Voici une petite histoire, ou, si l'on aime mieux, un petit conte que l'on m'a donné pour mes étrennes.

Une femme de province arrive à Paris, dans le dessein d'y prendre et d'y attraper tous les bons airs; on lui dit, entre autres beaux usages, que toutes les femmes de qualité vont chez la baigneuse; que ce sont là les belles manières; que la plus renommée baigneuse est Mlle le Sueur. Elle y vole; la voilà dans le bain, elle en sort : on lui demande, *si madame veut se faire épiler.* Pour ne paroître pas ne point entendre ce terme, elle répond bien vite : *Sans doute, n'est-ce pas l'usage de la cour? Eh! mais oui,* lui répond Mlle le Sueur avec complaisance. Elle passe dans l'étuve, on la frotte de la drogue épilatoire. La drogue sèche bientôt sur son corps; on lui jette de l'eau, tout tombe. La naïve provinciale s'écrie alors, en se regardant honteusement : *Ah! mon Dieu, comme me voilà! Tout le monde va se moquer de moi quand on me verra comme cela.*

Que ce soit ou non un conte fait à plaisir, cela fait toujours une bien bonne naïveté.

Le 3 du courant je passai depuis neuf heures du matin

jusqu'à midi et demi tête-à-tête avec M. le comte de Clermont. J'avois déjà eu, quelques jours avant les fêtes de Noël, une autre séance aussi longue avec ce prince. Mlle Le Duc, qui m'avoit entendu dire du bien de sa comédie de *Barbarin*, lui avoit mis en tête d'exiger de moi mon sentiment sincère, et même une critique de sa pièce. Elle m'avoit préparé là une commission délicate, et à laquelle je n'aurois pas donné mon consentement, si elle me l'eût demandé et m'en eût prévenu; je fus effectivement fort embarrassé quand ce prince me parla sur ce ton, et d'une façon très-pressante. Je me défendis longtemps sur mon insuffisance, le peu de sûreté de mon goût, etc. Tout cela fut inutile, il fallut obéir; je n'étois pas à mon aise, et j'aurois volontiers, ne connoissant pas le prince, aimé autant qu'un autre eût été chargé de cette commission que moi. Je m'en suis tiré pourtant, moins par mon adresse (car je n'en ai guère) que par la *bonhomie* du comte de Clermont, si je puis me servir de cette expression. Comme je vis qu'il écoutoit la critique, la discutoit ou s'y rendoit avec docilité, je m'enhardis si bien à lui en faire, que je puis me vanter de lui avoir dit avec vérité tout ce que je pensois. Je lui parlai vrai sur tous les endroits de la pièce qui étoient susceptibles de correction, et lui marquai plusieurs longueurs à retrancher; quelques fois il se rendoit sans répliquer, d'autres fois il raisonnoit, et très-judicieusement, sur la critique que je lui faisois, et m'a fait revenir même des choses que j'avois blâmées sans raison. Il avoit bien cependant les entrailles d'auteur pour son ouvrage, soit qu'il se rendît à la critique ou s'en défendît. Je n'ai point vu, au reste, dans aucun auteur autant de bonne foi, de douceur, de docilité et de politesse, qu'il en mit dans toute cette discussion.

Après l'examen de sa pièce, je pris la liberté de lui conseiller de raccourcir beaucoup le dénouement, et de lui dire nettement qu'il ne pouvoit pas subsister tel qu'il étoit. Je lui montrai la facilité qu'il y avoit d'ôter, de rapprocher et d'élaguer les six ou sept dernières scènes; il goûta le plan que je lui en faisois, et me pria de le mettre à exécution. Je m'en excusai deux fois, le plus respectueusement que je pus; mais à la fin il me pressa si fort, que je m'en chargeai : je m'en suis tiré à sa satisfaction beaucoup plus qu'à la mienne.

Le 8 il me fit venir à Berny, où il étoit, et nous relûmes sa comédie avec les changements que j'y ai faits et surtout le nouveau dénouement. Il avoit copié les corrections de sa main, et elle sera jouée le mois prochain à Berny, de cette dernière façon. Je crois qu'elle sera beaucoup mieux; mais si c'étoit mon ouvrage, et que j'y pusse mettre le fer comme je voudrois, j'y ferois bien d'autres changements que ceux que j'y ai faits. Il y a cependant des choses que je ne pourrois mieux faire, et que je serois peut-être incapable d'imaginer et de faire aussi bien; j'ai surtout en vue, dans ce que je dis là, une scène de peur entre un valet et une suivante; cette scène est très-naturelle, très-théâtrale, et très-vivement rendue : ce n'est point une lâche flatterie qui me fait faire cet éloge, je loue cette scène de très-bonne foi, et je souhaiterois l'avoir faite. Il y en a encore une autre, entre l'amant et la maîtresse, dont le fond a bien son mérite; mais il faudroit qu'elle fût mieux amenée, préparée, et qu'elle fût aussi mieux traitée et moins longuement.

Il me fit l'honneur de me faire dîner avec lui et m'accabla de politesses. Je sens que j'aurois pu conter tout ceci d'une façon plus courte, et même que j'aurois pu me dispenser d'en parler, si je ne voulois pas être taxé de vanité; mais comme ce fait est historique et m'est particulier, j'ai jugé qu'il devoit entrer dans ce Journal, au risque d'être cru vain. Eh! qui ne l'est pas? L'idée, au reste, que j'ai toujours eue que tous les hommes sont égaux doit du moins diminuer ce reproche; et je ne trouve pas effectivement les caresses d'un prince du sang quelque chose d'aussi satisfaisant pour l'amour-propre que l'on pourroit se l'imaginer (1).

On débitoit ces jours-ci, et c'est encore aujourd'hui, 15 du courant, le bruit de tout Paris, que M. le marquis de Langeron, qui depuis vingt ans est l'amant de Mlle de Sens (2), venoit d'épouser une de ses femmes de chambre ; que le mariage avoit été célébré à Saint-Sulpice ; qu'il avoit reconnu quatre enfants ; que ces quatre enfans étoient de la princesse et de lui ; qu'en faveur de ce mariage, fait du consentement de Mlle de Sens, elle assuroit par le contrat tout son mobilier à ces quatre enfants ; enfin, l'on alloit jusqu'à désigner l'âge et à nommer cette femme de chambre. C'est, dit-on, une fille de trente-cinq à quarante ans, nommée Mlle Boutin, ayant pris dans l'acte de célébration la qualité de fille d'un officier d'invalides.

Mais hier à dîner chez le chevalier de Valory, où j'étois, le marquis de Valory, son frère, nous dit un fait qui démentoit précisément l'histoire que je viens de conter. Il ne faisoit que de sortir de chez Mme de Valtener,

---

(1) Ce que les prétendus philosophes modernes on écrit sur l'*égalité des hommes et des conditions* m'a fait réformer mon jugement sur cette matière. Leurs traités vains et orgueilleux sur ce sujet, au lieu de m'affermir dans mon premier sentiment, m'en ont fait changer.

Je pense actuellement, par des raisons qu'il seroit trop long et trop ennuyeux de détailler, que l'inégalité des conditions est nécessaire et utile aux hommes qui vivent en société. Mais je pense toujours, et plus que jamais, que pour son bonheur *il faut vivre avec ses égaux*, se retirer des grands et fuir les gens de qualité ; c'est ce que j'ai mis en pratique depuis 1737 ; et quoique j'aie été admis dans les cours de M. le comte de Clermont et de M. le duc d'Orléans, auquel j'ai été et suis encore attaché, cependant je n'ai point cédé aux avances que m'ont faites les seigneurs qui environnoient ces princes ; je me suis défendu de leurs soupers et de vivre avec eux ; je les ai repoussés avec politesse et respect ; je n'ai vécu qu'avec mes égaux, et je m'en suis bien trouvé. J'avois, il est vrai, éprouvé dans ma jeunesse que le pot de terre ne doit point voyager avec le pot de fer. (*Note de Collé, écrite en* 1780.) Voyez la *Correspondance inédite de* notre auteur, p. 375 à 378. (*H. B.*)

(2) Elisabeth-Alexandrine de Bourbon, née en 1705, morte en 1765. Fille de Louis III, duc de Bourbon, prince de Condé, et de Mlle *de Nantes*. (*H. B.*)

qui lui assura avoir vu, tenu et lu, *un certificat du curé de Saint-Sulpice, qui attestoit n'avoir point publié de bans pour M. le Marquis de Langeron.*

C'étoit ce dernier qui le quittoit dans l'instant, qui lui avoit apporté et fait lire ce certificat, et qui, furieux du bruit qui se répandoit, couroit de maison en maison désabuser les gens de sa connoissance.

Si ce mariage est véritable, on le saura bientôt; il faut nécessairement qu'il soit publié, ou il sera vraisemblable que ce sera un conte fait à plaisir. Sans la publicité on ne rempliroit pas l'intention dans laquelle on dit qu'il est fait, qui est de donner un état aux enfans de Mlle de Sens; par un mariage clandestin ou fait ou déclaré *in extremis*, les enfans, comme on sait, ne peuvent être reconnus.

M. le Marquis de Valory nous dit encore qu'on lui avoit écrit de Prusse, que *Rome sauvée* ou le *Catilina* de Voltaire y avoit assez bien réussi ; que ce dernier avoit fait beaucoup d'extravagances aux répétitions de sa pièce, surtout à une, où la Reine et les Princesses étoient présentes. Pour lui composer un sénat, on lui avoit habillé plusieurs tailleurs et ouvriers de l'opéra; un de ces drôles-là, qui le voyoit se démener comme un possédé, ne pouvant s'empêcher de rire, Voltaire lui dit en colère : *Mais f....., vous n'êtes pas ici pour rire!* — *Prenez donc garde*, lui dit quelqu'un, *vous êtes là devant la Reine!* — *Cela est vrai*, répondit-il, *je n'y ai pas pris garde; mais tout est de Carême-prenant.*

Voici à quoi se réduit l'histoire de M. de Langeron, et quel en est le vrai :

Ce n'a jamais été de concert avec Mlle de Sens, qu'il a voulu épouser sa femme de chambre; au contraire, cette Princesse en étoit au désespoir et vouloit l'en empêcher; mais l'ayant menacée de ne plus revenir chez elle, l'amour et la foiblesse qu'elle a encore pour lui, l'avoient forcée à se prêter à ce beau mariage.

Il n'étoit point question du tout de faire reconnoître les enfans que M. de Langeron a eus de Mlle de Sens, puisque la Boutin n'a que vingt-quatre ans, et que l'aîné de ces enfans en a dix-sept ou dix-huit. Il est sûr qu'il y a eu un ban de publié à St.-Sulpice, et que l'archevêque ayant refusé la dispense des deux autres, l'on a su par-là cette belle histoire. Mme de Pompadour, qui en a eu le vent, en a écrit fortement à M. de Langeron, et, dit-on, par l'ordre du Roi; et voilà ce qui a été cause qu'il n'a pas poussé plus loin cette affaire, et qu'il va actuellement de maison en maison, dire qu'il n'a jamais eu dessein de la terminer.

Robbé (1) m'a donné ces jours-ci son épître à son perruquier. Cette épître, qui finit par un trait contre l'abbé Le Blanc, est versifiée si singulièrement, que j'ai souhaité de l'avoir, pour donner une idée du coin de cet auteur, qui recherche les rimes les plus extraordinaires, et a un style qui n'est qu'à lui. Il est connu par plusieurs petits ouvrages, contes orduriers et impies, épigrammes, mais surtout par son poëme de la *V.....*, qui n'est point fini; j'en ai entendu deux chants : il manque totalement de goût, et le choix de son sujet le prouve assez, sans qu'on le dise. Je ne voudrois pas décider qu'il n'eût de l'invention; j'entends l'*invention de fond*, qui est la grande partie du poëte. Il a imaginé, dans le second chant de son poëme, je pense, de faire descendre St.-François du

---

(1) Robbé de Beauveset (P. honoré) poëte satirique et licencieux. Vendôme 1714-1794. *Œuvres badines*, in-8°. Palissot a dit de lui dans sa *Dunciade* :

> Est-ce bien vous que j'aperçois ici,
> Monsieur Robbé, chantre du mal immonde,
> Vous dont la Muse en dégoûte le monde?

Vers le milieu de sa vie, Robbé se convertit sur les représentations du Comte d'Autré, personnage très-dévot qui devint impie à son tour. Aussi, disait-il : « J'ai fait pour mon salut ce qu'on fait pour la milice : J'ai mis un homme à ma place. » Voy. *Mémoires* de Mme du Hausset, p. 173. (*H. B.*)

ciel, pour apporter un cordon aux Cordeliers, afin de les préserver de l. v.....; cette idée est neuve, et il l'a très-bien rendue. S'il étoit capable d'en avoir souvent de pareilles, et de les exécuter aussi bien, je n'hésiterois pas à le regarder comme un véritable poëte; mais ce qui me fait suspendre mon jugement, c'est que je ne lui ai jamais vu que cette invention qui lui appartienne; du reste, il n'a fait que versifier des contes ou des épigrammes, dont on lui avoit donné le fond : ce qu'on ne peut lui refuser dès à présent, c'est du talent, et d'être bon versificateur. Il n'a nul goût, comme je l'ai dit, ne sait point s'arrêter, et est toujours trop long : ses images et ses expressions sont quelquefois basses, souvent dégoûtantes, et mêlées d'une érudition déplacée, beaucoup de termes de médecine et d'arts, de théologie et des passages de l'Écriture, à propos de rien quelquefois; il a même, à ce dernier égard, une affectation qui n'est pas plus pardonnable que ses rimes. J'ai retenu deux vers de son poëme, qu'il faut que je mette ici avant ceux de son épître :

> Quand une fois la peste est à Cythère,
> L'air du faubourg n'est pas trop salutaire.

Robbé est d'ailleurs, de sa personne, un mauvais sujet; il a eu des coups de bâton et a été chassé de Vendôme, qui est je crois sa patrie, pour des vers satiriques qu'il avoit faits; il vit ici à Paris d'une façon assez basse, n'a nul esprit et nul agrément en société, mais au contraire, y est très-ennuyeux.

Après ce long bavardage, voici son épître :

ÉPITRE A LAFOND.

> Illustre émule de Ringards (1),
> Qui, sans bien tenir, sais promettre,

---

(1). Fameux baigneur.

Daigne honorer de tes regards,
Cette humble et suppliante lettre ;

Toi, dont le rasoir géomètre,
Compasse sur des chefs bénis
Du saint cercle le diamètre,
Brave étuviste, à qui Denis
Sans crainte, auroit osé commettre
Ce menton qu'à son propre fils
Ce tyran n'osoit compromettre ;

Toi, qui seul aurois pu remettre
En grâce ceux de ton état
Avec Julien l'apostat,
Qui, jadis les chassa de Rome ;
Cher Lafond qui, vraiment grand homme
Dans ton art, à de faux cheveux,
Sais donner le tour que tu veux ;

Toi, dont l'habile ministère,
A chaque front par toi coté,
Conserve son vrai caractère,
Au Magistrat, la gravité,
La suffisance au petit maître,
Un tour de cagotisme au prêtre ;

Toi, qui de cheveux plats, mal-propres
Du scrupuleux Bérullien
Masques la perruque si bien,
Qu'on la prend pour ses cheveux propres ;

Toi qui.... mais hélas que me font
Ces éloges-là, cher Lafond,
Si, toujours sourd à ma prière,
Des crins empiétant sur mon front
Tu ne recules la barrière ?

Conserverai-je un front étroit
A l'inutile modestie ?
Ah ! trace-m'en, du moins, un doigt,
Pour quelque peu d'effronterie.
C'est par elle qu'en ces lieux-ci,
Nos plats Messieurs ont réussi.

Viens donc m'en agrandir la marge ;
Mais garde-toi bien cependant

De me faire un front aussi large
Que celui de l'abbé Le Blanc (1).

Le mercredi, 27 du courant, Mme de Pompadour représenta, à Belle-Vue, devant le Roi, l'*Homme de Fortune*, comédie en cinq actes et en vers, de M. La Chaussée.

Suivant ce que l'on m'en a dit, et ce que j'en ai ouï-dire à La Chaussée lui-même, cette pièce n'a pas trop réussi : les acteurs ne savoient pas leur rôle. Le Duc de Chartres n'étoit pas sûr du sien ; la tête tourna au Duc de La Vallière ; la mémoire de la Marquise travailla aussi : bref, tous ces honnêtes comédiens n'étoient pas, à beaucoup près, aussi fermes sur leurs étriers qu'ils auroient dû l'être, pour soutenir une pièce qui n'est pas trop bonne par elle-même, à ce qu'on dit, et qui auroit, au contraire, eu grand besoin du prestige de la représentation.

On ne conçoit pas quelle a été la fureur de Mme de Pompadour de jouer cette comédie, où je sais qu'il y a des traits dont on n'a pas manqué de faire des applications, du moins pendant qu'on la répétoit. On en a pourtant retranché des vers tels que celui-ci, qui n'a été ôté qu'à l'avant-dernière répétition :

Vous, fille, femme et sœur de bourgeois, quelle horreur !

Ce vers étoit dans le rôle du Duc de Chartres ; il a été supprimé, ainsi que quelques endroits qui attaquoient l'injustice des fortunes faites par la voie de la finance.

Mais on y a laissé une scène de généalogiste qui s'engage à faire descendre un bon bourgeois qui a acquis et qui porte le nom d'une terre titrée, des Seigneurs à qui cette terre appartenoit autrefois.

---

(1) On ne sentira point le plaisant de ces derniers vers, à moins que l'on n'ait connu de vue les fronts de ces deux hommes-là. Robbé a des cheveux jusqu'à la moitié du front au moins, et l'abbé Le Blanc a 7 ou 8 pouces de front. (*Note de Collé.*)

L'application qu'on en peut faire à la situation présente et future de Mme de Pompadour, est si naturelle, qu'il n'y a point de courtisan, si bas et si asservi qu'il soit, qui ait pu s'en tenir.

Cette scène de généalogiste, au reste, est usée et rebattue. Il y en a une pareille dans *Ésope à la Cour*; c'est la quatrième du troisième acte; on la trouve encore dans l'ancien théâtre italien, dans celui de la foire : elle est partout.

Quelqu'un m'a dit que voici à-peu-près l'impression que cette pièce lui avoit faite. Les trois premiers actes, surtout les deux premiers, sont d'une froideur sans égale; il se trouve des choses intéressantes et qui font larmoyer dans le quatrième et le cinquième acte.

Cette pièce est purement romanesque. Suivant le détail qu'on m'en a fait, tous les personnages sont généreux, justes, raisonnables, sans défauts, sans ridicules.

Il semble que sur le titre de l'*Homme de Fortune*, on devoit s'attendre à avoir la peinture d'un caractère; point du tout, c'eût été peut-être alors une comédie, et La Chaussée ne peut faire que des romans. Les personnages de ses drames insipides sont toujours et vertueux et parfaits, comme ils ne sont point dans la nature, de laquelle il paroît qu'il a pris à tâche de s'éloigner. On m'a dit encore que la fable de sa pièce étoit aussi peu vraisemblable que les caractères, et aussi impossible au moins que celles de toutes ses autres comédies, si comédie il y a chez cet auteur.

On voit bien que ce ne sont que des ouï-dire que ce qu'on vient de rapporter sur cette pièce, et qu'il faut en attendre la représentation sur notre théâtre, et qu'elle soit imprimée pour en pouvoir porter un jugement qui ait quelqu'ombre de solidité. Et à propos de jugement et de décision, je le répète encore ici, mais pour la dernière fois, que lorsque je parle ou que je parlerai d'une façon affirmative dans le courant de ce Journal, mes décisions ne seront autre chose que l'exposition simple et naïve de mon sentiment sur un ouvrage, en conséquence de la façon dont il m'aura affecté, et du peu de lumières et de goût que j'ai; je suis bien éloigné de croire (quelque ton décisif que je prenne dans la forme), que ce que je pense ne soit sujet à contradiction, à erreur, encore davantage.

C'est pour m'épargner les frais de tournure et de circonlocution que je dis *tout à trac* ce qui me frappe dans les temps où j'écris. Dans le fond, mon ton décisif ne signifie à la lettre que ces mots-ci : *Voilà mon sentiment pour moi et aujourd'hui. Je puis me tromper, j'en changerai demain si l'on me fait voir que je n'ai pas bien vu; je sens, je pense comme cela; je n'exige point des autres qu'ils soient de mon avis.*

Après cette comédie on exécuta un ballet intitulé : l'*Amour Architecte*. Le théâtre représentoit Meudon; dans le lointain et sur le devant, la montagne sur laquelle on a bâti Belle-Vue. Des amours, après avoir admiré cette situation, bâtirent ce château et dansèrent de joie après cette équipée.

Il est étonnant que Mme de Pompadour ait été assez mal conseillée pour donner au Roi un ballet aussi indécent, dans des circonstances où tout le monde crie que c'est elle qui inspire au Roi la fureur des bâtimens et des autres dépenses inutiles qu'il fait. Ce ballet n'a point du tout pris à la Cour; il n'a été donné que cette seule fois : on peut juger ce qu'on en a dit à la ville.

Le même jour je dînois chez madame la comtesse de Raymond, autrefois maîtresse de l'électeur de Bavière, où l'on conta une histoire sur le Roi de Prusse à présent régnant, et qui est de son père. On la donnoit comme venant de se passer; et elle est arrivée il y a 14 ou 15 ans.

Ce qui a été l'occasion du renouvellement de cette histoire, c'est la retraite de M. Grotz, envoyé de la Czarine à la cour du Roi de Prusse.

Voici le vrai de cette histoire que je tiens de très-bon endroit, et de laquelle je me suis exactement informé.

M. Grotz, frère de celui dont je viens de parler, Gazetier d'Erlang, dans la principauté de Bareith, s'étoit avisé d'insérer dans sa Gazette quelques gaîtés contre le défunt Roi de Prusse. Un bas-officier des troupes de ce Prince, qui, sous le bon plaisir du Prince de Bareith, faisoit à Erlang des recrues pour Sa Majesté prussienne, reçut ordre de ce Monarque de donner cent coups de bâton à ce joyeux Gazetier, et d'en tirer un reçu. L'Officier, pour s'acquitter plus sûrement de sa commission, imagina de proposer au sieur Grotz une partie de plaisir hors la ville. Après avoir, pendant quelques semaines, fait liaison avec lui, et s'être attiré quelque espèce de confiance, il lui exposa donc, dans cette partie, les ordres qu'il avoit reçus de son maître ; à quoi le Gazetier répliqua qu'ils étoient trop amis pour qu'il les exécutât. L'Officier lui témoigna, en apparence, sa répugnance à cet égard ; mais qu'au moins falloit-il qu'il parût qu'il lui eût donné les coups de bâton en question, et que pour cela il étoit nécessaire qu'il lui en donnât un reçu. Ce fut avec bien de la peine qu'il détermina le sieur Grotz à lui délivrer un récépissé aussi extraordinaire ; cependant il lui fut expédié en bonne forme par le Gazetier. Aussitôt que l'Officier en fut nanti, il lui déclara qu'il étoit trop honnête homme pour accepter le reçu d'une somme qu'il n'avoit pas remise, et ayant fait entrer quelques soldats de sa recrue, il la compta lui-même sur le dos du Gazetier, à qui il fit la révérence ensuite, et qu'il laissa.

Le 31 du courant, mourut en cette ville M. Turgot, ancien Prévôt des Marchands. Tout le monde avoit été content de sa Prévôté, pendant laquelle il a donné des fêtes charmantes et pleines de magnificence et de goût. Il a embelli Paris par plusieurs monumens publics ; c'est lui qui a fait élargir le quai de l'Horloge du côté du Pont-au-Change. Il vouloit graver des vers latins ou français

en mémoire de cet ouvrage ; on en composa beaucoup,
et l'on n'en fit que de mauvais, sur quoi Piron dit : *Parbleu! les voilà bien embarrassés ; en voici que j'ai faits,
moi, qu'il les fasse graver; ils ont bien la simplicité du style
lapidaire* :

> Monsieur Turgot étant en charge,
> Et trouvant ce quai trop peu large,
> Y fit ajouter cette marge.
> Passans qui passez tout de gô,
> Rendez grâce à Monsieur Turgo.

Le même jour, 31 du courant, les Comédiens français
remirent au théâtre *les Carosses d'Orléans*, petite pièce
en un acte, de M. de la Chapelle.

Ils avoient mis sur l'affiche : *Ancienne farce qui n'a
pas été jouée depuis près de quatre-vingts ans*; ils se sont
trompés. La première représentation en fut donnée le
9 août 1680 ; il n'y a que soixante-dix ans passés ; c'est
la dernière pièce qui fut jouée sur le théâtre de Guénégaud : c'est M. le Dauphin qui a fait remettre cette farce-
là qui n'a point réussi. Les plaisanteries en sont surannées et basses; il y a pourtant du théâtral ; c'est une nuit
à l'italienne.

Un Anglais disoit ces jours derniers à M. de Fontenelle, qu'il y avoit long-temps qu'il avoit désiré de le
voir et de s'entretenir avec lui. Cet honnête Nestor, qui
a quatre-vingt-seize ans, et qui jouit de toute sa santé et
de toute sa tête encore, lui répondit : *Je vous ai attendu
assez longtemps, monsieur ; ce n'eût pas été ma faute si vous
ne m'eussiez pas vu; j'ai vécu jusqu'à quatre-vingt-seize
ans pour vous en donner le plaisir, si plaisir il y a. Voyez
ce qu'on fait pour vous; des espèces de miracles.*

Il ne faut pas, à ce qu'on prétend, attribuer à son excellente constitution seule, ni à la seule force de son
tempérament, la longueur de sa vie ; on y ajoute une
autre cause, c'est la tranquillité extrême de son âme,

qui n'a jamais été affectée bien vivement de rien. On assure qu'il n'a jamais eu de passions, mais simplement des goûts, et encore médiocrement vifs ; il a été galant, mais jamais amoureux ; il a eu des femmes et point de maîtresses, des connoissances et point d'amis ; il n'a jamais rien aimé que lui ; il a toujours eu un si grand soin de sa santé que, bien loin de donner dans aucun excès, il s'est retiré à cinquante ans du commerce des femmes ; et voici même son expression à ce sujet : *J'ai boutonné ma culotte à cinquante ans*, a-t-il dit plusieurs fois. Je voudrois avoir une épigramme qu'on a faite contre lui, au sujet du parfait amour qu'il a toujours eu pour lui-même. En voici le sens : « lorsqu'il mourra, « dit-on, il s'embrassera bien tendrement, se serrera « entre ses bras et se dira : *Adieu, mon ami, je n'ai ja-* « *mais aimé que toi ; je ne regrette que toi ; je suis au déses-* « *poir de te quitter.* » Il ne pourra pas ajouter *de te quitter sitôt* (1).

FÉVRIER 1751.

Le 3 février, M. de La Bourdonnois fut jugé et absous ; il étoit détenu à la Bastille depuis trois ans sur les accusations secrètes de ses ennemis. M. de Montaran s'est déshonoré dans cette affaire ; c'est du moins le sentiment de tout Paris, et il est bien malheureux s'il n'est pas criminel.

Ce fait paroît prouvé en lisant les Mémoires de M. de La

---

(1) A tort ou à raison, l'égoïsme de Fontenelle est passé en proverbe. On prétend qu'il disait que pour être heureux, il fallait avoir un *bon estomac et un mauvais cœur*. (*H. B.*)

Bourdonnois, surtout les derniers, auxquels on n'a point répondu; car ceux de M. Dupleix, qui est aussi déshonoré dans cette affaire, ne détruisent nullement les faits et les preuves des *factums* de ce dernier (1). Quand je dis les Mémoires de M. Dupleix, j'entends ceux qui ont été faits et distribués dans le public par M. de Bacquencourt, neveu de M. Dupleix. Ce dernier peut-être y pourra répondre, et il n'y a que lui qui le puisse. Ainsi, judicieusement parlant, il faut suspendre son jugement jusqu'à ce que M. Dupleix se soit justifié, si cela est possible; mais s'il ne se lave point de tout ce que M. de la Bourdonnois lui a imputé, c'est le plus affreux et le plus noir coquin qui ait jamais existé. M. de Montaran étoit ici la partie secrète de M. de La Bourdonnois, auquel, dit-on, il en vouloit moins qu'à M. de Fulny, que des gens dans le ministère avoient, ajoute-t-on, résolu de perdre. Comme les Mémoires de M. de La Bourdonnois sont devenus un livre de bibliothèque, je n'entre dans aucun détail de ses malheurs auxquels il avoit intéressé tout le public, qui d'abord étoit fort prévenu contre lui; M. de Gènes, son avocat, s'est fait un honneur et une réputation étonnante par cette affaire-là. Quoiqu'il ait été jugé le 3 et déchargé entièrement, il n'est sorti de la Bastille que le 5, attendu qu'il falloit un ordre du Roi pour

---

(1) Dupleix (Joseph) avait été Gouverneur des établissemens français dans l'Inde, et La Bourdonnais (Bern. Fr. Mahé de) Gouvernement général des îles de France et de Bourbon. Chacun d'eux déploya un talent supérieur. Lors de la guerre de 1743 entre la France et l'Angleterre, La Bourdonnais étant allé au secours de Dupleix, assiégea les anglais dans Madras et les força de se rendre; mais, aux termes de la capitulation, cette ville devait être restituée aux Anglais moyennant une rançon, condition que Dupleix refusa de ratifier. Il s'éleva alors entre lui et La Bourdonnais un débat, à la suite duquel ce dernier fut enfermé à la Bastille. Son innocence fut enfin reconnue et on le rendit à la liberté; mais il était ruiné, et il mourut de chagrin en 1755. Quant à Dupleix, qui était également réduit à la misère, il mourut en 1763, à Paris, sans avoir pu obtenir justice contre la Compagnie pour le compte de laquelle il avait avancé, disait-il, dix à douze millions. Dans *Paul et Virginie,* Bernardin de Saint-Pierre La fait jouer à a Bourdonnais un rôle honorable et touchant. (H. B.)

son élargissement, et que M. d'Argenson, qui devoit demander la lettre-de-cachet au Roi pour lui faire rendre sa liberté, n'étoit point à Versailles le mercredi; qu'il étoit à Neuilly à sa maison de campagne. D'autres disent, pour excuser ce Ministre, qu'il donnoit le jeudi audience aux invalides, et qu'il ne voulut point préférer le service d'un particulier à celui du public. Quoi qu'il en soit, comme il ne retourna à Versailles que le vendredi 5, M. de La Bourdonnais n'est sorti de la Bastille que ce jour-là à quatre heures du soir.

Le 9, mourut M. le Chancelier d'Aguesseau (1). Il n'a point été autant regretté qu'un homme de son mérite devoit l'être; et cela, par une raison bien simple, *il n'avoit jamais rendu service à personne.* Le public seul fait une perte; c'étoit l'homme le plus savant, le plus éclairé, le plus laborieux et le plus équitable qui ait jamais été; un peu lent dans ses expéditions, ses vastes connoissances l'empêchoient souvent de donner une décision; il avoit de la foiblesse d'esprit, et s'étoit laissé subjuguer par ses enfans dans les derniers temps de sa vie. M. de Fresne lui a quelquefois fait faire des choses dont il s'est repenti; témoin l'affaire des Avocats au Conseil, qu'il a poussée d'une façon injuste à quelques égards.

Le 11, je finis mon *Opéra comique*, que je montrai quelques jours après à Saurin et à Monticourt, qui le trouvèrent froid et très-froid en trois actes, et qui me conseillèrent de le réduire en un; ce que j'ai fait : ils l'ont trouvé infiniment mieux, et même très-jouable comme il est. Mais ils m'ont encore donné le conseil de réchauffer, si je pouvois, quelques scènes d'exposition; ce que j'ai

---

(1) Aguesseau (H. F. d') né à Limoges en 1668. A rempli successivement plusieurs fonctions importantes. Ses écrits forment 13 vol. in 4°. L'avocat Barbier dit que « c'était un homme très-savant dans le droit public et d'une « mémoire supérieure; mais il n'avait pas l'esprit de politique propre à la « Cour. » *Journal* de Barbier, *Février* 1751 ». (*H. B.*)

encore exécuté en me coupant bras et jambes, en ôtant tout ce qui n'est pas absolument nécessaire au sujet, et en y semant quelques plaisanteries pour l'égayer davantage.

En cet état, je l'ai essayé sur des personnes qui n'ont nulle connoissance de l'art, et qui ne peuvent juger d'une chose que par l'impression qu'elle leur a faite; et j'ai vu plus par leur maintien et leur émotion, que par les complimens qu'elles m'ont faits, sur lesquels il ne faut jamais compter, que cela les amusoit et les faisoit rire. Après la critique raisonnée des connoisseurs, je tiens cette dernière épreuve très-utile et assez sûre pour juger de son ouvrage.

Je me souviens, à ce sujet, d'une aventure arrivée à d'Argental et qu'il conte lui-même. Dufresny avoit lu à MM. de la Mothe, de la Faye, Saurin le père, et autres gens d'esprit et de goût, une de ses comédies qu'ils louèrent scandaleusement et qui tomba de même. Fâché d'avoir été la dupe du jugement de ces Messieurs, il dit à d'Argental : *Je ne veux plus lire mes pièces à des gens d'esprit : désormais je n'en ferai lecture qu'à gens sur qui la simple nature agisse, qui ne décident que sur l'impression que l'ouvrage leur fait, et qui seroient bien embarrassés de rendre raison du plaisir ou de l'ennui qu'il peut leur donner. Oui, j'aimerais mieux lire la comédie que j'ai actuellement, et qui doit bientôt être jouée, à de bonnes gens, même à des imbéciles, qu'à de beaux-esprits de profession. Tenez, M. d'Argental, voulez-vous que je vous la lise?*

Je ne suis point de l'avis de Dufresny; il faut écouter les connoisseurs et les critiques, en profiter, et essayer sur les autres personnes, et même sur les sots, s'il y en a.

Au commencement de ce mois, ou même dans les derniers jours de janvier, une troupe de comédiens qui est actuellement à Toulouse, donna la *Métromanie*. Les Capitouls furent si choqués des plaisanteries qui se trouvent contre eux dans cette pièce, qu'ils ont eu l'esprit de s'en fâcher très-sérieusement. L'un de ces nobles Messieurs envoya chercher l'entrepreneur, le traita comme un nègre, d'avoir l'insolence de faire jouer une pareille comédie, et lui défendit de la donner davantage. L'entrepreneur, soutenu par la meilleure partie des gens de la ville, n'a point voulu obéir, et présenta requête au parlement pour qu'il lui fût permis de la faire jouer; les Capitouls se sont opposés à cette demande; instance pour ce fait au parlement; arrêt enfin qui laisse aux comédiens la liberté de représenter *la Métromanie*.

Voilà ce fait dans sa plus grande simplicité, et qui est de notoriété publique.

Voici à présent ce que Piron y ajoute, et qu'il m'a juré et protesté être aussi vrai que les grosses circonstances que je viens de dire. Il prétend donc qu'après que M. le Capitoul eût bien lavé la tête à l'entrepreneur, il lui demanda de qui étoit *cette infâme comédie; — de M. Piron*, lui répondit-on. *Qu'on me le fasse venir tout-à-l'heure*, reprit-il, *et je vais lui apprendre à vivre. — mais, monsieur, il est à Paris*, lui répondit-on. — *Il est bienheureux, ce coquin-là*, répartit-il; *mais je vous défends de donner sa pièce; tâchez, monsieur le drôle, de choisir mieux les comédies que vous nous donnez. La dernière fois encore, vous nous donnez* l'Avare, *pièce de mauvais exemple, dans laquelle un fils vole son père. De qui est cette indigne comédie-là? — Elle est de Molière, monsieur*, répondit l'entrepreneur. — *Eh! est-il ici, ce Molière? je lui apprendrois à avoir des mœurs et à les respecter. — Non, monsieur, il y a soixante-quatorze ou quinze ans qu'il s'est retiré du monde. — Eh bien! mon petit monsieur*, dit le Capitoul en finissant, *pensez bien au choix des comédies que vous nous donnerez par la suite; point de Molière ni de Piron, s'il vous plaît! ne pouvez-vous jouer que des comédies d'auteurs obscurs? jouez-en que tout le monde connoisse, et prenez-y garde.*

Malgré toute l'assurance de Piron sur la certitude de ces

derniers faits, je n'en réponds pas entièrement, mais je ne les crois pas non plus tout-à-fait faux ; il est constant que la bêtise des Capitouls a été portée à l'excès, c'est chose dont tout le monde convient. On a joué *la Métromanie* nombre de fois depuis l'arrêt du parlement, et l'on s'y portoit ; cette circonstance burlesque a fait la fortune de l'entrepreneur, c'est-à-dire son grand succès ; on applaudissoit à tout rompre aux vers qui badinoient les Capitouls, comme à ceux-ci :

> Monsieur le Capitoul, vous avez des vertiges ;
> Apprenez qu'une pièce d'éclat
> Anoblit bien autant que le Capitoulat.

et quelques autres vers qui faisoient épigramme dans cette circonstance.

Le 18, on remit à l'Opéra les *Fragmens*. *Isméne*, de Rebel et Francœur, est le premier acte de ces Fragmens (1). Le second acte est *Titon et l'Aurore*; les paroles de Roi et la musique de Lagarde. L'acte de Titon a déplu et a ennuyé généralement tout le monde, jusqu'aux sentinelles. L'acte d'*Églé* a fait assez de plaisir ; il n'y a pourtant qu'une scène, mais que Chassé a chantée et jouée admirablement : la musique a été trouvée assez *piètre*.

L'on me donna hier la pièce suivante ; elle me vient de très-bonne part, et l'on peut compter sur sa vérité.

« *Extrait d'une lettre écrite de Berlin le 26 janvier der-*
« *nier, à M. le Marquis de Valory, ci-devant notre Am-*
« *bassadeur auprès du Roi de Prusse.*

« Le pauvre M. de Voltaire a ici un procès fort désa-
« gréable avec un Juif. Il est question d'une lettre-de-
« change de 10,000 écus donnée sur Paris et protestée

---

(1) Voyez à la page 218 de ce Journal.

« par ordre de Voltaire ; de plus, de 30,000 écus de dia-
« mans achetés par ce dernier du même Juif, et où il
« se trouve trompé de plus de la moitié ; il y a des signa-
« tures niées, des écrits accusés de falsification, et enfin
« tout ce qui sert à embrouiller une affaire et à la
« rendre disgracieuse. Joignez à cela tous les propos que
« l'envie et la jalousie font tenir dans un pays où le ridi-
« cule fait de grands progrès, et vous aurez à-peu-près
« l'état de notre Virgile, qui a en vérité besoin de ras-
« sembler toutes les forces de son esprit pour faire face
« à tout. Le Grand-Chancelier, le Président de Sarige et
« un Conseiller-privé sont Commissaires en cette partie ;
« il peut au moins se flatter d'être en bonnes mains.
« Cela est nécessaire, la maladie est aiguë. On attend le
« jugement qui est très-important, parce l'honneur des
« deux parties (car le Juif parle aussi d'honneur) se
« trouve très-particulièrement intéressé dans cette af-
« faire-là. Le Roi a fait annoncer hautement qu'il obser-
« veroit la plus inviolable neutralité ; et pour ne pas pa-
« roître l'enfreindre, il n'a pas vu son Grand-Cham-
« bellan (Voltaire l'est) depuis le commencement du
« procès ; ce qui n'empêche cependant pas qu'il ne soit
« à l'ordinaire logé et défrayé de tout à la cour. Je
« compte bien qu'il gagnera sa cause, et que, comme
« le soleil, il sera vainqueur des nuages. »

Extrait d'une lettre de Berlin, du 9 avril 1751 (1).

« Voici tout ce que je sais sur l'affaire de Voltaire. Il
« avoit prêté au juif Herschel 12,000 livres, et fait une
« convention avec son fils pour acheter des billets de
« Lasterer ; il lui avoit donné pour cela une lettre-de-
« change de 40 mille livres sur Paris, dont le produit
« devoit être employé à l'achat des billets en question ;

---

(1) Ce second extrait a été intercalé après coup par l'auteur dans son manuscrit. (*Note de Barbier.*)

« mais à peine avoit-il fait cet accord, qu'il voulut le
« rompre; et pour y réussir aisément, il écrivit à Paris
« de ne point payer sa lettre-de-change et de la laisser
« protester. Herschel le fils, se voyant par-là privé de la
« rétribution que Voltaire lui avoit promise lorsque la
« négociation devoit être consommée, prétendit en être
« dédommagé. Voltaire nia le fait, fit arrêter Herschel
« sous prétexte que cette précaution étoit nécessaire
« pour la sûreté de la remise de sa lettre de change, que
« le juif devoit lui rendre pour nulle, attendu qu'il
« ne lui en avoit pas payé la valeur. Herschel ne se re-
« fusoit point à cela, mais il prétendoit que Voltaire lui
« remît la reconnoissance qu'il lui en avoit faite, et dans
« laquelle il est fait mention de l'achat des billets et de
« la rétribution qui lui en devoit revenir. Voltaire nia
« d'avoir eu aucune reconnoissance du juif; ce que les
« juges par leur sentence remirent à son serment, ainsi
« que pour un autre écrit qu'il avoit eu du juif, contre
« lequel ce dernier s'inscrivoit en faux, prétendant qu'il
« avoit été altéré et raturé; l'affaire en étoit-là lorsque
« les deux parties ont fait entre elles l'accommodement
« suivant. Voltaire étoit créancier d'Herschel père d'une
« somme de 12,000 livres; le fils la lui avoit payée en
« diamants, suivant leur valeur intrinsèque. Voltaire
« avoit ensuite prétendu que le juif les lui avoit donnés
« fort au dessus de leur valeur; mais comme il disoit
« lui-même avoir perdu une bague qui en faisoit partie,
« il étoit assez difficile de faire faire une estimation juste
« des diamants qu'il avoit reçus, en sorte qu'on a rompu
« le nœud gordien en réduisant le capital de 12,000
« livres dues par Herschel père à 8,000 livres payées
« comptant par le fils, à la déduction de la bague per-
« due, à laquelle il a mis un prix dont Voltaire s'est
« contenté, et a rendu le surplus des diamants. »

Voltaire est, comme on sait, allé s'établir en Prusse depuis le mois d'octobre ou de novembre de l'année dernière. Son avarice n'a pu tenir contre les offres d'une pension de 16,000 livres que lui fait le roi de Prusse, lui qui jouissoit ici, si l'on en croit le bruit commun, de 80,000 livres de revenu; mais que l'on en rabatte la moitié, il n'en sera pas moins étonnant qu'il se soit expatrié pour 16,000 livres de revenu, dont il n'a sûrement pas besoin, pour aller vivre dans un pays où il n'a que faire. Il n'a pas apparemment fait les moindres réflexions sur l'imprudence de sa démarche, dont cent choses peuvent le faire repentir.

L'inconstance des grands, en général, et celle du roi de Prusse en particulier, auroient dû lui donner à penser, sans même faire entrer en ligne de compte les événements imprévus dans un pays étranger. Le procès déshonorant qu'il essuie aujourd'hui n'est-il pas un de ces accidents contre lesquels on a bien moins de secours hors de sa patrie que dans son pays?

On dit ici, à la vérité, où le vent du public ne lui est pas trop favorable, surtout dans les matières d'intérêt, qu'il a été effectivement trompé par le juif dans le marché des 9,000 livres de diamants qu'il a fait avec lui; mais on dit en même temps que les 30,000 livres qu'il lui a empruntées d'ailleurs ont été employées par lui à une manœuvre de place qui a beaucoup déplu au roi de Prusse. Il a, dit-on, acheté avec ses 10,000 écus, des billets sur la banque de Venise, qui perdoient je ne sais combien pour cent, pour s'en faire rembourser en entier par le roi de Prusse. Lorsque ce prince prit Dresde, il fut convenu, par un des articles du traité, que les billets de........ sur la banque de Venise, qui perdoient *tant* pour lors, seroient remboursés en plein et sans perte aux sujets de Sa Majesté Prussienne. Cet article du traité a été religieusement observé, et quand il se trouve encore de ces billets à acquitter, en prouvant leur origine, ou par le crédit du roi, on vient à bout de s'en faire payer en plein, quoiqu'ils perdent considérablement sur la place de Berlin. Le roi de Prusse, qui eut vent de la négociation de Voltaire, en a été indigné, et n'a pas voulu se prêter au remboursement des billets qu'il avoit achetés du juif; Voltaire, n'en trouvant pas le débouché, aura sûrement cherché quelque omission de forme, quelque chicane au juif pour les lui faire reprendre; et ce qui est certain, c'est qu'il a aussitôt écrit en France, à M. Delalue, son notaire, sur lequel il avoit tiré 40,000 livres, et qui me l'a dit, de laisser protester les lettres qu'il avoit signées pour cette somme; sur quoi l'on peut bien se douter que le juif a fait un bon procès : à cela s'est jointe l'aventure des diamants, qui n'est pas encore bien éclaircie, en sorte qu'en attendant, le roi de Prusse lui a fait défendre sa présence. Ne doit-il pas déjà, sur ce premier désagrément, mérité ou non mérité, sentir qu'il a fait une folie d'avoir songé à faire un établissement solide dans ce pays-là (1)?

Le 23 février, jour du mardi gras, on joua à Belle-Vue, l'acte de *Pourceaugnac*, mis en musique par Lully, et *les Trois Cousines*, suivies d'un ballet pantomime de la composition de Deshesses. Ce ballet a été trouvé charmant par tous ceux qui l'ont vu; le théâtre représentoit la porte Saint-Antoine, où se rendent tous les masques pendant les jours gras; et le sujet du ballet étoit les différentes mascarades des *chianlis* qui vont à la porte Saint-Antoine : ce jour-là il y avoit, dit-on, beaucoup de variété et de gaieté dans les danses.

On a fait sur *les trois Cousines* des applications malignes à quelques grands personnages qui y jouoient des rôles. Celui de M. Delorme étoit rempli par le duc de Chartres; et comme la fureur du duc d'Orléans, son père, est de croire et de vouloir persuader que son fils est impuissant, et que les enfants de sa femme ne sont pas de

---

(1) M. Thibault parle de cette affaire dans le livre 5⁰ de ses *Souvenirs de vingt ans de séjour à Berlin*; il croit que le juif avoit réellement tort, et que la pierre fausse venoit de lui. (*Note de Barbier.*)

lui, on rit beaucoup quand on entendit dire au duc de Chartres : *Quel esprit, monsieur le Bailly! est-ce moi qui ai fait çà?* D'un autre côte, quand Mme de Pompadour, qui faisoit le rôle de Collette, chanta, en fixant les yeux sur le Roi :

> « Mais pour un amant chéri,
> « Tromper tuteur ou mari,
> « La bonne aventure, etc.

On devine aisément ce que tout le monde pensoit dans ce moment. Il y a encore dans cette pièce quelques autres traits qui ont fourni matière à d'autres applications malignes.

J'ai dit d'une manière positive (1) que les spectacles avoient été déchargés *du quart des pauvres*. Tout le monde disoit que c'étoit une affaire faite lorsque je l'écrivis; il n'en étoit rien, la chose avoit été seulement mise en délibération, et l'argent en séquestre, en attendant la décision du roi. Ce prince a décidé, le 24 ou le 25 de ce mois, en faveur de l'hôpital; les pauvres ont toujours le quart de la recette effective des spectacles, sans entrer dans les frais, ainsi qu'ils l'avoient ci-devant. On a même déjà remis à M. Dutartre, receveur charitable de l'hôpital, les deniers ou une partie des deniers de ce quart des pauvres qui étoit en séquestre depuis plusieurs mois (2).

Le vendredi 26, les Comédiens italiens donnèrent la première représentation du *Prix du Silence*, comédie en trois actes et en vers libres. Cette pièce est de Boissy et lui ressemble bien, quoiqu'on ait prétendu que M. Ber-

---

(1) Voyez à la page 112 de ce journal.
Le droit des pauvres prélevé sur les spectacles, bals et concerts de Paris, est aujourd'hui de dix pour cent. (*H. B.*)

(2) La Comédie française est abonnée pour 60,000 livres par an; depuis 1761, je crois que l'italienne l'est pareillement. (*Note de Collé, écrite en 1762.*)

tin, trésorier des parties casuelles, lui en avoit donné le plan ; en tous cas, ce n'eût pas été un grand présent, car il n'y en a guère de plus mauvais : les caractères en sont misérables et nullement fondés dans la nature. Elle est plus foiblement écrite que Boissy n'a coutume d'écrire (je prétends dire beaucoup par-là); tout en est trivial et commun (1); cela ne mérite pas une critique plus étendue, et pour prouver ce que je dis là, l'auteur la fera imprimer, car elle a eu une espèce de succès, puisqu'elle a eu........ représentations.

Le samedi 27, le sieur Le Kain fut applaudi prodigieusement dans le rôle d'OEdipe ; il avoit aposté sûrement nombre de gens dans le parterre, sans quoi il n'est pas naturel que ce qui suit fût arrivé. Lorsqu'il vint annoncer, après avoir été demandé à grands cris, il dit : *Messieurs, on aura l'honneur.....* il fut interrompu par le parterre, ou du moins quelques gens qui lui crièrent : dites, *Nous aurons l'honneur.....* il reprit ; *on aura l'honneur.....* autres clameurs pour lui faire dire : *Nous aurons l'honneur.....* Vaincu enfin, il s'avança d'un air humble vers son parterre, et dit : *Comme je ne suis point encore reçu, messieurs, je ne puis pas encore me servir de ce terme; mais, par pure obéissance, je dirai donc, messieurs, que demain nous aurons l'honneur de vous donner*, etc.

Là-dessus, la cabale d'applaudir, et de crier qu'il falloit qu'il fût reçu.

M. le Dauphin, Mme la Dauphine et Mesdames ont pourtant déclaré qu'elles n'iroient pas à la comédie quand cet homme-là joueroit. C'est une des plus désagréables et des plus patibulaires figures que j'aie encore vues; il a le haut du visage d'une tête de mort; d'ailleurs je soutiens qu'il est sans entrailles, sans voix et sans intelligence : au demeurant, excellent comédien.

---

(1) Cette pièce, dédiée à la marquise de Pompadour, n'en valut pas moins à son auteur le privilége du *Mercure de France* et son entrée à l'Académie française. *Anecd. dram.* II, p. 107. (*H. B.*)

Ce Le Kain est fanatique de son métier, au point qu'ayant, dit-on, 1500 livres de rente de son bien, et réussissant on ne peut pas mieux, à ce qu'on ajoute, à faire des instruments de chirurgie, il veut à toute force embrasser la profession de comédien, où je ne crois pas qu'il réussisse avec les disgrâces naturelles dont il est rempli, et que tout l'art et l'étude ne peuvent surmonter; au lieu d'une vie honnête qu'il pouvoit mener dans son état, à quels désagréments ne s'expose-t-il pas en prenant le parti de la comédie?

Il est sans esprit, à ce qu'on m'a assuré, et Dancourt, qui en avoit beaucoup, et pour jouer la comédie et pour en composer, a essuyé de furieuses mortifications dans ce métier-là, où il étoit supérieur. Il est vrai que ses mœurs basses et dépravées les lui attiroient en partie.

Je me rappelle que Crébillon le père m'a conté plusieurs fois que ce Dancourt étoit plein de saillies, et qu'il devenoit insolent quand on lui laissoit gagner le dessus du vent. Un soir que le comte de Livry (1), qui entretenoit Mme Dancourt, avoit été plaisanté par Dancourt, qui avoit été brillant et agréable on ne peut davantage au souper, il lui adressa la parole d'un air riant, et lui dit : *Dancourt, tu as été charmant jusqu'à présent; mais je t'avertis que si d'ici à la fin du souper tu as plus d'esprit que moi, je te donnerai cent coups de bâton.* Dancourt étoit brave et en avoit donné des preuves; mais la certitude de perdre son vilain état et sa fortune l'empêchèrent de répondre à cette brutalité; j'avoue que ses mœurs avoient beaucoup de part à sa patience. Il auroit pu faire un autre métier, et avec tous les talents qu'il avoit il s'est repenti plus de cent fois d'avoir embrassé celui-là. Il se défendit pourtant bien un jour contre le père La-

---

(1) Le comte de Livry, maître d'hôtel du roi, était un des protecteurs de Piron. *Voy. les Œuvres inédites* de ce dernier, où se trouvent des anecdotes et des vers relatifs au comte et à sa famille. (*H. B.*)

rue, sous lequel il avoit étudié aux Jésuites. Il dînoit chez mon oncle Roussel avec ce religieux, qui pendant tout le repas ne l'avoit entendu nommer que *Dancourt;* mais ce dernier lui ayant rappelé qu'il avoit étudié sous lui, et qu'il se nommoit *Carton*, qui est son nom de famille, le bon jésuite l'entreprit sur sa profession, et lui dit qu'avec l'esprit que Dieu lui avoit donné il auroit pu choisir un autre état. *Un autre état!* interrompit Dancourt, *c'est presque le vôtre : toute la différence que j'y trouve, c'est que vous êtes comédien du pape, et que je suis comédien du roi.*

Piron vient de me prêter une lettre écrite de la main de Fontenelle en 1692, peu de temps après sa réception à l'Académie française, à défunte Mme la marquise de Mimeure, qui étoit encore fille, et qui étoit au couvent de Saint-Chaumont pour lors; il en étoit amoureux, et on ne pourra pas s'imaginer, en lisant cette lettre, qu'il le fût le moins du monde, ou du moins qu'il le contrefît aussi mal; il y a même une galanterie gauche, qui n'est pas d'un homme d'esprit comme lui. Mais Piron tient ce fait de Mme de Mimeure, qui avant sa mort lui a donné tous ses manuscrits, parmi lesquels cette lettre se trouve : elle est certainement de la main de Fontenelle. Je connois son écriture pour avoir lu quatre de ses comédies manuscrites, il y a quelques années, chez Mme Bersin, où il me pria de les lire; ce sont ces mêmes comédies qui viennent d'être imprimées ce mois-ci même. Voici la lettre :

« Je ne sais, mademoiselle, si vous êtes fort versée
« dans la lecture de la vie des saints; mais en cas que
« vous ne le soyez pas, en voici un trait que je vous
« apprendrai.

« Un vieux solitaire se glorifioit en lui-même d'être
« le plus parfait de tous les ermites ses confrères. Il
« vint un ange qui rabattit sa vanité, et qui lui dit :
« Dans ce même désert où tu es, à trois ou quatre jour-

« nées de chemin d'ici, en tirant vers l'orient, il y a
« un solitaire qui est bien un autre homme que toi; va
« le trouver, et tu verras ce que je te dis.

« Ainsi, mademoiselle, s'il vous venoit quelques sen-
« timents de vanité sur ce que vous êtes retirée à Saint-
« Chaumont; si vous alliez vous imaginer que vous êtes
« une recluse bien parfaite, et qu'il n'y a point de so-
« litude qui vaille la vôtre, j'espère que vous entendriez
« une voix qui vous diroit :

> « Non loin de Saint-Chaumont, tirant vers l'occident,
> « Au pays des jeûneurs, terre ingrate et maudite,
>   « Tu trouveras un autre ermite
> « Qui l'est à ton exemple et de qui cependant
>   « Tu n'égales pas le mérite.
>
> « Jamais dans sa famille on ne se querella ;
>   « Il n'est point né d'une quinteuse mère,
>   « Anachorète volontaire,
>   « Un pur zèle l'a logé là.
>
> « Il passe ses beaux jours dans le fond d'une grotte,
> « Où jamais il ne voit la gent qui porte cotte.
> « S'il venoit une femme en ce funeste trou,
>   « Elle s'y casseroit le cou.
>
> « Là l'esprit occupé des plus tristes images,
> « L'ermite pour jamais fuit le monde et les siens.
> « Il a fait, il est vrai, quelques petits voyages
> « Vers les peuples nommés Académiciens.
>
>   « Mais ces peuples sont si sauvages,
>   « Que de les visiter un peu,
>   « Cela n'est pas contre son vœu.
>
> « Le diable est inquiet d'une vertu si pure,
> « Il a pour le tenter l'esprit à la torture,
>   « Il s'épuise en inventions ;
>   « Bref, il lui fait avoir des visions.
>
>   « Deux ou trois fois d'un vol rapide
>   « Il l'a transporté dans ces lieux
>   « Où sans doute l'enfer préside.
> « On y croit voir une certaine Armide

« Qui d'un certain Renaud adore les beaux yeux ;
« Mais l'ermite a bientôt connu le stratagème
    « Dont usoit cet esprit malin.
« Toute l'illusion se détruit à la fin,
« Et le diable honteux emporte tout lui-même.

« Qu'auriez-vous à dire à cela, très-imparfaite recluse?
« Oseriez-vous bien vous comparer à un tel person-
« nage? et savez-vous bien encore de quelle manière il
« passe sa journée?

    « Tantôt le Saint homme s'occupe
    « A lire deux petits écrits,
    « Qui sont pour lui d'un si grand prix,
« Qu'il aime mieux les voir que l'envers d'une jupe.

    « Tantôt parlant à demi bas,
    « Il dit certaines litanies,
    « Fort longues et presque infinies,
« Car chaque article est un de vos appas.

« Par exemple en voici un petit échantillon :

    « Nez retroussé,
    « Double fossette,
    « Éclats de rire sans sujet et pourtant jolis,
    « Esprit frivole et pourtant aimable,
    « Jarretières toujours roulantes,
    « Le plus petit de tous les pieds,
    « Charmante suite du petit pied,

ayez pitié de moi.

« Voilà, mademoiselle, quelles sont les occupations de
« ce pauvre solitaire ; il est résolu à ne point sortir de
« son ermitage, jusqu'à ce que vous le mandiez dans
« le vôtre, et ne le faites point languir, si vous ne voulez
« que la solitude le rende fou. Vous avez intérêt à lui
« conserver le peu de raison qui lui reste ; je vous jure
« qu'il ne s'en sert qu'à connoître tout ce que vous
« valez. »

Après de pareilles litanies, si ce n'étoit pas M. de Fontenelle, qui n'en auroit pas pris l'auteur en pitié? Notez

que M. de Fontenelle avoit trente-sept ans quand il écrivoit cette lettre, où il n'y a ni sentiment, ni galanterie, ni le moindre usage du monde. Et quels vers! et les litanies !.... (1)

MARS 1751.

Le 5 mars, les Comédiens français donnèrent la première et la dernière représentation du *Fat*, comédie en cinq actes et en vers. M. de Lattaignant, fils du conseiller au parlement, conseiller au parlement lui-même, s'en est déclaré l'auteur (2); quoique la pièce soit mauvaise et ait été sifflée, on lui a pourtant encore disputé ce titre. On prétend que Mme de Vieux-Maisons, MM. de Thibouville, Bret et Robbé y ont la plus grande part. Elle a été huée d'une voix unanime; il y a pourtant une scène assez neuve, et qui auroit pu, avec quelque style et de la gaieté, fournir la moitié d'une pièce en un acte. C'est celle où le petit maître veut dicter à son frère une lettre pour une femme; ensuite il se la fait dicter à lui-même, et cette lettre, qui est écrite pour deux femmes différentes, est pourtant, dans le fond, pour la même personne; mais outre que cette scène est noyée dans le mauvais de cette comédie, c'est qu'en elle-même elle est encore mal traitée; elle fit pourtant effet. Le reste de cette comédie est calqué sur d'autres comédies; nulle connois-

---

(1) Il suffit d'avoir lu les *Lettres galantes du chevalier d'Her**, écrites par Fontenelle, pour ne pas être surpris de la fadeur écœurante qui respire dans la lettre du philosophe normand, reproduite par Collé. (*H. B.*)

(2) Il ne s'agit pas ici de l'abbé de l'Attaignant, chanoine de Reims, poëte satirique et galant, mais de son homonyme, qui n'a fait que la comédie du *Fat*, dont la chute fit dire à Piron : « Je m'y attendais. Jamais un homme ne se « connaît assez pour se peindre au naturel. » (*H. B.*)

sance du théâtre; mœurs odieuses et basses sans être plaisantes ; détails communs, et une très-médiocre versification. Les femmes sont déchirées dans cette pièce avec plus de fureur que d'esprit, et celles qui y sont peintes ressemblent, à faire peur, à Mme de Vieux-Maisons (1), qui est une des plus noires créatures que l'on connoisse; il n'y a guère à Paris que Mme de Vauvray, sa sœur, qui ait une plus détestable réputation.

On a blâmé M. de Lattaignant, soit qu'il soit véritablement auteur de cette pièce, ou qu'il n'en soit que le prête-nom, de l'avoir avouée publiquement. Un conseiller au parlement, un magistrat, doit être plus circonspect à conserver la décence de son état; et puisque c'est choquer les usages, même, si l'on veut, les préjugés de ce pays-ci, il devoit s'épargner cette démarche, qui n'eût pu lui être pardonnée que dans le cas où sa comédie eût été aussi bonne que le *Misanthrope* ou le *Tartufe*.

Le 9 mars on remit à l'Opéra l'acte de *Pygmalion*, à la place de celui de *Titon et l'Aurore*.

Il a écrasé *Ismène*, et l'acte d'*Eglé* qu'auparavant on trouvoit assez joli, n'a pas tenu auprès. *Pygmalion* n'a point été autant applaudi dans sa nouveauté qu'il l'a été à cette reprise; c'est, à mon avis, un signe assez certain de la bonté d'un ouvrage.

Ces applaudissements ont omblcé de joie le pauvre Rameau, à ce que m'a dit Monticourt, qui vit ce grand artiste quelques jours après; il étoit transporté, il pleuroit de joie. Il étoit ivre de l'accueil que lui avoit fait le

---

(1) On attribue à Mme de Vieux-Maisons plusieurs libelles (les *mémoires secrets* pour servir à l'Histoire de Perse, les *Amours de Zéo-Kinigul, roi des Kofirans*), dont elle confia la publication à Pecquet et à Crébillon fils, ce qui les fit regarder comme les auteurs de ces ouvrages. Voy. Barbier, *Dict. des ouvrages anonymes*, II, p. 399. — Voy. aussi les *Œuvres philosophiques* de Sénac de Meilhan; Hambourg, 1795, t. II, et les *Mélanges d'Histoire*, par Craufurd, p. 591, édit-in-4°. (*H. B.*)

public, il juroit de lui consacrer le reste de sa vie. *M. le prévôt des marchands, lui disoit-il, ne veut pas faire jouer trois tragédies, deux ballets, et trois actes séparés que j'ai tout prêts; mais, monsieur, le public trouvera tous ces ouvrages à ma mort, et je travaillerai jusqu'au dernier soupir pour lui marquer ma reconnoissance.*

Effectivement, il est bien singulier que l'on ne veuille pas faire représenter les ouvrages nouveaux de ce grand maître, lorsqu'il n'y en a point d'autres nouveaux à donner auparavant, et qu'on se réduise à remettre d'anciens opéras, comme *Thétis et Pélée*, *Tancrède*, etc. Ne trouveroit-on pas bien extraordinaire que les Comédiens français, n'ayant aucune autre nouveauté, refusassent de jouer trois ou quatre tragédies de Voltaire, et qu'ils donnassent *Pénélope*, *Andronic*, *Mélanide*, *Abensaïd*, *la Gouvernante*, et telle autre denrée? Ne crieroit-on pas haro sur eux et avec raison ? C'est pourtant là précisément la conduite du prévôt des marchands, ou plutôt de M. d'Argenson vis-à-vis de Rameau; car ce premier est le très-humble serviteur, ou, pour mieux dire, le bas valet du second.

Le même jour, les Comédiens italiens donnèrent la première représentation des *Amants inquiets*, parodie en vaudevilles de *Thétis et Pélée*. Le public y a couru avec fureur, quoiqu'elle n'en valût pas la peine. Favart, qui en est l'auteur, doit en partie ce succès momentané au désir extrême que l'on avoit que l'on rendît aux Italiens la liberté de donner des parodies. Elle leur avoit été ôtée depuis plusieurs années; Voltaire, par son crédit auprès des gentilshommes de la chambre, leur avoit fait défendre d'en jouer, ainsi que toutes sortes de critiques de pièces de théâtre. Ce galant homme ne peut pas souffrir ce badinage, surtout lorsqu'il tombe sur ses ouvrages. Il faut avouer pourtant qu'en général la parodie est un mauvais genre; il faudroit, pour qu'elle fût un peu supportable, que cette espèce de comédie (si l'on peut lui donner ce nom), eût un sujet plaisant qui lui fût propre et indépendant de la tragédie ou de l'opéra qu'on parodie; que ce sujet ou fond-là pût subsister quand même celui de l'ouvrage parodié ne subsisteroit plus, et indépendamment de lui; que cependant il eût avec lui une analogie frappante, et qu'alors ce fût par cette analogie même que la critique et la parodie du sérieux fût faite. *Agnès de Chaillot* est à peu près dans ce goût (1), quoiqu'elle soit bien éloignée encore d'approcher de l'idée de la perfection d'une parodie faite suivant ce système, et que je ne sois nullement de l'avis de ceux qui la louent sans restriction. Mais où est la finesse? quel esprit faut-il? Y a-t-il la moindre imagination à parodier un opéra scène par scène, et à le rendre en style bas et burlesque, sans souvent même se donner la peine de changer les noms des personnages du drame parodié?

Voilà pourtant ce que faisoient simplement les Romagnezy, les Dominique, etc., avec quoi ils attiroient quelquefois tout Paris.

Combien encore, à la Foire, a-t-on vu de ces sortes de parodies qui ont eu un succès prodigieux?

Il est vrai que ces sortes d'ouvrages n'ont jamais réussi que dans leur nouveauté : ils ne sont jamais remis au théâtre; il n'y a guère qu'*Agnès de Chaillot* qui ait été reprise; il semble que le public se venge par un oubli éternel d'avoir été surpris et de ce qu'il a ri de ces fadaises.

La Parodie de *Thétis et Pelée* est, pour le fond, aussi méprisable que celles dont je viens de parler, et même davantage, puisqu'elle n'a point dans les détails le peu d'esprit et de gaieté qu'on trouve quelquefois dans ces sortes d'ouvrages. Elle a cependant mieux réussi qu'aucune des anciennes, grâce au goût du public, qui se per-

---

(1) *Agnès de Chaillot,* jouée aux Italiens en 1724, est la parodie d'*Inès de Castro,* tragédie de La Motte-Houdart. (*H. B.*)

fectionne tous les jours. La seule idée un peu plaisante qui s'y trouve, c'est d'avoir mis des aveugles des Quinze-Vingts à la place des Prêtres du Destin ; mais cette idée n'est qu'effleurée, l'auteur n'en a tiré aucun parti, pas même un couplet comique ; et il est bien singulier que Favart, qui fait si bien les couplets, n'en ait pas laissé échapper un de neuf et de saillant dans toute sa parodie. On n'y reconnoît point l'auteur de *la Chercheuse d'Esprit,* du *Coq de Village*, ni d'*Acajou*; il y a seulement dans sa pièce quelques airs assez bien parodiés; on y voit la main de l'artiste, sans pensée cependant, sans saillie, sans gaieté, et enfin sans rien de piquant. Tous les traits de critique sont usés et rebattus; des longueurs insoutenables, et l'ennui partout. Tout le monde y court pourtant; M. de Fontenelle y a été, et il dit qu'il a ri; c'est sans doute du plaisir qu'il a eu de se voir si mal parodié.

On m'a donné ces jours-ci un ancien madrigal de cet homme illustre (M. de Fontenelle). Il y a un petit jeu de mots, et c'est une badinerie qui n'est bonne qu'en société.

Vers faits pour mettre au bas du portrait de Mme Dutort.

« C'est ici madame Dutort :
« Qui la voit et ne l'aime a tort ;
« Mais qui l'entend et ne l'adore
« A beaucoup plus de tort encore ;
« C'est pourquoi l'auteur de ceci
« N'est pas dans son tort, Dieu merci. »

Le 17 ou le 18 de ce mois, la Seine a débordé. Les fossés du Cours et des Champs-Élysées étoient remplis d'eau ; on y alloit en bateau ; l'inondation a duré jusqu'au 25 ou 26. Je fus le 20 aux tours de Notre-Dame; le temps, par malheur, étoit bas et nébuleux, ce qui m'ôta la moitié du plaisir que j'aurois eu à voir pleinement un spectacle aussi beau et aussi singulier.

Le 27 fut le jour de la clôture du théâtre.

On a dû remarquer que depuis le mois de novembre de l'année dernière les Français n'ont donné pour toute nouveauté qu'*Aménophis* et *le Fat*, pièces qui n'ont eu chacune qu'une représentation. Drouin fit le compliment de clôture, qui fut, à l'ordinaire, bien fastidieux et bien bas. Ils donnèrent *Zaïre*, dans laquelle Le Kain fut applaudi avec une fureur, un emportement et un fanatisme qui ne m'entraîna point. J'avoue qu'il a mille fois mieux entendu ce rôle d'Orosmane qu'aucun de ceux qu'il ait joués; mais il n'a point d'entrailles, je le soutiens encore; il en auroit si sa voix ne lui refusoit pas le service, mais aussitôt qu'il veut s'abandonner à son feu et donner une âme véritable à ce qu'il dit, l'organe lui manque tout net : je remarquai cela dans dix endroits différents. Je ne doute point, d'ailleurs, que ce rôle ne lui ait été donné noté, attendu le défaut absolu d'intelligence que je lui ai vu dans tous les autres rôles qu'il a représentés.

Je souhaite de tout mon cœur me tromper, mais je pense que cet homme non-seulement est bien loin d'être un grand comédien, mais qu'il ne sera jamais qu'un acteur mauvais et souverainement désagréable (1). Que l'on attende deux ou trois ans, que l'engouement où l'on est soit passé, et l'on m'en dira des nouvelles.

Le grand jubilé universel a commencé à Paris le lundi 29 du courant; il doit durer six mois, à compter de ce jour. Les spectacles cesseront, à l'ordinaire, pendant la sainte quinzaine; il n'y en aura point encore la semaine d'après la Quasimodo, non plus que les fêtes et dimanches d'après cette semaine, jusques et compris les fêtes de la Pentecôte; tous les autres jours les théâtres seront ouverts comme de coutume.

---

(1) Cette opinion se concilie mal avec celle que Collé a exprimée plus haut, page 293, où il dit que Le Kain est un *excellent comédien*. Il est parfois difficile de mettre Collé d'accord avec lui-même. (*H. B.*)

Les fidèles sont exhortés à gagner le jubilé dans les deux premiers mois, pour pouvoir profiter des instructions, des retraites, des sermons, et autres exercices de piété qui se feront pendant ces deux premiers mois.

La bulle du saint-père au sujet du jubilé est aussi consolante que le mandement de notre archevêque de Paris (M. de Beaumont) est désespérant. Ce prélat, aussi gai que Jérémie, pleure sur Jérusalem, que c'est une pitié; il ne voit chez nous que vices, crimes, impiétés, abominations, la désolation de la désolation : il ne nous parle que du Dieu de vengeance, du Dieu terrible; il donne à Dieu des *trésors de colère* pour le jour de la vengeance; il sème le désespoir à pleines mains; il nous fait autant de peur de Dieu qu'on avoit coutume jusqu'ici de nous en faire du diable; oui, du diable, dont Piron a si bien fait la description ou plutôt le portrait dans ce couplet-ci, qui est sur l'air : *J'entends une voix qui m'appelle* :

> Il a le teint d'un rôt qui brûle,
> Le front cornu,
> Le nez fait comme une virgule,
> Le pied crochu,
> Le fuseau dont filoit Hercule,
> Noir et tortu,
> Et pour comble de ridicule,
> La queue au c... (1).

Pour en revenir à l'archevêque, c'est un pauvre sire que ce gentilhomme-là, un esprit court, d'une hauteur et d'une opiniâtreté dont il a donné des preuves dans son affaire avec les administrateurs de l'hôpital; très-

---

(1) Ce couplet fait partie du *Paradis perdu* de Milton, traduit en chansons par Piron, et dont je possède, en manuscrit autographe, le *premier chant* que j'ai publié dans le *Complément des Œuvres de Piron* ; Paris, Sartorius, 1865, 1 vol. in-12. (*H. B.*)

pédant, encore plus impérieux, voilà le saint homme, à ce qu'ils disent.

Un des prêcheurs du jubilé qui s'est le plus signalé, c'est le Père Duplessis, jésuite; il a fait devenir fous deux ou trois domestiques, et entre autres la femme d'un laquais qu'avoit anciennement Mme Chatelain, un nommé Romagni. Cette pauvre créature, qui a eu l'esprit tourné par les prédications de ce compagnon de Jésus, sentit la première attaque de folie à Notre-Dame, où elle étoit allée faire une station. Elle dansa au milieu de l'église, dit qu'elle voyoit le Paradis, Dieu, les Anges, la Vierge, et le Père Duplessis, et tint d'autres discours extravagants, qui la firent passer pour une convulsionnaire. Après avoir été battue et maltraitée par les Suisses, on la traîna à l'hôtel-Dieu, où on la laissa plusieurs heures sans secours.

L'archevêque envoya pendant ce temps avertir la police de cet événement, qu'il pensoit l'intéresser. Cependant on trouva sur elle un livre de prières, composé par un jésuite, ce qui remit un peu les esprits à ces inhumains-là, et alors on commença à la secourir; on la saigna, elle devint furieuse, et elle est restée folle.

Ce Père Duplessis est de bonne foi, c'est un fanatique sans esprit; mais c'est une de ces imaginations allumées fort propres à embraser celle des cerveaux foibles. C'est, m'a-t-on dit, le plus excellent comédien de nos jours pour le débit; bel organe, voix flexible, pleurant quand il veut, et passant successivement des mouvements d'une sainte colère à ceux d'une pieuse tendresse, d'une pitié chrétienne, etc.

Ses sermons sont familiers et même bas, ce qui ne rompt pas le marché, surtout avec le peuple, qui faisoit la partie la plus nombreuse de son auditoire; et d'ailleurs, presque tous les hommes ne sont-ils pas *peuple?*

Le curé de Saint-Sulpice actuel, qui a succédé à M. de Gergy, si fameux par ses saintes extorsions, sur lesquelles il a élevé le bâtiment de son Église, n'a pas succédé à son esprit et à ses talents aussi facilement qu'à sa cure. Le jour qu'il annonça le Jubilé, il dit en chaire à ses paroissiens, « qu'il y auroit, à des heures différentes, « des exhortations pour les personnes de différents états « qui éloient sur sa paroisse. »

Les soirs, à six heures, ajouta-t-il, *on prêchera pour le peuple et pour les domestiques; on leur parlera de la religion tout naturellement.* Tout naturellement!

On assure encore que quelques jours après, en indiquant les processions pour le Jubilé, il dit : *Nous irons d'abord à Notre-Dame, ensuite à Sainte-Croix, de là à Saint-André-des-Arcs, et nous finirons par les Petites-Maisons.*

Tout cela est d'un beau simple.

[Terminons cet article du Jubilé par un ancien couplet de Blot sur l'air :

Son Altesse me congédie.

    Je veux sortir de cette ville :
    Je sens que j'y fais trop de bile.
    Ce matin j'ai vingt fois bâillé.
    Je suis plus lourd qu'à l'ordinaire :
    C'est, je crois, l'air du Jubilé,
    Qui m'est totalement contraire.]

Le 30 de ce mois, mourut Mme la Comtesse de Mailly, ancienne maîtresse du Roi, qu'elle a aimé véritablement. Elle étoit devenue dévote, mais vraiment dévote; et elle n'avoit point, dit-on, pris la dévotion dans le petit. Elle est regrettée de tous ceux qui la connoissoient; elle étoit tendre, sensible, bonne, et avoit beaucoup d'esprit, à ce qu'on m'a assuré : elle a laissé fort peu de biens (1).

---

(1) Mme de Mailly était sœur de la duchesse de Châteauroux et de Mme de Vintimille. Toutes les trois ont été les maîtresses du Roi. C'est juste : *impare Deus numero gaudet.* (H. B.)

[Voici deux petites pièces de vers de la façon de M. de Saint-Lambert. Il y a de la facilité, du naturel et des images; mais il n'y a pas assez de précision, à mon avis, et trop de choses communes, à ce qu'il me paroît. On en peut juger. Il y a de la poésie et des choses agréables cependant.

LE SOIR.

>Le soleil finit sa carrière :
>Le temps conduit son char ardent, etc.

Voici l'autre pièce :

ÉPÎTRE A CHLOÉ.

>Chloé, ce badinage tendre, etc. (1).

Ces petits vers ont dû beaucoup réussir en société, et surtout vis-à-vis de la femme pour qui ils ont été faits. Je pense qu'ils n'auraient pas le même succès à l'impression. Le public est un juge sévère. J'entends le vrai public.]

AVRIL 1751.

On n'a point eu d'autre spectacle pendant presque tout ce mois-ci que le concert spirituel. Il y a paru un violon, sur lequel on s'est d'abord récrié avec enthousiasme et fanatisme, mais qu'on a réduit ensuite à sa juste valeur. Les connoisseurs à qui j'en ai entendu parler disent qu'il n'approche pas des grands violons que nous avons ici; il est, à ce qu'ils prétendent, fort au-dessous de Guignon, de Pagin, de Gaviniez, de Le-

---

(1) V. ces deux morceaux de poésie dans les *Œuvres de Saint-Lambert*.

clerc. Mondonville et Cupis même sont à beaucoup d'égards, soutiennent-ils, encore au-dessus de Chiabran : c'est le nom de ce grand violon ; il est neveu du fameux Somis, qui vint ici il y a quelques années. Ce Chiabran, au reste, est un oiseau de passage ; il est venu à Paris, il va partir pour Londres, et retournera ensuite à Turin, d'où il vient. Il est de la musique du roi de Sardaigne, qui lui a donné un congé pour voyager et se perfectionner.

On a exécuté à ce concert, dans les premiers jours de ce mois, un ancien motet de Rameau. Ce grand maître nous a rendus difficiles, même sur sa musique ; son motet n'a point du tout réussi, au contraire ; c'est un ouvrage de sa jeunesse, que les musiciens ont jugé mauvais et peu digne de lui ; il a été sensible à cette petite chute. Il eût été plus prudent à lui de ne pas s'y exposer ; cela ne peut pourtant lui faire aucun tort, ni effleurer sa réputation.

Le 17 ou le 18 de ce mois, la Seine a encore débordé ; l'inondation n'a pas été aussi considérable, et n'a pas duré si long-temps cette fois-ci que l'autre ; cependant on a été à Versailles par un autre chemin que la chaussée, pendant quelques jours. Les connoisseurs en inondations prétendent que ce second débordement est une chose inouie, et qu'on n'a point vue de mémoire d'homme ; ils ajoutent à cela de très-belles observations, dont je n'inonderai pas mon lecteur.

Le 24 je fus à Berny, et j'y lus mon opéra-comique à M. le Comte de Clermont, auquel il plut assez pour souhaiter que je le lui donnasse, pour le faire jouer chez lui.

J'avoue naturellement que je serai bien aise de le voir représenter, et que j'ai aidé à la lettre pour qu'il parût sur son théâtre. J'attends, pour décider de ce qu'il vaut, de voir l'effet qu'il produira sur les planches ; ce n'est que là qu'il peut être jugé en dernier ressort.

Il y a sans doute de la vanité dans tout cela ; mais on n'est point auteur impunément.

Le 25, veille de la rentrée des spectacles, les gentilshommes de la chambre firent détruire les petites loges que les Comédiens français avoient fait construire dans l'enfoncement de la première coulisse de chaque côté du théâtre. Ces loges n'avoient que quatre places, et devoient être louées à l'année, de même que les petites loges de l'Opéra; M. le duc de Chartres en avoit retenu une, M. le duc de la Vallière une autre, etc. Les Comédiens s'étoient flattés d'être les maîtres de leur hôtel et de pouvoir bâtir sur leur terrain sans être obligés d'en demander la permission à personne. Mais leurs seigneurs, les gentilshommes de la chambre, leur ont fait voir qu'ils s'étoient trompés. Outrés de ce qu'on ne leur avoit pas demandé leur agrément pour un arrangement qui ne les regardoit ni directement ni indirectement, ils ont obtenu du Roi, à force de le tourmenter, un ordre pour faire jeter à bas ces petites loges. Le maréchal de Richelieu vint même à la comédie, en sortant de souper, entre deux et trois heures du matin, la nuit du 25 au 26, avec Cury, intendant des menus, qui lui servoit d'aide de camp, pour s'assurer que ces loges étoient détruites. Sur quoi Saint-Foix, auteur de *l'Oracle*, dit tout haut dans le foyer peu de jours après, « que le maréchal de Richelieu étoit « plus diligent que le maréchal de Lowendal, qui n'a- « voit surpris Berg-op-Zoom qu'entre quatre et cinq heu- « res du matin ». C'est aussi à cette occasion qu'on a donné au maréchal de Richelieu le sobriquet de Jacques Desloges. (1) Il est superflu de remarquer combien cette action des gentilshommes de la chambre est tyrannique. Leur autorité sur les Comédiens ne devroit s'étendre que

---

(1) Dans ses lettres au maréchal de Richelieu, Voltaire l'appelle toujours son *héros*, et dans sa correspondance avec ses amis il le nomme *la vieille poupée, le tripotier*, etc. (*H. B.*)

sur ce qui regarde le service du Roi et de la cour, soit directement soit indirectement ; mais vouloir disposer despotiquement de leur bien et de leurs intérêts pécuniaires, c'est le comble de l'injustice et de l'oppression.

Ces quatre gentilshommes, dont il y en a deux qui le sont à peine, quoiqu'ils soient ducs (je veux dire le maréchal de Richelieu et le duc de Fleury), ces quatre gentilshommes, dis-je, ont traité cette affaire, à ce qu'on m'assure, avec tout le sérieux qui pouvoit les rendre aussi ridicules qu'ils ont été injustes.

Le lundi 26 les théâtres ouvrirent : l'Opéra par le ballet des *Sens*, la Comédie Italienne par la remise des *Amants inquiets*, et les Français par *Polieucte*. Le ballet des *Sens* est tombé à cette reprise : ce n'a jamais été quelque chose de bien bon, mais c'est quelque chose de bien ennuyeux quand il est mal joué; et il faut avouer qu'il ne pouvoit pas l'être plus mal. Dans le temps même de sa nouveauté, il seroit tombé à n'en jamais relever sans l'acte de la vue que mademoiselle Lemaure et mademoiselle Petitpas chantèrent à ravir et firent aller aux nues; aussi faut-il convenir que cet acte, surtout pour les paroles, est un des meilleurs actes de ballet qu'il y ait à l'Opéra, mais encore faut-il qu'il soit chanté et joué.

Ce même jour, par ordonnance du Roi, a été établie une garde militaire aux Comédies-Française et Italienne, à la place des archers de robe courte qui gardoient autrefois ces spectacles. Ce sont actuellement des soldats aux gardes françoises, de même qu'à l'Opéra; cela donne une grande tranquillité, mais cela jette dans la salle une certaine tristesse, qui me fait craindre quelquefois d'être en pays étranger; je ne retrouve plus cette gaieté françoise : le parterre a l'air allemand actuellement.

Cette garde françoise contient un peu trop, et d'une manière trop pédante, une nation aussi vive que la nôtre; et puis, je ne sais, cela a un air de servitude et d'esclavage qui me déplaît d'être gêné à ce point dans des plaisirs publics; tout respire ici le mauvais air du despotisme, jusque dans les moindres choses : il n'est presque plus permis de sentir qu'on est homme.

On m'a dit que les Comédiens italiens avoient reçu dans leur troupe comme danseuse, cette demoiselle Gentilly qui a fait tant de bruit en 1749, et dont j'ai parlé à la page 99 de ce Journal; ce qui l'empêcha de rester à la Comédie-Italienne cette année-là même, ce fut le maréchal de Saxe, qui ne pouvoit s'en passer, et auquel elle a fermé les yeux. Bien des gens prétendent que Favart ne l'a point épousée, mais que de concert ils l'avoient fait accroire au maréchal, afin d'avoir la liberté de se voir en bonne fortune; je ne sais au juste ce qui en est, parce que bien d'autres veulent qu'ils soient mariés.

Le 27, je fus à la Comédie-Française voir débuter mademoiselle Martin dans *la Gouvernante* et *les Folies amoureuses*; elle jouoit les rôles d'amoureuse dans l'une et l'autre pièce. Dans la première, elle me parut jouer comme une pensionnaire de Saint-Cyr; j'espérois que dans la seconde elle se tireroit mieux de quelques endroits de gaieté, et qui avoient quelque affinité avec les rôles de suivante, dont je lui avois vu des tons dans son rôle de la gouvernante. Mais ce fut encore pis, elle jouoit le rôle d'Agathe avec un froid et une langueur incurables; c'est une fille sans talents; il n'y a pas d'apparence qu'elle soit reçue, à moins que messieurs les gentilshommes de la chambre ne veuillent encore faire quelque chose d'extraordinaire.

Cette actrice a déjà joué sur plusieurs théâtres : elle a été à Lyon, à Grenoble; elle a beaucoup brillé à Cologne et à Bonn; on prétend même qu'elle a été un peu entretenue par l'Électeur de cologne. Qu'elle retourne donc dans ce pays, et qu'elle ne paroisse plus ici.

Quiqu'elle soit assez jolie, elle est si mauvaise comédienne, qu'au théâtre on n'y gagneroit pas grand'chose ; et elle est, dit-on, si c...., que hors du théâtre on y gagneroit peut-être trop ; qu'elle parte donc!

Et à propos de ce badinage, je me souviens d'une ancienne épigramme de Piron, faite sur une repartie de l'abbé de Boismorand à M. de Vauréal, évêque de Rennes. (1)

Cet abbé de Boismorand étoit celui qu'on appeloit de son vivant l'abbé *Sacredieu*, attendu l'habitude fréquente qu'il avoit de se servir de cette interjection ou jurement, comme on voudra le nommer. Il avoit beaucoup d'esprit, étoit très-éloquent et plein de feu, écrivoit bien, et avoit une chaleur prodigieuse. C'est lui qui a fait les factums pour les Jésuites, dans l'affaire de Lacadière et du Père Girard ; mais ce que bien des gens ignorent, c'est que la traduction du *Paradis perdu* de Milton est de lui, quoiqu'il ne sût pas l'anglais. M. Dupré de Saint-Maur, assisté de son maître d'anglais, lui rendoit les phrases, et cet abbé mettoit leur français en français véritable, et y donnoit cette âme, cette vie et cette chaleur que M. Dupré étoit incapable d'y mettre. C'est pourtant cette prétendue traduction qui a valu l'Académie à cet automate. Ce fait que je rapporte est très-constant (2).

L'abbé de Boismorand a fait beaucoup d'ouvrages pareils, qu'on ne sait pas qui sont de lui. Il étoit joueur : il a prêché souvent.

Le soir d'un matin qu'il avoit fait un sermon très-pathétique, et qu'il perdoit son argent au jeu, il regardoit le ciel en donnant ses derniers écus, et disoit : *Eh! oui mon Dieu !.... oui !.... oui !.... je t'enverrai des âmes !*

---

(1) V. dans les *Poésies* de Piron cette épigramme, qui commence ainsi « Chez Vauréal, où dînait Boismorand, » etc. (*H.B.*)

(2) Dans une note autographe que nous possédons, Piron confirme de tous points l'allégation de Collé. Piron ajoute « que Dupré de Saint-Maur « avait promis mille écus à l'abbé Boismorand pour prix de sa traduction « et de son silence, et que ce dernier ne reçut pas un sou ». (*H.-B.*)

C'est de lui dont on conte aussi l'extravagance suivante.

On dit qu'ayant fait, un soir, une perte très-considérable au jeu, il mit son crucifix sur sa fenêtre, par une forte gelée, et l'y laissa passer la nuit, pour le punir, disoit-il, du malheur qu'il lui avoit fait éprouver. C'est une impiété bien puérile et bien sotte, si le caractère du joueur n'étoit pas plus à remarquer en cela que toute autre chose. Il a passé pour le plus beau et le plus grand jureur de son temps; cependant je sais un mot de lui qui fait voir qu'il reconnoissait un supérieur dans ce grand art de jurer : c'étoit un nommé Passavant, mauvais sujet et gros joueur, cela est presque synonyme.

Un jour que l'abbé de Boismorand avoit perdu beaucoup d'argent de suite, et qu'il s'étoit épuisé en juremens nouveaux, n'en pouvant plus inventer, il regardoit le ciel avec fureur, en disant : *Mon Dieu! mon Dieu! je ne te dis rien, je ne te dis rien, mais je te recommande à Passavant.*

Voilà une longue digression et des histoires qui ne paroissent pas être du ressort de ce Journal; cependant c'est de dessein prémédité que je fais ces excursions, et je tâche de faire entrer ici toutes les anecdotes, même anciennes, dont je puis me souvenir et qui m'ont été contées par les gens qui ont vécu avec les personnes à qui les aventures sont arrivées, ou qui les tenoient autrement d'original. Mon Journal est composé en partie dans cette idée-là, et j'y veux rassembler tout ce que ma mémoire me rappellera de singulier, à mesure que l'occasion s'en présentera.

MAI 1751.

Ce mois-ci tout le monde est mort, mon Journal de ce mois sera une espèce de nécrologe; je tâcherai d'égayer cette triste matière par quelques anecdotes qui n'y cadreront pas mal.

Or donc, le 3 du courant, mourut M. Orry de Fulvy, intendant des finances, frère du défunt contrôleur général, après avoir souffert pendant un mois tout ce qu'il est possible de souffrir, et avec une fermeté qui a peu d'exemples.

Jamais homme n'a été plus méprisé et plus estimé en même temps. Sans conduite, ayant perdu, dans une soirée, comme un polisson, 400,000 francs au biribi, folie qui pensa lui coûter sa place, M. Orry pressa lui-même M. le Cardinal de la lui ôter, et ce fut, à ce que nous a conté l'abbé de la Galaizière, le seul expédient qu'il trouva capable de la lui faire conserver.

Vivant d'une façon crapuleuse avec la femme de son commis, quelques subalternes et de bas complaisants.

D'un autre côté, c'étoit un aigle en affaires, actif, laborieux, intelligent, un esprit de lumière, sans préjugés, écoutant tout le monde, d'un accès facile, une judiciaire excellente, et expéditif.

On convient que personne n'entendoit mieux le commerce et que jamais la Compagnie des Indes n'a été mieux gouvernée que par lui, et l'on s'aperçoit, dit-on, aujourd'hui, de la différence de l'administration actuelle et de la sienne. Ceux qui depuis lui ont été à la tête de cette Compagnie ont fait sottises sur sottises, et l'on n'en veut point d'autres preuves que le Mémoire de M. de la Bourdonnois; c'est encore aux soins et à l'intelligence de M. de Fulvy que nous aurons l'obligation de la manufacture de porcelaines de Vincennes, si elle réussit, comme il y a lieu de l'espérer actuellement.

Sa place d'intendant des finances a été donnée à M. Chauvelin, ci-devant intendant d'Amiens, avec le département des sous-fermes qu'il avoit.

M. Trudaine a celui des fermes générales, qui étoit aussi dans le lot de M. de Fulvy.

Et l'on a donné enfin à M. de Courtil, le vingtième et la Lorraine, dont le défunt étoit aussi chargé.

Les biens de M. Orry le contrôleur général sont substitués au petit de Fulvy fils du défunt, auquel son père ne laisse rien que des dettes.

Sa femme reste avec 4 ou 5,000 livres de rente; elle a obtenu une pension de 2,000 écus.

Personne ne la plaint, attendu qu'elle a toujours été et est encore l'impertinence personnifiée. Du temps que M. Orry étoit contrôleur général elle vendoit tout; emplois, intérêts dans les sous-fermes, places, petits postes, tout étoit à l'encan chez elle. Elle a perdu au jeu les sommes immenses qu'elle retiroit de ses exactions; et aujourd'hui il ne lui reste rien, que le regret de ses folies.

Le Marquis de Prie est mort ces jours-ci; il n'a point voulu entendre parler de Sacrements. Quelques personnes de sa famille, des gens sages, dit-on, lui ont fait venir le curé de sa paroisse, comme en ayant l'ordre du Roi. M. de Prie, qui se doutoit de quelque supercherie, le reçut avec beaucoup de politesse, et lui demanda de quelle part il venoit; à quoi le pasteur, qui avoit le mot, répondit qu'il venoit de la part du Roi. *Soyez le bien-venu en ce cas-là, monsieur le Curé,* reprit le moribond, *mettez-vous là, asseyez-vous là, dès que vous venez de la part du Roi; si vous étiez venu de la vôtre ou de celle de mes parents, je vous aurois fait jeter par les fenêtres.* Cela dit, il se retourna du côté de la ruelle, et après quelques instans le curé se retira, et le pénitent mourut (1).

Le chevalier de Kinsonnat fut plus chrétien et plus poli dans une occasion à peu près semblable. Étant en danger de la vie, il reçut le viatique et l'extrême-onction en présence du chevalier de Livry et d'un autre

---

(1) C'était le mari de la Marquise de Prie, maîtresse du duc de Bourbon. (*H.-B.*)

Chevalier de Malte, de ses amis, qui par pur hasard étoient entrés quelques minutes avant que le bon Dieu arrivât. Quand la cérémonie fut finie et que les prêtres furent retirés : *Messieurs*, leur dit poliment le chevalier de Kinsonnat, *je vous fais mille excuses ; je vous demande mille pardons que tout cela se soit passé devant vous.*

C'étoit, je crois, de ce dernier qu'un officier extrêmement ignorant disoit à un de ses amis : *Sais-tu que le chevalier est à l'extrémité ? On lui a porté ce matin l'émétique. Dis donc le Viatique*, lui dit son ami. *Émétique ou viatique...... comme tu voudras*, répond l'officier ; *suis-je apothicaire, moi, pour me connoître à toutes ces choses-là ?*

Quand on devroit me prendre pour une vieille qui conte, et à qui une histoire rappelle le souvenir de dix autres, il faut encore que j'en donne deux ou trois sur ce même sujet. Il y a quelques années que le chevalier de Grille reçut l'extrême-onction étant en léthargie, deux ou trois heures après qu'on lui eut appliqué les vésicatoires. Contre toute espérance, il revint de cette maladie ; le duc de la Trimouille fut le voir le surlendemain, et lui demandoit comment il se trouvoit au moment présent. *Assez bien*, répondit-il, *monsieur le Duc ; il n'y a plus que cette diable d'extrême-onction qu'ils m'ont donnée entre les deux épaules qui me fait encore mal.* Ce n'étoit point plaisanterie de la part du chevalier de Grille, il disoit cela de la meilleure foi du monde. J'avoue qu'il faut le connoître pour ajouter foi à cette histoire ; elle est pourtant très-véritable ; elle courut beaucoup dans le temps. Davoust, qui a demeuré quelque temps avec ce preux chevalier, en a eu la certitude du chevalier lui-même, en le tournant, ce qui n'est pas bien difficile. Eh ! pourquoi, au reste, ce fait ne seroit-il pas vrai ? N'y a-t-il au monde que M. de Matignon pour ces ingénuités ?

Défunt M. de Maranzac, écuyer du comte de Charolois, n'étoit-il pas de cette force ? n'avoit-il pas tout cet esprit-là ? C'est lui qui, au milieu de la plaine de Saint-Denis, menaçoit son postillon, s'il ne le menoit pas plus vite, de le jeter par les fenêtres (1).

Un jour il étoit mort un cocher à M. le comte de Charolois; un homme de l'écurie vint dire à de Maranzac : *Monsieur! vous savez bien que Picard est mort hier, et à la paroisse on demande 60 livres pour l'enterrer.* — *Diable! c'est bien cher,* interrompit de Maranzac. — *Monsieur,* répondit l'autre, *ils ont dit qu'ils ne l'enterreroient pas à moins; que c'étoit à prendre ou à laisser.* — *C'est bien cher,* reprit de Maranzac; *cependant, mon ami, voyez si vous ne pouvez pas avoir meilleur marché; sinon, faites comme pour vous.*

Terminons enfin ces histoires par un conte qui n'a avec elles d'autre liaison, que le *moment de la mort;* cela ne fera jamais une transition heureuse, mais n'importe.

Un Suisse, condamné à être pendu par le conseil de guerre, étoit conduit au lieu du supplice; chemin faisant il montra une grande indécision pour savoir dans quelle religion il mourroit : il étoit né protestant et s'étoit fait catholique. Dans cette perplexité, il s'adressa au major de son régiment, et lui dit : *monsié le machor, lequel de ces deux rellichions est la plus meilleure?* — *Tiaple! mon ami,* répondit le major, de la meilleure foi du monde, *ché donnerois pien tout à stir cent pons écus pour li safoir.*

Le 17 de ce mois, la femme de Piron est morte; il y avoit trois ans qu'elle étoit folle. Quoiqu'elle eût été pendant plus de deux ans furieuse jusqu'à battre son mari, Piron n'a pourtant jamais voulu consentir à s'en séparer. M. de Fleury, le procureur général, lui avoit fait

---

(1) Les ingénuités de Maranzac ont été publiées en 1730, sous le titre de *Maranza-Kintana*, où les *pensées naïves et ingénieuses du* sieur Maranzac, recueillies et imprimées par Mme la duchesse de Bourbon-Condé et l'abbé de Grécourt, son lecteur. C'est une *plaquette* devenue à peu près introuvable, et dont nous avons une copie manuscrite avec des notices de Jamet et de Charles Nodier. *(H.-B.)*

offrir une maison où elle auroit été bien traitée et bien soignée moyennant 400 livres de pension ; cette maison n'avoit rien d'odieux ni de malhonnête : ce n'étoit ni l'hôpital ni les Petites-Maisons. Piron n'a jamais voulu se prêter à cet arrangement, et il a cependant souffert tout ce que l'on peut souffrir d'une personne qui a perdu entièrement la raison, et qui se portoit quelquefois aux dernières violences. Dans les huit derniers mois de sa vie, sa fureur étoit tombée et avoit dégénéré en imbécillité ; on peut juger quelle a dû être la vie affreuse de ce pauvre diable depuis trois ans, indépendamment des incommodités réelles et horribles que l'état de démence de sa femme lui causoit à chaque quart d'heure de sa vie. Qu'on imagine encore quelles devoient être les peines de son âme ! Quel supplice de voir toujours sous ses yeux une personne que l'on aime, dans une situation aussi déplorable. Il l'aimoit effectivement, et je viens de le voir dans la plus grande affliction et abîmé dans une véritable douleur. Il y a trente-deux ans qu'il vivoit avec elle ; il lui avoit toutes sortes d'obligations ; elle l'avoit soutenu longtemps lorsqu'il étoit dans l'indigence.

Elle se nommoit Debar ; elle étoit laide à faire peur (1) ; moi, qui la connoissois depuis vingt-trois ans, je l'ai toujours vue vieille. C'étoit une de ces physionomies malheureuses qui n'ont jamais été jeunes ; elle avoit de l'esprit, mais peu agréable ; nul goût ; au contraire, elle en étoit l'antipode : je conviens même qu'elle n'a pas peu contribué à détourner Piron de tâcher d'en avoir.

Elle avoit une érudition singulière pour une femme ; elle possédoit le gaulois. Ses livres favoris étoient *le roman de la Rose*, *Villon*, *Rabelais*, les *Amadis*, *Perceforêt* : enfin tous nos anciens faisoient ses délices.

Elle n'avoit point de principes. Lui vantant un jour la

---

(1) *Les personnes d'esprit sont-elles jamais laides ?* a dit Piron, dans *la Métromanie*, en faisant peut-être allusion à sa femme. (*H. B.*)

probité de Pelletier, elle parut surprise de ce que je louois là-dessus de bonne foi. *Quoi! me dit-elle, un homme qui a de l'esprit comme vous donne-t-il dans les préjugés du tien et du mien?* Ses mœurs étoient basses, et cela n'est point étonnant, ayant été toute sa vie femme de chambre de la marquise de Mimeure, qui n'est morte que depuis cinq ou six ans. (1)

Piron a vécu au moins vingt ans avec elle auparavant de l'épouser; ils s'étoient donné réciproquement tous leurs biens, par leur contrat de mariage; ce qui consiste, pour ceux que madame Piron laisse, en 750 livres de rente au principal, au denier quarante de 30,000 livres qui appartiennent actuellement à Piron, au moyen de cette donation; elle avoit outre cela environ 2,500 livres de rente viagère, qui sont perdues à sa mort. S'ils avoient pu avec sûreté se donner l'un à l'autre leurs biens sans se marier, ils n'en auroient jamais fait la cérémonie.

Puisque ce mois-ci il n'est question que de malheurs, plaçons vite ici l'histoire d'un mari impuissant.

[M. F**, receveur des tailles des guérets, n'est point dans l'ordre ordinaire des impuissants, supposé même qu'il soit impuissant, ce qui paroît encore douteux. C'est à son second mariage seulement qu'on s'est aperçu de son infirmité, et il a eu deux enfants du premier. Melle C*, fille d'un payeur des rentes, qu'il épousa en secondes noces l'année dernière, soutient aujourd'hui que ces enfants ne peuvent pas être à lui; et elle a été sur le point de demander la dissolution de son mariage, pour cause d'impuissance.

---

(1) Dans les *Œuvres inédites* de Piron (p. 107 à 122), nous avons tâché d'établir que Mlle de Bar était *lectrice*, dame de compagnie chez la marquise de Mimeure; mais nous n'osions nous flatter d'y être parvenu. Heureusement un critique a dissipé nos incertitudes dans un article sur Piron, où il dit : « M. Bonhomme n'a réussi tout au plus qu'à faire de « Mlle de Bar une *lectrice* de la marquise de Mimeure, au lieu d'une *femme* « *de chambre.* » C'est là tout ce que nous voulions, pour protester contre l'allégation malveillante de Collé. (*H. B.*)

Cela ne feroit-il pas une question curieuse à décider?

On voit que chacune des parties avoit des moyens qui embarrasseroient la sagacité des Juges, ou tout au moins qui l'exerceroient beaucoup.

Est-il impuissant? ne l'est-il pas? Cette infirmité vient-elle comme un coup de tonnerre? C'est un homme de trente-cinq à trente-six ans, qui n'est veuf que depuis deux ans, qui n'a été qu'un an et demi dans son premier ménage, et qui, pendant ce temps, soutient *mordicus* avoir fait deux enfants. Est-il impuissant? ne l'est-il pas?]

Autre malheur. La Noue, le comédien, a été mis en prison le 10 de ce mois; il n'en est sorti qu'aujourd'hui 27. Les gentilshommes de la chambre ont prétendu qu'il avoit tenu au sujet des petites loges abattues des propos indécents et même insolents. Les Comédiens, de La Noue surtout, soutiennent qu'il n'en est rien; qu'au contraire, ce qui a piqué le plus les Gentilshommes, c'est qu'il n'ait pas manqué au respect qu'il leur devoit, comme à ses supérieurs, et qu'il ne leur ait pas donné par là un véritable motif de punition; ils ajoutent que le mémoire que La Noue a fait pour prouver le droit qu'ont les Comédiens de faire dans leur salle les changements qui leur conviennent est dans des termes si mesurés, mais en même temps d'une si grande évidence, qu'il a dû mettre en fureur les gentilshommes et leur faire chercher un prétexte pour faire emprisonner ce pauvre diable, et ils n'en ont pu trouver un plus plausible que de supposer qu'il avoit mal parlé de leurs augustes personnes. Le motif secret de leur rage contre La Noue est, à ce qu'il m'a dit lui-même, celle qu'ils ont contre M. le Duc de la Vallière, qui a empiété sur leurs charges en se faisant donner la direction des spectacles des petits cabinets; ils sont furieux contre lui de ce tour-là. Le maréchal de Richelieu étoit à Gênes quand il le leur a joué. Ce dernier ne l'auroit pas souffert, et eut été soutenu du Roi, à ce qu'on prétend. Or, M. de la Vallière, comme je l'ai dit plus haut, avoit retenu une de ces petites loges, et La Noue s'imaginoit qu'il le protégeroit à cet égard, ainsi que madame de Pompadour ; mais l'un et l'autre l'ont abandonné, et l'ont laissé dix-sept jours au Fort-l'Évêque. Quant aux propos, ce comédien m'a juré n'en avoir tenu aucun, et je le crois sincère ; d'ailleurs, ce n'est pas une bête, et il auroit fallu l'être pour en avoir hasardé.

Autre malheur. M. le prévôt des marchands a été ce mois-ci rendre une visite intéressée à Rameau. La recette de l'Opéra, qui devient tous les jours plus foible, l'a obligé de faire cette démarche. Il lui a demandé les opéras nouveaux qu'il avoit faits. Rameau lui a répondu qu'il étoit prêt à les lui donner, mais à une condition : c'est qu'on lui accorderoit mille écus de pension sur l'Opéra. Il a représenté que MM. Campra et Destouches en avoient eu chacun une de deux mille écus, et qu'ils avoient été moins de ressource que lui à l'Opéra ; que cependant, vu l'état où étoit actuellement ce spectacle, il ne demandoit que la moitié de ce que ces messieurs avoient eu ; qu'à ce prix, et en lui payant ses opéras nouveaux à l'ordinaire, il donneroit tout-à-l'heure ce qu'on lui demandoit. Le prévôt des marchands, qui n'est que le commis de d'Argenson, a été trouver ce ministre, qui a refusé tout net. Rameau, de son côté, jure qu'ils n'auront rien qu'ils ne l'aient satisfait à cet égard. Il a été voir l'abbé de Bernis, et lui a dit, en lui présentant un papier : *Je ne sais point, monsieur, faire de mémoire bien raisonné, moi, mais voici un état, jour par jour, de ce que mes opéras ont produit ; voyez cet état, il monte à* 978,000 *livres, sur quoi je n'ai bénéficié que de* 22,000 *livres.* L'abbé de Bernis s'est chargé, s'il en trouvoit l'occasion, de montrer cet état à Mᵐᵉ de Pompadour. Elle ne fera rien pour Rameau ; elle n'aime guère sa musique, moins encore sa personne.

Il est pourtant bien honteux qu'on ne fasse rien pour

un si grand artiste, pas même la moitié de ce que l'on a fait pour des gens qui valoient la moitié moins que lui; cependant qu'est-ce qu'une pension pour un homme de soixante-six ou soixante-sept ans, et qui se meurt presque?

Quoiqu'on puisse espérer que ses ouvrages se trouveront à sa mort, et que peut-être on n'en perdra rien, quelle différence d'en avoir l'intelligence de Rameau lui-même pendant qu'il vit, et qu'ils soient joués et exécutés dans le goût qu'il les a faits? Cela crié vengeance !

Le 28 de ce mois, mon frère, entreposeur des tabacs à Marseille, arriva à Paris; il y avoit treize ans que je ne l'avois vu. C'est un fort honnête garçon, dont la probité a été éprouvée dans les premières années de sa jeunesse par les malheurs et la pauvreté : il a été trois ans soldat, et six ou sept ans commis aux Aides, sans avoir jamais fait une action douteuse ou basse, quoique ma mère l'eût abandonné et qu'il manquât de tout. J'estime plus cette force d'âme que de l'esprit.

Le 29, le Parlement enregistra l'Édit du Roi du mois de mai 1751, portant création de deux millions de rentes viagères, et de 900,000 livres de rentes foncières à trois pour cent, dont les capitaux seront remboursables à raison d'un million par an, à commencer en janvier 1753, et ce par forme de loterie.

Après beaucoup de remontrances, le parlement s'est cru obligé de faire cet arrangement; mais ce qui n'a pas encore été pratiqué, ils ont fait imprimer tout au long les conditions contenues dans leur arrêté, et sous lesquelles ils faisoient leur enregistrement.

Ils eussent encore mieux fait de ne pas le faire, et de laisser tenir le lit de justice ou d'injustice, comme on voudra dire. Il est vrai que cet enregistrement n'a passé que de trois voix.

On a pourtant regardé, dans ce temps de despotisme, l'opposition qu'ils ont marquée à la volonté du Roi comme une belle défense, pour avoir tenu quatre ou cinq jours, et avoir clabaudé inutilement. Mais ce qu'on estime comme un trait de Romains, c'est d'avoir fait mettre au pied de l'édit ce qui suit:

« REGISTRÉ du très-exprès commandement du Roi,
» contenu en ses réponses aux remontrances, et itératives
» remontrances de la cour, des 21 et 26 mai 1751, et réi-
» téré le jour d'hier aux députés de la cour vers ledit
» seigneur Roi, et encore le même jour à M. le premier
» président, pour être exécuté, etc. Et sera ledit sei-
» gneur Roi très-humblement supplié *dès ce jour, et en*
» *toutes occasions*, de vouloir bien accorder à ses sujets
» un terme préfix pour la suppression du vingtième
» qu'il a annoncé, par son édit du mois de mai 1749,
» ne devoir avoir lieu que pendant les premières an-
» nées de la paix, et d'ordonner tant qu'il aura cours,
» que l'article 19 de son édit soit exécuté; et en consé-
» quence, *que le produit de cet impôt rigoureux ne puisse*
» *servir au payement des dépenses courantes; mais qu'il*
» *soit uniquement employé au remboursement des dettes*
» *de l'État, indiquées par ledit Edit, suivant l'Arrêt de*
» *ce jour*. A Paris, en Parlement, ce 29 mai 1751. »

Le 31, Mlle Guéant, qui débuta le 25 septembre 1749, et dont j'ai parlé à cette époque-là, a débuté de nouveau dans le rôle d'amoureuse de *Mélanide* et du *Galant jardinier*. Elle est toujours la même; peut-être sera-t-elle reçue, vu le besoin que les Comédiens ont d'une actrice qui fasse les rôles de seconde amoureuse; si cela arrive, ce sera encore un malheur de ce mois-ci. M. de Voyer, fils de M. d'Argenson, le ministre de la guerre, l'entretenoit, et l'a quittée. C'est ce qui avoit interrompu et ce qui lui avoit fait reprendre son début.

JUIN 1751.

M. de Voltaire vient d'envoyer à Mme Denis, sa nièce, sa tragédie de *Rome Sauvée*. On espère qu'elle sera jouée incessamment.

Le 7 de ce mois, Pelletier est arrivé à Paris, où il a trouvé son ami Denis, chirurgien anglais, qu'il n'avoit vu depuis dix-sept ans. Ce dernier est venu ici avec Garrick, le plus célèbre comédien d'Angleterre, et Directeur de la Comédie de Londres. Denis, qui a vu jouer Baron, pendant huit ou neuf ans qu'il étudioit en chirurgie à Paris, trouve que Garrick est bien au-dessus de ce fameux acteur. Il peut y avoir et il y a sûrement un peu de prévention pour son Angleterre dans ce jugement; mais cette prévention même prouve que du moins Garrick n'est pas un homme médiocre.

A propos d'Anglais, on me disoit ces jours-ci un mot galant, et plein de sentiment en même-temps, de Milord Albermale, actuellement ambassadeur d'Angleterre en France (1).

Il étoit à se promener au clair de la lune avec Mlle Lolotte, sa maîtresse, qui est, à ce que l'on assure, une des plus spirituelles créatures qui soient dans le monde. Ce que je sais bien pour l'avoir vue, c'est qu'elle est jolie et belle en même temps; quant à de l'esprit, on en donne bien libéralement, comme on sait, à des anges femelles. Quoi qu'il en soit, Mlle Lolotte, en regardant une étoile, s'extasioit en en louant la beauté, qu'elle ne cessoit d'exagérer. *Hélas! ma chère amie,* lui dit tendrement Milord Albermale, *cesse de louer cette étoile, tu me mets au désespoir; je ne puis te la donner.*

---

(1) Marmontel a donné des détails intéressants sur Milord Albermale et son amante. Voyez ses *Mémoires*, t. I, p. 342-347. (*Note de Barbier.*)

Il m'est tombé entre les mains un manuscrit où j'ai trouvé plusieurs épigrammes de Ferrand, (1) et de quelques autres auteurs peu connus : il y en a plusieurs assez bonnes et qui ne sont point imprimées, que je sache : j'en jetterai quelques-unes dans ce Journal.

En voici toujours une pour commencer : elle est faite contre un pédant; l'on trouve tous les jours des copies de l'original sur qui cette épigramme a été faite :

> Qui ne connoît Hortensius
> Dans ce huitain va le connoitre ;
> C'est l'élève d'Onuphrius,
> Qui passe de beaucoup son maître.
> Il sait plus de latin qu'un Prêtre ;
> Il lit, il critique, il écrit,
> Il juge, il enseigne, et peut-être
> Il a de tout, hors de l'esprit.

Le mardi 8 du courant, on a remis à l'Opéra *les Indes galantes*. Rameau ne le vouloit pas; il prétendoit modestement qu'il n'y avoit pas assez longtemps qu'on les avoit jouées. Ce ballet avoit été repris, je crois, en 1743.

On demandoit ces jours-ci à Capron, l'arracheur de dents, qui est le plus grand fat qui soit sous le ciel, et la plus lourde bête, à quoi il s'occupoit dans ses moments de loisir ? *A composer des pensées de la Rochefoucauld*, répondit-il froidement, *cela m'amuse, cela me délasse de mon travail.*

J'ai fait une remarque peut-être assez commune sur les gens à talents, et surtout sur ceux dont les talents ne ressortissent pas à l'esprit; ils en veulent toujours avoir, et le cherchent continuellement. Ils sont, à cet égard, d'une vanité et d'une présomption que ni eux ni les autres ne soutiennent ; et ce qu'il y a de singulier, c'est qu'ils mettent

---

(1) Ferrand (Ant.), conseiller à la cour des aides de Paris, où il était né. Mort en 1719, à quarante-deux ans. Fut le rival de J.-B. Rousseau dans l'épigramme, et fit des chansons aimables et galantes, dont il a laissé un recueil, in-8°. (*H. B.*)

rarement leur amour-propre à être loués sur les talents où ils excellent; ce n'est presque jamais par-là qu'ils veulent briller, et ce n'est jamais de cela dont ils parlent. Un arracheur de dents, un violon célèbre, un danseur fameux, un chanteur excellent, auront la rage de se faire admirer du côté de l'esprit, de discourir de politique, de poésie, de médailles, de chevaux, de théologie, etc.; ils lâcheront mille absurdités sur ces choses, où ils n'ont nulle connoissance acquise; et ils ne voudront être loués que par ces endroits-là, ou par celui d'hommes universels, qui est cependant l'éloge qui ordinairement les flatte le plus, et qu'ils trouvent tout simple de mériter.

En cela les gens à talents ressemblent assez aux filles publiques, qui ignorent tout, ne doutent de rien, et parlent de tout.

Je me souviens qu'en un souper avec Monticourt et quelques autres de mes amis je passois pour un Anglais; je demandai à une fille publique: *De qui est cette chanson que tu chantes? — Elle est de Collé, milord. — Qu'est ce Collé?* repris-je? *N'est-ce pas celui qui a fait les Contes de la Fontaine? — Oui, milord,* me répondit-elle, *c'est lui-même précisément.*

A propos de filles publiques, parlons des femmes galantes, il n'y a que la main; cela nous mènera à l'histoire qui vient d'arriver ces jours-ci à la vieille présidente Bernières.

Tout Paris connoît ses goûts: elle aime la table, le jeu; mais n'a jamais aimé les femmes, au contraire.

Ce dernier fait posé, on dit qu'elle louoit ou donnoit à un jeune officier Suisse, peu accommodé des biens de la fortune, un appartement chez elle, cependant en tout bien et en tout honneur, ainsi qu'on le verra par la suite de cette histoire, à laquelle cette circonstance incroyable est essentiellement nécessaire.

Des amis de cet officier, sans le consulter et prendre en rien son avis, crurent que pour accommoder ses affaires ils devoient tâcher de le marier à la présidente, à laquelle ils en firent la proposition.

Après quelques minauderies, la Bernières y tope, et trouva qu'effectivement cela seroit assez plaisant; elle attendit très-patiemment deux jours que le Suisse lui en fît la première ouverture; lui, qui n'y songeoit pas, n'en fit rien, et j'en suis médiocrement surpris; lasse enfin de la modestie de son prétendu, et fatiguée de deux jours de décence, elle le prie à dîner tête-à-tête; il dîne, mais il ne parle point. Après le café, la présidente est forcée d'ouvrir la conversation et de lui faire sa déclaration. Le Suisse, confondu et préférant son peu de fortune au mariage terrible qu'elle lui propose, imagine dans le moment, pour se tirer de ce pas, le moyen que voici :

Madame, dit-il, *je ne demanderois pas mieux que d'accepter l'honneur que vous me faites, mais je serois un malhonnête homme si je ne vous avouois pas mon état... Mon Dieu*, interrompit-elle, *monsieur, je sais bien que vous n'êtes pas riche; mais je la suis encore, et je vous donnerai tout mon bien par mon contrat de mariage... Hélas! madame, ce n'est pas cela*, interrompit à son tour d'un air honteux et hypocrite l'officier, *mon état est déplorable; je suis nul, madame, je ne suis point homme; tranchons le mot, je suis impuissant. — Ah, dieux! que dites-vous là?* dit la présidente, *cela n'est pas possible? Avez-vous consulté quelqu'un? — Oui, madame*, reprit-il, *j'ai vu Morand... — Eh, mais... voyez-le encore*, dit-elle vivement, *voyez-le encore, monsieur... — Ah! madame*, continua-t-il d'un air hypocrite, *c'est une chose inutile... Eh, mais! en ce cas-là, monsieur..... Mais, madame*, reprit-il avec quelque chaleur (la scène commençant à l'amuser), *je viens de vous parler en galant homme, si mon malheur ne vous arrêtoit pas à présent, et que vous fussiez contente d'un cœur reconnoissant et de sentiments...— Oui, monsieur*, répondit-elle, *mais voyez quelque autre que Morand... Voyez...*

voyez...si...; car d'un autre côté, la religion... Et elle changea de conversation.

Depuis ce jour-là il n'a plus été question du mariage; mais elle va disant partout que cet officier est un bien honnête homme, et qu'elle en a des preuves bien singulières; elle conte même le fait à l'oreille de quelques bonnes amies. Le Suisse, qui n'est rien moins qu'impuissant, comme on se l'imagine bien, conte aussi, de son côté, cette histoire à qui la veut entendre; elle est très-véritable. Saurin, qui me l'a dite, la tient de cet officier, qui la lui a contée.

Le lundi 21 du courant je fus à la Comédie-Italienne voir un nouvel arlequin qui y jouoit depuis plusieurs jours. C'est un coquin assez léger, un saltimbanque, une espèce de danseur de corde, un bateleur, un froid comédien; comme il n'est ici qu'en passant, les Italiens n'auroient pas eu la maladresse de le laisser monter sur leur théâtre, s'il eût été meilleur ou même eût pu balancer Carlin, leur arlequin actuel. Ce dernier, qui est depuis quelques années en possession de ce rôle, ne s'en tire point mal, quoiqu'il soit souvent lourd dans l'action, et toujours bête dans le propos, quoi qu'en disent les partisans de ce mauvais spectacle. Thomassin, son prédécesseur, étoit au moins aussi bête que Carlin, et même, si l'on veut, l'étoit davantage; mais il réparoit ce défaut par un feu continuel dans l'action et des grâces inimitables. Ce comédien avoit même une partie singulière dans un arlequin, je veux dire le pathétique; il touchoit jusqu'aux larmes dans de certaines pièces, telles que *la Double Inconstance, Timon, l'Ile des esclaves*, et autres; ce qui m'a toujours paru un prodige sous le masque d'arlequin.

Le 22 je fus dîner chez Helvétius (1), qui m'apprit

---

(1) Helvétius (Cl.-Ad.), fils du premier médecin de la Reine; Paris, 1715-1771. Ses *Œuvres complètes* forment 14 vol. in-18; Paris, 1796. Se distingua, ainsi que sa femme, par de nombreux actes de bienfaisance, ce qui

qu'il avoit remercié de sa place de fermier général. Bouret d'Érigny lui a succédé.

Cet acte de modération a étonné bien des gens, mais surtout les financiers, qui ne conçoivent pas comment un homme peut se borner. Aussi le contrôleur général a-t-il dit à Helvétius : *Vous n'êtes donc point insatiable comme les autres?* Depuis six mois il sollicitoit sa retraite des fermes avec autant d'ardeur qu'un autre en emploie à s'en procurer l'entrée. M. de Machault, qui vouloit, à ce qu'on m'a assuré, faire un arrangement pour disposer de sa place en faveur de quelqu'une de ses créatures, et esquiver *les bons* du Roi et les promesses de la Marquise, n'a pu l'engager à différer davantage, quoiqu'il l'ait longtemps fatigué par des délais; ce ministre auroit souhaité qu'Helvétius attendît la mort de quelqu'un de ses confrères pour donner sa démission. On dit même qu'il a fait proposer au commencement de cette année, à M. le chevalier de Montigny, de quitter; mais ce Romain, qui se meurt, a répondu, avec la dernière noblesse, qu'il vouloit mourir dans sa place.

La démission d'Helvétius a d'autant plus surpris le gros du monde, qu'on assure qu'il va se marier, et qu'il n'attendoit que sa retraite des fermes pour épouser Melle de Ligneville.

C'est une fille de très-grande qualité, de Lorraine; sa sœur aînée vient d'épouser ces jours-ci M. de la Garde, fils du fermier général, auquel on a donné, sous cette condition, la place de son père. En sorte que si le mariage d'Helvétius se fait avec cette demoiselle, celui-ci aura voulu n'être plus fermier général pour se marier; et celui-là n'aura épousé sa sœur que pour avoir cette place.

Le mercredi 30 juin je dînai chez M. de Brou, avec

---

semble contraster avec sa doctrine, qui reposait sur le sensualisme le plus absolu. Selon lui, tout est organisme dans l'homme, tout est égoïsme dans l'ordre moral, etc. (*H. B.*)

M. de Fontenelle, qui est actuellement dans sa quatre-vingt-dix-septième année ; je note cela comme un fait rare. Cet homme illustre jouit d'une parfaite santé, et dîne encore tous les jours en ville ; il a toute sa tête ; il badina même ce jour-là M. Daye, ancien gouverneur de M. de Brou, qui lui disoit une espèce de fadeur ; il prétendoit qu'il préféreroit le tête-à-tête de M. de Fontenelle à un rendez-vous que lui donneroit la plus jolie femme de Paris. *Vous êtes trop jeune pour ce propos-là*, lui répondit M. de Fontenelle ; *il faut que vous soyez d'ailleurs dans un état bien déplorable ; je vous plains bien, monsieur !*

Ce vieillard admirable n'a d'autre infirmité de la vieillesse que la surdité, qui est à la vérité extrême.

JUILLET 1751.

M. le chevalier de Valory m'a donné ces jours-ci l'extrait d'une lettre du roi de Prusse à Voltaire, qu'il a tirée de deux volumes in-4° de ses OEuvres, dont Voltaire a fait présent à M. le marquis de Valory, son frère ; il n'y a jamais eu que six exemplaires de cette édition ; le voici.

Extrait d'une lettre du roi de Prusse à Voltaire :

« Comme vous n'avez pu réussir à m'attirer dans la
» secte de La Chaussée, personne n'en viendra à bout.
» J'avoue cependant que vous avez fait de *Nanine* tout
» ce qu'on en pouvoit espérer ; ce genre ne m'a jamais
» plu. Je conçois bien qu'il y a beaucoup d'auditeurs
» qui aiment mieux entendre des douceurs à la comédie
» que d'y voir jouer leurs défauts, et qui sont intéressés

» à préférer un dialogue insipide à cette plaisanterie
» fine qui attaque les mœurs. Rien n'est plus désolant
» que de ne pouvoir pas être impunément ridicule. Ce
» principe posé, il faut renoncer à l'art charmant des
» Térence, des Plaute et des Molière, et ne se servir du
» théâtre que comme d'un bureau général de fadeurs où
» le public peut apprendre à dire *je vous aime* de cent
» façons différentes. Mon zèle pour la bonne comédie
» va si loin, que j'aimerois mieux y être joué que de
» donner mon suffrage à ce monstre bâtard et flasque
» que le mauvais goût de ce siècle a mis au monde. »

Dans le temps même que l'on m'a donné cet extrait, j'étois après et suis encore actuellement occupé à composer une ode contre le genre larmoyant, dont le roi de Prusse parle. En voici deux strophes :

> Quel est ce poëme fantasque
> Dont le mélange maladroit
> Tient du tragique le plus flasque
> Et du comique le plus froid ?
> C'est toi, bâtarde comédie,
> Avorton de la tragédie,
> Qu'on voit triompher aujourd'hui.
> Toi, dont le larmoyant comique
> N'a pris de la muse tragique
> Que le ton pleureur et l'ennui.
>
> Ni la chaleur, ni l'élégance,
> Ni les mœurs, ni les passions
> Ne rachètent l'extravagance
> De leurs folles créations.
> Un nom caché dans la naissance,
> Quelque froide reconnoissance,
> Voilà leur éternel refrain.
> De cette comédie étrange
> Les plans semblent faits par Lagrange,
> Les vers par l'abbé Pellegrin.

J'ai bien ce genre-là en horreur, ou plutôt je le méprise furieusement.

Je dînai hier, 12 du courant, avec Garrick, ce comédien anglais; il nous joua une scène d'une tragédie de Shakespeare, dans laquelle nous aperçûmes facilement que ce n'est point à tort que cet homme jouit d'une aussi grande réputation. Il nous esquissa la scène où Macbeth croit voir un poignard en l'air qui le conduit à la chambre où il doit assassiner le roi. Il nous inspira la terreur; il n'est pas possible de mieux peindre une situation, de la rendre avec plus de chaleur, et de se posséder en même temps davantage. Son visage exprime toutes les passions successivement, sans faire aucune grimace, quoique cette scène soit pleine de mouvements terribles et tumultueux. Ce qu'il nous joua étoit une espèce de pantomime tragique, et par ce seul morceau je ne craindrois point d'assurer que ce comédien est excellent dans son art; il a trouvé tous les nôtres mauvais, du plus au moins, et nous avons à cet égard fait *chorus* avec lui.

Gallet, épicier et chansonnier, fait banqueroute; il y a quinze ans que je ne le vois plus, à cause de ses mœurs et de sa crapule. Quoiqu'il ait fait des couplets et des parodies fort jolis, c'étoit cependant un homme d'un commerce grossier et désagréable, et qui n'a jamais eu d'agrément ni d'esprit dans la conversation; ajoutez à cela de la bassesse et de la friponnerie, c'est trop de moitié.

Ce qui nous détermina, il y a quinze ou seize ans, à ne plus vouloir le recevoir dans notre société, ce fut une partie de campagne que nous fîmes avec lui; il se chargea de la dépense, et ne se contenta pas de gagner son écot, il fut prouvé qu'il avoit encore eu quelque argent de reste, en mettant au plus fort la dépense que nous avions faite. Peu de temps après nous découvrîmes qu'il prêtoit sur gages. C'est pourtant mon maître en chansons, c'est sous lui que j'ai appris à en faire; il est exact et assez bon grammairien; mais cela ne suffit pas pour éviter d'être pendu (1).

---

(1) Voyez les *Mémoires de Marmontel*, tome 2, page 97 et 98. (*Note de Bar-*

[Le Jeudi 15 du courant notre maison de la rue du Four, qui étoit restée en commun dans notre partage, fut par nous vendue au sieur Barbier. Cette vente paye toutes nos dettes et met presque la dernière main à l'arrangement des affaires de ma famille, qui étoient dans un très-grand désordre il y a quatre ou cinq ans.]

Duclos nous fit hier un conte, qu'il assura pourtant très-sérieusement être une histoire véritable.

Il disoit qu'un homme (de beaucoup d'esprit apparemment), qui toute sa vie avoit eu une dévotion particulière pour la Sainte-Vierge, s'étoit fait enterrer sous le seuil d'une église qui lui étoit dédiée, avec cette épitaphe :

» Ni dedans, par respect,
» Ni dehors, par amour. »

Le lundi 26 du courant débuta la demoiselle Hus dans *Zaïre*. C'est la fille d'une comédienne de campagne ; elle me séduisit dans ce rôle, et j'ai vu plusieurs connoisseurs de mon avis, je veux dire, qui lui trouvèrent du talent. Outre une figure très-agréable, d'assez beaux gestes, une habitude de corps assez noble, et les passions qui se peignent sur son visage, elle a encore quelques autres talents pour le théâtre ; mais il faudroit qu'ils fussent cultivés avec le plus grand soin, pour arriver à être une bonne actrice. Elle a joué depuis, dans *Gustave* et dans *Iphigénie*, d'une façon fort inférieure à celle dont elle s'est tirée du rôle de Zaïre, et fort au-dessous du médiocre. Sa voix ne m'a point paru mauvaise, mais elle n'est pas forte ; comme elle est jeune, elle peut très-bien devenir plus belle et acquérir plus de corps : sa prononciation n'est pas bien nette, c'est un défaut, je crois, qu'elle pourroit venir à bout de corriger avec de l'atten-

---

bier.) Voyez aussi la *Correspondance inédite* de Collé, note de la page 362, où nous avons résumé les traits principaux de la vie de Gallet. (*H. B.*)

tion, mais il en faudroit beaucoup. Son intelligence n'est pas supérieure, à beaucoup près, et sa déclamation dégénère souvent en un chant qui est insoutenable. Elle tient, je pense, ce vice de Clairon, dont elle est l'élève, plutôt que de la nature et d'elle-même. Elle imite les tons de cette comédienne d'une façon un peu trop moutonnière; elle les quitte quelquefois, mais rarement, lorsqu'elle est dans la vivacité d'une situation, et c'est alors qu'on ne désespère pas d'elle totalement : c'est dans ce dernier cas qu'on peut lui soupçonner, qu'on aperçoit quelque talent dans cette petite créature; mais il ne faut pas, je pense, se presser de lui en croire, encore moins exagérer ce qu'elle en montre ; d'autant plus que pour qu'elle profitât de ses avantages il seroit indispensable qu'elle travaillât beaucoup et longtemps. Eh, comment s'en flatter! elle a seize ans, elle est jolie : où est l'espérance qu'elle travaillera à se perfectionner pour le théâtre? Elle a des choses bien plus plaisantes, plus agréables et moins difficiles que celles-là à faire, et auxquelles je ne doute pas qu'elle ne se livre pleinement (1).

Le même jour les Comédiens Italiens donnèrent la première représentation des *Indes dansantes*, parodie en vaudevilles des *Indes galantes*, du sieur Favart. Excepté deux ou trois couplets au plus, qui m'ont paru assez plaisans, cette parodie est aussi triste et aussi mauvaise que celle de *Thétis et Pélée*; c'est une misère sans aucun fond et très-peu de détails; cette vilainie réussit pourtant. Je n'en sais point d'autre raison que le mauvais goût du siècle, raison qu'il faudroit répéter à chaque nouveauté qui a quelque succès.

[Le 31 j'eus le bon du contrôleur général pour un entrepôt de tabacs à Saint-Junien, élection de Limoges,

---

(1) Elle avait pour amant Bertin, trésorier des parties casuelles. Du reste, Mlle Hus fut reçue en 1753, à son second début. *Lemazurier*, II, p. 251. Les *Mémoires secrets*, janvier 1762, renferment des détails piquants sur cette comédienne, qui avait un mobilier évalué à plus de 500,000 livres. (*H. B.*)

pour mon frère Vigny. J'ai eu plus de peine à obtenir le consentement de ce dernier qu'à avoir l'agrément du ministre. Je n'entrerai à ce sujet dans aucun détail. Je voudrois pouvoir me cacher à moi-même et oublier l'ingratitude dont mon frère me paye de tout ce que j'ai fait pour lui depuis dix à douze ans.]

AOUT 1731.

Comme ce mois-ci ne me fournit aucun événement, du moins de nature à être mis dans ce Journal, je profiterai du vide qu'il me laisse, pour transcrire ici les *Philippiques* que j'ai trouvées dans le manuscrit dont j'ai parlé dans les mois derniers.

C'est une pièce qui jamais, je crois, n'a été imprimée, et qui ne le sera sans doute encore de longtemps (1).

Indépendamment de la méchanceté, de la noirceur et des calomnies dont elle est remplie (choses que je méprise autant au moins que je les déteste), je n'en fais pas, du côté du talent ou de la poésie, autant de cas qu'on en fait communément. Malgré ce que j'en dis là, c'est pourtant un morceau curieux et qu'il est toujours bon d'avoir.

Il faut convenir qu'il y a de grandes beautés dans ces odes, de la chaleur, de l'harmonie et de la mécanique du vers; mais il y a des longueurs et des redites continuelles; douze strophes auroient dit tout ce qui est contenu dans ces cinq odes. On y trouve aussi bien des choses obscures et quelquefois prosaïques.

---

(1) Cette Pièce a été imprimée depuis et rendue publique. Voyez la jolie édition de Paris, 1795, in-12, avec des notes historiques, critiques et littéraires. (*Note de Barbier.*) Voyez aussi la nouvelle édition des *Philippiques*, publiée par M. de Lescure Paris, 1859; Poulet-Malassis, 1 vol. in-18. (*H. B.*)

Le principal mérite de cette œuvre d'iniquité a été le vaudeville que cela fit composer dans le temps, et sa méchanceté.

Le genre de poésie le plus facile peut-être est celui de la satire outrée, telle qu'est cette pièce, dans laquelle il n'y a nulle invention de fond. Quoi de plus aisé que de rimer des invectives et des calomnies? La malignité des hommes est toujours prête à trouver bon ce qui est mordant; la plupart même de ceux qui n'adoptent pas la calomnie ne sont point fâchés de la voir employée. Cette pièce affreuse en est remplie; l'accusation de poison, qui est la principale, est de la dernière fausseté; cela doit faire juger des autres. Aucun prince n'a été plus éloigné de ce crime que le Régent; la vie de Louis XV en est une preuve vivante. S'il eût voulu faire périr le Roi, qui l'en eût empêché? S'il eût empoisonné les autres princes, eût-il épargné ce dernier, qui seul lui livroit le fruit de ses crimes? Si l'on veut qu'il soit coupable de la mort des autres princes, il faut vouloir qu'il fut un sot de n'avoir pas consommé, par celle du Roi, des crimes qui le couronnoient. Le Régent n'étoit pas un sot, c'est ce qu'on ne supposera jamais.

Le 16 août, fête du bienheureux saint Roch, Mme de Meulan accoucha d'une fille; elle désiroit, ainsi que M. de Meulan, d'en avoir une; ils ont trois garçons, et n'ont que cette fille-là. Ils méritent bien l'un et l'autre d'avoir tout ce qu'ils désirent; ce sont d'honnêtes gens, des gens vertueux, bons pères, bons parents, bons amis, qui remplissent avec générosité et sentiment tous les devoirs de la société. Je leur dois le principe de mon *bien-être* ; je les estime et je les aime, et je saisis avec plaisir l'occasion de parler d'eux et de l'amitié que je leur ai vouée, et qui n'a fait qu'augmenter depuis près de treize ans que j'ai le bonheur de vivre avec eux (1).

---

(1) Mlle Pauline de Meulan, qui sous le premier empire et la restaura-

Le 24 du courant on exécuta à Berny une petite fête que j'avois arrangée pour la Saint-Louis, fête du comte de Clermont. C'étoit un rien, et même je puis dire sans offenser l'auteur (c'est moi-même) que cela étoit mauvais en soi, et n'a tiré son peu de valeur que de l'exécution, à l'exception cependant du compliment fait au prince, que je n'ai pas trouvé mal et que je transcrirai ici.

Disons auparavant deux mots qui donnent l'idée de cette bagatelle.

La dame du château de Tourvoye (1), coiffée et habillée à l'antique, avec un page qui lui portoit la queue, suivie des habitants de son village, du magister, du bedeau, du bailli, etc., présentoit un bouquet énorme au prince, et amenoit la fête.

Le chevalier de Montazet, qui faisoit la dame du château, à la place de mademoiselle Le Duc, qui devoit jouer ce rôle, chantoit un air parodié, avec lequel il annonçoit à son Altesse les hommages qu'elle et son village venoient lui rendre. Le bailli s'avançoit ensuite par son ordre, et faisoit le compliment qui terminera cet article. Venoit après un paysan ivre, qui avoit une bouteille et un verre à la main : le rustre buvoit à la santé du prince, et achevoit de s'enivrer, en réjouissance de la fête. C'était un valet de chambre de Monseigneur, un nommé Moreau, très-habile à contrefaire l'ivrogne, qui jouoit ce rôle, et qui chantoit une ronde. Pendant le refrain que chantoient tous les paysans, il avoit le temps

---

tion, s'est fait une réputation justement méritée dans les lettres, descendait de cette famille. Elle épousa M. Guizot, et mourut quelques années après son mariage. (*H.-B.*)

(1) Tourvoye est un petit castel situé précisément au bout du parc de Berny; mademoiselle Le Duc, maîtresse du comte de Clermont, l'a acheté, je crois, 70,000 livres ou environ, l'a bien fait accommoder et bien meubler ; c'est un bien qui rapporte à peu près 2,400 livres ou 1,000 écus. (*Note de Collé.*)

de boire deux coups à chaque couplet, ce qui lui prêtoit un jeu infini, pour contrefaire par gradation l'homme qui s'enivre, et il l'exécuta dans la grande perfection.

Enfin, après quelques autres vilenies et après avoir fait danser aux paysans une chanson en rond à la louange du prince, la dame du château lui dit encore, sur différents airs parodiés, qu'elle avoit à sa suite une troupe de comédiens qui avoient passé quelque temps à sa terre, et qui alloient donner à son Altesse, si elle vouloit le permettre, une pièce nouvelle, intitulée : *Gilles, chirurgien anglais*. C'est la même parade qui me servit l'année passée à la fête d'Étioles. L'on conduisit alors le prince dans un endroit illuminé du jardin, où l'on avoit dressé un véritable théâtre de parade.

Cette petite fête, qui au fond n'est qu'une misère, eut un succès singulier; cependant, comme je l'ai dit et comme je le pense naïvement, cela ne vaut rien en soi, excepté la harangue du bailli; et peut-être encore me trompé-je aussi à cet égard, et ne vaut-elle rien non plus. La voici, jugez-en :

« Monsigneur,

« Je venons, au nom du village, vous remontrer un
» compliment dessus vot' fête, pisque c'est au jour
» d'aujord'hui la Saint-Louis, bon jour, bonne œuvre.

» Je sons retapé, monsigneur, et c'est pour ça que
» dans ce hamiau ils m'ont dépité à vot' grandeur. Ils
» ont bian veu que le reste étoient des bêtes, qui ne
» sçavient parler ni plus ni moins que des Arabes.

» Pour moi, quant à ce qui est du discours, j'avons
» la langue bien pendue; aussi ons-je été toute not' vie
» dans les charges! Dieu marcy, me v'là à présent bailly,
» et j'ons été sans reproche paravant marguillier, bedeau, carillonneur, magister, messier, j'ons été guieu
» et guiable. Dame, ça forme ben un créquien, tous ces
» grades-là!

» N'avons-je pas été itout soldat dans Enguein? sa-
» creguié, n'esquiasmes-nous pas à Raucoux, quand je
» vismes notre Altesse charger à la tête de la brigade de
» Bourbon!

» J'aviesmes peur que vous n'attrappissiez queuqe bon
» chinfergniau, qui eût été pour vous, dea; et guieu
» me pardonne, il gni avoit qu'vous, qui n'avient pas
» c'te crainte-là; et si on vous eût mouché là, dites!
» Tous les grivois en avient la venette; car vous êtes
» aimé, vous! Et morgnienne, vous, monsigneur, vous
» équiez-là d'un beau sang-froid, pas vrai? et tandis
» que je tremblions tous pour vous; ça me transit en-
» core, moi.

» Vous êtes, ce m'est avis, comme stila qu'on appel-
» loit ce disoit not' curé, qu'on appeloit...... ce disoit-
» il....... qu'on appeloit....... le grand Condé. C'étoit
» un de vos parents, n'est-ce pas? Et n'étoit-il pas qu'euqe
» chose à vot' grand-père? Non, je crois plutôt que c'é-
» toit vot' parrain; eh bian! en ce cas-là, la Saint-Louis,
» ce seroit aujourd'hui sa fête. C'est la vôtre par con-
» séquent; aussi bien, monsigneur, nous vous la souhai-
» tons à tous les deux; ça fait d'une piarre deux coups.
» Igna pas de mal à ça, pisque les deux font la paire.
» Eh bien! v'la tout, monsigneur. »

Le 30 mourut madame l'Escarmotier, mère de la belle madame Caze, une de mes plus anciennes connoissances; elle a été emportée en deux jours d'un *cholera morbus*. C'étoit une femme qui avoit de bonnes qualités, entre autres celle de donner le tiers de son revenu pour soutenir sa famille; mais son humeur la rendoit insoutenable dans le commerce : c'est sur elle que je fis, en 1746, les vers que je vais insérer ici, et qui coururent beaucoup dans ce temps-là, par sa faute seulement. Ce qui n'étoit qu'une plaisanterie de société devint pour elle une chose désagréable, par l'imprudence qu'elle eut d'en laisser prendre copie.

Elle m'avoit défié, sur ce que j'avois écrit de la campagne une méchante lettre en vers à madame Chatelain, et elle s'étoit plainte de ce que je n'avois jamais fait de vers pour elle. Je lui répondis, en badinant, que sur un pareil sujet je ne pourrois en composer que de satiriques (nous étions ensemble sur ce ton-là); elle me dit à cela qu'elle acceptoit le pari, et qu'elle m'en faisoit le défi. Je lui envoyai les vers en question que je commençai par refuser à madame de Meulan, qui en vouloit à toute force avoir une copie. Madame l'Escarmotier en laissa prendre elle-même, parce que sa fille y étoit louée, et son ridicule amour-propre l'aveugla sur tout le reste.

Je puis dire, avec vérité, que la distribution de ces vers me fâcha plus qu'elle, parce que quelque chose que je disse pour me laver du reproche de méchanceté, je fus blâmé de les avoir donnés et de les avoir faits. Quant au premier article, quoique innocent, comment prouver mon innocence? Quant au second, j'étois en droit, ne donnant ces vers qu'à elle, de lui rimer les choses que je lui disois tous les jours, et d'une façon beaucoup plus forte et plus vive. C'étoit un ton de plaisanterie établi entre nous, mais qui pouvoit être accusé de malignité dès qu'on le rendoit public.

La lettre qui accompagnoit ces vers, ou plutôt où ils étoient insérés, prouvera mieux que je ne puis dire que mon dessein étoit qu'il n'y eût qu'elle et moi au monde qui les eussions; et en donnant copie des vers elle eut encore la maladresse de ne pas y faire joindre la prose, qui eût fait voir que ce n'étoit qu'une badinerie, et qui eût détourné de moi le soupçon de malignité.

Ce n'est qu'à cause de cette lettre, qui fait ma justification dans cette affaire, que j'insère ici ces vers faits sur elle; et d'autres que je lui fis au jour de l'an suivant, en lui donnant ses étrennes, où je la tance de l'imprudence qu'elle a eue de donner les premiers.

Voici donc cette lettre et ces vers :

A Étioles, le 24 juillet 1746.

« Vous m'en avez défié, Mourette, ma bellette, ma
» bellasse; vous avez cru peut-être que je ne saurois
» pas faire de satires; vous allez être détrompée, source
» de mes délices; vous m'avez prié de vous écrire en vers,
» sans doute pour vous moquer de moi, volupté de mes
» jours! Eh bien! je vous en ai fait des vers; vous en
» allez lire, *mais ils sont si mordants que vous n'oserez
» les montrer, et je l'ai fait exprès*, et je vous promets,
» moi, de ne les point faire voir, de ne les point faire
» imprimer, même dans le *Mercure*, quoiqu'ils ne vail-
» lent rien.

» Au reste, puisse leur sainte lecture vous conduire à
» résipiscence! Ce n'est point la mort; c'est la conver-
» sion du pécheur que je désire. Si ces premiers vers-
» ci vous profitent, je ne vous en laisserai point man-
» quer, c'est à vous à me rendre en prose le service
» que je vous rends en vers; je m'attends que la pre-
» mière fois que j'aurai l'honneur de vous voir, vous
» me parlerez avec franchise sur tous mes défauts que
» je vous souhaite. Au nom du Père et du Fils et du Saint
» Esprit. »

Voici mes vers :

SATIRE PREMIÈRE (1).

« Ma petite muse ratière,
» Je vous livre un sujet ratier,
» C'est la bonne l'Escarmotier
» Que je vous donne tout entière.
» Son humeur, son jeu, son psautier,
» Et ses rats feroient la matière
» D'un long poëme tout entier.

---

(1) Ces vers sur deux rimes redoublées, en en changeant de temps en temps, sont à l'imitation de Chapelle, à cet égard. (*Note de Collé.*)

» C'est une assez bonne diablesse.
» Ma muse, va légèrement;
» Badine-la, mais doucement,
» D'ailleurs, outre la politesse,
» Cela se doit à la noblesse (1).
» Je suis roturier simplement,
» Et d'elle il en est autrement,
» Depuis près de trois mois, vraiment ;
» Ainsi, point tant de hardiesse.
» Mais, ma muse, dis-lui bien, di
» Que tout le monde trouve ignoble
» Qu'elle jeûne le vendredi.
» Il faut lorsque l'on devient noble
» Avoir un air plus dégourdi,
» Jouer un peu plus la duchesse ;
» Paler de Dieu d'un ton hardi,
» Et n'aller jamais à la messe,
» Au cas qu'on ait cette foiblesse,
» Qu'à deux heures après midi.

» C'est encor sur vous que je compte
» Pour empêcher qu'elle raconte.
» Prenez-la, ma muse, à l'écart ;
» N'allez pas lui faire de honte.
» Pourvu qu'elle abjure le conte,
» Nous serons tous bien contents ; car
» La bonne dame n'est pas prompte,
» Et fait, en contant, des écarts
» Qui durent deux heures trois quarts ;
» Le rouge au visage m'en monte ;
» Les nièces dorment de leur part ;
» Je vois bâiller monsieur le comte,
» Et l'ennui dans tous les regards.
» J'ai beau lui jeter des brocards
» Quelquefois rien ne la démonte.

» Enfin, sans faire de rumeur,
» Et sans aller prendre un ton rogue,
» Corrigez-la de son humeur,
» Elle en a souvent comme un dogue.
» Otez-lui son ton de docteur

---

(1) L'Escarmotier venoit de se faire secrétaire du Roi. (*Note de Collé.*)

» Et celui de prédicateur ;
» Cela sent trop son pédagogue.
» Et que jamais pour son honneur
» Et pour la gloire du Seigneur,
» Elle ne parle avec chaleur
» En bien ni mal du Décalogue.

» Pour son jeu...... mais, c'en est assez,
» Après cette satire étrange,
» Ces petits vers rapetassés,
» Doivent finir par la louange.
» M'y voilà fort embarrassé.
» Vais-je mentir d'un ton glacé?
» On ne prendra jamais le change.
» Non, sans trahir la vérité,
» En prenant sa fille en échange,
» Je finirai par la louange,
» Et l'éloge de ce bel ange,
» A coup sûr sera mérité.

» Tout le monde sait qu'elle est belle,
» Elle seule ne le sait pas;
» Son âme est plus belle encor qu'elle,
» Et son esprit a plus d'appas.
» Mais si, comme je le crois d'elle,
» Elle est sage jusqu'au trépas,
» Afin d'en casser le modèle,
» Pour le salut de tous, hélas !
» Qu'on étouffe la Demoiselle,
» Et vite entre deux matelas.

« Voilà une cruelle galanterie, par laquelle je ter-
» mine ces mauvais petits vers; mais à quoi serviroit-il
» de cacher la vérité à votre fille? C'est à vous, fontaine
» de mes voluptés, c'est à vous de lui faire entendre
» qu'elle n'a point d'autre parti à prendre; faites-la
» convenir qu'il est de sa générosité d'abréger plutôt
» ses jours que de faire perdre la vie à quatre ou cinq
» mille Clitandres, à autant de Valères et d'Erastes, sans
» compter des milliers d'Aristes et de Philintes, et
» même quelques centaines de Gérontes. Vous sentez

» qu'en bonne police, cela se doit; allons, des matelas;
» il faut s'exécuter.

» J'ai l'honneur d'être, avec le plus profond respect,
» madame, etc. »

Le premier jour de l'année suivante, je lui donnai pour étrennes des écrans et les vers suivans, qui achèveront, comme je l'ai dit, ma justification sur les copies qui ont été distribuées des premiers, sans y avoir eu aucune part.

« Allons, mamour, prenez ou prends;
» Car il faut bien, pour tes étrennes,
» Que vous preniez ou que tu prennes
» Ces mauvais vers et ces écrans.
» Je voulois te donner encore
» Quelque chose qui t'allât mieux.
» Par exemple, un recueil joyeux
» Des vieux bons mots de mes aïeux,
» Ma racine de Mandragore,
» Un Quesnel et deux Alcorans,
» Et presque tout mon Ellébore
» Que je gardois pour mes parents......
» Mais, tout beau, je crains que tu n'ailles
» Lire ou donner encor ces vers
» A des nigauds ou des canailles,
» Qui les prennent tout de travers,
» Et vont donnant un tour pervers,
» A d'innocentes railleries
» Faites pour être ensevelies
» Au fond d'une société......
» Enrayons donc sur ma gaîté,
» Et ne te faisons plus entendre
» Que la voix d'une amitié tendre,
» Qui s'accroît à chaque moment.
» Reçois aussi le sentiment
» De ma vive reconnoissance,
» Pour avoir donné la naissance
» A cette enfant (*sa fille*) plus grand que moi,
» Et que j'aime encor plus que toi. »

SEPTEMBRE 1751.

J'ai rapporté, aux mois de novembre et décembre 1749, l'aventure de Ménage et du comte de Charolois (1). Mais je n'ai pas dit que dans le courant de l'an 1750 ce prince avoit obtenu une lettre de cachet pour faire tenir Ménage à Moulins. Ce dernier ne sachant à quoi s'amuser dans cette ville s'y est remarié. Cet été il a amené sa femme ici pour lui faire voir Paris, sans que sa lettre de cachet fût révoquée. Le comte de Charolois en a eu une autre au commencement de ce mois-ci, et l'a fait exiler à Pau en Béarn; sa femme, quoique jeune et jolie, n'a pu empêcher l'effet de cette lettre : c'est en vain qu'elle s'est jetée tout en larmes aux pieds de M. d'Argenson et des autres ministres, ses sollicitations n'ont rien opéré.

On a dit depuis, et l'on assure encore aujourd'hui, que la colère de ce prince ne vient point de la cause qu'on lui a d'abord donnée; je veux dire de la fantaisie qu'on prétendoit qu'il avoit eue de faire sa maîtresse de la fille de Ménage, aujourd'hui mariée au Marquis de Bournelle, mais de l'infidélité de Ménage lui-même, dans une affaire qui regardoit un protégé du comte de Charolois. On prétend, et c'est le bruit le plus commun, que Ménage à la mort de M. Lebreton, son premier gendre, avoit refusé de continuer une pension ou un intérêt dans les sous-fermes (2) à une créature de ce prince, qui avoit dans cette occasion juré de se venger jusqu'aux enfers de la mauvaise foi de Ménage. Sa

---

(1) Voy. plus haut, p. 107 et 110.
(2) Ménage a cédé tous ses intérêts dans les sous-fermes; à cette condition, le comte de Charolois a consenti qu'il restât à Paris; il s'est dépouillé de toutes ses places. (*Note de Collé.*)

fille, pour avoir la grâce de son père, s'est, dit-on, ensuite conduite d'une façon sotte et indécente avec le Comte ; son père et elle ont tenu des propos déplacés sur ce prince, qui lui ont été rapportés ; et voilà, ajoute-t-on, ce qui rend cruelle et éternelle la persécution que cet homme éprouve aujourd'hui. Quoique je sois bien éloigné de vouloir justifier ce prince vindicatif et farouche, je suis pourtant porté à croire, par tout ce que j'ai entendu dire, que Ménage est coupable de mauvaise foi, d'indiscrétion et d'imprudence; et que c'est par sa faute et celle de sa fille qu'il s'est attiré et a éternisé son malheur.

La nuit du 12 au 13, madame la dauphine est accouchée d'un prince, qu'ils ont nommé le duc de Bourgogne (1) ; il n'y avoit dans sa chambre au moment de son accouchement que M. le Dauphin ; on eut à peine le temps d'envoyer chercher Jarre, son accoucheur, qui arriva en pantoufles, et qui trouva l'enfant tout prêt à venir. Le Dauphin fit entrer un garde du Roi et deux porteurs de chaise qui étoient dans les antichambres, pour être témoins de l'accouchement, où il ne se trouva personne. Le garde du Roi fit quelque difficulté de quitter sa consigne; M. le dauphin le lui ordonna, et lui dit qu'il prenoit tout sur lui.

La joie pour cet événement a été excessive à Versailles et très-médiocre à Paris, ou, pour parler plus nettement, on ne l'a point sentie. Le Roi s'en est très-bien aperçu quand il est venu faire chanter le *Te Deum* à Notre-Dame le dimanche suivant, 19 du courant.

La cherté du pain, qui coûtoit alors près de trois sous la livre, et qui est à présent à quatre sous, ne met pas de bonne humeur le peuple, qui paye d'ailleurs très-chèrement les autres denrées, par le nombre de nouveaux impôts que la dernière guerre a occasionnés.

---

(1) Louis-Joseph-Xavier, mort en 1761. (*H. B.*)

Le même jour le feu prit aux écuries du Roi à Versailles.

On prétend que c'est une fusée qui l'y mit; on y a perdu douze à quinze hommes, et le dommage montera, dit-on, à quatre ou cinq cent mille livres; il y a eu aussi perte de chevaux. C'est sur cet événement qu'un caustique a dit : *Nous devons tout espérer de ce prince-ci; en naissant il réforme déjà l'écurie.* Cette dépense, à ce que l'on dit, est véritablement énorme.

Au commencement de ce mois-ci, ou à la fin de l'autre, M. de Saint-Contest a été nommé ministre et secrétaire d'État des affaires étrangères, en la place de M. Puizieulx, auquel sa santé ne permet pas de continuer ses fonctions. Il est resté ministre.

Le 21, avec l'acte des *Sauvages*, l'Opéra donna la première représentation des *Génies Tutélaires* et de *la Guirlande*.

Le premier de ces actes, s'il a l'air de quelque chose, peut, à la rigueur, être appelé un prologue à la louange du Roi. Cette platitude faite par Moncrif, et mise en musique par Rebel et Francœur, n'a nulle invention, est sans esprit et sans raison, et les détails en sont misérables. La musique paroît merveilleusement bien assortie aux paroles; quelque bon Français que l'on fût, quoique ce divertissement eût été fait pour la naissance du duc de Bourgogne, il ne fut pas possible de n'y point bâiller, et de ne s'y pas ennuyer mortellement. *Les Génies Tutélaires* ont donc été fort mal reçus; le public même donna un soufflet assez marqué à Rebel et à son complice. Ce prologue, qui étoit suivi des *Sauvages*, étoit précédé d'une ouverture de la composition de ces deux musiciens; quand leur prologue eut été psalmodié, au lieu de reprendre leur ouverture, on joua celle des *Indes galantes*; aussitôt qu'on en eut entendu la première mesure, le parterre, qui étoit resté jusque-là dans le silence le plus morne, se mit à applaudir avec une fureur singulière et à diverses reprises.

Comme il y avoit eu un intervalle très-marqué entre la fin de ce prologue et le commencement de l'ouverture de Rameau, ces applaudissemens ne purent pas paroître équivoques aux petits auteurs, et durent leur faire voir clairement que ces battements de mains étoient moins une critique de leur musique qu'une approbation de celle de Rameau.

Ils méritoient cette petite correction, pour le manége qu'ils ont employé pour faire jouer leur ouvrage au préjudice de Rameau, qui a lui-même fait un prologue au sujet de la naissance du duc de Bourgogne; il n'a pas été donné, attendu que M. de Moncrif a manœuvré au près de M. d'Argenson pour qu'on donnât le sien préférablement. Cela est de la dernière injustice à M. de Moncrif; a-t-on jamais forcé un auteur à mêler ses ouvrages avec ceux d'un autre? Cela est cruel et presque dans le même goût que ce tyran qui faisoit attacher des vivants à des morts, et les faisoit ainsi périr :

Mortua quin etiam jungebat corpora vivis.
(VIRGIL, Æn., lib. 8, v. 485.)

La Guirlande a eu beau être attachée aux *Génies Tutélaires*, elle n'en mourra pourtant pas, en dépit du trio de Baudets, qui lui ont fait et à nous éprouver ce supplice. Elle a plu généralement à tout le monde, quoique l'on convienne que la musique n'en soit pas de la force, de la vivacité et de la variété de celle des *Indes galantes*. Les chants et les récitatifs en ont paru extrêmement agréables; M. de Marmontel est l'auteur des paroles : l'idée de cet acte m'a paru assez jolie, mais elle n'est point remplie; les vers n'en sont pas lyriques; les paroles ne sont pourtant pas, à beaucoup près, aussi ridicules que celles des Cahuzac, des Moncrif et tels autres lyriques. L'image de la guirlande fanée est une idée que l'auteur auroit pu aisément changer, s'il eût voulu qu'on ne fît point d'allusions polissonnes et ordurières. Que ne mettoit-il une couronne de fleurs à la place de sa guirlande?

Le prince de Soubise a obtenu ces jours-ci le gouvernement de Flandres, vacant par la mort du petit duc de Boufflers, qui est mort le 15 de ce mois, de la petite vérole, à l'âge de vingt ans.

Le comte de Clermont n'a pu avoir ce gouvernement de frontières, parce que le Roi n'en donne point de pareils aux princes du sang; mais il a eu celui de Champagne qui étoit auparavant à M. de Soubise.

Les Comédiens donnèrent jeudi, 30 du courant, *Mahomet*, tragédie de Voltaire, jouée trois fois au mois d'août 1742, et retirée sur-le-champ. La clameur publique fut contre, et Voltaire craignit qu'elle ne fût défendue par le procureur général, auquel on disoit, dans ce temps-là, qu'elle alloit être ou qu'elle avoit été dénoncée.

En 1742, cette tragédie ne passa pas à l'examen du censeur de la police, ou du moins ne fut pas jouée sur et en conséquence de son approbation. Crébillon, qui l'étoit alors, la refusa nettement.

Voltaire obtint de M. le Cardinal de la lui lire. On prétend qu'il s'endormit pendant la lecture, et qu'il se réveilla en disant qu'on pouvoit la jouer; elle le fut donc avec une permission *tacite* de M. de Marville, pour lors lieutenant de police.

Cette fois-ci on voulut encore avoir l'approbation de Crébillon, mais *pas pour un diable*. Il a dit que les mêmes raisons qui l'avoient empêché de l'approuver en 1742 subsistoient aujourd'hui; que d'ailleurs il ne voyoit pas qu'il fût nécessaire d'avoir son attache, puisque cette pièce avoit été jouée trois fois et qu'elle n'avoit point été défendue. Je ne vois pas ce qu'il y avoit à répliquer à cette raison, et quel a été le motif des craintes des Comédiens.

Ce qui est constant cependant, c'est qu'ils ont voulu absolument qu'elle passât par les mains d'un censeur; et M. le maréchal de Richelieu, qui vouloit qu'elle fût jouée, a engagé M. d'Argenson à nommer un autre que Crébillon pour l'examiner. D'Alembert a été choisi, et l'a approuvée ; et il dit tout haut aujourd'hui que si Crébillon veut faire imprimer les raisons et les motifs de son refus d'approbation, il se charge de le réfuter, et d'établir en même temps ce qui l'a déterminé à permettre la représentation de cette pièce.

Ce M. D'Alembert est un homme de mérite et d'esprit en même temps ; il est de l'Académie des sciences; c'est lui qui a fait la préface du Dictionnaire de l'*Encyclopédie* auquel il travaille avec Diderot et quelques autres; il est grand géomètre, métaphysicien et grand raisonneur; il écrit très-bien et très-légèrement malgré cela. On ne doute pas qu'il ne soit bâtard de madame de Tencin, qui ne l'a jamais voulu reconnoître, même en secret, qui ne lui a rien donné, rien laissé, et qui a toujours eu avec lui les procédés les plus durs et les plus inhumains. C'est pourtant un homme qui réunit toutes les qualités du cœur à celles de l'esprit, et qui passe pour avoir même une probité délicate. On n'a jamais bien compris la bizarrerie de Mme de Tencin à ce sujet; il lui auroit fait honneur à tous égards, et elle n'étoit pas dans le cas de se cacher de ses aventures, qui avoient été publiques (1).

Revenons à *Mahomet*, qui devoit être donné le 18 de ce mois si Crébillon n'eût pas fait des difficultés; il y en avoit à faire, et je ne suis pas assez injuste pour le blâmer dans cette occasion-ci, comme j'ai fait au sujet d'*Aménophis*, quoique je ne sois pas de son avis, même

---

(1) D'Alembert était en effet fils de Mme de Tencin et d'un nommé Destouches-Canon. Mais Collé se trompe. Mme de Tencin voulut plus tard reconnaître D'Alembert, dont la naissante célébrité flattait son amour-propre; mais D'Alembert repoussa ses avances, en disant qu'il ne reconnaissait pour mère que la pauvre *vitrière* qui l'avait recueilli. (*H. B.*)

dans ce cas-ci, et que je croye fermement que les choses dites au théâtre contre la religion ne peuvent jamais faire ni bien ni mal; un trait impie n'ajoute rien à l'incrédulité de ceux qui ne sont pas persuadés et révolte ceux qui croient. Oh! il n'en est pas de même d'un livre dogmatique contre la religion; c'est-là ce qui est à craindre et qu'il faut défendre sous des peines très-rigoureuses.

J'ai vu *Mahomet* à cette reprise. Je l'avois vue les trois fois qu'elle avoit été jouée en 1742; c'est à mon goût une mauvaise pièce, où il y a de grandes beautés; il y a même des lueurs de génie, mais qui disparoissent tout d'un coup par le défaut du sujet. Ce que je regarde comme une chose de génie, c'est la reconnaissance de Zopire et de ses enfants dans le temps que son fils l'assassine; l'idée de mettre le frère Clément, ou le caractère du fanatique au théâtre, est aussi une idée de génie; mais il falloit faire un plan où ce caractère et cette situation, dont j'ai parlé d'abord, fussent nécessaires; que ces choses fussent amenées, préparées, liées ensemble; mais rien ne tient dans cette tragédie. Mahomet, d'ailleurs, y est petit et n'est point en action; quand il y est un peu, il commet des crimes pour en commettre et sans aucune nécessité! Qu'est-ce que son amour? Rien n'est plus pitoyable; quel est le nœud de tout cela? Que ne dit-il à Séide que Palmire est sa sœur? Il n'aura plus besoin de faire commettre un parricide à ce premier; Palmire entrera dans son sérail, et son miracle de la fin sera inutile. C'est peut-être, au reste, une de ses tragédies les plus remplies de beaux vers; elle ne se soutient que par les détails, n'ayant aucune sorte d'intérêt d'ailleurs, et étant même révoltante par l'horreur et l'atrocité de quelques situations, qui sont horriblement choquantes, parce qu'elles ne sont ni préparées, ni amenées, ni nécessaires. Il y a pourtant, je le répète, des morceaux de détail admirables; et en général ce ne sont pas les vers les plus foibles qui soient sortis de la plume de ce grand homme.

M. d'Argental et l'abbé Chauvelin ont remué ciel et terre pour qu'on la reprît; ils sont plus fanatiques de Voltaire que Séide ne l'est de Mahomet. Leurs mouvements et leurs discours à l'occasion de cette reprise ont réveillé les ennemis du petit abbé Chauvelin, qu'à la première représentation d'Oreste ils avoient déjà mis dans l'urne d'Oreste (1); et ils ont fait courir ces jours-ci les vers suivants, dont on croit que Roi est auteur :

> » Quelle est cette grotesque ébauche ?
> » Est-ce un homme ? Est-ce un sapajou ?
> » Cela parle. Une raison gauche
> » Sert de ressort à ce bijou.
> » Voulant jouer un personnage,
> » Aux sots il prête un frêle appui.
> » Dans les ridicules d'autrui
> » Il caresse sa propre image,
> » Et s'extasie à tout ouvrage
> » Hors de nature comme lui.

Ce qui a donné occasion à ces vers, c'est, dit-on, une dispute de Roi et de cet abbé, au sujet de *Mahomet,* dans laquelle le petit ragotin s'emporta fort mal à propos contre ce poëte, et lui dit : Que s'il ne portoit pas un rabat, il l'assommeroit de coups de bâton; à quoi, ajoute-t-on, Roi, qui ne nia pas que la chose ne fût faisable, répondit : *Monsieur l'abbé, vous voudriez donc me casser la cheville du pied?* Le sang-froid de Roi est admirable dans cette histoire-là, qui est très-vraie.

---

(1) L'abbé Chauvelin n'a pas trois pieds de stature, et comme à la première représentation d'*Oreste*, qui fut mal reçue, il ne parut point, on demanda où il s'étoit fourré? l'on fit la plaisanterie de dire qu'il étoit dans l'urne d'Oreste. (*Note de Collé.*)

OCTOBRE 1751.

Dans ces premiers jours d'octobre, M. de Paulmy, fils de M. d'Argenson l'aîné, qui étoit ambassadeur en Suisse, a été adjoint au secrétariat de la guerre, avec son oncle, le comte d'Argenson, ministre de la guerre.

L'on prétend que ce dernier s'est servi des plaintes que l'on faisoit de son peu d'expédition dans sa partie, pour obtenir du Roi cette grâce pour son neveu, en avouant que ces plaintes étoient fondées; que sa goutte et ses autres infirmités interrompant quelquefois ses travaux, il avoit besoin de quelqu'un qui les partageât; mais que dans ce cas, ne pouvant prendre qu'un homme qui eût sa confiance entière et qui lui fût en quelque sorte subordonné, il n'avoit à présenter à Sa Majesté que son neveu, ce qui lui a été accordé; et voilà, dit-on, comme il a su rendre utiles et tourner à son avantage les clabauderies de ses ennemis. Peut-être lui donne-t-on à ce sujet plus de finesse qu'il n'en a mis dans cette affaire; mais aujourd'hui on en met partout. Ce n'est pourtant pas la première fois qu'on a donné à des ministres et à des gens en place des motifs et des vues qu'ils n'ont jamais eus, et sans doute ce ne sera pas la dernière. Les historiens prêtent toujours de l'esprit et des lumières aux rois et aux ministres; ils ont leurs raisons, ils y gagnent, et leurs héros n'y perdent rien; il n'y a que la vérité qui n'y trouve pas son compte, mais s'embarrasse-t-on de la vérité, pour peu que l'on trouve de la vraisemblance? Eh! combien peu d'hommes encore, en lisant l'histoire, s'aperçoivent-ils des défauts de vraisemblance?

Le 10 ou le 11 de ce mois, l'histoire suivante, chargée de plus ou moins de circonstances, étoit un bruit commun de Paris, et même de la cour.

On contoit que le 7 ou le 8 du courant, le Roi étant dans la chambre du duc de Bourgogne debout auprès du feu avec trois ou quatre seigneurs qui l'environnoient, Mme de Tallard, gouvernante des enfants de France, Mme Sauvé, première femme de chambre du petit Prince, et une ou deux autres femmes tout au plus, on avoit eu la hardiesse de glisser dans le berceau du duc de Bourgogne un paquet de papiers cacheté. Lorsque le Roi fut retiré et qu'on approchoit le berceau du feu pour remuer l'enfant, Mme Sauvé dit à Mme Tallard qu'elle avoit vu une main jeter quelque chose dans son berceau ; mais qu'elle n'avoit vu si précisément qu'*une main*, qu'elle n'avoit pu même distinguer si c'étoit celle d'un homme ou d'une femme ; que Mme de Tallard ayant trouvé effectivement ce paquet, avoit été sur-le-champ le porter au Roi. Personne ne pouvant rien savoir de ce qu'il contenoit, on s'est jeté sur les conjectures : les uns veulent que ce soient des vers et des chansons satiriques, d'autres des représentations amères sur l'état présent du gouvernement.

On ajoute encore au fait principal qu'avec le paquet on avoit trouvé dans le berceau de la farine, de la poudre à tirer et un canon de pistolet ; que par cet emblème, que les auteurs du coup vouloient qu'on devinât, ils donnoient à entendre que si l'on ne faisoit pas tomber le prix du pain, on en viendroit aux dernières extrémités.

D'autres ont dit plus : ils ont prétendu que ce n'étoit point de la poudre à canon, ni de la farine, comme on vient de le dire, mais des matières inflammables, qui auroient pris feu sitôt que l'on en auroit approché le berceau (1).

L'une et l'autre de ces circonstances passent assez gé-

---

(1) Dans son *Journal*, — *Octobre* 1751, — l'avocat Barbier parle aussi de cette anecdote, mais avec quelques variantes. (H.-B.)

néralement pour fabuleuses. L'emblème a l'air romanesque, et même ressemble assez à un conte de Peau-d'âne. Quant aux matières inflammables, quel seroit le but de ceux qui voudroient faire périr le duc de Bourgogne? A quoi ce crime mèneroit-il ceux qui pourroient avoir intérêt à sa mort, comme la cour d'Espagne, ou la maison d'Orléans, tandis que le Roi et le Dauphin vivent, et que la Dauphine paroît dans la disposition de faire un enfant tous les ans.

Il faut donc rejeter ces circonstances, et s'en tenir à ce qui paroît constant, qui est que Mme de Tallard a été porter le paquet en question au Roi, avec lequel elle a été effectivement une heure enfermée; ce qui est très-sûr encore, c'est que personne n'entre plus dans la chambre de M. le duc de Bourgogne sans une permission expresse de Mme de Tallard; qu'enfin depuis, Mme Sauvé, qu'on a voulu ou qui s'est voulu empoisonner elle-même, a été arrêtée le 19 ou le 20 de ce mois, avec la nommée Minier, femme de garde robe du duc de Bourgogne; et il est encore certain que le Roi a défendu à Mme de Tallard de parler de toute cette aventure, et que pendant le voyage de Crécy, qui s'est fait deux ou trois jours après que ceci est arrivé, il y a eu une grande fermentation, beaucoup de chuchotage entre le Roi et la marquise, et une grande tristesse.

Au reste, cette Mme Sauvé est une intrigante, qui a été jadis maîtresse de l'Evêque du Puy, frère de M. de Beringhen, qu'on appelle M. le Premier; elle a, dit-on, aussi un peu couché avec M. d'Argenson, le ministre de la guerre.

[Le Mercredi 20 du courant les Comédiens français donnèrent la première représentation du *Muet par amour*, comédie en un acte et en vers d'un nommé M. Alliot, jeune auteur très-inconnu.

Comme elle n'a été jouée que cette fois et que vraisemblablement elle ne sera pas imprimée, il me prend envie d'en faire l'extrait.

La scène ouvre par deux vieillards qui veulent marier une fille qui a deux amants; ils veulent les éprouver, et pour cela ils sont convenus finement de feindre que cette fille a perdu un procès d'où dépend entièrement sa fortune. La fille, avant que de paroître, sait déjà son prétendu malheur; ils l'annoncent à Damis, l'un de ces amants, qui se présente le premier, et qui reçoit cette nouvelle avec tant de générosité qu'ils lui avouent qu'elle est fausse; mais ils exigent cependant de lui, sous peine de perdre sa maîtresse, de ne point lui aller dire ce qui en est. Ils se quittent. Arrive Julie, qui ne veut plus épouser Damis, n'ayant plus de fortune. Cet amant offre la sienne : on la refuse. Tout cela, comme on voit, est pris en entier du cinquième acte des *Femmes savantes.*

Damis, voyant qu'il ne peut déterminer Julie, lui dit, ou lui laisse deviner, que la nouvelle de la perte de son procès est fausse. Les vieillards, qui sont là aux écoutes d'une façon fort naturelle et fort neuve, viennent tancer le jeune homme de son indiscrétion, et lui assurent d'abord que, pour l'en punir, il n'épousera pas Julie. Cependant Damis leur montre tant de regret de cette prétendue faute, et demande tant de pardons, que les vieillards se rendent, à une condition cependant : c'est qu'il sera un jour entier sans parler.

La proposition effraye d'abord le jeune amant; mais ces radoteurs n'en veulent point démordre. Damis capitule, et tout ce qu'il peut obtenir d'eux, c'est de pouvoir prononcer deux mots seulement. Il les choisit même; ces deux mots sont : *Amour et Julie*, qui est le nom de sa maîtresse.

Voilà sur quoi roule le comique prétendu de cette comédie. Cette dernière idée, comme on voit, n'est prise nulle part, et il y a grande apparence qu'on ne la prendra pas par la suite. On juge bien qu'on veut faire parler

Damis, malgré qu'il en ait ; un valet, une servante tentent cette entreprise. Point de réponse, pas le mot. Sa maîtresse n'y réussit pas mieux que les autres. Tout ce qu'elle en peut tirer, ainsi que ceux qui l'ont interrogé avant elle, c'est *Julie et Amour*. L'auteur s'est donné la torture pour faire dire quelquefois ces deux mots à propos et d'une façon qui paraît heureuse. Julie prie enfin Damis d'aller solliciter son procès. Au lieu d'y courir sans répondre, il reste et ne répond pas. Elle se fâche : point de réponse, si ce n'est, de temps à autre, *Julie et Amour*, amenés comme il plaît à Dieu.

Enfin, quand elle est au point d'en être excédée, un des vieillards arrive et annonce avec enthousiasme la naissance du duc de Bourgogne (1). Damis alors, qui est le meilleur François et le plus sot amant qu'on ait jamais vu, ne se souvient plus de l'engagement qu'il a pris de ne point parler, et le transport où il est lui fait dire, avec une rapidité et une volubilité étonnantes, une quantité de choses communes pour exprimer sa joie de cet heureux événement. Les deux imbéciles de pères, à qui ces marques du bon cœur de Damis vont jusqu'à l'âme, consentent au mariage quoiqu'il n'ait pas tenu la condition. Et voilà ce qui arrive quand on aime bien son prince : on en est récompensé.

J'oubliais de dire que l'autre amant, nommé Lindor, et qui est un gascon à ce qu'a prétendu l'auteur, n'est plus tenté d'épouser Julie lorsqu'il sait la nouvelle de la

---

(1)   Air : *Laissez-paître vos bêtes*.

    Gloire à notre Dauphine
    D'avoir mis au monde un poupon,
      Sans faire trop la mine-
      Et sans trop de façon !
    Une bourgeoise assurément
    Eût plutôt retenu son vent
    Que d'accoucher si promptement.
      Gloire, etc.

Couplet mal fait, mais dont l'idée est assez plaisante, si elle eût été employée par quelqu'un qui eût su faire le couplet. (*Note de Collé*.)

perte de sa fortune. Cependant ensuite, à la vérité, il revient, et trouve son rival aux pieds de Julie et lui baisant la main. Cela ne l'inquiète pourtant point, et si peu que, sans demander d'explication sur cette attitude, il demande seulement à sa maîtresse, d'une façon froide, la préférence sur ce rival, auquel il voit de ses deux yeux prendre des privautés qu'on ne rebute point du tout, et pour que cela soit plus dans la nature plus judicieux et plus décent, Julie paroît encore indécise sur son choix; et ces deux idiots d'amants ont la bonté de la croire.

Je ne pense pas qu'après l'extrait de cette pièce j'aie besoin d'en critiquer le fond. Il n'est pas nécessaire de le discuter pour faire voir qu'il n'y a ni sens ni esprit. Les détails sont assortis à la platitude du fond. Il n'y a pas l'ombre d'une saillie; nulle gaieté, pas un seul vers.

Panard a donné à la fin du mois dernier et dans les commencemens de celui-ci, aux Italiens, une pièce de scènes épisodiques sur la naissance du duc de Bourgogne. Elle était intitulée *les Vœux accomplis*. Sur ce que Saurin me dit qu'elle étoit d'un ennui mortel, je n'ai pas été la voir.

Elle n'a pas même eu le succès qu'on a toujours aux Italiens, à moins d'être bien excécrable.]

J'ai fini ces jours-ci un petit prologue, intitulé : *l'Espérance*, que j'ai fait pour les enfants de M. de Meulan, et qui doit être joué par eux à Etioles, aux fêtes de Noël prochain, s'il n'y a aucun empêchement; il sera suivi de la tragédie d'*Arcagambis*, représentée aussi par les enfants, le petit du Perron, M. de la Galaizière, qui a pris le rôle de Nabotad, et M. Terré, qui fera l'autre confident, que l'on nomme Hierbas dans la pièce, et que l'on appellera Ventregras; et le spectacle sera terminé par mon opéra-comique, dont les rôles sont déjà distribués ainsi qu'il suit : M°™ du Perron, *Catherine*;

M. Terré, *Varambon*; M. de la Grange, *Saint-Albon*;
M. de la Galaizière, *Richard*; M. de Petival, *Poitevin*;
et moi, *Pierrot*.

Dans le prologue de *l'Espérance*, j'ai pris quelques idées, et même trois ou quatre couplets d'un opéra-comique qui porte ce nom, dont Le Sage et Fuzelier sont les auteurs.

Ce prologue est presque tout entier en vaudevilles, à quelques lignes de prose près; il y a quelques airs assez bien parodiés. Du reste, c'est une drogue, qui ne peut trouver grâce que devant les pères et mères des enfants qui la débiteront; indépendamment des êtres métaphysiques, qui sont toujours des personnages froids au théâtre, on sent bien que les plaisanteries, d'ailleurs, ne peuvent rouler que sur les enfants, ou quelques allusions qui touchent leurs parents, ou enfin sur des badineries de société, de laquelle il faut connoître l'intérieur pour les trouver passables.

NOVEMBRE 1751.

Le 2 je fus voir *Atrée et Thieste*, que les Comédiens remirent au théâtre le 30 du mois dernier. Quelle tragédie! quel génie! quelle force! mais quelle horreur!.... C'est la seule pièce de son genre, elle est unique; c'est à mon sens le plan de pièce le mieux fait que je connoisse, à la double réconciliation près, que l'on peut excuser cependant. La versification est nerveuse; le caractère d'Atrée est parfait dans son espèce; il falloit avoir un fier pinceau pour lui avoir donné la force qu'on y trouve.

Crébillon m'a dit plusieurs fois qu'à la première représentation de cette pièce le parterre, qui avoit dans ce temps-là la liberté des suffrages, qu'il poussoit même quelquefois jusqu'à la licence, n'eut ni le courage d'applaudir ni celui de siffler ; il resta consterné et comme frappé de foudre : chacun s'en retourna avec une horreur muette et sombre, et ne proféra pas un seul mot.

Après la pièce, m'a-t-il dit encore, il passa au café de Procope, où il trouva un Anglais, homme d'esprit, auquel il dit : *Monsieur, Atrée est une tragédie trop forte pour le caractère de notre nation ; elle eût mieux réussi chez vous. Cette tragédie est faite pour des hommes, et nous n'avons que des femmes en France. Mais pour vous, monsieur, oserois-je vous demander ce que vous en pensez ? Je la trouve fort belle*, lui répondit l'Anglais, *très-belle, monsieur ; mais la coupe.... la coupe.... Ah ! monsieur de Crébillon, Transeat a me calix iste.*

Crébillon m'a encore assuré qu'il n'avoit voulu suivre sur *Atrée* aucun des avis que l'on lui donnoit, attendu, disoit-il, qu'il avoit trop écouté sur sa première tragédie les différents conseils qui lui furent donnés, et qui lui firent changer trois fois entièrement le cinquième acte d'*Idoménée*. Après ce travail, il fut obligé de revenir à la première manière, qui étoit la meilleure, à ce qu'il dit.

Je sais encore de ce grand homme qu'il ne se doutoit point de son génie ; et voici comme il m'a conté la façon dont il apprit qu'il étoit poëte.

Son père, qui étoit non pas greffier en chef, mais premier greffier du parlement de Dijon, l'avoit envoyé ici pour faire son droit, et l'avoit mis chez M. Prieur, procureur au Parlement. Ce M. Prieur étoit un homme de lettres, et de beaucoup de mérite, qu'une prononciation difficile et même un peu de bégayement avoit empêché d'embrasser la profession d'avocat. Crébillon, n'aimant que son plaisir, et fougueux dans ses passions et même dans ses goûts, ne travailloit pas chez son procureur, comme on peut bien se l'imaginer. Il étoit fréquemmen aux spctacles; il alloit au cabaret, qui étoit fort à la mode dans ce temps-là, quand il n'étoit pas ailleurs, comme on dit dans ce temps-ci; mais quand il mangeoit chez M. Prieur, il faisoit des critiques vives et hardies des pièces de théâtre qu'il avoit vues; et il ne s'arrêtoit pas aux étourneaux du Parnasse : il ne s'amusoit pas à la bagatelle; c'étoit ordinairement Corneille et Racine qu'il attaquoit, et d'une façon vraisemblablement pleine de génie puisqu'elle frappa M. Prieur, au point de lui dire : *Mais, monsieur de Crébillon, je vous entends censurer, souvent avec raison, mais toujours d'une façon remplie d'imagination, les chefs-d'œuvre tragiques de nos deux grands maîtres; vous faites plus quelquefois : en trouvant le défaut, vous trouvez le remède. Vous critiquez en poëte et en homme de génie; il vous vient des idées heureuses, et vous imaginez des choses auxquelles ils seroient peut-être bien aise d'avoir pensé. Faites quelque chose de vous-même; essayez-vous, et il n'est pas impossible que vous, monsieur, qui inventez quelquefois si bien sur les ouvrages des autres, vous ne trouviez en vous de quoi composer vous-même; allons, faites un essai.*

Ce discours, qui partoit de la bouche d'un homme d'esprit, de goût et plein de lumières, fit impression sur Crébillon et l'enflamma. Le voilà qui travaille, sans cependant en vouloir encore rien dire à M. Prieur.

Mais ce dernier, qui pendant une quinzaine de nuits de suite entendit Crébillon se promener dans sa chambre, qui étoit au-dessus de la sienne, lui dit un jour en dînant : *Avouez-moi la dette, monsieur, vous suivez mon conseil; vous travaillez à une tragédie.* Crébillon ne nia point, et lui montra le premier acte de son *Idoménée.* Prieur, après l'avoir entendu, en fut si surpris et si satisfait, qu'il l'exhorta à continuer; et l'embrassant presque en pleurant, il lui dit : *Ce premier ouvrage promet tout, mon ami, poursuivez; je m'y connois, vous irez loin, si vous voulez travailler; j'aime les lettres, je n'ai pu rien faire pour elles;*

mais du moins j'aurai la consolation d'avoir donné un homme à la nation.

Quel homme, juste ciel, s'il avoit été moins adonné à ses passions! il les a eues toutes et poussées jusqu'à la fureur. Il a aimé le vin, le jeu et les femmes avec frénésie. Jamais, outre cela, il n'y a eu de paresse semblable à la sienne; ces vices réunis ont fait que, quoiqu'il eût la plus belle mémoire du monde, il est l'homme de lettres le plus ignorant.

S'il eût joint à son puissant génie toutes les connoissances que Voltaire a acquises; s'il eût eu, comme lui, la fureur de la réputation et du travail, j'ose dire que l'auteur d'*Atrée* eût égalé Corneille; ou du moins s'il n'est pas possible de rien comparer à cet homme divin, et même s'il est impossible de faire une comparaison qui ait quelque justesse, d'un génie avec un autre génie, il me semble qu'inférieur dans des parties du tragique au grand Corneille, il lui auroit été supérieur du côté de la chaleur; ni Corneille ni Racine n'en ont jamais eu autant que lui, à beaucoup près.

Tout ce que je dis ici de Crébillon ne détruit point et ne fait point une contradiction avec ce que j'en ai dit ailleurs et ce que j'en pense.

C'est en tant que poëte tragique que j'en fais ici l'éloge: au théâtre, c'est un grand homme; dans la société, un très-petit homme, bien servile, bien bas, sans mœurs, sans sentiments, sans esprit et sans agrément dans son commerce; il n'est amusant que lorsqu'il parle de son métier; sa conversation, à cet égard est une poétique, et l'on ne sauroit parler du genre tragique avec plus de force et de génie que je lui en ai souvent entendu discourir.

J'étois à sa pièce à côté de Gauthier, père de la comédienne de ce nom; c'est un homme d'esprit, comme on va voir: *Monsieur*, me dit-il, *c'est un caractère bien affreux que celui d'*Atrée. *Il y a bien des gens comme cela dans la* *société; quel bonheur si l'on pouvoit les reconnoître et les démasquer dans le commerce de la vie!*

Le 6 je fus à la première représentation du *Valet Maître,* comédie en trois actes et en vers du sieur Mouillé de Moissy, auteur du *Provincial à Paris.*

Cette pièce, qui est tombée, est un des plus mauvais ouvrages que l'on puisse faire ; ce M. de Moissy n'en fera jamais de bons, ni même de passables; c'est un homme absolument sans génie et sans talents : sa comédie est calquée sur toutes les comédies en général; le fond en est misérable et ressemble à tout, au *Tartuffe,* au *Faux honnête homme* de Dufresny, à tant d'autres. C'est une conduite pitoyable; point de caractère, pas une situation comique, et surtout rien de neuf; il y a seulement une scène d'ivrogne écrite avec quelque gaieté; le reste des détails est sans aucun trait, sans saillie, et d'un ennui mortel.

Le seul vers de comédie que j'aie remarqué est celui-ci. C'est le valet qui dit à son maître :

. . . . . . C'est un bon commerçant,
Qui s'amuse à gagner tous les ans cent pour cent.

Avant qu'elle fût jouée, l'on imaginoit qu'elle devoit ressembler à *Jodelet, Maître et Valet,* au *Geôlier de soi-même,* à *Crispin rival de son maître,* à *l'Amant auteur et Valet,* etc.; mais il ne s'est trouvé rien de tout cela. Le fond de son sujet étoit neuf, et il a trouvé le secret de le faire ressembler à tout.

Le valet maître est un domestique qui a trouvé le moyen de dominer son vieux maître et de le mener par le nez. L'imbécillité du vieillard est incompréhensible, et ne peut être comparée à rien qu'à celle de l'auteur; elle est absolument hors de la nature, et n'a pas la plus légère apparence de vraisemblance. Les fourberies du valet sont maladroites; ses projets n'ont pas le sens commun; la manière dont il les soutient en a encore moins, et c'est un des plus extravagants dénouements que j'aie encore vus : enfin, c'est une misère, qui ne mérite pas la peine que je me donne d'en dire ce peu de mots. Elle a pourtant eu sept représentations; il est vrai que les Comédiens, qui avoient à réparer les mauvais procédés qu'ils avoient eus avec l'auteur, à l'occasion de son *Provincial à Paris*, ont donné cette comédie-ci avec leurs pièces les plus courues, comme *Polieucte, Zaïre, Mérope* et la *Surprise de l'amour*; à présent, d'ailleurs, la garde militaire qui est au théâtre empêche que les pièces ne tombent avec opprobre; il y a vingt ans que pareille denrée auroit été huée et sifflée à la première représentation, et qu'elle n'en auroit pas eu une seconde.

On vient de me donner un couplet, qui n'est pas nouveau; il est de Gallet, et il a été fait à l'occasion de M. Nègre, ancien lieutenant criminel, qui a été obligé de se défaire de sa charge à cause d'une friponnerie affreuse par lui faite dans l'affaire d'un nommé Lhomme et d'une fille entretenue; affaire qui fit beaucoup de bruit, il y a un an ou un an et demi, et dans laquelle M. Nègre se prêta à faire faire une fausse information et à faire déposer de faux témoins. Voici le couplet, qui est sur l'air d'un Noël :

> Au Châtelet sont bien tenans
> Deux Lieutenans;
> Et ces Magistrats renommés
> Sont bien nommés.
> Monsieur le lieutenant civil
> Est bien civil,
> Et le lieutenant criminel
> Bien criminel.

Ce couplet peint aussi, en un seul mot, M. d'Argouges, actuellement lieutenant civil, juge intègre et savant à la vérité, mais qui a toujours eu le tic et le ridicule de nuancer tellement ses politesses, qu'il a, pour ainsi dire, un tarif de révérences et de saluts pour chaque personne, suivant son état et sa condition.

C'est grand dommage que le premier vers de ce couplet soit mal fait, et même qu'il ne puisse pas être mieux, à ce que je crois ; sans quoi ce seroit un chef-d'œuvre de naïveté : la peinture en est si vraie pour qui connoît et M. d'Argouges et le Nègre !

En me donnant ce couplet, on me donna celui qui suit, qui est du même auteur. C'est dans un opéra-comique de sa façon, qu'un maître qui parle à Pierrot son valet lui dit, sur l'air *des Fraises* :

> En toi l'on trouve quelqu'un
> Qui d'esprit n'a pas l'ombre ;
> Pas même le sens commun,
> Et qui raisonne comme un
> Concombre, concombre, concombre.

Gallet, au reste, de qui sont les deux couplets ci-dessus, n'a point fait banqueroute, ainsi que je l'ai dit au 12 juillet dernier, mais seulement une *honnête* faillite ; je l'appelle *honnête*, parce qu'il ne fait rien perdre à ses créanciers, pas même les intérêts, et surtout parce qu'il a fait engager sa mère, qui est encore vivante, à son contrat d'atermoiement, et qu'elle s'y est obligée à ne point substituer le bien qu'elle doit lui laisser après sa mort. Il eût bien mieux fait de mener comme il faut son commerce d'épiceries que de faire des chansons, qui lui ont fait négliger ses affaires temporelles pour d'autres peu spirituelles. Il faut pourtant dire que la poésie a moins dérangé ses affaires que la débauche dans laquelle il vit depuis que je le connois.

Il est actuellement dans une crapule affreuse ; il boit cinq à six bouteilles de vin par jour, ce qui le fait trembler au point de ne pouvoir plus écrire. Le vin l'hébêtera tout à fait ; je le trouvai furieusement baissé lorsque je le vis, il y a quelques jours, par hasard ; il n'a tout au plus que cinquante-trois ans, et me parut en avoir soixante-douze. Je ne demeurai avec lui qu'une heure; il étoit neuf heures du matin, et à dix, que je m'en allai, il avoit déjà bu une bouteille, et sans manger.

Le jour de la Saint-Hubert, Milord de Meilfort, qui est depuis plusieurs années l'amant de Mme la duchesse de Chartres, la suivit à la chasse du Roi à Fontainebleau, et se conduisit avec elle, aux yeux de toute la cour, d'une façon si indécente, en lui parlant sans cesse, et en ne la quittant pas pendant toute la chasse que cela donna de l'humeur à M. le duc de Chartres. Le soir, ce prince envoya chercher cet Anglais sans pareil, et lui dit « que ses assiduités auprès de Mme de Chartres lui « déplaisoient depuis longtemps, qu'il eût à ne jamais « se trouver dans les endroits où elle seroit; et que s'il « remettoit davantage les pieds chez lui, il le feroit jeter « par les fenêtres. »

Cette histoire est très-sûre, et m'a été contée par M. le comte de Clermont, qui m'ajouta qu'il n'auroit pas été si patient que le duc de Chartres, s'il eût été en sa place, et que dès le commencement de cette aventure il eût fait le même compliment à M. de Meilfort, et qu'il l'auroit chassé honteusement de sa présence; que c'étoit un fat, qui avoit mené cela avec la dernière indécence et un mépris total des bienséances.

Le 9 du courant ont été mariées à Paris six cents filles que la ville de Paris a dotées, en réjouissance de la naissance du duc de Bourgogne.

Au lieu de faire des feux d'artifice et de donner des fêtes, qui coûtent toujours beaucoup et ne procurent aucun avantage, la Ville a donné un fonds pour ces mariages. Chacune de ces filles a été habillée, a eu cent écus d'argent comptant, et les frais de noces ont été faits aux dépens de la Ville. Le peuple de Paris a paru approuver beaucoup toutes ces dispositions, qui sont en effet très-bonnes et très-louables.

Les Curés de Paris, qui ont été chargés de faire ces mariages, les ont arrangés et les ont faits avec beaucoup de décence et de dignité.

Voici cinq couplets de Favart, qui ont été chantés par Jelliote dans un divertissement qui a été donné à Mme la Dauphine quelques jours après qu'elle a été relevée de ses couches; il y en a deux d'assez jolis, les trois autres ne valent rien, et n'ont que des idées communes.

Air : *De mon berger volage.*

1er Couplet.

Un enfant vient de naître,
Un enfant précieux,
Un Prince qui doit être
Digne de ses aïeux;
L'augure est favorable,
Il sera notre amour;
Une colombe aimable,
Produit-elle un vautour (1)?

2e.

Nous soupirions sans cesse
Après ce gage heureux.
Le don d'une princesse,
L'assuroit à nos vœux.
J'ai vu la rose éclore,
Le lys naît à son tour;
Une si belle aurore,
Annonçoit un beau jour (2).

3e.

Croissez parmi les grâces,
Espoir flatteur des lys,

---

(1) Image désagréable et maladroite. (*Note de Collé.*)
(2) Ce couplet est joli. Le 3e et le 4e vers ont pourtant quelque chose de louche. (*Idem.*)

Rassemblez sur vos traces,
Les arts, les jeux, les ris ;
Si la gloire cruelle
Réclame un jour ses droits,
Vous avez un modèle
Dans le plus grand des Rois (1).

4ᵉ.

Dans le cristal de l'onde
L'azur des cieux nous luit (2),
Et le flambeau du monde
S'y peint, s'y reproduit.
Plus vivement encore,
Par des traits éclatants,
Ce Roi que l'on adore
Se peint en ses enfants.

5ᵉ et dernier.

Destin, qui le fis naître
Pour régir l'univers,
Conserve notre maître ;
Ses jours nous sont si chers !
Ils règnent par avance,
Ses dignes successeurs ;
Leur empire commence,
Leur trône est dans nos cœurs (3).

Au surplus, l'air sur lequel sont les couplets est fort mal choisi.

Voici un mot assez plaisant de M. le marquis de Gontaut, à l'*encontre* de M. le duc d'Ayen, qui, *novissime*, dit-on, n'avoit pas cru nécessaire de se battre contre M. de

---

(1) Lieux communs d'opéra, paroles oiseuses dont on demandera compte à l'auteur. Cette idée se lie-t-elle bien à l'autre : en cela est-il bien clair ? (*Note de Collé.*)

(2) Cette comparaison me paroît noble et neuve, du moins elle est neuve pour moi. Je n'aime pourtant pas *l'azur qui luit et les traits éclatants*. Cependant ce couplet me paroît charmant et le plus joli de tous. (*Idem.*)

(3) A ce couplet-ci, *fiat lux*. (*Idem.*)

Meure, pour un propos piquant et presqu'outrageant que ce dernier lui avoit tenu. Quelques jours après cette aventure, Mme de Pompadour distribua à plusieurs seigneurs qui étoient chez elle des crayons de peu de valeur; et par hasard le fonds manqua sur le marquis de Gontaut qui n'en eut point, et qui s'en plaignit en badinant, et disant quelques plaisanteries à la marquise; à quoi celle-ci répondit sur le même ton : *En vérité, marquis de Gontault, vous avez de l'humeur, et vous êtes envieux comme le duc d'Ayen! — Cela est vrai, Madame,* reprit-il,

> J'ai mal imité sa valeur;
> J'imite trop bien sa foiblesse.

L'histoire de M. de Meure, dans cet instant, revint dans l'esprit de tout le monde.

Le jeudi, 18 du courant, je fus à Berny, chez M. le comte de Clermont, voir la première représentation de mon opéra comique (1). Il a fait un effet très-vif au théâtre; on y a beaucoup ri, et je puis dire qu'il a eu du succès. Je n'en juge point par les complimens que l'on m'a faits, mais par la façon dont les spectateurs ont été affectés. J'ai été, à la vérité, bien secondé par les acteurs; ils ont joué supérieurement; je doute que ma pièce eût été aussi bien représentée, quand on m'eût donné le choix des comédiens dans la troupe des Français et dans celle des Italiens.

Il n'est pas possible de jouer avec plus de grâce, de finesse, de naïveté et d'intelligence, le rôle de Catherine que Mlle Lamby l'a joué. C'est une enfant af-

---

(1) Le *Rossignol* a le plus grand effet théâtral; c'est une comédie véritable! J'ai toujours le plus grand regret d'avoir traité ce sujet en opéra-comique; il eût été mieux de l'écrire en prose, en y laissant seulement les couplets qui se chantent au balcon, l'action auroit, par ce moyen, bien plus de vérité : ce seroit la chose même. (*Note de Collé.*)

fligée de dix-sept ans, d'une jolie figure, grande musicienne, ayant malgré cela tout l'esprit du monde; elle est de la musique du Prince et joue la comédie chez lui. Je l'aimerois mieux au Théâtre-François, où elle seroit bonne, mais très-bonne; elle réuniroit dans le comique les rôles de Gaussin et de la Grandval; mais son père et sa mère ne veulent pas qu'elle soit comédienne : ce sont des gens pauvres, mais qui ont de l'honneur, et je les approuve fort de ne le vouloir pas.

Les rôles de Saint-Albon, de Pierrot et de Richard étoient remplis par MM. les chevaliers de Montazet, de Romgoll et Laujeon; ces deux premiers ont profité de tous leurs avantages dans leurs rôles, qui sont favorables. Mais il faut que j'avoue que M. Laujeon a tiré du sien un parti qui m'a étonné; Richard est sans contredit le rôle de la pièce le plus ingrat, et il a eu l'art de le rendre un des plus brillans; celui de Catherine étoit aussi dans le même cas, et Mlle Lamy l'a créé.

Le rôle de Poitevin a été rendu aussi divinement par Moreau, valet de chambre de Monseigneur, qui joue parfaitement les ivrognes. Il n'y a donc eu que le rôle de Varambon, que faisoit M. Desguirandes, capitaine de cavalerie dans le régiment du Prince, dont je n'ai pas été, à beaucoup près, aussi content; mais qui n'a cependant pas déparé la pièce.

Quoique cette badinerie, qui fut donnée pour la seconde fois le lundi suivant 22, ait eu un succès au delà de mes espérances, j'en suis encore moins satisfait que de la façon dont je me suis conduit vis-à-vis de M. le comte de Clermont. J'ai affiché d'une façon respectueuse, mais ferme pourtant, mon amour pour l'indépendance et la liberté; quoiqu'on m'ait beaucoup pressé de prendre le rôle de Varambon, je m'en suis excusé, et n'ai point voulu me rendre aux plus vives sollicitations qu'on m'a faites à ce sujet.

Je n'ai point voulu coucher une seule fois à Berny, et

j'ai mieux aimé, pendant les répétitions, y revenir trois fois de suite d'un jour l'un, à mes dépens, et en prenant des carrosses de remise (car j'ai refusé les carrosses du Prince), que de former l'apparence du plus léger engagement, en y restant une seule fois à coucher. A la seconde représentation, je ne fus point exprès dîner à Berny; mais j'y arrivai le soir avec M. de Meulan, qui me ramena à Paris aussitôt après le spectacle. Je n'avois point voulu non plus y rester le jour de la première représentation, quoiqu'il y eût, pour la fête de Mlle Le Duc, des divertissemens préparés, et desquels le Prince m'avoit parlé avec enthousiasme. Je prévins au contraire cette Princesse (1) que je m'en irois après la comédie; et afin d'adoucir cette démarche et qu'elle n'eût pas un coup d'œil impoli, j'aimai mieux lui écrire le lendemain la lettre que je vais mettre ci-après. Elle est en style de parade, ainsi que la réponse que m'y fit le Prince dans le même goût, et qu'il signa, *le Directeur,* de laquelle je vais aussi donner copie.

Par la façon enfin dont j'ai mené tout cela, je suis dans la maison du Prince sur le ton dont j'ai souhaité y être, je veux dire noblement et d'une manière indépendante, quoique toujours, comme on le croit bien, avec beaucoup de respect. J'ai fait même servir ce respect à me défendre des avances qu'il m'a faites et qui auroient pu me lier. C'est donc de cette manière d'être, dont je suis mille fois plus content que de la réussite de ma pièce.

Voici les deux lettres en question :

« Vous m'excuserois, s'il vous plaît, Mamselle (2), si
« le reste de ste lettre-ci n'a pas t'un certain style zélé-

---

(1) Mlle Le Duc était la maîtresse du Comte de Clermont. Voyez, dans le *Journal* de l'avocat Barbier, — Décembre 1750, — des détails curieux sur cette danseuse de l'Opéra. (*H. B.*)

(2) Des circonstances m'obligeoient d'écrire à mademoiselle Le Duc, au lieu d'écrire au Prince directement. (*Note de Collé.*)

« gant; c'est que, sur votre respect, je l'écris couram-
« ment et comme ça me vient.

« Z'il ne s'agit donc plus que de remercier Son Al-
« tesse de ses bontés, qui ont zété si grandes en mon
« endroit, que quand je dirois qu'elles ont été extrêmes,
« ignia là personne pour me démentir, ou fauroit que
« ce fut z'une bête, qui n'eût rien vu de ce qui s'est
« passé, pas vrai?

« Oh! qu'est-ce qui résulte de là? je m'en vais t'avoir
« l'honneur de vous le dire, Mamselle.

« C'est, comme je suis t'un bon cœur, ma reconnois-
« sance pour M. le Prince sera zéternelle; c'est z'adire,
« qu'elle durera non seulement jusques à la fin finale
« de mes jours, mais t'encor par-delà *s'il y a pied;* car
« il faut toujours mettre ste condition là; ça ne fait
« point de mal.

« Jeune suis pas mois comblé de vos politesses, Mam-
« selle, et puis t'encore de vos honnêtetés, et z'il fau-
« droit que j'eusse t'un coup de gibet dans la tête, pour
« n'y être pas sensible.

« Si je n'avois pas tété hier malade, et comme qui
« diroit z'indisposé d'une mithologie (1), qui me tour-
« noit zautour du cœur (ce qui z'enrhume presque tou-
« jours les gens), j'aurois t'eu le bonheur de rester
« z'au reste de la fête, qui doit zavoir été charmante;
« car j'ell devine sans l'avoir vue, rapport z'a ce que
« Monseigneur z'avoit eu la bonté de m'en faire le dé-
« tail; et ça doit zavoir été divin seulement.

« Quoique je sois philosophe comme z'un chien, ça ne
« m'a pas empêché d'avoir des attaques d'amour-propre
« sur ma pièce; mais elles tomboient moins sur ce qu'elle

---

(1) Un nommé Duhalde, qui n'est pas vraisemblable, tant il est ignorant, avoit soutenu à dîner chez le Prince, qu'il n'étoit point incommodé d'une *mythologie*, comme je le lui soutenois, et qu'il ne savoit ce que c'étoit que cette infirmité. C'est de lui aussi le coup de *gibet,* au lieu de *giblet.* (*Note de Collé.*)

« avoit z'un peu réussi, que sur ce qu'elle avoit plu à
« Son Altesse, dont mêment le suffrage est tout pour
« moi, mais tout, corbieu!

« Dalieure si zelle a eu du succès, j'ell dois t'encore
« plus t'aux acteurs que za ma pièce, raport za ce que
« ceux qui l'ont jouée, sont des comédiens pareils ou
« semblables *t'aux Soscius* des Grecs; et z'ils sont bien
« différens des comédiens français d'astheure, qui sont
« tous des *Roces* moderne. Jeune parle point là des co-
« médienne qui s'au contraire sont succulantes au théâtre
« Français; et pis, c'est que ça ne peut pas s'entendre
« d'elles, puisque les anciens ne se sont jamais servi
« de femmes en plein théâtre, mais tant seulement
« d'hommes; ce qui z'est cause, z'a mon avis, que Saint
« Augustin za condamné les espectaques raport za cette
« infamie. Ça, par exemple, ça me seroit bien facile
« z'a prouver, n'étoit que l'érudition me fait mal za la
« tête; et si, dalieure elle ne faisoit pas bailler les per-
« sonnes à bouche que veux-tu.

« A propos de ça, Mamselle, ce ne seroit point zune
« indiscrétion que je demandisse seize billets au Prince
« pour lundi prochain? ça ne dit pas pour ça que je
« n'aurai pas l'honneur d'aller remercier le Prince chez
« vous t'a Paris, ou z'a votre loge à l'Opéra, dimanche,
« dimanche, dimanche.

« Je finis ma lettre sur cet air-là; il est nouveau.
« En foi de quoi j'ai *signé*, l'Autheur. »

Réponse de M. le comte de Clermont.

Du Foyer, le 9 novembre 1751.

« Monsieur l'Auteur, l'on m'a zen queute magnière
« donné connaissance de votre lettre, en m'en faisant
« prendre z'une lecture entière.

« J'ai cru m'apercevoir de votre reconnoissance en

« notre endroit, parce que vous en touchez qu'euques
« maux.

« La troupe, z'en vous rendant justice, ne fait que
« son petit devoir; et nous attribuons plus notre réus-
« site aux gracieux de votre pièce qu'à notre fragile
« mérite.

« Quant z'a l'artique d'érudition que vous nous citez
« t'a l'occasion de Saint z'Augustin qui a condamné les
« espectacles, rapport z'a ce qui se passoit entre les
« hommes au défaut des femmes, qu'il n'étoit pas d'u-
« sage de faire comparoître sur la scène; je crois que
« vous auriez pu dire que ces temps-là étoient bien
« barbares, puisque nous voyons que les commence-
« mens de la tragédie sous Thespis, n'avoient pour tout
« théâtre, sur votre respect, qu'une méchante charrette
« dans laquelle il menoit ses acteurs sur un échaffaud,
« qu'il faisoit zaprès ce qui répugne à dire.

« Quant à la manière dont vous vous énoncez en mon
« endroit, c'est z'un effet de votre bonté, qui me ren-
« droit glorieux, si, comme dit st'autre, la vanité n'é-
« toit pas t'un sujet de perdition; que par ainsi, l'on
« ne doit pas prendre la politesse d'un chacun au pied
« de la lettre, ni s'en croire pour ça plus gros seigneur.

« Mais je reviens t'a la chose dont z'il est question.
« Voici les seize billets que vous demandez; je vous prie
« z'en qualité de Directeur, de m'octroyer la grâce de
« les accepter *gratis*; c'est une petite gratification que
« la troupe prend la liberté de vous offrir, et qui ne
« sera point retenu sur votre droit de neuvième. Je vous
« porterai zencore des billets à l'Opéra, où je compte
« jouir de votre chère présence pendant tout l'espec-
« tacle, dont même j'ai l'honneur, zen attendant, de
« me dire, Monsieur et bon ami,

« Votre très-humble et très-obéissant serviteur. Le
Directeur. »

« *P. S.* Les excuses que vous nous faites, à l'occasion de

« la promptitude de votre départ d'hier, vous avez bien
« fait de profiter de la commodité d'une voiture; rien
« n'est plus agréable za un queuques-uns qui se trouve
« dans le cas d'aller à pied sans ça. Le seul regret dont
« nous ayons le bonheur de jouir, c'est de n'avoir pas
« profité plus longtemps de votre chère présence; mais
« ce qui est différé n'est pas perdu, on voit ça tous les
« jours. »

Il ne me resteroit plus ici que de faire la critique de mon ouvrage, comme je fais celle de toutes les pièces nouvelles qui paroissent; mais l'aveuglement où l'on est sur ce que l'on a fait, m'empêcheroit sans doute d'y voir aussi clair, ou de me traiter du moins aussi sévèrement que les autres; c'est pourquoi je ne tenterai point cette besogne pénible, et peut-être impossible; mais je tâcherai de profiter des critiques que l'on aura la bonté de me faire; et si je le puis, je corrigerai en conséquence les fautes qui sont susceptibles d'être corrigées; je n'y mettrai ni entêtement, ni paresse.

La nuit du 18 au 19, mourut M. de Tournéhem, oncle de M. le Normand, mari de Mme de Pompadour. En se mettant au lit le mercredi 17, il dit, en parlant de lui : *Voilà mon b..... mort*. Effectivement, il n'en est pas revenu; au reste, *Colas vivait, Colas est mort*, est une épitaphe qui lui va comme à bien d'autres. Il étoit prodigieusement bête : c'étoit un composé de hauteur et de bassesse, d'ignorance et de suffisance, d'une vanité et d'une sottise bourgeoises; grossier et sans éducation; sa fortune et sa place l'avoient rendu insolent. *Requiescat in pace.*

Le 10, l'Académie royale de Musique donna la première représentation d'*Acante et de Céphise*, ballet héroïque, fait à l'occasion de la naissance du duc de Bourgogne. La musique est de Rameau, les paroles sont de Marmontel. Quelles paroles! elles font regretter Cahuzac; ni fond ni détails. Cahuzac présentoit du moins quelques tableaux et donnoit au spectacle; les deux premiers actes de ce ballet, qui est en trois et sans prologue, sont absolument dénués de tout spectacle; il y en a un peu au troisième acte, mais le poëme est si froid, si mal inventé, si mal rendu, si mal écrit, et même si bêtement écrit, on peut le dire, qu'il n'est pas croyable que ce soit Marmontel, lui qui a quelque réputation, qui en soit l'auteur. On trouve de belles choses dans la musique, mais elle aura bien de la peine à vaincre l'ennui que donnent les paroles; cependant on n'en désespère pas encore.

Le 25, les Comédiens Français donnèrent la première représentation d'*Antipater*, tragédie de M. Portelance. C'est un jeune homme de dix-neuf ans, neveu d'un chanoine de Saint-Honoré, grand directeur d'âmes et estimé médiocrement.

Cette pièce, dont on parle depuis un an et avec des éloges outrés, a été universellement huée, et a été à peine écoutée jusqu'à la fin; on a presque toujours ri depuis le cinquième acte jusqu'à la dernière scène (1). Depuis plus de vingt ans je n'ai vu tomber de pièce avec plus de bruit; elle n'est pourtant pas médiocre, elle est détestable; cette raison, qui peut paroître singulière, m'empêcheroit presque de désespérer tout-à-fait de l'auteur, qui est très-jeune. Je ne dis pas pour cela que cette raison m'en fît espérer; c'est toute autre chose. Il n'y a pas dans cette tragédie plus de fond *que dessus ma main*; et comme je l'écrivois hier à Saurin, ce seroit peut-être un beau sujet s'il y en avoit un. Cet enfant n'a nulle connoissance du théâtre ni des bienséances théâtrales; pas une scène ne tient à l'autre; il y a duplicité d'action;

---

(1) « Jamais pièce ne fut annoncée avec plus d'éclat. On en parlait comme
« d'un prodige. Les anciens et les modernes allaient être éclipsés, etc.
« Ce phénomène éclata enfin aux yeux du public, et disparut en un ins-
« tant, comme ces feux légers exhalés de la terre et qui y retombent avec
« précipitation. » *Anecd. Dram.*, I, p. 82. (*H. B.*)

point d'intérêt, point de caractère ; en un mot, c'est un monstre plutôt qu'un poëme dramatique.

Ce jeune homme a pourtant de la tournure dans ses vers ; ils ne sont pas prosaïques ; ce n'est point par là qu'ils pèchent ; ils sont boursouflés, emphatiques, sans justesse, souvent *amphigouristiques* et inintelligibles, pleins de lieux communs, quelques-uns pillés ; malgré cela, pourtant, ce sont des vers ; il y en a même qui, n'ayant aucun des défauts dont je viens de parler, m'ont paru assez bien faits et assez beaux, du moins autant qu'on en peut juger en les entendant réciter seulement. Mais supposé qu'il pût parvenir à se perfectionner du côté de la versification, je doute fort qu'il fasse jamais des tragédies ; il me semble qu'il manque totalement de la grande invention, je veux dire de l'invention du fond et de l'ensemble : il n'y a pas, dans son *Antipater*, une seule situation neuve ; il n'en a pas inventé une seule.

On a été bien aise de la chute de ce petit homme, à cause qu'il étoit devenu d'une suffisance aussi grande que s'il avoit eu du mérite. Il critiquoit, dit-on, indécemment Corneille et Racine, et se comparoit à eux sans façon.

Il n'a jamais voulu écouter de conseils ni faire de changemens à sa pièce. Et à ce sujet même, il a eu des dégoûts à essuyer de la part des comédiens, qui, exigeant des corrections raisonnables, l'ont ballotté longtemps avant de l'exécuter à mort.

Ce jeune étourdi avoit été lire sa pièce dans tout Paris, et en trois mois il a été perdu de louanges, surtout dans quelques bureaux d'esprit où il a été mené et loué outre mesure. Ces bureaux sont des écueils, de véritables bancs de sable pour de jeunes auteurs, et surtout pour ceux qui n'ont pas une tête bien faite, et qui ont plus d'amour-propre que d'expérience et d'usage du monde.

On parloit ces jours-ci, devant M. de Brou le fils, de M. Pouletier le conseiller d'État, qui a eu de la gaîté autrefois, mais qui radote à présent tant qu'il peut, et l'on soutenoit qu'il avoit encore des réparties vives et quelquefois des saillies. *Il est vrai*, ajoutait-on, *qu'il dit tout ce qui lui vient à l'esprit; — dites, tout ce qui lui vient à la bouche*, reprit vivement le petit de Brou.

Voici encore un trait plus piquant, parce qu'il est adressé à la personne même. C'est de Jancin, l'Anglois.

Cet homme, en badinant, mettoit un prix aux femmes de la cour, et calculant à l'anglaise, il estimoit les unes mille louis, celle-ci cinq cents; il ne donnoit de celle-là que cent louis; de cette autre que cinquante, etc. Sur quoi Mme de Bouflers, aujourd'hui Mme de Luxembourg, lui dit : *Parlez-moi vrai, Jancin, et moi, là, combien m'estimez-vous? Ah! vous, Madame*, répondit-il d'un air respectueux en apparence, *vous, Madame, je ne vous estime point*.

A propos des femmes qu'on n'estime point, Mme de la Popelinière a remué ciel et terre ce mois-ci pour se raccommoder avec son mari, et revenir vivre avec lui dans sa maison. L'on prétend qu'elle a intéressé Mme de Pompadour à sa situation; ce qui est sûr, c'est qu'elle a sollicité les ministres pour amener son raccommodement avec son mari; elle a été chez M. de Saint-Florentin, M. d'Argenson et M. de Machault. L'on veut même que M. d'Argenson ait parlé à son mari, et lui ait dit : qu'il oubliât les sujets de plainte qu'il avoit contre sa femme; que ce qu'il avoit de mieux à faire étoit de la reprendre, et de vivre bien par la suite avec elle; qu'il falloit tôt ou tard qu'un mari en revînt là; qu'il trouveroit à Paris nombre d'exemples de gens sensés qui en avoient agi ainsi avec leurs femmes, et même que ces exemples étoient communs à la cour. Il est plaisant que M. d'Argenson ait dit cela, lui qui est dans le cas, et qui a repris la sienne après avoir fait un éclat.

Je ne garantis point, au reste, ce propos de M. d'Argenson, mais ce que je donne pour certain, c'est que

M. de Machault avoit envoyé chercher M. de la Popelinière, dont la femme étoit déjà dans le cabinet de ce ministre. Quand ce cher mari arriva dans la seconde antichambre, il y trouva Boudrey, à qui il demanda s'il savoit ce que M. le garde des sceaux lui vouloit, s'il auroit bientôt audience, et s'il y avoit actuellement quelqu'un avec lui; à quoi Boudrey répondit : *Je n'en sais rien; tout ce que je sais, c'est que Mme la Popelinière est avec lui depuis une heure.* Ce que ce tendre mari ayant entendu, il s'enfuit, et il court encore.

Boudrey fut après très-vivement tancé par M. de Machault de son indiscrétion. *Apprenez, Monsieur,* lui dit-il, *que vous êtes ici pour tout voir et pour ne rien dire.*

L'on est persuadé, au reste, dans le public, que sans y employer le crédit des protections, la Popelinière, de son plein gré, et de sa pure et franche volonté, reprendra un jour, et même bientôt, sa chaste moitié, si elle ne meurt pas dans quelques mois de son cancer; il s'embarrasse peu de l'aventure dont on a tant parlé.

DÉCEMBRE 1751.

Le 2 du courant, l'Académie royale de Musique a remis au théâtre, pour les jeudis, *Eglé*, *Pygmalion*, et l'acte de la *Vue*, que l'on donne sous le nom de *Fragmens*.

Le 6, je fis les deux couplets suivans, qu'un de mes amis m'avoit prié de faire pour la fête de sa maîtresse; ils sont sur l'air de *Mon berger volage*.

1er.

Iris, mon cœur s'apprête
A te faire en mes vers

Un bouquet pour ta fête :
Entends mes doux concerts.
Le tribut légitime
Que je dois en ce jour
Est fondé sur l'estime,
Et payé par l'amour.

2ᵉ.

Le cœur d'un galant homme,
Et les traits de Cypris,
En deux vers, voilà comme
Je te peins, tendre Iris.
Quel bonheur l'on éprouve
Quand les Dieux ont permis
Qu'en sa maîtresse on trouve
Le plus sûr des amis !

En faisant ces couplets, il m'en est venu d'autres sur le même air, et les voici :

COMPLAINTE D'UNE FEMME A SENTIMENS.

1ᵉʳ.

Dans le siècle où nous sommes,
Qu'on aime foiblement !
L'on ne peut chez les hommes
Trouver de sentiment.
Tircis n'est point volage,
Mais son cœur est usé ;
Se peut-il qu'à son âge
Un cœur soit épuisé ?

2ᵉ.

Tu jures que tu m'aimes,
Mais c'est si froidement !
Tircis, tes sermens mêmes
Redoublent mon tourment.
Laisse le vain langage
Des sermens superflus ;

Aime-moi davantage,
Et ne le jure plus.

3ᵉ.

Quels destins sont les nôtres?
Pourquoi suis-tu mes pas?
Tu n'en aimes point d'autres,
Mais tu ne m'aimes pas.
Quand ton cœur léthargique
N'est plus sensible à rien,
Ingrat, ce qui me pique,
C'est que je sens le mien.

4ᵉ et dernier.

Comment! rien ne ranime
Tes désirs languissans!
(Ce n'est pas que j'estime
Les vains plaisirs des sens).
Mais que ton cœur s'enflamme,
Du moins par mes transports.
Eh quoi! même ton âme
A perdu ses ressorts.

Le jeudi 9 du courant, les Italiens donnèrent la première représentation du *Gouverneur*, comédie en trois actes et en prose du chevalier de la Morlière; c'est l'auteur d'*Angola*, petit roman plein de jargon, et dénué de situations et de faits, qui parut il y a quelques années, et eut quelque succès. Sa comédie ressemble assez à son roman; il n'y a pas deux scènes dans toute la pièce; il ne sait pas même faire une scène; il ne connoît rien au dialogue de la comédie; il met en sa place un ton de conversation long, froid et maniéré. Il y a un caractère de petit-maître, qui est calqué sur celui du *Français à Londres* et sur le *Méchant*. Les détails ne sont pourtant pas absolument sans esprit; mais ce n'est point de l'esprit de la chose, au contraire; il n'y a point de plaisanteries de fond, parce qu'il n'y a point de fond dans cette pièce, qui ne vaut pas, au reste, la peine que je prends d'en parler. Ce chevalier de la Morlière est fils d'un maître des comptes du parlement de Grenoble, qui est bon gentilhomme, à ce qu'on dit. C'est un mauvais sujet, qui a été chassé des Mousquetaires, pour des causes déshonorantes, à ce qu'on prétend; c'est, ajoute-t-on, un homme qui ne parle que de coups d'épée, jusqu'au moment qu'on lui donne des coups de bâton (1).

Le 18, je fus à Berny; on y jouait *Barbarin*, tel que je l'ai raccommodé, ainsi que je l'ai dit à la date du 3 janvier de la présente année.

Elle est moins mal qu'elle n'étoit auparavant, mais cela n'est pas bon encore, tant s'en faut; j'en ai même porté un jugement un peu trop indulgent page 270 et suivantes de ce Journal. Quoiqu'elle soit actuellement dans un état plus supportable qu'elle n'étoit lorsque j'en ai dit mon sentiment, et que je puisse y attacher quelqu'amour-propre, y ayant travaillé, cependant, malgré ma besogne, mon jugement est aujourd'hui infiniment plus sévère qu'alors il n'a été. Je la trouve à présent plus mauvaise, parce que le travail que j'ai employé m'a donné l'occasion de la voir de plus près, de l'examiner davantage, et de la connoître absolument à fond.

Je suis sûr aujourd'hui, au reste, que cette pièce n'est point du comte de Clermont; j'en suis sûr à n'en point douter: elle est de M. Romgoll, Gentilhomme attaché à son Altesse, homme de mérite, d'esprit, et plein de probité; il est vrai qu'il l'a faite en présence du prince, qui y ajoutoit ou retranchoit un mot quelquefois, et qui le troubloit plus qu'il ne l'aidoit. Quand cette comédie a été achevée, Son Altesse l'appela simplement *notre pièce*, et il a fini par l'appeler *ma pièce* (2). En sorte qu'elle a été jouée

---

(1) La Morlière (Rochette de) littérateur, auteur dramatique. Grenoble, 1704-1785, a donné le roman d'*Angola*, plusieurs autres romans, et les comédies du *Gouverneur*, de la *Créole* et de l'*Amant déguisé*. (H. B.)

(2) Ceci rappelle les poules de la servante du Curé. Du reste, le comte

autant sous le titre de la *pièce du prince* que sous celui de *Barbarin*; et je suis bien persuadé qu'il s'est fait accroire à lui-même qu'il en étoit l'auteur, et il n'en doute plus actuellement. Ce qui est très-certain, toujours, c'est qu'il en reçoit les complimens; et dès l'année dernière, il reçut le mien très-affirmativement. Voilà de ces choses que l'on voit sans pouvoir les croire, et qu'il faut se détacher de vouloir faire croire à ceux qui n'auront pas été témoins de ces faits.

Le lundi 20 du courant, je fus à la première représentation de *Varon*, tragédie de M. le marquis de Grave : elle me parut assez réussir, et le mériter assez peu (1).

Le plan en est neuf cependant, et assez bien imaginé; en général, même, la pièce est conduite assez sensément. Les acteurs se disent assez ce qu'ils se doivent dire, quoique d'une façon très-commune et en fort mauvais vers. Il y a eu du mérite ou de la difficulté à faire une pièce implexe avec trois personnages seulement; il est vrai, en récompense, que l'exposition en est louche, obscure, ne met au fait de rien. J'avoue que les expositions

---

de Clermont était loin de briller par l'esprit, et lorsqu'il se fit recevoir à l'Académie française, le poëte Roi lui décocha l'épigramme suivante, que nous empruntons à M. Victor Fournel :

> Trente-neuf joints à zéro,
> Si j'entends bien mon numéro,
> N'ont jamais pu faire quarante.
> D'où je conclus, troupe savante,
> Qu'ayant à vos côtés admis
> Clermont, cette masse pesante,
> Ce digne cousin de Louis,
> La place est encore vacante.

Le comte paya cette épigramme au moyen d'une volée de coups de bâton qu'il fit administrer au poëte par un *nègre*, ce qui fit dire sans doute à quelque mauvais plaisant que c'était une vengeance pleine *de noirceur*. Au surplus, le nègre n'y alla pas de main morte : Le pauvre Roi fut laissé sur le carreau. (*H. B.*)

(1) Cette pièce fut applaudie par les gens du monde; mais les gens de lettres lui refusèrent leurs suffrages. — *Anecd. Dram.*, II, p. 260. (*H. B.*)

de pièces implexes sont bien difficiles, en ce qu'il faut cacher avec soin ce dénoûment aux spectateurs; aussi l'auteur a-t-il coupé court à cet inconvénient, en donnant une exposition qui est le plus fier logogriphe qu'il soit possible de présenter; mais les plus grands défauts sont que toutes les situations de cette pièce qui devroient être belles ne sont point traitées et sont manquées; qu'il n'y a nulle chaleur et nul intérêt; le seul qu'on puisse y trouver est un intérêt de curiosité; on veut savoir comment cela finira; aussi quand on reverra cette tragédie, si tant est qu'on en ait le courage, on s'y ennuiera mortellement, parce qu'étant au fait du dénoûment, on n'y trouvera que des scènes ratées et qui auroient dû être pathétiques, et le froid le fera d'autant mieux sentir (je veux dire le froid qui naît du manque total d'intérêt), que les détails ne rachètent point le vice énorme du fond, que les vers en sont détestables, et qu'on n'écrit pas plus mal et plus foiblement que cette pièce est écrite.

Une chose qui m'a frappé à la représentation de cette tragédie, c'est que le plan m'a paru être de la main d'un poëte, et l'exécution de ce plan de la main d'un homme qui a du sens, mais qui n'a ni génie, ni talent, et très-médiocrement d'esprit. En sorte que je croirois presque (et c'est une idée qui n'est venue qu'à moi) que le plan de cette tragédie a été donné à M. le marquis de Grave, et qu'il en a fait seulement les vers, qui sont des vers de qualité; ceci n'est purement qu'une conjecture, et qui ne pose sur rien que sur l'idée que j'ai eue. Mais en supposant que M. de Grave soit entièrement l'auteur de cette pièce, elle ne peut pas lui faire déshonneur, quoique très-foible. Malgré son succès prétendu, cette tragédie ne sera jamais remise au théâtre après sa nouveauté. C'est une drogue qui ne peut avoir qu'une réussite momentanée; elle ne devoit pas même l'avoir : elle a pourtant eu seize représentations.

Le jeudi 23, je partis pour Etioles, pour y jouer mon

opéra-comique, que nous avons effectivement représenté le 27 et le 29 du courant, précédé du prologue de *l'Espérance*, et suivi d'*Arcagambis*.

Comme Mme Duperron est grosse, et que Manisson, son beau-père, a eu une attaque d'apoplexie, elle n'a pu tenir la parole qu'elle avoit donnée de jouer le rôle de Catherine; et ses enfants, dont nous avions besoin dans le Prologue de *l'Espérance*, n'ont pu conséquemment prendre les rôles qui leur étoient destinés; il a donc fallu me retourner, et voici comme j'en suis venu à bout.

J'ai rejeté, dans les rôles des enfants de M. de Meulan, les rôles du petit et de la petite Duperron.

J'ai fait remplacer par une fille de charge de la maison le rôle d'Arcagambis, qu'on avoit donné au petit Duperron.

Et dans l'opéra-comique, Mlle Rémond, femme de chambre de Mme de Meulan, a joué le rôle de Catherine; M. de la Galaizière a joué le rôle de S. Albon, M. de Petitval celui de Richard, M. Terré celui de Varambon, et moi j'ai fait celui de Poitevin, le rôle de Pierrot ayant été rempli par M. de Romgoll.

A quelques égards *le Rossignol* a été aussi bien joué qu'à Berny; il y a eu même des rôles mieux rendus. Par exemple, celui de Varambon et celui de S. Albon, en observant cependant pour ce dernier, que si M. de la Galaizière l'a mieux joué que M. de Montazet, M. de Montazet le chante mieux que M. de la Galaizière; il a une voix admirable et est bon musicien : à tout prendre, au reste, je donnerois la préférence aux acteurs de Berny; c'est beaucoup de les avoir balancés.

Le prologue de *l'Espérance* a beaucoup réussi vis-à-vis des père et mère; c'est tout ce que je prétendois. Je ne voulois pas autre chose; c'étoit une marque d'amitié que je voulois leur donner, et non pas une pièce, en composant cette misère.

Pendant les dix jours que je suis resté à Étioles, j'ai

trouvé le temps de changer dans ma comédie de *la Vérité dans le Vin* le rôle de l'abbé en celui d'un chevalier de Malte.

Moyennant ce changement, je crois qu'elle pourra bien être jouée à Berny, du moins Son Altesse m'a-t-elle témoigné en avoir envie, et c'est pour cela que j'ai travaillé.

OBSERVATION DE COLLÉ.

J'observerai en 1780 que dans les annéess 1752, 1753 (1), 1754, 1755, 1756, et dans quelques autres encore, je ne fais autre chose que de parler de moi, de mes affaires, de mes parades, de mes chansons, de mes fêtes, de mes comédies, de mes succès. On pourroit croire que j'en étois enivré. Je proteste aujourd'hui, de la meilleure foi du monde, que mes succès n'avoient mis mon amour-propre qu'en *pointe;* ils m'avaient seulement animé et allumé; ils me firent soigner davantage tout ce que je faisais; ils me firent entreprendre et oser davantage.

Je l'ai dit plus d'une fois dans quelques préfaces manuscrites : découragé par les beaux-esprits d'une société qui en 1747 n'avaient trouvé *la Vérité dans le Vin* qu'une parade renforcée, et qui n'avaient vu dans *le Rossignol* qu'un opéra-comique, au lieu d'y voir une comédie, etc., etc., leurs jugements, que je croyais bêtement, m'avaient abattu l'âme. Il n'y avait pas jusqu'à mes vaudevilles et mes chansons qu'ils ne déprisassent, quoiqu'ils fussent les premiers à en rire.

Né, heureusement, avec une défiance extrême de moi-même, j'avoue ici, avec la plus grande vérité, que ce n'est que par mes réussites multipliées sur le théâtre de M. le duc d'Orléans, et celle de ma chanson du *Port Mahon* et de *Marotte*, que je commençai à sentir le peu de talent que j'ai, et à m'en apercevoir.

Je jure que jusque-là je ne me jugeois capable que de faire des parades, genre que dès lors je méprisois au fond

---

(1) Nous avons dit, à la *Liste chronologique* des *ouvrages de Collé*, tom. Ier, que nous ne possédions pas les années 1752 et 1753 de son Journal. Nous souhaitons que les personnes qui les ont n'en privent pas plus longtemps le public (*Note de Barbier*). Ainsi que nous l'avons expliqué plus haut, nous n'avons pu parvenir à combler cette lacune, qui, outre les années 1752 et 1753, embrasse, comme il a été dit, les années 1761 et 1762 (*H. B.*)

du cœur, tout en m'égayant à en faire. Quand ma femme m'excitait à tenter de m'élever jusqu'à la comédie, je lui soutenois avec vivacité, et une intime persuasion, que je serois un présomptueux et un sot de m'en croire le talent.

Vaincu par elle, je fis du sujet de *Nicaise* une comédie, que je ne voulois traiter qu'en parade.

La scène tendre et passionnée du *galant Escroc*, que je me croyois hors d'état d'écrire (n'ayant jamais traité que des gaietés), me fit composer l'acte de *la Veuve*, et cet acte me fit oser *Dupuis et Desronais;* et le tout par les encouragements et les sollicitations très-vives de ma femme. Je puis dire, avec la dernière vérité, que sans elle je n'aurois pas connu mes forces, et que sans ses critiques judicieuses, fines et son goût délicat, mes ouvrages auroient été pleins de défauts et peut-être grossiers et rebutants ; je dois prodigieusement à ses conseils. Je suis peut-être l'unique auteur de comédies qui ait rencontré dans sa femme un conseil aussi sûr, des lumières aussi délicates, et, si je puis le dire, une espèce d'*instinct* pour la vraie comédie.

Pour en revenir à mes succès et un peu à ma justification, s'il est possible, sur l'égoïsme qui règne dans plusieurs volumes de ces journaux, je dirai d'abord que j'y parle à *mon bonnet*(1), et que peu de gens ont vu ces mauvais recueils, que je n'estime pas.

Pour mes succès, ils ne m'ont jamais tourné la tête, pas même celui de *Henri IV*, pièce nationale; je dois plus ma réussite à ce prince adoré qu'à mon talent, et je réduis encore mon talent au taux qu'il doit avoir, c'est-à-dire à peu de chose.

---

(1) Collé met ici quelque coquetterie dans son langage. Il ne parlait pas uniquement à son *bonnet :* le soin qu'il a généralement apporté à la rédaction et à la mise au net de son *Journal* prouve qu'il entrevoyait comme chose certaine la publication, au moins posthume, de cet ouvrage (*H. B.*)

ANNÉE 1754.

JANVIER 1754.

Ce Journal s'est senti et se sentira sans doute encore quelque temps des petits ouvrages que je compose pour le théâtre privé du duc d'Orléans. Je tâcherai pourtant que l'article des spectacles ne souffre point d'interruption ; c'est en grande partie le but que je me suis proposé, et je m'efforcerai de ne point m'en éloigner.

[Le duc d'Orléans a acheté une petite maison faubourg Saint-Martin, vis-à-vis la porte de derrière de la foire Saint-Laurent. Il y fait construire un théâtre, qui ne sera, à vue de pays, achevé au plus tôt que le 15 du mois prochain. Les décorations sont faites sur les dessins et conduites par M. Pierre, peintre célèbre et premier peintre de ce prince. La salle a quarante-trois pieds de largeur. Je parlerai d'une façon plus détaillée de ce théâtre à la première occasion.

Le 4 nous fîmes, sur celui de la rue Cadet, une répétition, en habits, du *Rossignol*, que nous devons jouer la première fois avec *Tragiflasque*, devant Mlle de Charolois, lorsque le nouveau théâtre sera achevé. Cette répétition alla à merveille ; j'espère que cet opéra-comique sera rendu tout aussi bien qu'il l'a été à Berny.

A souper, je chantai le canon suivant, qui prit assez bien :

Sur l'air : *Culbute, culbute, culbute à jamais.*

1ᵉʳ.

Ah ! si je l'osois, je dirois
Qu'il faut, la surveille des Rois,
Qu'on boive, qu'on boive, qu'on boive au Bourgeois.

2ᵉ.

Amis, buvons à la santé
D'un Prince ami de la gaîté.
Qu'il passe (3 fois) cette liberté.

3ᵉ.

Grands Dieux, donnez-lui de beaux jours !
Qu'ils soient filés par les Amours.
Qu'il chante, qu'il danse, qu'il aime toujours.

4ᵉ.

Qu'avec des dés qui sont sans prix
En jouant au jeu de Cypris,
Il passe (3 fois) au moins dix.

Ce canon se chante à trois personnes; au lieu de trois personnes, tous chantèrent, et cela forma une espèce de chœur.]

Voici un couplet que je mis dans une annonce, et que le duc d'Orléans chanta :

Air : *Quand la Mer Rouge apparut.*

Nous n'aimons point en ces lieux
  Les esprits critiques;
Et nous n'aimons guère mieux
  Les mélancoliques;
Soyez fous vifs et fous gais,

> Fous doux et fous gaillards, mais
> Foin de ces fous, fous,
> De ces tri, tri, tri,
> De ces fous, de ces tri,
> Foin de ces fous tristes ;
> C'est pis que des jésuistes.

Les princes du sang, et surtout Mlle de Charolois, ayant trouvé mauvais que le comte de Clermont n'eût point à l'Académie les préséances et prérogatives qui sont dues partout ailleurs à sa qualité de prince du sang, on croit qu'il ne s'y fera pas recevoir ; il restera élu, sans être reçu ; du moins, c'est ce que l'on dit aujourd'hui.

Le vendredi 11, l'Académie royale de musique donna la première représentation de l'opéra de *Castor et Pollux* (1), auquel Rameau a fait près de trois actes tout neufs. Bernard a fait aussi beaucoup de changemens, et son poëme n'en est pas meilleur pour cela ; mais il faut avouer aussi qu'actuellement une tragédie lyrique est un ouvrage impossible.

Cet opéra, au reste, a été applaudi avec fureur, et aura le plus grand succès. Les connoisseurs pensent que Rameau n'a jamais rien fait de plus varié. Il y a, dit-on, de la musique grande et noble, il y en a de gaie, de voluptueuse, de toutes sortes. Jamais on n'a loué aucun de ses ouvrages avec tant de vivacité. La haine que l'on porte aux Bouffons, jointe à l'excellence de son opéra, peut bien y contribuer un peu. Les Bouffons vont, à ce qu'on assure, être renvoyés dans peu de jours.

Je n'ai pas encore vu *Castor et Pollux*. Depuis quelque temps je n'ai été à aucun spectacle, à cause de la

---

(1) Tragédie-opéra, paroles de gentil Bernard, musique de Rameau. Le succès qu'obtint la musique de cette pièce fut si grand que le musicien Mouret en perdit la tête de jalousie. On l'enferma à Charenton, où, dans les accès de sa folie, il chantait les plus beaux airs de cet opéra. (*H. B.*)

maladie de Saurin, qui a été à l'extrémité, et qui n'est point hors de péril tout à fait. Il est tombé malade quelques jours après que son roman a paru.

Mirza et Fatmé a beaucoup réussi, si l'on en juge par le débit, et encore plus sur le bien et le mal que l'on en dit. Je crois qu'il eût eu un plus grand succès sans l'épître en vers qui est à la fin, et que Saurin m'a adressée; je n'étois point d'avis qu'il la fît imprimer : je le lui avois dit.

L'histoire d'Abdalla qui est dans ce roman est une chose bien faite, fort naturelle et bien écrite. Il n'y a point d'écrivain auquel elle ne fît honneur; il y a de la gaieté dans le commencement et des portraits singuliers. On n'a pas manqué d'en faire des applications, et j'ai craint pendant quelques jours que l'on ne lui fît du chagrin; il n'a pas été sans crainte lui-même. Il n'avoit eu sûrement personne en vue; mais quand on peindra les mœurs des hommes, il faut qu'il s'en trouve à qui la peinture ressemble; sinon, on n'est plus un peintre, on n'est qu'un barbouilleur. Ce roman a paru à la fin de novembre.

Le lundi 21 je fus aux Français, voir la première représentation de *Paros*, tragédie du sieur Mailhol (1); c'est un jeune homme de vingt-six à vingt-sept ans, qui est secrétaire de M. le commandeur de Fleury, frère du duc de Fleury.

Cette pièce, qui est pitoyable, fut applaudie du parterre. Outre les billets donnés par l'auteur, M. Bertin, trésorier des parties casuelles, en avoit donné un très-grand nombre. Mlle Hus, qu'il entretient, y jouoit le grand rôle, et même l'unique rôle de femme qui soit dans cette pièce. On ne peut guère le rendre plus mal

---

(1) Mailhol (M.-Gabriel) né à Carcassonne, a fait jouer aussi la comédie des *femmes, les Lacédémoniennes, le Prix de la beauté, Ramir,* et *la Capricieuse.* (H. R.)

qu'elle l'a rendu; il faut lui rendre cette justice-là. Mais quand Mlle le Couvreur seroit revenue au monde pour jouer ce rôle, elle ne l'auroit pas fait trouver meilleur, et n'en auroit pas davantage imposé, je ne dis pas aux connoisseurs, mais aux gens qui ont un peu de sens commun.

Toute cette comédie ressemble à ce rôle-là, et la salle entière l'a trouvée détestable, malgré les applaudissements de ce funeste parterre. Comme elle a eu une espèce de succès, elle sera imprimée, et je me dispenserai, moyennant cela, d'en faire l'extrait.

Il n'eût pas été facile d'en venir à bout, car le fond du drame est si déraisonnable et si décousu, que je ne sais si j'eusse pu aisément en suivre le fil. La seule situation qui se trouve dans cette tragédie est prise de l'*Artaxerxès* de l'abbé de Metastazio, et encore est-elle si défigurée qu'elle n'est presque pas reconnoissable. Cette situation est celle d'un père qui, ayant voulu assassiner son roi, en accuse son fils, avec la différence que dans *Paros* celui qui charge du crime son fils prétendu n'en est pas réellement le père, et que le spectateur est dans la confidence que c'est le fils du roi, et que l'accusateur le sait. On sent combien cela affoiblit la situation. D'ailleurs, elle est fondée dans Metastazio, et toutes les vraisemblances se trouvent pour que le roi croie que l'accusé est coupable; dans *Paros*, c'est précisément le contraire. Mais une situation que M. Mailhol n'a sûrement point dérobée à Metastazio ni à qui que ce soit, c'est celle-ci :

Paros voit ses desseins renversés, une conspiration qu'il avoit faite étouffée, et tous ses projets ambitieux anéantis; il croit très-extravagamment que dans ce cas il ne lui reste point d'autre parti à prendre que de tuer le roi; je dis que ce parti est extravagant, attendu que ses complots n'ayant point été découverts, et n'ayant point, d'un autre côté, de grandes ressources, ou plutôt les ayant vues toutes s'évanouir, il court à une mort certaine en assassinant son maître; mais n'importe, cet homme, qu'on veut nous donner pour un habile scélérat, veut tuer le roi, et tire son épée pour en passer sa fantaisie; dans le moment arrive son fils prétendu; il change tout à coup de dessein, et il remet son épée au roi, en qualité de criminel, parce qu'un instant auparavant ce bon monarque lui a dit qu'on le soupçonnoit de tous les troubles du royaume. On observera que le roi a ajouté qu'il étoit bien loin d'ajouter foi à ces bruits-là, et qu'il pensoit au contraire n'avoir point de sujet plus fidèle.

Peut-on voir rien de plus ridicule et de plus révoltant que cette situation? Y a-t-il la moindre vraisemblance? 1° Ce fils qui vient seul peut-il empêcher que le père ne commette ce crime? Plus il est vertueux, et moins il accusera son père de ce forfait, quand même il le verroit commettre.

En second lieu, est-il possible que les spectateurs, et à plus forte raison l'acteur, puissent se méprendre au mouvement qu'un homme fait pour en assassiner un autre, ou au mouvement simple que l'on fait quand on remet son épée? Ce beau coup de théâtre a pourtant été fort applaudi du parterre et même de quelques personnes du théâtre et des loges; après cela, ne risquez point des extravagances!

Tous les caractères de cette tragédie sont manqués, ou plutôt il n'y en a point. Le roi est un imbécile; le héros un doucereux; l'ambitieux, un sot et un fou; la princesse ne fait rien à la pièce, et d'ailleurs on ne sait qui elle est, d'où elle vient, ni à qui elle appartient; elle tombe des nues. La versification en est boursouflée et pleine d'amphigouri; jamais le mot propre; point de dialogue, nul intérêt. Elle a eu huit représentations.

Le 27 de ce mois, Chassé, jouant dans l'opéra de *Castor et Pollux,* dit une chose qui marque combien il est fanatique de son métier; aussi est-il le plus grand comédien qui ait paru sur ce théâtre (je ne dis pas le plus grand chanteur). Voici ce que c'est :

Dans le premier acte de cet opéra, il conduit des troupes au combat, et marche à leur tête après les avoir rangées en bataille, ce qu'il a exécuté dans toutes les représentations avec une vérité, une grâce et une dignité singulières. Le jour dont je parle, le pied lui ayant glissé, il tomba dans la coulisse; mais, sans perdre de vue son jeu de théâtre, il cria sur-le-champ aux gens des chœurs qui le suivoient, et avec un enthousiasme qui a en soi quelque chose de bien plaisant : *Passez-moi sur le corps, et marchez toujours à l'ennemi.*

J'ai voulu vérifier si le fait étoit bien vrai; et il s'est trouvé qu'il étoit exactement comme on me l'avoit dit, et comme je viens de le conter.

FÉVRIER 1754.

La fin du mois dernier et le commencement de celui-ci ont été rigoureux, par le froid excessif qu'il a fait et qu'il fait encore. Mais ce qui est singulièrement remarquable, c'est la prodigieuse quantité de neige qui est tombée pendant les premiers jours de février. Il y en a sept pouces sur terre; je n'en ai jamais autant vu; les rues sont comme des champs labourés. Je me souviens qu'en 1728 il tomba aussi une grande quantité de neige; mais il n'y en avoit pas moitié de ce qu'il y en a aujourd'hui, 7 du mois. J'ai entendu dire à des gens âgés que de mémoire d'homme on n'en avoit autant vu dans ce pays-ci. On prétend qu'il y en a une fois davantage en Bourgogne. L'on s'attend à une inondation, si le dégel ne vient doucement, ou, pour dire vrai, l'on regarde l'inondation comme inévitable. Il fait aujourd'hui d'ailleurs un froid excessif; il a duré quatorze jours : le dégel est venu doucement, et il n'y a point eu d'inondation.

Le 7 les Bouffons donnèrent *les Voyageurs*, intermède italien, en trois actes, avec trois divertissements ; leurs partisans ont élevé cet opéra aux nues; leurs antagonistes l'ont trouvé mortellement ennuyeux. Quelques personnes désintéressées, et il y en a peu à cet égard, ont jugé qu'il étoit bien au-dessous des trois intermèdes qu'ils ont donnés en arrivant; inférieur même de beaucoup à *Bertholde*; sans jeu de théâtre, comme à *la Bohémienne* et aux autres ; enfin ils soutiennent, et je crois avec raison, que Paris n'est point fait pour soutenir un spectacle entier tout italien pendant trois heures; que ce retour continuel d'ariettes, fussent-elles toutes excellentes, est d'une monotonie insoutenable, pour nous autres Français, qui avons un Opéra bien autrement varié, pour les danses, les chœurs, tous les différents airs de violon, les belles fêtes, la noblesse et la beauté du spectacle, sans compter notre chant, lorsque nous avons d'excellents acteurs pour rendre bien nos scènes.

Le 13, les Comédiens françois donnèrent la première représentation des *Adieux du goût*, petite pièce en un acte et en vers, de MM. Portelance et Patu. Le premier est l'auteur d'*Antipater*, tragédie; quant au second, voilà la première fois que j'en entends parler.

Je n'y pus pas aller ce jour-là. J'en ai été fâché, car à la troisième représentation, où je fus, l'on me dit qu'il y avoit eu beaucoup de retranchements faits, et notamment dans la scène de Plutus. On y reconnoissoit M. de la Popelinière, à ce que l'on m'assura ; d'autres prétendent qu'il n'y étoit pas désigné si directement, mais que la fureur où l'on est actuellement de chercher à faire des applications avoit fait rassembler des traits épars qui, réunis sous un même point de vue, pouvoient effectivement lui convenir.

Quoi qu'il en soit, cette rapsodie ne méritoit ni le petit succès qu'elle paroît avoir eu, ni même que l'on se donnât la peine de s'embarrasser de ce qui y étoit dit.

C'est un tissu de scènes à tiroir, sans invention de fond, et sans nouveauté dans les détails. Nul trait, nulle épigramme, nulles saillies. Ce ne sont que des lieux communs et des choses dites mille fois, qui ont seulement le mince avantage d'être versifiées avec facilité, mais sans talent, sans coin distinctif.

Les deux premières scènes sont les moins ennuyeuses : les autres le sont assez complétement. Comme l'on y plaisante les Bouffons, leurs fanatiques ont crié à l'impiété, et ont traité les auteurs de *petits coquins*, de *petits gredins*, etc. Il y a un trait ironique, contre *le Jaloux corrigé*, qui ne m'a pas fait grande sensation. Somme totale, c'est une vraie drogue. Elle a eu onze représentations.

Le 21 mourut le duc d'Aquitaine (1). Quelques courtisans pleins d'esprit disoient sérieusement à Versailles que c'étoit le bon cœur de cet enfant qui l'avoit fait mourir; qu'il avoit été touché de la mort de Mlle de Tallard, sa gouvernante, qui a pris son parti le mois dernier; quoiqu'il n'eût que neuf ou dix mois, ils voyoient dans cet enfant assez de connoissance pour sentir cette perte.

Le même jour on remit *Platée*, qui sera continué pendant les jours gras. J'ai passé ces jours-là dans la plus grande tristesse et dans les craintes les plus affreuses; j'ai été sur le point de perdre la personne la plus chère que j'aie au monde : une femme qui est ma maîtresse et mon amie; elle n'a été hors de danger totalement que le 27 ou le 28 de ce mois (1).

---

(1) Xavier-Marie-Joseph de France, né le 8 septembre 1753, fils du dauphin et de Marie-Josèphe de Saxe. (*H. B.*)

(2) Trois ans après, Collé l'épousa. V. plus loin, *mai* 1757. (*H. B.*)

MARS 1754.

Le lundi 4 mars se fit l'ouverture du théâtre de M. le duc d'Orléans; je n'y jouai ni n'y assistai. Je priai M. de Montauban de dire à Son Altesse que ma mère étoit dangereusement malade; il me servit en ami, et je fus débarrassé des répétitions et de la représentation. J'aurois bien pu cependant assister à la représentation, puisque ma très-digne amie étoit hors de tout péril; mais je me privai de ce plaisir, afin que le duc d'Orléans ne pût pas croire que la prétendue maladie de ma mère n'étoit qu'un prétexte pour me soustraire à mes rôles et à l'ennui des répétitions.

On joua le prologue de *l'Espérance*, et *Isabelle précepteur* (1). Je ne puis pas douter que ces deux pièces n'aient réussi davantage que ce que j'aie jamais donné. Non-seulement je l'ai appris de cinq ou six côtés différents; mais j'ai encore su ce succès d'un homme porté plutôt naturellement à blâmer et à mortifier qu'à donner le moindre éloge. C'est un homme qui ne loue et qui n'entend jamais rien louer que malgré lui; galant homme, vrai, et assez aimable d'ailleurs, à cette petite incommodité près.

Le chevalier de Valory (2), qui y fut, m'a dit qu'il

---

(1) *L'Espérance,* prologue en un acte, se trouve dans le *Théâtre de société* de Collé; Lahaye, 1777, 3 vol. in-12. Quant à *Isabelle précepteur*, cette parade a dû garder, et pour cause, la pudeur de l'inédit V. *Correspondance inédite* de Collé, p. 332. (*H. B.*)

(2) Dans les *Mémoires de Mme d'Epinay* il est souvent question du chevalier de Valory, qui avait pour maîtresse une Mlle d'Ette. Jean-Jacques parle de l'un et de l'autre en ces termes : « Mme d'Epinay avait une amie, « appelée Mlle d'Ette, qui passait pour méchante, et qui vivait avec le che- « valier de Valory, qui ne passait pas pour bon. Je crois que le commerce « de ces deux personnes fit tort à Mme d'Epinay, à qui la nature avait don-

avoit été plus content des pièces que de leur exécution. Les acteurs, à commencer par Gaussin, ne savoient pas bien leurs rôles. M. Danesan, lui seul, joua, dit-il, supérieurement, parce qu'il le savoit parfaitement.

Il a trouvé la salle admirable et les décorations charmantes. Je n'ai point encore vu tout cela, et je me meurs d'envie de le voir.

[Ce jour-là étoit le seizième ou le dix-septième jour de la petite vérole de Mme la duchesse d'Orléans, qui étoit hors de danger au neuvième, et qui avoit dès ce jour-là changé de linge et d'appartement. Elle n'en sera pas, dit-on, beaucoup marquée. Elle se gratte beaucoup cependant et s'arrache tant qu'elle peut, malgré les très-humbles représentations qu'on lui fait à ce sujet. M. de Montauban y a voulu joindre la plaisanterie, et me pria hier, 8, de lui faire deux méchants couplets sur cette *gratterie*. Je lui ai apporté aujourd'hui ce qu'il demandoit; je veux dire les deux couplets, qui sont aussi mauvais qu'il pouvoit le désirer.

Le 7, les Bouffons ont joué, dit-on, pour la dernière fois, et on les renvoie. Bon voyage!

On donnera *Castor* trois fois la semaine, et les deux jeudis qui restent de ce carême on jouera *Platée*.]

Le lundi 11 je fus à la première représentation des *Troyennes*, tragédie de M. de Chateaubrun, ci-devant maître d'hôtel de feu M. le duc d'Orléans. C'est un homme de soixante-neuf ou dix ans, fort galant homme, et fort estimé en cette qualité (1).

« né avec un tempérament très-exigeant des qualités excellentes pour en
« régler ou racheter les écarts. » *Confessions*, livre VII. (*H. B.*)

(1) Chateaubrun (J.-B. Vivien de), né à Angoulême, en 1686, mort en 1777. De l'Académie française. Les *Anecdotes dramat.*, t. II, p. 251, et t. III, p. 107, renferment quelques traits plaisants sur la tragédie des *Troyennes* et sur leur auteur, dont Mme du Deffand disait que « s'il n'avait pas plus de génie que les autres poëtes, il avait du moins plus de bon sens et un peu plus de goût ». V. dans la *Correspondance complète de Mme du Deffand*,

Il est l'auteur d'un *Mahomet II*, qui fut donné en 1714, et qui, par parenthèse, est mauvais et par le fond et par les détails.

Le juste soin de sa fortune, qui est médiocre, et que M. de Chateaubrun auroit pu faire très-grande s'il eût été avide et importun, l'a, heureusement pour lui comme pour nous, détourné de travailler pour le théâtre, pour lequel il n'a ni génie ni talent.

Quoique *les Troyennes* aient eu une espèce de succès, et même une grande réussite apparente, je n'en crois pas pour cela cette tragédie meilleure; elle est cependant moins mauvaise que le *Mahomet*.

Des occupations sérieuses, telles que des emplois qu'il a eus chez M. d'Argenson et dans les Affaires étrangères, ont été l'occasion de cette bienheureuse lacune littéraire, à quoi l'on peut ajouter la dévotion de feu M. le duc d'Orléans, auquel il appartenoit, et qui a contenu la muse dramatique de notre auteur pendant la vie de ce prince.

M. de Chateaubrun avoit encore deux tragédies faites, qu'il avoit aussi travaillées sur l'antique; mais les ayant laissées dans un tiroir qui ne fermoit point, son valet (par bonheur encore) en a fait des papillotes à des côtelettes qu'il lui servoit, et nous en a délivrés innocemment (1).

Ce bonhomme a pris cet événement avec un flegme philosophique, et qui seroit lui seul capable de prouver qu'il n'est pas poëte si ses ouvrages laissoient quelque chose à désirer à cet égard.

Cette tragédie des *Troyennes* a été suivie pendant neuf représentations, avant Pâques, avec une espèce de fureur. Presque toutes les chambrées ont passé mille écus;

---

publiée par M. de Lescure avec autant de goût que d'érudition, la lettre adressée à Voltaire le 24 Mars 1760. — Paris, 1865, Henri Plon, 2 gros vol. in-8° avec portraits et *fac-simile*. (H. B.)

(1) *Antigone* et *Ajax* sont les deux tragédies mises en papillottes (*Note de Collé*.)

à la différence de *Paros*, dont aucune des représentations, excepté la première, n'a été à 2,000 livres; mais quatre ou cinq n'ont atteint qu'à 8, 7 ou 600 livres.

Il faut avouer que la protection que le duc d'Orléans a donnée aux *Troyennes*, une décoration nouvelle, et le jeu de Clairon et de Gaussin, n'ont pas peu influé sur le succès; mais quoique tout cela réuni y ait beaucoup contribué, il seroit injuste, cependant, de ne pas convenir que le mérite du fond du sujet n'en ait pas été la cause première. Ce sujet, puisé dans *l'Hécube* et *les Troyennes* d'Euripide, et *la Troade* de Sénèque, ne pouvoit pas manquer, par lui-même, de faire son effet. M. de Chateaubrun a arrangé son poëme entièrement sur ces trois tragédies. Ce qu'il y a ajouté de son invention est absurde, et gâte ce qu'il a pris des anciens, comme on va le voir.

Ce qu'il a judicieusement imité du poëte grec, c'est une espèce d'unité d'intérêt. (Elle n'est pourtant pas dans *l'Hécube*). Il étoit difficile de conserver cette unité dans une tragédie où il y a de quoi en faire quatre, bien comptées, pour un poëte qui auroit du génie et l'esprit créateur; je sais bien que ce n'est pas le sentiment du plus grand nombre, et que la plupart des spectateurs ont trouvé l'intérêt divisé; mais il m'a paru, au contraire, qu'Hécube, que l'auteur ne fait jamais perdre de vue, est un point de réunion pour l'intérêt commun de cette famille infortunée. On ne sauroit immoler Polyxène, enlever Cassandre et Andromaque, demander Astianax pour le précipiter du haut d'une tour, qu'Hécube ne meure de douleur à chacun de ces événements, et, de même, que réciproquement Cassandre, Andromaque et Polyxène, ne soient dans la plus affreuse désolation lorsque l'on vient leur annoncer leurs malheurs et n'y prennent part mutuellement. C'est cette unité d'intérêt, qui est une chose admirable dans *les Troyennes* d'Euripide, et que cet ancien n'a pu trouver moyen de conserver dans son Hécube, que, suivant moi, M. de Chateaubrun a observée assez bien dans sa pièce, qui peut-être sans cela auroit fait *capot*.

Les prédictions de Cassandre, qu'il a jetées dans son second acte, et qu'il a encore imitées d'Euripide, sont un morceau poétique par le fond, mais les vers y manquent. Cet auteur n'en a jamais su faire; les siens, en général, sont au-dessous du médiocre, pour ne point dire pis; ses expressions sont prosaïques ou boursouflées, communes, sans noblesse. J'ai été si surpris de trouver les quatre vers suivants, qui sont assez beaux, que je serois tenté de croire qu'ils ne sont pas de lui, tant ils sont différents des autres :

> Nous avons vu les Dieux lutter dans la carrière;
> Et dans l'affreux chaos de la nature entière,
> Après neuf ans entiers ils combattoient encor
> Pour renverser des murs que défendoit Hector.

Et si peut-on trouver qu'*entrer dans la carrière*, au lieu de dire : *des Dieux combattre, et quelques fois être vaincus par des hommes;* qu'*entrer dans la carrière*, dis-je, ne rend pas toute la grandeur de cette idée, qui pouvoit être placée dans ces deux premiers vers. Le second vers est d'un style enflé, et ne rend pas, ne peint pas ce qu'il doit peindre; mais il n'y a pas, il me semble, la moindre critique à faire sur les deux derniers qui me paroissent parfaitement beaux, d'autant plus qu'ils sont dans la bouche d'Andromaque.

Mais, laissant cette digression sur sa poésie de style, sur laquelle, moyennant cela, je ne reviendrai plus, retournons aux prédictions de Cassandre, dont il a tiré un très-grand parti, autant que la foiblesse de sa versification le lui a pu permettre. Il a fait précéder ce morceau d'un autre qui est encore dans la bouche de Cassandre, qui se défend quelque temps de découvrir l'avenir, et qui s'étend à ce sujet sur le bonheur que les hommes ont de l'ignorer; cet endroit, qui est de M. de Chateaubrun, est bien fortement pensé. Quel effet n'eût-il point fait s'il eût été bien écrit? Il falloit là le style de Voltaire, ainsi que dans la plus grande partie des endroits de détail de cette tragédie; un sujet de la Fable veut être traité pompeusement, poétiquement, et même d'une façon un peu épique; nous sommes si fort accoutumés, après les avoir lus dans Homère, Virgile, Ovide, etc., à un style élevé, quelquefois majestueux, quelquefois même emphatique, que lorsqu'on nous remet ces mêmes sujets devant les yeux, nous voulons y retrouver cette même dignité et cette même pompe de style; et d'ailleurs elle est presque toujours nécessaire dans les fonds tirés de la Fable, pour en couvrir les défauts, les manques de vraisemblance et les absurdités, comme dans les *Iphigénie*, dans *Phèdre*, etc. C'est tout autre chose lorsqu'on traite des sujets historiques : un style simple et majestueux suffit; le style épique y est déplacé.

Il faut convenir cependant que ce morceau sur notre ignorance de l'avenir est assez beau, et bien à sa place; aussi, en refusant et génie et talent à M. de Chateaubrun, on doit lui rendre la justice de dire que c'est un homme de beaucoup d'esprit.

La situation d'Astianax, caché dans le tombeau d'Hector, qu'il a prise dans Sénèque, et qu'il a employée (non pas dans toute la beauté qu'elle a dans le poëte latin), est sans contredit l'endroit le meilleur et le plus tragique de sa pièce; et Sénèque en cela me paroît l'avoir emporté de beaucoup sur Euripide. J'aimerois mieux avoir inventé cette seule situation de *la Troade*, que d'avoir fait *les Troyennes* et *l'Hécube*, jointes ensemble.

M. de Chateaubrun sauve Astianax sans nécessité et sans raison essentielle; et par là il a prodigieusement affoibli cette même situation, qui dans Sénèque tire de la façon dont Astianax est livré aux Grecs ses beautés les plus sublimes. D'ailleurs, Sénèque en faisant qu'Ulysse l'emporte sur les finesses et l'adresse d'Andromaque conserve à ce prince grec son caractère, et M. de Chateaubrun en fait un sot.

Polyxène est immolée sur le tombeau d'Achille, au cinquième acte; cette scène est, à mon sens, bien traitée par M. de Chateaubrun; il l'a rendue fort théâtrale. Cette princesse vient trouver Hécube, et lui dit que les Grecs veulent la faire prêtresse d'un temple qu'ils veulent élever à Achille, qu'en cette qualité ils lui rendent toutes sortes d'honneurs; elle ignore le sort qui l'attend : Hécube le sait. Cette jeune princesse est parée en victime; elle imagine que ce sont les ornements d'une prêtresse, chaque mot qu'elle dit sur cette erreur perce le cœur d'Hécube; enfin, on vient l'arracher des bras de cette mère, pour la sacrifier aux mânes d'Achille; Hécube veut la défendre, on la lui enlève, et l'on emmène Hécube elle-même pour suivre Ulysse, à qui elle est échue en partage.

Cette scène est la seule invention raisonnable dont on puisse faire honneur à M. de Chateaubrun dans sa tragédie; le reste de ses inventions est absurde, comme je l'ai déjà dit et comme je vais le montrer en peu de mots.

Il a imaginé d'introduire dans sa pièce un Thestor, qu'il a fait grand prêtre de Priam. Ce personnage est totalement inutile, et il ne paroît que pour allonger le sujet et faire une action dont le fond ne peut être vraisemblable; l'auteur feint que Priam a remis des trésors immenses à ce Thestor, qui veut employer vis-à-vis des Grecs ce dépôt à payer les rançons de toutes les princesses. Mais pourquoi Priam auroit-il remis ces trésors aux mains de ce prêtre? où celui-ci peut-il les avoir cachés? Priam, suivant la Fable, avoit confié ces mêmes trésors à Polymnestor, roi de Thrace, auquel il envoya son fils Polidore.

Que Priam donne ses trésors à son fils, cela est plus naturel, même quand cela ne seroit pas appuyé par l'histoire; qu'il les eût remis à Hécube, à Andromaque, à

Cassandre, il y auroit eu encore quelque ombre de vraisemblance; mais qu'il les remette à Thestor, et que cette remise, absurde dans son principe, soit inutile dans les conséquences, et que cela ne produise rien dans la pièce, c'est ce qu'on ne sauroit passer à l'auteur; et en effet, sitôt que ce pontife généreux a été offrir aux Grecs ces richesses cachées, pour la rançon des quatre princesses (eh! quelles devoient être ces richesses?), on l'arrête, et on l'oblige à remettre ces trésors sans lui accorder rien de ce qu'il demande, comme l'on croit bien, et il revient sans trop savoir comment ni pourquoi il a été relâché si tôt.

On voit le bel effet que produit ce grand prêtre, et la force de l'imagination de celui qui a trouvé une pareille situation, et qui l'a mise à côté de celles des poëtes grecs et latins. Il est vrai qu'au quatrième acte ce Thestor fait encore une autre sottise, en sauvant le fils d'Hector, et qu'il se trouve en scène fort mal à propos avec Ulysse, avec lequel il n'a rien à démêler, et à qui il débite quelques maximes communes, en vers plus communs, plus louches et plus mauvais qu'il n'est permis d'en faire.

Ce personnage de Thestor est donc à tous égards une invention misérable, nullement vraisemblable, puérile, et qui ne sert qu'à éloigner du sujet, bien loin de lui être utile. J'en dis autant d'une autre invention de notre tragique moderne; la voici : Andromaque cache son fils dans le tombeau d'Hector; Ulysse veut faire abattre le tombeau; celle-ci obtient un délai, on ne sait pourquoi. L'auteur a eu la manie de sauver Astianax, on ne sait pourquoi, on l'a dit; pour cela, il faut qu'Andromaque trompe Ulysse; elle le trompe, ce qui va contre le caractère de ce dernier, on l'a dit encore; mais enfin elle le trompe, et quand il est parti, elle fait sortir Astianax du tombeau, et le remet entre les mains de Thestor, qui l'emmène; au camp des Grecs on apprend cet événement, et pour rattraper cet enfant ces derniers font une enceinte de feu qui enveloppe les Troyens fugitifs, parmi lesquels on soupçonne que doit se trouver Astianax, qui cependant ne s'y trouve pas.

Peut-on voir un moyen tragique plus ridicule que cette enceinte de feu? Et d'ailleurs, comment Thestor se sauve-t-il si facilement? Pourquoi les Troyennes ne l'accompagnent-elles pas? Je crois pourtant que l'auteur en donne les motifs; mais je ne m'en souviens pas.

Les caractères d'Andromaque et de Cassandre sont assez bien rendus; celui de Polixène ne l'est point mal; mais celui d'Ulysse est méconnoissable. Si M. de Chateaubrun avoit voulu suivre Sénèque à cet égard, il ne se seroit pas égaré, et d'ailleurs il eût fait jouer à ce même Ulysse un bien plus grand rôle : il nous eût épargné par-là ce nombre de personnages subalternes qui viennent de moment en moment du camp des Grecs apporter leurs ordres cruels aux Troyennes. Ces Confidens ressemblent à des exempts qui viennent apporter des lettres de cachet; c'est un défaut qu'il auroit pu éviter en donnant plus d'étendue au rôle d'Ulysse, qui en joue un très-beau dans *la Troade*.

Ce sujet de tragédie, au reste, n'est point dans nos mœurs, et est fort peu intéressant pour nous. Les Grecs, républicains forcenés, étoient comblés de joie lorsqu'on leur peignoit les malheurs des rois, même avec les couleurs les plus atroces ; nous sommes, nous, révoltés aujourd'hui de l'inhumanité abominable de vainqueurs, assez cruels pour tuer de sang-froid des prisonniers de guerre, surtout des femmes. Et d'ailleurs ces sujets fabuleux sont actuellement si éloignés de nous et de notre siècle, qui par malheur se livre de plus en plus à l'esprit philosophique, qu'il semble qu'on ne doit plus traiter au théâtre que des sujets historiques et raisonnables; j'avoue que si nous gagnons du côté de la raison, nous perdons cent contre un du côté du plaisir. La philosophie tuera le goût et les arts; mais qu'y faire?

J'ai oublié de mettre avant cet article la mort de M. de La Chaussée, arrivée le jeudi 7 mars (1).

Il est mort d'un crachement de sang auquel il n'a pas remédié assez promptement, et qu'il s'est attiré par imprudence. Il étoit à sa petite maison, avec son infante; il travailla à son jardin, quelque huit à dix jours auparavant sa mort, avec tant de vivacité et si peu de précaution, que s'étant procuré la plus grande sueur, et étant resté à l'air, qui n'étoit pas absolument chaud, et après son souper même étant encore retourné à son jardin, vêtu trop légèrement, il lui prit, à trois heures du matin, un crachement de sang qui l'a tué, parce qu'au lieu de se faire saigner sur-le-champ, et plusieurs fois de suite, il différa jusqu'au lendemain ou au surlendemain.

Il est mort avec fermeté; il dit à M. de la Place, quelques jours avant de mourir : *Je me meurs, et il sera bien singulier que ce soit Bougainville qui ait ma place à l'Académie; et vraisemblablement cela sera pourtant.*

Il y a toute apparence que sa prédiction aura son effet; cependant, on disoit assez sérieusement ces jours-ci que le roi Stanislas demandoit cette place; mais comme c'est une chose si singulière que rien ne le seroit plus, il faut voir cet événement avant que de le croire. Si c'est Bougainville qui lui succède, il sera plaisant de lui entendre

---

(1) La Chaussée (P.-Cl. Nivelle de), Paris 1692. De l'Académie française. Père du genre larmoyant ou de la tragédie bourgeoise, école qui a eu des adversaires ardents, des sectateurs zélés, des imitateurs illustres, et qui en définitive nous a légué le drame moderne. Piron, qui, sans trop s'en douter, avait aussi sacrifié à ce genre dans sa comédie des *Fils ingrats*, a dirigé contre La Chaussée, qu'il appelait *révérend père La Chaussée, Prédicateur du saint Vallon*, une de ses plus charmantes épigrammes, commençant ainsi : « *Connaissez vous sur l'Hélicon*, etc. » Quoi qu'il en soit, nous rappellerons cette opinion de Voltaire : « La Chaussée est, dit-il, *un des premiers, après ceux qui ont du génie.* » Plus d'un écrivain de nos jours se contenterait de cette place. (H. B).

faire l'éloge du pauvre défunt, qui l'a empêché d'être de l'Académie, en persuadant au comte de Clermont d'y entrer, ainsi que je l'ai dit à la fin de l'année dernière.

Pour en revenir à La Chaussée uniquement, je n'ai pu encore savoir entre les mains de qui sont tombés ses manuscrits; il laisse plusieurs pièces qui n'ont point été jouées, entre autres, *l'Homme de fortune*, qui a été représenté sans succès à Bellevue, ainsi que je l'ai dit dans le temps.

Cet auteur, qui malheureusement avoit toute la perfection de la médiocrité, a, selon moi, fait un tort presqu'irréparable au théâtre par le succès qu'ont eu quelques-uns de ses poëmes larmoyants.

Ce genre méprisable a porté un si grand coup à la gaieté et au véritable comique, que l'on s'est accoutumé actuellement à trouver tout bas et polisson, et que l'on confond inhumainement la bonne plaisanterie et les choses gaies avec la bassesse et les tréteaux : il a habitué le peuple à ne plus rire. Le moindre et le plus plat bourgeois veut à présent de la noblesse en tout, et une décence pédante, qui est la plus grande ennemie de la gaieté.

En formant ses caractères sur des romans, il n'a peint que des chimères; et par malheur cela a été du goût des femmes, qu'il s'est toujours attaché à peindre si fort en beau qu'elles ne sont nullement reconnoissables; j'ai bien vu de ces femmes-là dans la Calprenède et dans Mlle de Scudéri, mais on n'en a jamais vu de telles dans le monde.

Enfin, je crois que La Chausée, qui assurément n'avoit pas un mérite assez grand pour donner le ton à son siècle, y a pourtant influé beaucoup en cette partie, et qu'il est une des causes que nous n'avons plus de gaieté sur nos théâtres, sur lesquels, à son imitation, en voulant tout ennoblir, on a tout gâté : on n'y voit plus que la nature fardée; la joie et l'épigramme en sont bannies, le madrigal et l'ennui ont pris leur place. Il n'y a pas jusqu'à l'Opéra-Comique qui a la rage d'ennoblir toutes ses pièces; actuellement, on n'en compose plus d'autres, et les acteurs, pour s'ennoblir aussi, chantent le vaudeville comme Jéliotte chante un grand air. Avec toutes ces petites manières-là, et d'autres qu'il seroit trop long de détailler, il ne faut pas être surpris si le goût diminue tous les jours.

Le 26 M. le comte de Clermont alla prendre sa place à l'Académie françoise, sans en avoir prévenu les académiciens. Il a fait sagement d'éviter une réception d'apparat et de se dispenser de faire un compliment public, qui, s'il avoit été bon, ne lui auroit pas été attribué, mais à son teinturier, et qui eût été critiqué peut-être plus impitoyablement que le discours d'un autre s'il l'eût fait médiocre ou mauvais.

Il avoit été longtemps à se déterminer à faire la démarche de se faire recevoir, même de cette façon, attendu que les autres princes du sang exigeoient de lui absolument qu'il demandât à l'Académie les honneurs dus à son rang. Comme il avoit promis auparavant le contraire aux académiciens, il s'est trouvé embarrassé, et il a contenté en quelque sorte les uns et les autres en ne se faisant pas recevoir en cérémonie et publiquement; car, moyennant cet expédient, M. de Mirabaud, qui présidoit ledit jour 26 mars à l'Académie, ne quitta point sa place pour la lui donner; il se plaça à la première venue; il leur fit toutes sortes de caresses; les appela ses amis et ses chers confrères : il prit les jetons, lorsque l'on en fit la distribution, leur dit obligeamment qu'il en étoit si honoré, qu'il auroit envie de les faire percer pour les porter à sa boutonnière.

Il s'excusa sur des affaires des délais qui avoient retardé le plaisir et l'honneur de se faire recevoir parmi eux; il se servit toujours des mots d'*honoré*, d'*honneur* et de *respect* pour l'Académie; et il dit qu'il n'avoit pu se résoudre à rendre sa réception publique, à cause de la timidité extrême dont il est, qu'il n'a jamais pu vaincre quand il lui a fallu parler en public; et je crois qu'effectivement il n'y a jamais ni n'auroit pu y parler ; je ne connois point d'homme plus timide, quoique assurément il soit bien reconnu pour brave, qu'à l'armée il ait fait ses preuves, et qu'il ait donné les marques de la plus grande intrépidité (1). La première fois que je lui fus présenté, il rougit, il fut déconcerté, et ne parla qu'en balbutiant ; j'étois mille fois plus assuré que lui, moi qui ne laisse pas d'être timide, et qui avois plus de raisons pour l'être dans cette occasion. Mais en général nos princes sont timides : personne ne l'est davantage que le duc d'Orléans. Je ne sais quelle éducation sauvage on leur donne; c'est sûrement la sottise de messieurs leurs gouverneurs, qui, au lieu de leur inspirer une véritable élévation de sentiments, ne les remplissent que d'un sot orgueil et d'une petite vanité qui produit nécessairement cette timidité ; car cette timidité ne vient sûrement que d'un amour-propre mal entendu.

Quoi qu'il en soit de mes belles réflexions à ce sujet, voilà ce prince reçu à l'Académie, où vraisemblablement on ne le verra pas lorsqu'il y aura des séances publiques, afin de ne point s'aliéner les autres princes, en

---

(1) Cette timidité se concilie assez mal avec la vie publiquement scandaleuse que menait le comte de Clermont. Quant à de la bravoure, il en montra en Flandre, à Raucoux, etc; mais il fut battu à Crevelt, pour être resté *trop longtemps à table*. Au surplus, son titre d'abbé de Saint-Germain lui attira une foule de quolibets. Le roi de Prusse l'appelait le *général des Bénédictins*, et après la bataille de Crevelt on chanta dans Paris le couplet suivant :

> Moitié plumet, moitié rabat,
> Aussi propre à l'un comme à l'autre,
> Clermont se bat comme un apôtre,
> Et sert son Dieu comme il se bat.

Voy. *Journal de* Barbier, t. VII, p. 69, et pour ce qui concerne l'admission du comte de Clermont parmi les Quarante, voyez l'*Histoire de l'Académie française* par M. Paul Mesnard ; Paris, Charpentier, 1857, p. 76 et suiv. (*H. B.*)

ne prenant point les distinctions que ces messieurs-là croient qu'on leur doit partout; au reste, s'il les eût demandées, l'Académie étoit décidée à les lui refuser. C'est pour cela qu'il s'est arrêté à cet expédient-ci, qui avoit été approuvé auparavant par M{}^{lle} de Charolois, sa sœur, et les autres princes.

Quand je dis que ce moyen a eu l'approbation des princes, on me l'a assuré; mais je n'en répondrois pas aussi affermativement que de celle de M{}^{lle} de Charolois, qui l'a donnée sûrement. Je suis certain de ce dernier fait, que je tiens de M. de Romgold, qui a été l'inventeur de cet expédient.

AVRIL 1754.

Le jeudi 4 du courant M. le duc d'Orléans fit représenter sur son théâtre du faubourg Saint-Martin ma petite comédie de *Nicaise*, suivie de *Léandre étalon*, parade aussi de ma façon (1).

Nicaise m'a paru avoir réussi complétement; je dis m'a paru, car les auteurs sont comme les cocus, il sont toujours les derniers à savoir la vérité, et le plus souvent même ils l'ignorent toujours. Je dis donc simplement qu'il m'a semblé que cette comédie avoit eu beaucoup de succès. Il n'en a pas été de même de la parade, qui n'a point fait d'effet; aussi n'est-elle point assez *actionnée*; les quatre ou cinq premières scènes sont plutôt des conversations que des scènes : je ne me suis aperçu de ce défaut qu'en la voyant jouer.

---

(1) La comédie se trouve dans le *Théâtre de société* de Collé, et *Léandre étalon* dans ses *Parades inédites*, publiées en 1864, Hambourg et Paris, 1 vol. in-32. (*H. B.*)

Nicaise n'est nullement dans ce cas; toutes les scènes sont en action, et sont véritablement des scènes. M. le duc d'Orléans, en louant la comédie plus qu'elle ne méritoit, me dit qu'on pouvoit m'avouer franchement que la parade avoit très-peu réussi, et qu'on pouvoit me le dire d'autant plus nettement, que *Nicaise* avoit eu un succès complet.

Toute la cour de ce prince m'en a paru très-contente; mais ce qui me satisfait infiniment davantage, c'est qu'il m'est revenu que dans cette même cour l'on est encore plus content de ma personne que de mes ouvrages, et c'est ce que je désire le plus pour les desseins d'une fortune médiocre que je veux tâcher de faire en me servant de la protection du prince.

Les annonces qui ont précédé la parade ont aussi pris beaucoup, et ont bien fait rire; je transcrirai quelques couplets insérés dans ces annonces, mais surtout un vaudeville chanté par Gaussin, et duquel ils ont pris des copies; ce qui est une preuve, et la plus sûre, qu'il a réussi.

Nicaise étoit précédé du compliment qui suit, que je débitai moi-même, en tremblant comme un enfant, mais ridiculement.

« Messieurs,

« La comédie à grands sentiments peint les femmes
« telles qu'elles ne sont pas, telles qu'elles n'ont jamais
« été, et telles que, pour leur plaisir, les hommes ne
« doivent pas désirer qu'elles soient.

« Dans *Nicaise*, comédie de société, qu'on va risquer
« devant vous, messieurs, l'on a essayé de peindre les
« femmes telles qu'elles sont, telles qu'elles ont toujours
« été, et telles que les gens galants doivent souhaiter
« qu'elles soient toujours.

« Si l'on trouve dans cette pièce des traits hardis,

« des peintures vives, des situations hasardées, et des
« caractères un peu trop vrais, et si enfin les dames n'y
« sont point épargnées, on est bien sûr cependant
« qu'elles pardonneront à l'auteur dès qu'elles sauront
« qu'il est mort.

« Oui, messieurs, *Nicaise*, qu'on va vous donner, et
« quelques autres petites comédies du même genre,
« qu'on vous donnera par la suite, si celle-ci a le bon-
« heur de vous plaire, sont les œuvres posthumes d'un
« écrivain que l'inquisition d'Espagne fit brûler, pour
« son bien, au mois d'août 1750, par un temps fort
« chaud. Peut-on vous présenter un motif plus puissant
« pour obtenir votre indulgence? Et n'est-ce pas une
« satisfaction bien pleine et bien entière pour vous,
« mesdames, de pouvoir dire : l'auteur de ces gentil-
« lesses, qui nous a fait l'objet de ses satires, a été un
« peu brûlé. Il n'y a pas de mal à cela, et je serai tout
« le premier à convenir qu'il le méritoit bien assuré-
« ment. »

Les rôles dans *Nicaise* étoient remplis de la manière suivante :

BARTHOLIN . . . . *M. le duc d'Orléans.*
SA FEMME . . . . *Mademoiselle Gaussin.*
MADAME JÉRÔME . . . . *Mademoiselle Fovel.*
NICAISE . . . . *M. Danezan.*

QUATRE GARÇONS DE LA NOCE, MM. *de Montauban, le Vicomte de la Tour-du-Pin, Saint-Martin, et moi.*

A l'exception de M. le duc d'Orléans, qui ne savoit pas son rôle, la pièce a été très-bien exécutée; Mademoiselle Gaussin surtout a joué divinement. Mademoiselle Fovel s'est on ne peut pas mieux tirée de son rôle; elle y a mis de la finesse. J'aurois souhaité un peu plus de chaleur dans M. Danezan, de qui d'ailleurs j'ai été fort content.

La pièce a été partagée en deux actes; on y a été obligé à cause du changement de décorations, qui ne pouvoit pas se faire assez promptement pour qu'on la pût jouer en un.

Elle est mieux, au reste, en deux actes, excepté que chaque acte est un peu trop court.

Cette comédie n'a point été trouvée aussi indécente que je me l'étois imaginé; on est convenu très-unanimement qu'elle pouvoit être jouée devant des femmes, et je crois qu'elle le sera après Pâques, avec *le Rossignol*.

J'ai examiné de près ma pièce à sa représentation, et j'ai trouvé que l'effet théâtral étoit encore plus vif que je ne l'avois cru : tout y est en action ; la scène de l'instruction de la mère à sa fille m'a paru faire beaucoup d'impression, surtout l'endroit où elle donne le livre et dans le moment où elle insiste pour que sa fille l'aille lire toute seule et sur-le-champ ; cet endroit, dis-je, prit beaucoup ; il est vrai qu'il fut rendu supérieurement par les deux actrices.

La façon naturelle dont ce livre éloigne le mari est à mon gré l'invention de ma pièce la plus adroite, et il m'a semblé que cette adresse a été sentie, quoique les gens du monde ne s'aperçoivent guère des choses de fond et ne voient ordinairement que les détails.

Le style de cette petite comédie a été trouvé assez naturel, mais ce qui a été remarqué particulièrement, c'est qu'il a adouci le fond, et j'ai observé effectivement que mes expressions fussent aussi réservées et aussi décentes que le sujet l'est peu.

Si cette comédie, au reste, n'a pas paru aussi indécente qu'elle l'est effectivement, je crois en avoir trouvé la raison, c'est que tout le monde connoît le conte de Nicaise; on sait, par conséquent, ce qui doit arriver; et cette scène du tapis où l'on est sûr que Nicaise manquera l'occasion, et sur quoi on ne peut pas être un moment dans l'incertitude, affoiblit beaucoup par-là la force de cette situation, qui sans cela seroit un peu trop roide. Venons aux couplets qui ont été chantés dans les annonces. En voici deux qu'a chantés M. le duc d'Orléans :

Air : *Son altesse me congédie.*

1ᵉʳ.

Pour faire un bouquet à Climène,
J'attends que le printemps ramène
Les dons que Flore réservoit;
Car présenter une jacinthe
Le cul trempé dans un navet (1),
C'est la nature trop contrainte.

2ᵉ.

Je choisis d'abord une rose,
Mais vive, mais à peine éclose,
Jasmin, œillet et romarin,
Qu'avec adresse je compasse;
Mais c'est surtout le maître brin
Que je sais placer avec grâce.

VAUDEVILLE.

Air : *Que votre vengeance ne tombe* ... (de mon *Rossignol.*)

1ᵉʳ.

Amants qui marchez sur les traces
Des jeunes Seigneurs de la cour,
Ayez de l'esprit et des grâces;
Il en faut pour faire l'amour.
Tout consiste dans la manière
  Et dans le goût;
Et c'est la façon de le faire,
  Qui fait tout.

---

(1) C'est la mode depuis un an ou environ de creuser un navet, d'y mettre un oignon de jacinthe avec de l'eau; la jacinthe pousse des fleurs, et le navet des feuilles en dehors. (*Note de Collé.*)

2ᵉ.

Pour faire un bouquet à Lucrèce,
Suffit-il de cueillir des fleurs ?
Il faut encore avoir l'adresse
D'en bien assortir les couleurs.
Tout, etc.

3ᵉ.

L'Amant risque tout, et tout passe,
L'orsque l'on sait prendre un bon tour ;
S'il est insolent avec grâce,
L'on fera grâce à son amour.
Tout, etc.

4ᵉ.

De deux jours l'un, à ma Bergère,
Je fais deux bons petits couplets ;
Et ma Bergère les préfère
A douze qui seroient mal faits.
Tout, etc.

5ᵉ et dernier.

Vous, vous envoyez faire faire
Mille complimens chaque jour ;
Mais il n'en est qu'un qui peut plaire :
C'est celui que dicte l'amour.
Tout, etc..

Pour finir cet article, il faut dire que rien n'est plus joli et plus élégant que le théâtre et que la salle. Les décorations sont faites avec une intelligence et un goût supérieurs. M. Pierre, premier peintre de M. le duc d'Orléans, m'a donné les dessins, et a conduit toute la besogne ; et tout le monde est convenu qu'il avoit fait un petit chef-d'œuvre : la décoration qui représente la chambre de la parade est une chose unique pour l'imitation de la nature. Rien ne prête davantage à l'illusion de l'action que d'avoir des décorations faites pour les pièces qu'on joue; et j'observe très-sincèrement que je dois peut-être à cela une grande partie du succès de Nicaise; moyennant les décorations, le spectateur suit des yeux le sujet et ne le perd pas un moment de vue.

On a vu ces jours-ci, à Versailles, un automate qui parloit; les paroles qu'il prononçoit étoient les mois de l'année, les jours de la semaine, et trois cent soixante-six. Beaucoup de gens, et les plus sensés, croient que ce n'est point véritablement un automate, mais qu'il y a dans un cylindre de cette machine un petit nain caché qui profère les mots que je viens de dire.

Vaucanson, qui a examiné cette curiosité autant que celui qui la montroit le lui a voulu permettre, est revenu à Paris persuadé que ce n'étoit point un automate.

La figure est un Bacchus sur un tonneau. Tôt ou tard on découvrira la vérité de cette prétendue mécanique. Il est sûr actuellement qu'on l'a renvoyé de Versailles, on doute fort qu'il vienne à Paris; et s'il n'y vient pas, on ne pourra plus douter qu'il y a de la supercherie dans cette affaire.

Quoi qu'il en soit, et en attendant que ce mystère s'éclaircisse, cette machine a donné occasion au duc d'Agen de faire la plaisanterie suivante : le Roi lui dit, il y a quelques jours : *Duc d'Agen, venez-vous de voir l'automate? — Sire*, répondit-il, *je sors de chez M. le Chancelier* (M. Lamoignon de Blanc-Mesnil).

Le lundi 22 du courant je fus à la première représentation des *Méprises*, comédie en un acte et en vers libres. Elle avoit été annoncée dans les Petites-Affiches sous le nom de Pierre Rousseau, *citoyen de Toulouse*, qui en est effectivement l'auteur. C'est, comme on le sent bien, une plaisanterie indirecte contre Rousseau, auteur du *Devin du Village*, qui, dans tous les ouvrages qu'il a fait imprimer, a toujours fait mettre : par Jean-Jacques Rousseau, *citoyen de Genève*.

L'auteur des *Méprises* est le même Rousseau qui a fait une autre méchante petite comédie, intitulée : *La Ruse inutile*, et qui s'est encore plus fait connoître par une petite dispute avec Voltaire, à une représentation de son *Oreste;* j'en ai parlé au mois d'octobre 1749, dans le premier volume de ce Journal (1).

Pour en revenir aux *Méprises*, je crois qu'il y avoit de quoi en faire une jolie pièce en trois ou deux actes; il y a beaucoup trop de sujet pour un seul acte. C'est un défaut que l'on n'a presque jamais à reprocher aux auteurs de ce siècle. La plupart n'ont pas quelquefois la matière de quatre scènes en cinq actes ; je parle des meilleurs modernes, à commencer par Gresset.

Pierre Rousseau a étranglé son sujet en le resserrant dans un seul acte. Cela l'a obligé encore à ne pas fonder ses situations, qui auroient pu paroître vraisemblables s'il avoit eu de l'espace pour les établir.

Les détails ne sont pas écrits, et il n'a pas jeté dans ce sujet la gaieté qu'il comportoit. Les plaisanteries sont trop grosses et souvent basses ; bref, cela fait une mauvaise pièce, qui auroit pu être jolie.

MAI 1754.

Je commençai le premier de ce mois à mettre en vaudevilles *Joconde*, comédie de société dont j'avois le plan tout arrangé depuis quelques jours; elle sera partagée en deux actes. L'arrangement de ce fond m'a coûté beaucoup, j'y ai rêvé long-temps ; je crois à présent qu'il doit *rendre*, si les détails en sont bien soignés, et je veux m'y donner de la peine. Le 14 l'Académie royale de musique remit *les Éléments*. Les paroles ont paru meilleures, et la musique plus pitoyable que jamais ; cela devoit être ainsi.

---

(1) Voy. p. 101.

Lany, qui est actuellement le maître des ballets, avant que de composer ceux de cet opéra-ci, a été trouver le poëte Roi, afin qu'il lui en donnât l'idée. Cette visite a été l'occasion d'une scène singulière, et qu'il est plus facile d'imaginer que de décrire.

Il faut savoir que Roi (1) a eu cet hiver une attaque d'apoplexie avec tous ses agréments, comme qui diroit une paralysie, qui lui est restée sur la moitié du corps. Ce petit accident, dont il n'est point remis, et duquel il ne se tirera pas vraisemblablement, lui a fait tourner ses vues du côté de Dieu, en sorte que cette belle âme n'est plus occupée que de son salut.

Lany ne savoit rien de ses saintes dispositions lorsqu'il fut annoncé à Roi, qui étoit dans son lit, et qui ne le connut que lorsque ce premier lui eut dit ce qui l'amenoit.

Après que Lany l'eut loué, comme cela se pratique, il le pria de lui donner ses lumières sur chacun des divertissements de ses actes... *Ah! que me demandez-vous, monsieur*, interrompit le poëte converti, *dans l'état où je suis? Vous voulez que je songe à mon ballet, quand je ne dois penser qu'à mon salut! Ah! monsieur, malheureusement mes Eléments ne sont que trop bons, ils n'ont pas besoin de secours étrangers.*

Cela est vrai, monsieur, répondoit Lany, *mais c'est que dans le prologue ils disent que les entrées doivent être distribuées de telle et telle façon, et c'est plutôt dans l'acte d'Ixion, qu'ayant à faire danser les peuples aériens, je dois rejeter.....*

Au nom de Dieu, interrompoit Roi, *monsieur, ne me parlez plus de cela; je ne dois plus m'en mêler. Ce sont des bêtes et des ignorants que ceux qui vous font de pareils contes; monsieur, cela étoit disposé de cette manière quand le Roi y dansa* (et, là-dessus, longs détails de la part de Roi, pour expliquer l'arrangement de toutes les

---

(1) V. la note relative à ce poëte, p. 383 et p. 205. (*H. B.*)

danses); *mais, monsieur, je ne dois plus avoir que Dieu en vue; puis-je m'occuper actuellement de choses dont je ne cesse de gémir? C'est un ouvrage immortel que les* Éléments, *monsieur; qu'on y danse bien ou mal, cela n'y fera rien; on ira toujours. J'en suis désespéré, je serai peut-être dix ans de plus en purgatoire, pour en être l'auteur.* — *Mille pardons*, reprenoit Lany, *mais, monsieur, je voudrois encore savoir la disposition de vos entrées, dans l'acte de Vertumne; car celui des Vestales est tout ordinaire....* — *Eh! non pas, morbleu, monsieur, cela n'est pas ordinaire*, interrompoit Roi, *il faut faire danser d'abord, dans l'entrée des Vestales, un pas de trois à Mademoiselle.... Mais, monsieur, qu'ai-je à faire de tout cela, moi? j'ai bien d'autres idées plus sérieuses...* Lany contredisoit; et aussitôt l'auteur d'entrer dans des détails qui instruisoient pleinement le danseur de ce qu'il vouloit savoir.

Roi, de son côté, s'apercevant machinalement qu'il lui disoit tout, en l'assurant qu'il ne lui vouloit rien dire, s'interrompoit de temps en temps par des retours et des gémissements sur lui-même... *Eh! monsieur, de quoi m'occupez-vous-là? de choses qui feront ma damnation; vous êtes bien cruel de vouloir exiger qu'un malheureux qui se dispose à paroître devant Dieu vous donne des éclaircissements et des lumières sur tout cela.*

Enfin, après bien des exclamations, des lamentations, qui n'empêchèrent point les explications, Roi conjura enfin Lany de le laisser tranquille. *Permettez, monsieur,* lui dit-il, *que je me livre entièrememt à mes idées sur la religion, qui doivent actuellement me remplir tout entier; adieu, monsieur, je ne dois plus penser qu'à Dieu, qui est mort sur l'arbre d'une croix que vous voyez-là*, en lui montrant la croix de chevalier de Saint-Michel.

Le 14 au soir je partis pour Étioles; le lendemain je me mis à travailler au second acte de *Joconde*, que j'eus fini entièrement le 22.

Je mettrai plus de temps à le corriger et à le polir que

je n'en ai mis à le composer. Je ne veux pas y laisser de défauts, à moi connus, très-intimement persuadé que les défauts que l'on ne connoît pas dans son propre ouvrage sont sans nombre, et conséquemment qu'il ne faut pas négliger de corriger ceux que l'on a le bonheur d'y apercevoir. Je ne suis pas mécontent de l'ensemble.

Le mardi 21 Mlle Davaux débuta à l'Opéra dans le prologue des *Éléments*. Excepté la voix, tout est à faire dans cette chanteuse; elle chante à faire horreur, elle ne sait pas encore la musique, et n'a pas la plus légère habitude du théâtre. Mais elle est assez bien faite; quoique laide, sa figure n'est point déplaisante au théâtre; elle a même l'air assez noble. Sa prononciation est belle et nette, ses cadences fort belles et fort naturelles.

Avec ce que cette fille a reçu de la nature, il n'est pas douteux que si elle vouloit s'appliquer, et qu'elle eût un bon maître de chant et un bon maître de déclamation, elle deviendroit une première actrice, mais bonne, mais peut-être excellente.

Le lundi 30 Bougainville fut reçu à l'Académie française. Le duc de Saint-Aignan, qui le recevoit, a, dit-on, abusé de la permission que l'on a de faire de mauvais discours de réception; on en a parlé avec le dernier mépris. Bougainville a loué La Chaussée avec acharnement; il s'est cru apparemment obligé d'outrer d'autant plus les louanges, que le pauvre défunt étoit son ennemi.

Il l'a mis tout uniment, à ce qu'on m'a dit, à côté ou au-dessus de Molière; cela doit faire grand plaisir à ses mânes. Si La Chaussée a quelque vent là-bas de ces éloges-là, il ne les croira pas trop forts et je serois sûr qu'il diroit : *Eh bien, actuellement que je suis mort, on dit que je suis au-dessus de Molière; quand je le disois de mon vivant, ils ne me croyaient pas, j'avois beau le répéter.*

Crébillon à cette séance récita deux actes du *Triumvirat*, tragédie qu'il fait actuellement; il a eu quatre-vingts ans le 14 janvier dernier.

Quoiqu'on ne doive pas s'attendre à un ouvrage de la force de ses premiers, qu'on doive croire même qu'il n'achèvera pas celui-ci, il est pourtant bien singulier de conserver encore à cet âge assez de tête pour faire ce que fait ce grand poëte.

Il se porte on ne peut pas mieux ; il a un appétit terrible, fait les quatre coins de Paris à pied, et ne dort pas plus de quatre heures par nuit, et jamais, dans le courant de sa vie, il n'a dormi davantage.

Le 27 je fus à *Inès*. Un nommé Florimond y jouoit le rôle d'Alphonse; ce comédien avoit débuté quelques jours auparavant. Il est mauvais, déplaisant et sans intelligence ; je ne sais quel âge il a, mais au théâtre il paroît avoir cent ans ; il y a un an que Dufresne répète que cet élève ne lui fera pas d'honneur.

Le 30, qui étoit un jeudi, après avoir dîné avec Pelletier, qui étoit arrivé ce jour-là, je lui proposai d'aller aux Français voir, dans *le Mercure galant*, Préville, que je lui avois vanté. En arrivant à la Comédie, nous apprîmes que l'on donnoit la première représentation d'*Amalazonthe*, tragédie du marquis de Chimène, qui étoit affichée pour le lendemain seulement (1).

Avant que l'on commençât la pièce, le comédien Belcourt vint faire un compliment bas et vil, pour demander de l'indulgence. Ce discours étoit aussi un peu bête, et il fut applaudi.

Cette rapsodie misérable le fut aussi, moyennant un parterre presque entièrement vendu à l'auteur. Cette tragédie fut reçue comme *Paros*, et lui est pourtant encore inférieure, ce qui la place au-dessous de rien.

---

(1) De peur que quelque cabale n'entreprît de faire tomber cette tragédie, l'auteur la fit afficher pour le vendredi, et la fit jouer la veille (*Annales dram.*, t. I, p. 168). Le marquis de Ximenès (on prononce *Chimène*) avait été colonel, et fut lié avec Voltaire. Né à Paris, en 1726, mort en 1817. Présente à la représentation de l'une de ses pièces, la duchesse de Luxembourg s'écria : « Quoi ! toujours du Pierre Ximenès, et jamais du Pierre Corneille ! » (*Corresp. lit.* de Grimm, t. I, p. 244.) (*H. B.*)

Le fond en est misérable, et les détails sont un ramas de lieux communs et de choses cent fois dites et cent fois mieux dites. Les caractères sont de la dernière bassesse, et sortent par là du costume tragique; et voilà peut-être la première fois que l'on voit au théâtre mettre le comble à la dégradation de ses principaux personnages; au lieu que sur la scène, au contraire, on les ennoblit ordinairement jusqu'à les outrer.

Amalazonthe (pour faire sentir ce que je veux dire, par un exemple), Amalazonthe, dis-je, quand elle a appris que la mort de son mari est l'ouvrage de Théodat, son amant, veut faire sauver ce dernier, au lieu de venger son époux : peut-on rien de plus bas et de plus vil? Sont-ce là des mœurs de tragédie? J'en dirai autant d'un certain Amalfrède, qui est le rival de Théodat, dont le caractère n'est point admissible dans une tragédie : ce n'est qu'un lâche empoisonneur, un tartufe, un gredin, un plat coquin, qui ne se sert pour arriver à ses fins que de moyens petits et bas, et qui n'emploie aucun des grands ressorts qu'exige la tragédie; ce n'est qu'un polisson de scélérat.

M. de Chimène s'y est bien trompé; on peut mettre des scélérats au théâtre, mais il faut les peindre dans le grand : on y voit avec plaisir un Cromwel ou un Rhadamiste; un voleur de grands chemins y dégoûteroit. Son héros n'est qu'un coupeur de bourses, qui sait pourtant un peu empoisonner, qui a l'adresse de faire usage des écritures des autres; en un mot, qui fait tous les crimes méprisables qui ne demandent aucun courage.

Le plan de cette tragédie est pris partout, de *Maximien*, de *Théodat*, de *Sémiramis* de Voltaire, d'*Amalazonthe* de Quinault; il est on ne peut pas plus mal fagoté : à la moitié de la première scène, on prévoit le dénoûment.

Un certain Phanès arrive au cinquième acte, tout courant, et, dans un monologue qui fait la première scène de cet acte, vient dire qu'on ne le reverra que pour assassiner le plat scélérat qui met tout en mouvement dans cette tragédie; le tour est fin!

Mais une situation que l'auteur a sûrement crue un coup de génie, c'est la façon dont Amalfrède, sous prétexte d'exiger un serment, sur une coupe sacrée, du confident de tous ses crimes, empoisonne ce même confident, qui est assez bête pour avaler cela. A la scène suivante, on vient annoncer la mort de cet homme, ce qui doit produire, comme on l'imagine bien, un effet surprenant, et rien n'est en effet plus intéressant que le décès et le billet d'enterrement d'un personnage comme celui-là! Cela serra le cœur; personne ne pleura.

Cette misère, au reste, ne mérite pas la peine qu'on s'y arrête aussi longtemps. Elle paroît pourtant avoir du succès, et le lendemain de la représentation on s'est fait inscrire chez la mère de M. de Chimène, pour lui faire ses compliments.

JUIN 1754.

Le 2 du courant je lus à M. le duc d'Orléans ma comédie du *Galant escroc*, qui parut lui plaire. Je vois que l'on jouera encore cet hiver; le goût de ce plaisir-là ne lui a pas encore passé; j'en suis surpris dans un prince. Leurs goûts sont très-vifs et très-courts; je n'imaginois pas que cela pût durer une année; je suis bien aise de m'être trompé, cela me conduit au renouvellement du bail.

JUILLET 1754.

Le 4 ou le 5 est mort M. Néricault Destouches. C'étoit un auteur comique d'un grand talent, et de peu d'esprit, à ce que m'ont dit les gens qui ont vécu avec lui, et qui étoient fort en état d'en juger. Il avoit de la petite vanité, et un amour propre insoutenable. Il s'étoit fait par là une honnête quantité d'ennemis. Sa préface du *Glorieux* est la preuve de la vanité plate dont je viens de l'accuser, et de son amour-propre insultant les autres (1).

Boissy, Lelio le fils, et Romagnezy, qui sont désignés dans cette préface, n'y répondirent que par le Vaudeville suivant, qui courut parmi les gens de lettres ; le voici :

1er couplet.

La foire Saint-Germain
Met tout le monde en train ;
L'on court chez elle ;
Qui pourroit refuser
De voir, pour s'amuser,
Polichinelle ?

2e.

Le brillant *Glorieux*
N'a paru radieux
Qu'à la chandelle (2) ;
Dès qu'au jour il parut,
Le public en pourvut
Polichinelle.

---

(1) Destouches (Phil. Néricauld), membre de l'Acad. Tours 1680. Il embrassa d'abord la carrière des armes, puis la carrière diplomatique, et accompagna Dubois en Angleterre, où il remplit plusieurs fonctions importantes, jusqu'à la mort du Régent. C'est un de nos auteurs dramatiques les plus féconds et les plus ingénieux. Quant à de la vanité, il en avait, dit-on ; mais Collé avait bien la sienne !. (*H. B.*)

(2) Les Marionnettes jouèrent une parodie du Glorieux. (*Note de Collé.*)

3ᵉ.

De son brillant auteur,
Autrefois grand acteur (1),
   La muse excelle;
Nous donnant chaque jour
Des pièces bonnes pour
   Polichinelle.

4ᵉ.

Jadis à Chambéry
Les Savoyards ont ri
   De sa loquelle;
Le voyant empereur,
Soldat, crispin, docteur,
   Polichinelle.

5ᵉ.

Parmi les beaux-esprits,
Nous le voyons assis,
   Chose nouvelle!
Par ce choix non commun,
Ils s'agrégèrent un
   Polichinelle.

6ᵉ et dernier.

Sa préface nous dit
Qu'il a beaucoup d'esprit (2);
   Le prouve-t-elle?
L'on n'y découvre que
La suffisance de
   Polichinelle.

Le refrain de *Polichinelle* est d'autant plus malin, que Destouches avait assez l'air d'un Polichinelle. Gros, court, ventru, il sembloit être bossu par derrière et par devant. Il y a quelques années qu'il étoit devenu dévot, ou *croyant*, pour mieux dire; il avoit même fait à ce sujet quelque

---

(1) Il avoit été comédien. (*Note de Collé.*)
(2) Voyez la Préface du *Glorieux* (*idem.*)

chose de bien ridicule. Il avoit donné dans les Mercures de France une quantité de mauvaises épigrammes contre les athées et les déistes; il en vouloit surtout à Bayle. Il avoit annoncé qu'il en avoit au nombre de huit cents.

Malgré sa dévotion, il avoit donné, comme je l'ai marqué dans ce journal (1), *la Force du Naturel;* depuis, même, il a fait jouer à Paris son *Dissipateur*, qui n'auroit jamais paru que sur des théâtres de province.

Ce bon homme s'étoit retiré depuis douze ou quinze ans dans une petite terre qui lui appartenoit près de Melun, que l'on appelle Fortoiseau. L'année passée, le poëte Roi y fut passer un mois avec lui, à ce qu'il me dit, et il me parla avec beaucoup d'éloges de la piété de ce poëte comique; dès ce temps-là Roi avoit peur du diable, et sa conversion étoit commencée.

Destouches laisse un fils qui est dans les mousquetaires noirs.

J'ai fini ces jours-ci *les Adieux de la parade.* Cette pièce ira très-bien, avant les quatre contes de La Fontaine, que j'ai mis en comédie.

Le lundi 8 du courant on donna aux François, pendant que j'étois à la campagne, la première et unique représentation du *Souper*, comédie en trois actes et en prose.

Cette pièce devoit être jouée il y a quinze mois, et dès ce temps-là j'entendis dire que M. le comte de Tressan en étoit l'auteur. Je me souviens même que Mlle Gaussin voulut engager M. le duc d'Orléans à la faire jouer; elle ne le fut pas : il n'y avoit aussi qu'elle, dans ce temps, qui se mêlât de cette pièce. Depuis, Fréron l'a présentée, et après sa chute, qui a été on ne peut pas plus honteuse, on l'accusoit d'en être l'auteur ou le complice; il s'est défendu d'être l'un ou l'autre; on a chargé M. le marquis de Senneterre (l'aveugle) de

---

(1) V. tome I, p. 130.

cette iniquité : il n'a pas voulu non plus en être l'auteur; et ces trois messieurs ont publié chacun une lettre, Fréron dans ses feuilles, les deux autres dans le Mercure, pour se laver de cette infamie-là ; ensorte qu'on ne sait point quel est le coupable, quoiqu'il y ait quelque apparence que c'est celui dont on a parlé le premier. Dans le public, cependant, elle ne reste pas plus à M. de Tressan qu'à un autre; ce que j'en dis n'est que conjectural (1).

Le 9 on remit à l'Opéra *les Fêtes de l'Hymen et de l'Amour*. Il y a toujours eu beaucoup de monde les jours que Jéliotte a chanté, mais comme un grand acteur ne doit pas paroître tous les jours, il n'y avoit personne le mardi qu'il se reposoit.

L'Opéra-Comique, d'un autre côté, a fait une grande diversion. Ce mois-ci tout Paris a couru à un ballet chinois que ce spectacle a donné.

Je n'aime point les ballets, et mon aversion pour la danse est même infiniment augmentée depuis que tous les théâtres sont infectés de ballets; mais j'avoue que ce ballet chinois est singulier, et qu'au moins par sa nouveauté et le pittoresque dont il est il a mérité une partie des applaudissements outrés qu'on lui a donnés.

C'est un nommé Noverre qui a dessiné ce ballet; c'est un jeune homme de vingt-sept à vingt-huit ans. Il me paroît avoir une imagination étendue et agréable pour son métier; il est neuf et abondant, varié et peintre; ce n'est point par les pas ni les entrées qu'il a plu, c'est par les tableaux diversifiés et nouveaux qu'il a eu cette prodigieuse réussite.

S'il y a quelqu'un qui puisse nous faire sortir de l'enfance où nous sommes encore pour les ballets, ce doit être un homme comme ce Noverre. L'Opéra devroit

---

(1) L'auteur de cette pièce est resté inconnu. Voy. dans les *Anecdotes dramat.*, t. 2, p. 190, la correspondance assez curieuse à laquelle l'incident a donné lieu. (*H. B.*)

prendre et bien payer un pareil talent; mais dès qu'il le doit, il n'en fera rien; M. le prévôt des marchands s'en gardera bien.

Le marquis de Chimène et le pesant abbé Trublet se présentent pour l'Académie. Il faut espérer que ni l'un ni l'autre n'en seront; il y a apparence que Boissy aura cette place vacante par la mort de Destouches.

AOUT 1754.

Le lundi 12 août je fus aux François, à la première représentation de *la Créole*, comédie en un acte et en prose du chevalier de la Morlière. J'ai déjà parlé de la personne de cet auteur à l'occasion d'une comédie en trois actes qu'il donna il y a quelques années aux Italiens, intitulée : *le Gouverneur* (1).

Je dis dès ce temps-là que cet homme n'avoit nulle sorte de talent pour le théâtre. Il ne sait ce que c'est qu'une scène, il ne sauroit en imaginer; et quand il en a imaginé une mauvaise, il la traite mal; ses personnages sont verbeux, cherchent la phrase et l'esprit, et ne disent jamais rien de ce qu'ils doivent dire.

Le fond de *la Créole* est pitoyable. Ce sont deux amants qui, après s'être mariés malgré leurs parents, se font comédiens, courent les provinces; le père veut faire enfermer son fils, qui passe en Amérique avec son infante. Là ils jouent encore la comédie, et *masqués;* admirez l'imaginative !

Le père est assez fou pour courir après son fils; il passe

---

(1) Voyez tome 1, page 381.

à la Martinique; il voit jouer ces comédiens masqués; et, dans une scène qui voudroit être pathétique, son fils et sa bru tâchent de l'attendrir sur la situation de deux amants qui se sont mariés sans le consentement de leur père. Ce bon papa est touché de la conformité de cette scène avec son état; on croit que les amants vont se jeter à ses genoux et ôter leurs masques; point du tout, la scène est coupée en cet endroit avec un art merveilleux par des choses inutiles et froides, qui ne font qu'allonger un sujet aussi plat, et dont on prévoyoit le dénouement, qui nécessairement devoit être placé dans cette scène-là.

Indépendamment du mauvais de cette pièce, tant pour le fond que pour les détails, elle présente des mœurs si basses et si viles, qu'à peine sont-elles dans la nature; ou si elles y sont, il faut être bien maladroit et bien bas pour entreprendre de donner d'aussi vilains tableaux.

Quant au style, je l'ai trouvé bien au-dessous de celui qu'il a employé dans sa comédie du *Gouverneur;* et ni l'un ni l'autre, au reste, ne sont le style de la comédie; il tient au roman beaucoup plus qu'au dialogue dramatique : ce cher homme-là ne s'en doute pas. On peut décider, mais très-affirmativement, sur ces deux ouvrages-là que leur auteur ne fera de sa vie, je ne dis pas simplement une comédie, mais une scène.

La Créole ne fut point achevée; on ne voulut pas en écouter le dénouement, que l'on interrompit en claquant des mains ironiquement jusqu'à ce que les acteurs se retirassent. On peut bien juger par là qu'elle n'a été donnée que cette seule fois.

Le même jour j'appris, à la Comédie, que l'on avoit élu Boissy à la place de Destouches; de crainte de pis, j'en fus bien aise.

Le jeudi 15 je lus chez M. de Mautauban, à M. le duc d'Orléans, *les Adieux de la parade* et *Joconde;* ils en ont paru contents. Il faut attendre la représentation de ces pièces pour en juger; on ne voit l'effet qu'au théâtre, comme je l'ai déjà dit cent fois.

Crébillon le père a lu ces jours-ci son *Triumvirat* aux Comédiens, qui l'ont reçu avec acclamations. Il y aura sans doute de belles choses dans cette tragédie, mais je serois bien trompé si c'en étoit une. Quoi qu'il en puisse être, il a commencé cette pièce à soixante-dix-huit ans : quand il n'y auroit que de beaux détails, ce seroit toujours une chose bien singulière.

Le 30 du courant on a exécuté à Bagnolet, devant Mme la duchesse d'Orléans et les dames de sa cour, le prologue des *Deux Gilles*, *Tragiflasque*, et *Isabelle précepteur* (1); le tout précédé d'annonces vigoureuses. M. le duc d'Orléans jouait dans le prologue et dans la parade, Mlle Gaussin y fut, à son ordinaire, admirable, à ce qu'on m'a dit.

Le vicomte de Latour-du-Pin faisoit le rôle du tyran, M. Danezan celui de Tragiflasque, et M. de Montauban celui de Boursouflé. L'on a fort assuré que ce spectacle avoit prodigieusement réussi, je veux dire qu'il a fait rire, continûment et sans aucune intermittence, et la princesse et toutes ses femmes; elles en auront dit sûrement beaucoup de mal après la représentation, afin de donner au moins quelque porte de derrière à la décence : c'est ce que je crois opiniâtrément, quoique l'on m'ait voulu persuader positivement le contraire.

J'ai fait le malade pour n'être point obligé de suivre les répétitions et d'assister à cette représentation. Ils ont eu besoin de moi, ils m'ont envoyé deux exprès à Viry, où j'étois, et je leur ai fourni, de cet endroit, les annonces, quelques couplets, et quelques autres petites ordures qu'ils me demandoient encore.

J'avois double raison de jouer la mauvaise santé, car

---

(1) Compositions de Collé. *Les deux Gilles* ont été publiés par M. F. Barrière dans *la Cour et la Ville*; Paris, 1830. 1 vol. in-8°. (*H. B.*)

l'on m'avait demandé aussi, pour la fête du comte de Clermont, *Isabelle précepteur*, qui effectivement a été jouée le 25 à Berny; mais avec moins de succès qu'à Bagnolet.

Comme je n'ai nullement la petite vanité de me trouver avec des princes, et encore moins avec des gens de condition, je regarde ces fêtes-là comme des corvées; mais j'avoue avec la même ingénuité que lorsqu'on y joue pour la première fois quelque chose que j'ai fait, je serois très-fâché alors de ne m'y pas trouver. Je confesse tout naturellement que j'ai *la vanité d'auteur*, c'est elle seule qui me fait travailler; je fais d'ailleurs tous mes efforts pour qu'elle soit le moins ridicule qu'il est possible, mais surtout pour qu'elle ne soit point incommode aux autres.

Le 25, jour de Saint-Louis, Boissy fut reçu à l'Académie. Je crois que l'on savoit dès ce jour-là la mort du Père Surian, évêque de Vence, qui laisse encore une place à remplir à l'Académie; l'Abbé Trublet et d'Alembert se présentent, à ce qu'on dit.

M. le prince de Beauvau en voudroit jouer aussi. C'est un homme qui arrange de l'esprit le matin pour le débiter le soir; il fait aussi, avec assez d'aisance, des vers avec son teinturier; il voudroit bien protéger, mais on ne se laisse pas faire : on dit qu'avec les femmes il est méchant outre mesure, et il m'a paru, à moi, qu'il ne valoit rien pour les hommes; il est affecté, cherche l'esprit sans cesse, enfin il me *scie*.

SEPTEMBRE 1754.

Le lundi 2 septembre je fus voir aux François la première représentation des *Trois Tuteurs*, comédie en deux actes et en vers de M. Palissot, auteur de la tragédie de *Zarès*, dont il est parlé dans ce Journal (1).

Ce n'est point une comédie, c'est une farce. Tous les caractères sont en charge, et même un grand nombre de plaisanteries; la caricature est même poussée au-delà de ce qu'elle doit l'être dans une véritable farce. A peine passe-t-on cela dans la parade, à laquelle on passe tout, excepté le défaut de chaleur.

C'est, à ce qu'on dit, un sujet imité d'une comédie anglaise : tant pis pour la comédie anglaise, du moins pour celle-là, car ils en ont où il y a des choses excellentes, quoiqu'on assure qu'ils n'aient pas une véritablement bonne comédie.

Quoi qu'il en soit, le sujet de celle-ci ne vaut pas grand'chose, et ressemble à tout, et l'intrigue est dénuée absolument d'imagination dans ses moyens. Il s'agit pour épouser une fille d'obtenir le consentement de trois tuteurs qu'elle a, et qui ont tous trois des caractères différents; l'un est un nouvelliste, le second un antiquaire, et le dernier un voyageur. Chacun de ces tuteurs veut marier sa pupille à un homme qui aura le goût qu'il a; pour escamoter à chacun son consentement par écrit, c'est toujours la même scène répétée; nulle variété, nulle invention.

Le premier acte ne sert qu'à l'exposition absolument, et est par conséquent sans action; cependant l'exposition pouvoit très-bien être faite en quatre-vingts vers tout au plus; et en ce cas ne mettant que deux tuteurs au lieu de trois (le troisième jetant du froid dans deux ou trois endroits de la pièce), on auroit pu réduire cette comédie en un acte, dont le fond auroit toujours été commun; mais il auroit pu être racheté par des détails comiques, si l'auteur, au lieu de faire grimacer à l'excès ses caractères, avoit voulu ou pu tirer de l'antiquaire

---

(1) Voy. tome I, p. 261.

et du nouvelliste des traits naturels et plaisants, qui ne sont nullement impossibles à trouver pour un auteur qui a du génie ou du talent.

Il n'en a rien fait. Ce qui fait donc avoir à cette pièce, qui ne restera pas au théâtre, un succès éphémère, c'est qu'il y a de la folie et même de la gaieté dans les détails de cette comédie; il y a même des choses galantes et quelques épigrammes. Les vers en sont bien faits et assez saillants, autant que l'on en peut juger en les entendant réciter; peut-être en les lisant changeroit-on d'avis.

Enfin, cela n'ennuie pas. Et quoique cela soit mauvais, assurément je l'aime encore mieux que *l'École des amis, Nanine, Amour pour Amour*, et telle autre denrée. J'avoue que ce comique de farce n'est pas dans la nature davantage que le sont dans leur genre ces drames larmoyans; mais au moins la farce me fait-elle rire, bien ou mal; au lieu que ces pièces à sentiment ne font que me faire bâiller : voilà toute leur impression sur moi. Dieu préserve les autres du même accident !

OCTOBRE 1754.

J'ai été si fort occupé ce mois-ci et le mois dernier d'un ouvrage qui me coûte beaucoup de peine, et qui ne réussira pas, que je n'ai point pensé à autre chose, et que j'ai presque totalement abandonné ce Journal.

J'ai voulu mettre *Tanzaï* en tragédie, et j'en suis venu à bout, mais comment? Je n'en suis point content; et quoique je me prépare encore à le limer et à y travailler beaucoup, je désespère d'en pouvoir rien faire dont je sois satisfait. Je commence à voir que ce sujet n'est point théâtral, mais c'est s'en apercevoir quand on est à terre;

il est un peu tard de s'apercevoir de sa chute lorsque l'on est tombé (1).

Le 2 de ce mois je vis la première et l'unique représentation de *la Folie et l'Amour,* comédie en vers libres, de M. Yon. Cette pièce à tiroirs fut trouvée d'un ennui mortel, et à peine la laissa-t-on achever.

La seule chose singulière que l'on y a remarquée, et qui fit rire un peu, étoit une scène de cercle, qui peignoit, qui rendoit assez bien l'ennui que l'on sent à celui de la Reine, de la Dauphine, de toutes les cours en un mot; celui-ci étoit *le Cercle du ciel :* Jupiter, Junon, Cybèle, etc., composoient ce cercle, qui, je crois, pour l'ennui en doit bien valoir un terrestre.

M. de la Bruère est mort à Rome, dans le commencement de ce mois-ci; je le connoissois anciennement, et sans être son ami en aucune manière, j'avois conservé toujours cependant avec lui quelques relations. J'avois bien voulu me charger de son Poëme de *Linus,* que Rameau n'a point encore achevé de mettre en musique, suivant les nouvelles corrections de M. de la Bruère.

Je n'ai connu à personne un talent plus marqué pour le madrigal; à cet égard il égaloit peut-être Quinault; mais pour la conduite d'un poëme, les caractères et le théâtral, je n'ai jamais connu personne de plus médiocre, même de plus mauvais. Le petit défunt n'en croyoit rien, et sa présomption étoit égale là-dessus, comme en bien d'autres choses, à son défaut de talent en cette partie.

---

(1) Cette tragédie badine plaisoit beaucoup à Crébillon le fils ; ce juge difficile et caustique m'a toujours assuré que c'étoit la mieux écrite de mes pièces, et que je n'avois jamais fait de meilleurs vers. En supposant qu'il eût raison, c'est la moindre partie d'une pièce de théâtre que le *style.*
Je crains que cette plaisanterie ne manque de chaleur. Elle n'a pas été jouée, la dépense en décorations et en habits en a empêché la représentation. Pour porter un jugement certain sur ce badinage, il faudroit en voir l'effet au théâtre ; ce n'est que là que les gens les plus exercés et les plus grands connoisseurs peuvent décider judicieusement d'un ouvrage (*Note de Collé, écrite en* 1780).

Je ne fais aucun doute pourtant que s'il eût voulu se livrer entièrement à faire des ballets, en un acte seulement, où il n'y eût eu presque point de sujet, mais beaucoup de détails, et tels que le mauvais goût du siècle, qui consiste à réduire tout en fêtes et en divertissements, le demande, il y eût peut-être réussi supérieurement; mais il a toujours méprisé son talent; il a toujours voulu être toute autre chose que ce qu'il étoit, et moyennant cela il n'a rien été. Il a tenté d'être historien, il a fait une *Vie de Charlemagne*, dont personne ne se souvient plus.

Il a voulu être politique, et dans sa place de secrétaire du duc de Nivernois, notre ambassadeur à Rome, il a étalé dans cette ville son ignorance et sa fatuité, à ce que l'on m'a assuré. Il a eu de la petite vanité jusqu'au dernier soupir; son testament en fait la preuve. Il laisse au pape cinq mille livres, au cardinal Valentini une tabatière de prix, à la princesse Colonne un autre bijou, tandis qu'il a ici deux frères qui n'ont point de fortune.

M. le duc de Nivernois a été obligé même de faire obtenir à l'un d'eux une pension de mille livres sur le *Mercure*, dont le défunt avoit le privilége. M. Davoust, qui a rendu sans contredit à la Bruère des services de la dernière importance, et qui à sa mort lui en rendoit encore, n'a pas eu de lui la plus légère marque d'amitié dans le testament de fat dont je viens de parler.

Ses véritables héritiers sont donc ceux qui viennent de partager après lui ce privilége du *Mercure*. Boissy l'a en son nom, mais chargé des pensions suivantes, savoir : à l'abbé Raynal, deux mille francs; à Marmontel, deux mille francs; à un frère de la Bruère, mille francs; à Lagarde (jadis abbé), deux mille francs, à Piron douze cents francs; à Lironcourt, deux mille francs; j'en oublie encore un ou deux. Le total de ces pensions, à ce qu'on dit, monte à douze mille et quelques cents livres, en sorte qu'il pourra rester à Boissy, si le débit du livre ne baisse pas entre ses mains, neuf mille livres et plus même.

M. Davoust m'a assuré que tous frais faits, y compris une pension de deux mille livres à Cahusac, que j'ai omise, le produit net montoit à vingt-un ou vingt-deux mille livres; et M. Davoust le sait bien, puisque depuis deux ou trois ans c'est lui qui a eu la bonté de conduire cette affaire pour la Bruère.

Le lundi 7 du courant a débuté aux François, dans les rôles de Britannicus et d'Olinde, le sieur Molé, jeune homme de dix-neuf ans, bien fait et d'une figure passable. C'est un enfant sans voix, sans grâce et sans usage du théâtre; il n'a point d'entrailles et nulle intelligence du théâtre (1).

Malgré tous ces défauts-là, que je crois incurables, il n'a pas laissé d'être applaudi par l'imbécillité du parterre d'aujourd'hui; et l'on doit attendre de celle des gentilshommes de la Chambre qu'ils le recevront. Je l'ai vu dans le rôle de Séïde du *Mahomet* de Voltaire et dans celui de Charmant dans *l'Oracle*, et j'aurois peine à dire lequel il jouoit le plus mal des deux; mais je suis sorti bien convaincu qu'il étoit sans talent (2).

---

(1) Depuis dix ou douze ans Molé est devenu outré et insoutenable dans le haut comique, dans les drames et sur-tout dans le tragique. Il a pris le parti de grossir sa voix; il ne parle plus avec la sienne, que probablement il n'a pas trouvée suffisante. Il joue tout comme un furieux, comme un enragé. Il eût excellé dans les rôles d'amants passionnés, s'il eût voulu ne point outrer. Jamais il n'eût été un comédien véritable, ou comédien universel. Je lui rends justice sur le rôle de Desronais, qu'il a rendu supérieurement dans les premières années; aujourd'hui, ce sont les fureurs d'Oreste ou de Béverley. Il est gâté à n'en pas revenir. (*Note de Collé, écrite en* 1780.)

(2) L'opinion exprimée ici par notre chansonnier sur le compte de Molé, soit en 1754, soit en 1780, est diamétralement opposée à celle des autres biographes, qui présentent cet acteur comme un des plus excellents comédiens qu'ait eus la Comédie française. Seulement, dans la vie privée il était plein de hauteur, surtout envers les écrivains. V. *Galerie du théâtre français*, p. 390 à 405, où Lemazurier a consigné quelques-unes des anecdotes auxquelles ce travers de Molé donna lieu. (*H. B.*)

NOVEMBRE 1754.

Vers le milieu de ce mois est mort le sieur Deschamps, comédien médiocre, qui doubloit Armand dans les rôles de valet; c'étoit plutôt un acteur nécessaire qu'un acteur agréable. Ils vont faire recevoir, à ce qu'on dit, pour le remplacer, le frère de Drouin, qui joue avec succès les rôles de valet dans les provinces.

J'ai oublié de marquer que le Drouin que nous avions ici s'étoit cassé l'année passée, à Fontainebleau, le tendon d'Achille, et que cet accident l'empêchoit de remonter sur le théâtre. C'est un bonheur pour le public, car, quoiqu'il fût grand, bien fait et d'une assez belle figure, c'étoit bien le plus froid comédien qu'on pût voir.

Le 19 du courant l'on joua dans la petite maison de M. le comte de Clermont, rue de la Roquette, sur un petit théâtre assez passable qu'il y a fait construire, la farce en vaudevilles des *Amants déguisés*, petite pièce de ma façon. J'avois pensé qu'elle ne pouvoit pas manquer de réussir, et à la représentation je fus tout étonné d'être le premier à la condamner; elle me parut dégoûtante.

Il y a une fille grosse dans cette farce, et c'étoit une femme qui jouoit ce rôle; cela répugne et ne donne que des idées désagréables et vilaines, au lieu de produire du comique comme je m'en étois flatté. Je vois à présent ce qui m'avoit trompé dans mon premier jugement, c'est qu'ayant mis dans plusieurs parades des grossesses, et cela ayant toujours fait beaucoup rire, parce que c'étoit un homme qui jouoit le rôle, je n'ai point prévu que cela feroit un effet tout contraire lorsque ce seroit une femme qui seroit chargée de faire ce personnage; et en effet, la vérité du tableau est rebutante, dégoûtante même, c'est le terme.

Les portraits en cire nous effraient par leur trop grande ressemblance : la peinture ne nous rend que ce que nous devons voir seulement pour l'intérêt de notre plaisir.

A ce vice de fond près, qui seroit peut-être réparé en donnant à jouer le rôle de la fille grosse à un homme, je crois cette farce jolie. Il y a un mouvement de théâtre perpétuel; les couplets n'en sont point mal faits; les caractères en sont assez plaisants et bien soutenus; les scènes en sont assez bien liées, et le dénouement est bien fou et bien gai.

Je ne sais si je me flatte une seconde fois, mais je me persuade qu'elle ne déplairoit pas étant jouée, comme je l'ai dit, par un homme. Je ne mets, au reste, cette pièce qu'au rang des farces, c'est-à-dire un cran au-dessus d'une bonne parade; je ne la prise pas plus que cela, et ce n'est l'estimer guère, vu le peu de cas que foncièrement je fais des parades.

Cette farce étoit précédée d'une petite comédie nouvelle de feu M. de La Chaussée, qui peu de temps avant de mourir l'avoit donnée à Son Altesse pour la faire représenter à Berny. Cette comédie (car elle n'est point du tout dans le genre larmoyant) est intitulée : *La Rancune officieuse;* elle est en vers, et des mieux faites du défunt.

Le fond du sujet n'est pas neuf. C'est un amant qui veut se faire aimer pour lui-même, et qui pour cette raison cache sa condition; c'est le fond de l'opéra d'*Issé;* cela a quelque ressemblance avec *l'Épreuve*, petite comédie de Marivaux, et plusieurs autres pièces, dont je ne me souviens pas actuellement. Mais il y a une déclaration d'amour assez nouvelle, quoiqu'un peu forcée; elle est cependant, je crois, théâtralement bonne.

C'est une fille qui, composant des vers et se croyant

seule, fait sa déclaration elle-même par ses vers à celui dont elle est aimée. Elle cherche la rime à *même*, et l'amant, qui l'observe sans en être vu, a le temps, pendant qu'elle se promène pour rêver à cette rime, d'écrire *j'aime*, en sorte que par-là l'amant se trouve lui-même se faire sa déclaration en finissant les vers de sa maîtresse, qui ne travailloit que pour la lui faire.

On voit assez qu'il faut se prêter beaucoup à cette situation, mais elle est agréable, et je ne puis pas imaginer que cela puisse manquer son effet. Je répondrois qu'elle doit avoir le plus grand succès, surtout si elle est rendue adroitement au théâtre, comme elle le seroit sûrement par Gaussin et Grandval.

Le 25 ou le 26, M. d'Alembert fut élu par l'Académie françoise, à la place de M. l'évêque de Vence, M. Surian. Il eut quatorze voix, l'abbé de Boismont en eut neuf, et l'abbé Trublet n'en eut que trois.

L'abbé de Boismont n'est connu que par un panégyrique de saint Louis, qu'on m'a assuré ne valoir pas grand'chose, et que je me flatte de ne lire jamais. Il prêche d'ailleurs depuis quelques années, et avec tant d'esprit, que l'on ne l'entend point. C'est, dit-on, de la plus fine métaphysique; il n'y a guère que la duchesse de Chaulnes et ses complices qui aient la clef de cet abbé précieux, et qui se vantent de l'entendre couramment; encore le nie-t-on, elles en font semblant.

Un tel homme devoit-il se mettre à côté de D'Alembert? Peu s'en est fallu cependant qu'il ne l'ait emporté sur lui; et sans Duclos la cabale de Mme de Chaulnes, qui l'a porté, l'emportoit sur le mérite de D'Alembert.

Quant au pauvre moraliste Trublet, c'est un homme fait pour rester trente ans à la porte de l'Académie et arracher deux ou trois voix à chaque élection.

DÉCEMBRE 1754.

Le 2 décembre je fus à la Comédie-Françoise, voir le début du nommé Le Sage dans le rôle de Mithridate.

C'est un sujet dont on auroit pu faire quelque chose si on lui eût montré et s'il ne s'étoit pas gâté en province. Il est assez bel homme, l'air noble, belle jambe, bien campé, une assez belle voix, surtout lorsqu'il veut la laisser sortir; mais c'est un comédien sans intelligence, et par là très-froid. Il est d'ailleurs plein d'inflexions de province, qui sont d'un ridicule outré dans la tragédie.

Comme il est le premier acteur de la troupe du prince de Bareuth, qui étoit bien fâché de le perdre, il y a retourné sur-le-champ, indigné contre les Parisiens, qui ne l'ont pas goûté ; il va retrouver ses bons Allemands, qui sans doute le regardent comme un très-joli Mithridate.

Il y a douze ou quatorze ans qu'il débuta ici avec peu de succès; il eût même été reçu s'il eût voulu attendre qu'il vaquât une part ou une demi-part, pour l'avoir à son rang; mais il n'avoit rien pour vivre, et il s'en alla.

J'ai ouï dire même que, sachant que le gentilhomme de la chambre avoit un ordre pour le retenir de force ici, cela l'avoit déterminé à passer en pays étranger, et que c'est depuis ce temps qu'il est à la cour de Bareuth.

Quoi qu'il en soit, je suis fâché qu'il ait pris si tôt la mouche; je ne puis pas m'ôter de l'idée que l'on en eût pu faire quelque chose.

Le mardi 3 décembre, l'Académie royale de Musique a remis *Thésée* (1), qui, à ce que j'entends dire, est tombé tout à plat. Nous n'avons eu depuis trois mois que

---

(1) Tragédie-opéra, par Quinault, musique de Lully, jouée en 1675. (*H. B.*)

les Fêtes de Thalie (1), et encore, jouées par les valets de chambre, attendu tous les beaux spectacles de Fontainebleau. L'Opéra doit à présent quatorze cent mille livres, et est de plus en plus mal gouverné.

Le lundi 9 les Comédiens françois remirent *Nicomède*, et l'affichèrent : *comédie héroïque*; ce qui a été trouvé si ridicule, qu'ils ont été obligés de l'afficher : *tragédie* dès le lendemain. Leur idée avoit été sans doute de prévenir le public sur l'ironie qui règne dans cette pièce, et quelques endroits qui tiennent effectivement un peu du comique.

Cette tragédie est d'un genre à part; on n'en trouve point de modèle dans les anciens, et aucun moderne n'a été assez hardi ni n'a eu assez de génie pour imiter cette espèce singulière de drame, dans lequel, sans le secours de la pitié et de la terreur, la seule grandeur d'âme nous intéresse et nous arrache des larmes d'admiration, en élevant et en enlevant notre âme.

Avec quelques légers changements et quelques retranchements que les comédiens y ont faits, elle a réussi, mais beaucoup.

J'ai toujours pensé que *Nicomède* n'étoit pas une des meilleures tragédies de Corneille; mais une de celles qui prouvoient le plus son génie créateur, après toutefois *Héraclius*, qui dans un autre genre est bien au-dessus de *Nicomède* (2); mais ni l'une ni l'autre n'a son modèle ni chez les Grecs ni chez les Romains. Les anciens ne connoissoient pas les pièces implexes, comme Héraclius, et celles de caractère, comme *Nicomède* et *Sertorius*. Depuis Baron l'on n'avoit point osé remettre ces deux pièces

---

(1) Opéra-ballet, par de la Font, musique de Mouret, joué en 1714. (*H. B.*)

(2) On se rappelle que Napoléon Ier avait une prédilection marquée pour la tragédie de *Nicomède*, qu'il était bien près de regarder comme le chef-d'œuvre de Corneille. (*H. B.*)

au théâtre ; ils tenteront peut-être de donner aussi *Sertorius*.

Grandval ne s'est point mal tiré du rôle de Nicomède, à quelques petites choses près : il le déclame, et il ne faudroit que le réciter. Baron y jetoit un familier que la dignité, la majesté de sa figure ne permettoit qu'à lui. Dufresne eût bien rendu ce rôle, mais dans un autre goût, et à coup sûr supérieurement à Grandval ; mais soit timidité, modestie ou paresse, il ne l'a point joué ; je croirois volontiers que c'étoit paresse, qui étoit excusable chez lui, parce qu'il avoit peu de mémoire.

Le 19 du courant, D'Alembert fut reçu à l'Académie françoise, à la place du père Surian, évêque de Vence, fameux prédicateur, mais dont les sermons ne sont point imprimés (1).

Le compliment de M. D'Alembert est simple et noble ; il seroit à souhaiter que tous les gens de lettres soutinssent la dignité de leur état comme D'Alembert ; ils seroient plus respectés qu'ils ne le sont. Son discours fut très-fort applaudi, et l'impression a fait voir qu'il méritoit de l'être.

M. Gresset y répondit, et en louant l'évêque de Vence sur sa résidence, voici la phrase qu'il hasarda contre les évêques :

« Pasteur d'autant plus cher à son troupeau, que ne le
« quittant jamais il en étoit plus connu. Louange rare-
« ment donnée, et bien digne d'être remarquée ; dans
« le cours de vingt années de son épiscopat, M. l'évêque
« de Vence ne sortit jamais de son diocèse, que quand
« il fut, par son devoir, appelé à l'assemblée du clergé ;
« bien différent de ces pontifes agréables et profanes,
« crayonnés autrefois par Despréaux, et qui, regardant
« leurs devoirs comme un ennui, l'oisiveté comme un

---

(1) Collé se trompe. Les sermons de Surian ont paru dès 1738, 2 vol. in-12 ; à la vérité sous le voile de l'anonyme. (*Note de Barbier.*)

« droit, leur résidence naturelle comme un exil, venoient
« promener leur inutilité parmi les écueils, le luxe et la
« mollesse de la capitale, ou venoient ramper à la cour,
« et y traîner de l'ambition sans talents, de l'intrigue
« sans affaires, et de l'importance sans crédit. »

Comme dans ce siècle vil et d'esclaves tout paroît fort, l'on a regardé cet endroit du discours de Gresset comme une déclamation peu mesurée contre les évêques; et cependant que dit-il? Une chose fort simple, qui est qu'il faut que les évêques résident. Cela ne peut point s'appeler une déclamation : il n'y a là rien d'outré ni d'exagéré; d'ailleurs il parle du temps de Despréaux, pourquoi nos seigneurs veulent-ils prendre ce paquet-là pour eux?

Le 20 je lus à M. le duc d'Orléans un petit prologue en prose, intitulé : *la Lecture*, duquel on a paru content; nous verrons à la représentation. C'est là où je m'attends pour me juger. Notre théâtre du Roule n'ouvrira guère, je crois, avant la fin de janvier.

Ces jours-ci, l'opéra de *Thésée* a repris, et il y a beaucoup de monde; ce n'est pas, cependant, qu'il ne soit fort mal joué. Il n'y a que Chassé qui soit bien dans son rôle. Fel et Jacquet ont été successivement indignes dans celui d'Églé. Mlle Chevalier est moins mal dans celui de Médée. Jéliotte chante divinement, et joue froidement (1).

Mlle Davaux m'a étonné dans son rôle de prêtresse ; cette fille acquiert tous les jours, mais elle a beaucoup encore à acquérir. Chassé lui montre, et elle n'est plus reconnoissable depuis qu'elle est entre ses mains. Je la vis encore ces jours derniers dans le rôle de la Vestale

---

(1) Jéliote, Jélyote ou Géliote (P.), Béarnais, 1710-1788. Chanteur dont la voix de haute-contre obtint à l'Opéra les plus brillants succès. On croyait n'avoir point été à l'Opéra quand on n'avait point entendu Jéliote. Il quitta la scène en 1725. Les *Mémoires* de Mme d'Epinay parlent souvent de ce chanteur, qui était aussi un homme à bonnes fortunes. (*H. B.*)

dans *les Éléments;* elle s'en tira à merveille. Elle donne de l'espérance.

Le lundi 23 du courant je fus à la première représentation du *Triumvirat,* et fus obligé d'en sortir au troisième acte. Crébillon m'avoit fait avoir un billet de parterre, mais on y avoit laissé entrer tant de monde, que j'y étouffois. J'y ai donc retourné jeudi, pour en voir la seconde représentation; je vais dire ce que j'en pense, et mon avis est à peu près l'avis général.

C'est une tragédie sans action et sans situations, il n'y a que le dénouement qui y soit. Tous les caractères sont manqués, excepté celui de Cicéron, et surtout celui de Tulie sa fille. Le premier ne rend que trop bien Cicéron, comme il est peint dans l'histoire; mais plus il approche de la vérité, moins il est propre au théâtre. A l'égard de celui de Tulie, qui est de l'imagination du poëte totalement, c'est sans difficulté ce qu'il y a de plus passable dans la pièce, à quelques contradictions près, et à l'action qui y manque. En général c'est là le grand vice de la pièce, qui ne consiste qu'en de perpétuels dialogues, qui ne sont nullement liés ensemble, et qui se passent entre des personnages qui ne devroient pas se rencontrer, et qu'on est étonné de trouver ensemble.

Lépide ne paroît au premier acte que pour dire qu'il part pour l'Espagne, et est un personnage inutile. En revanche on est fort surpris de ne point voir Antoine, qui fut le principal acteur du Triumvirat, et qui fit mourir Cicéron; et l'étonnement augmente bien davantage lorsqu'en avançant dans la pièce on voit que c'est plutôt la mort de Cicéron que le Triumvirat qui est traitée dans cette tragédie.

Antoine y étoit nécessaire, indispensable; Fulvie, sa femme, auroit pu même y entrer, et s'il eût pris son sujet de ce côté, il se seroit épargné les amours de Sextus, fils de Pompée, amant de Tulie et rival d'Octave, amours qui sont toujours déplacés dans un sujet aussi tragique.

Quelle absurdité, d'ailleurs, de faire passer Sextus pour un Gaulois, au milieu de Rome, où il doit être généralement connu de tout le monde, surtout quand ce travestissement ne produit aucune situation et n'amène aucun événement! Le caractère de ce Sextus est assez noble, mais n'a pourtant rien de bien au-dessus des héros ordinaires de tragédie. Il paroît excellent seulement quand on le compare à celui d'Octave, qui est d'une platitude, d'une inconséquence et d'une bêtise sans exemple.

Il y a aussi un Philippe, l'ancien affranchi de Pompée, qui arrive au troisième acte, tout courant, pour servir son fils, et qui est une bien froide invention pour la marche de la pièce. Il a été obligé de s'en servir, parce qu'en se passant d'Antoine il ne savoit plus où trouver de matière, et qu'il n'eût pas eu de quoi faire trois actes. En général on voit à chaque instant la sécheresse de son sujet, et on a eu raison de dire que c'étoit partout la répétition de la même scène.

Cette pièce a été reçue avec la plus grande complaisance que le public puisse avoir pour une pièce ennuyeuse et mauvaise; l'on applaudit à quelques détails dans les trois premiers actes; l'on ne dit rien dans les autres, et l'on ne hua point; il n'y eut pas même de ces murmures sourds, de ces bourdonnements qui désignent l'improbation. A la seconde représentation, où je fus jeudi, elle fut applaudie, mais beaucoup; je vois qu'elle sera abandonnée et claquée. C'est, au reste, le mauvais d'un homme de génie; c'est le débris d'un beau bâtiment; tout y est pêle-mêle, tout est dérangé; on y voit deux cents beaux vers au moins, trois cents qui voudroient l'être, et qui le seroient effectivement si on les retouchoit; enfin, c'est bien le cas de dire, *dispersi membra poëtæ*. Quoique ce soit une des plus foibles productions de ce grand maître, il est pourtant encore étonnant qu'il ait fait cette tragédie à soixante-treize ans (1), et qu'elle ait été jouée lorsqu'il touche à quatre-vingts ans, bien sain de corps et d'esprit. Elle a eu dix représentations.

Je dînai le 27 chez Helvétius avec M. de Fontenelle, qui au 14 février va entrer dans sa centième année ; il a toute sa tête encore, mais il n'entend ni ne voit guère, et parle difficilement ; il mangea plus que moi.

---

(1) V. p. 431, où Collé dit que Crébillon avait alors soixante-dix-huit ans. (H. B.)

FIN DU TOME PREMIER.

MÊME LIBRAIRIE

JOURNAL

DU

MARQUIS DE DANGEAU

Publié en entier pour la première fois par MM. Soulié, Dussieux et de Chennevières, **avec les additions inédites du duc de Saint-Simon,** publiées par M. Feuillet de Conches. 19 vol. (*terminé*). Prix : 114 fr.

Le journal de Dangeau s'étend de 1684 à 1720. Nous le publions en entier pour la première fois, en y joignant les notes inédites dont Saint-Simon a accompagné la copie des mémoires de Dangeau qui lui appartenait. L'œuvre de Dangeau est le tableau le plus fidèle et le plus complet de l'histoire de la cour de Louis XIV et de la famille royale. C'est une mine inépuisable de précieux renseignements de toute espèce qu'on ne trouve que là. Les notes de Saint-Simon, si passionnées et si caractéristiques, complètent le tableau; si Dangeau est l'écho de la chambre à coucher de Louis XIV, Saint-Simon est l'écho de l'Œil-de-Bœuf. L'œuvre de ces deux grands personnages forme un monument historique comme il n'en existe pour aucune période de notre histoire; c'est le complément indispensable de toutes les collections de mémoires.

Typographie Firmin Didot. — Mesnil (Eure)

www.ingramcontent.com/pod-product-compliance
Lightning Source LLC
Chambersburg PA
CBHW072102220426
43664CB00013B/1969